해커스공무원
이 중 석
맵핑 한국사
올 인 원
블랭크노트

이중석 선생님의 **맵핑**이 담긴 **블랭크노트**만의 **특별한 장점**

01 한국사의 전체 흐름을 도식화한 '**맵핑 학습법**' 적용!

한국사, 흐름을 이해해야 만점을 받을 수 있습니다.
[해커스공무원 이중석 맵핑 한국사 올인원 블랭크노트]는 한국사의 전체 흐름을 도식화한 이중석 선생님의 맵핑 학습법으로 방대한 한국사를 정리하였습니다. 이를 통해 한국사의 전체적인 그림을 시험 날까지 기억 속에 오래 저장할 수 있습니다.

02 **빈칸**을 채우며 한국사의 핵심 개념을 완벽 암기!

[해커스공무원 이중석 맵핑 한국사 올인원 블랭크노트]는 수업을 들으며 학습한 내용을 암기할 수 있도록, 중요 개념을 빈칸 처리하였습니다.
빈칸을 채워가며 학습한 내용을 복습하고 핵심 개념을 잘 외웠는지 스스로 점검해보면서 더욱 확실하게 암기할 수 있습니다.

03 완벽한 이해를 돕는 **핵심 사료, 사진, 지도**까지 한 권에 **올인원**!

공무원 한국사 시험에서 높은 점수를 얻기 위해서는 사료 학습이 필요합니다. 또한 방대한 양의 한국사를 효과적으로 이해하기 위해서는 지도 및 사진 등의 시각 자료를 활용해야 합니다. 이에, [해커스공무원 이중석 맵핑 한국사 올인원 블랭크노트]는 반드시 알아두어야 하는 필수 사료는 물론, 개념 이해에 도움을 주는 사진 · 지도 자료를 모아 '맵핑 핵심 자료'로 제공합니다.

한눈에 보는 블랭크노트의 구성과 특징

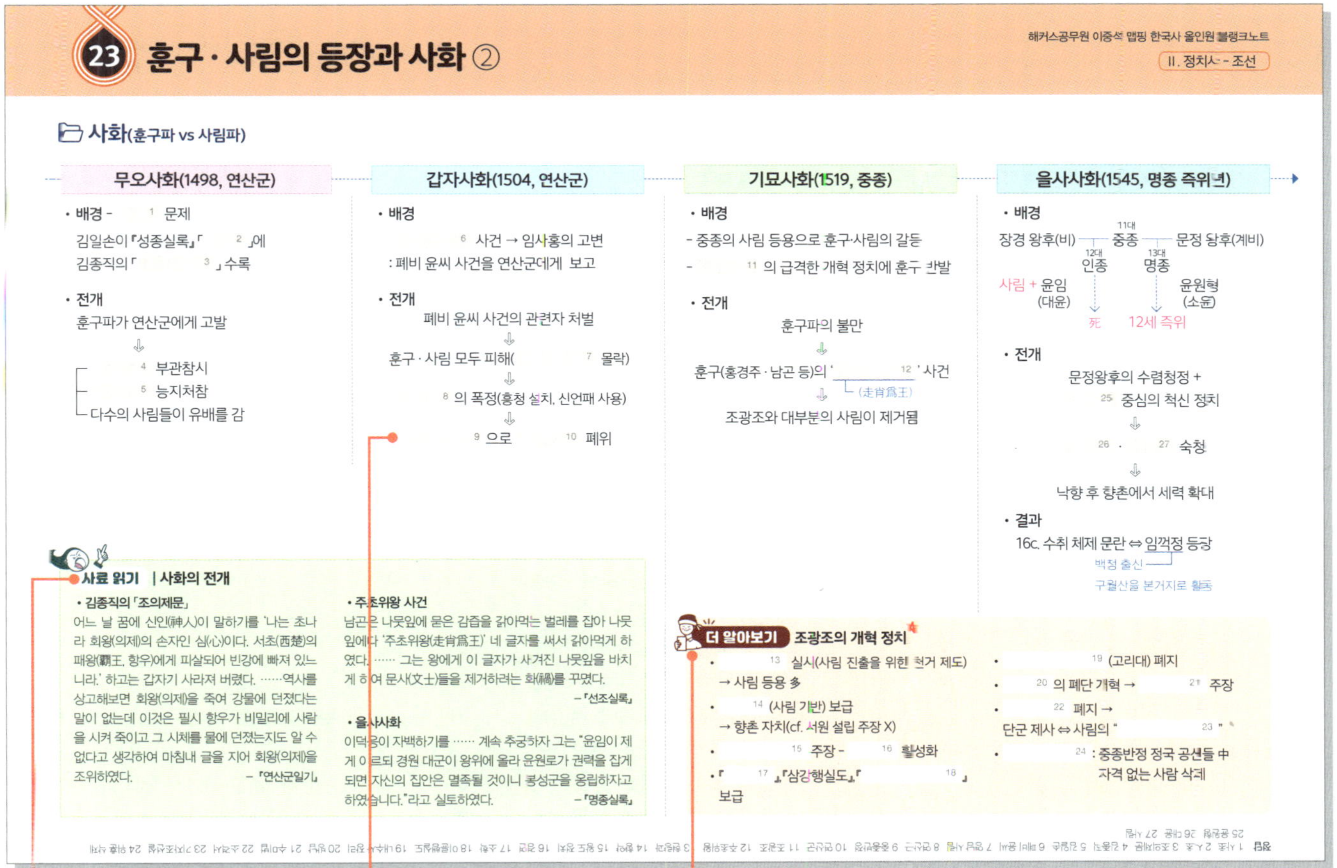

23 훈구·사림의 등장과 사화 ②

II. 정치사 - 조선

사화(훈구파 vs 사림파)

무오사화(1498, 연산군)
- 배경
  - 1 문제
  - 김일손이 『성종실록』「 2 」에 김종직의 3 수록
- 전개
  - 훈구파가 연산군에게 고발
  - 4 부관참시
  - 능지처참
  - 다수의 사림들이 유배를 감

갑자사화(1504, 연산군)
- 배경
  - 6 사건 → 임사홍의 고변
  - : 폐비 윤씨 사건을 연산군에게 보고
- 전개
  - 폐비 윤씨 사건의 관련자 처벌
  - 훈구·사림 모두 피해(7 몰락)
  - 8 의 폭정(흥청 설치, 신언패 사용)
  - 9 으로 10 폐위

기묘사화(1519, 중종)
- 배경
  - 중종의 사림 등용으로 훈구·사림의 갈등
  - 11 의 급격한 개혁 정치에 훈구 반발
- 전개
  - 훈구파의 불만
  - 훈구(홍경주·남곤 등)의 「走肖爲王」 12 사건
  - 조광조와 대부분의 사림이 제거됨

을사사화(1545, 명종 즉위년)
- 배경
  - 장경 왕후(비) — 11대 중종 — 문정 왕후(계비)
  - 12대 인종 / 13대 명종
  - 사림 + 윤임(대윤) / 윤원형(소윤)
  - 死 12세 즉위
- 전개
  - 문정왕후의 수렴청정 + 25 중심의 척신 정치
  - 26 / 27 숙청
  - 낙향 후 향촌에서 세력 확대
- 결과
  - 16c. 수취 체제 문란 ⇔ 임꺽정 등장
  - 백정 출신
  - 구월산을 본거지로 활동

사료 읽기 | 사화의 전개

- 김종직의 '조의제문'
  어느 날 꿈에 신인(神人)이 말하기를 '나는 초나라 회왕(의제)의 손자인 심(心)이다. 서초(西楚)의 패왕(覇王, 항우)에게 피살되어 빈강에 빠져 있느니라.' 하고는 갑자기 사라져 버렸다. ……역사를 상고해보면 회왕(의제)을 죽여 강물에 던졌다는 말이 없는데 이것은 필시 항우가 비밀리에 사람을 시켜 죽이고 그 시체를 물에 던졌는지도 알 수 없다고 생각하여 마침내 글을 지어 회왕(의제)을 조위하였다.
  — 『연산군일기』

- 주초위왕 사건
  남곤은 나뭇잎에 묻은 감즙을 갉아먹는 벌레를 잡아 나뭇잎에다 '주초위왕(走肖爲王)' 네 글자를 써서 갉아먹게 하였다. …… 그는 왕에게 이 글자가 새겨진 나뭇잎을 바치게 하여 문사(文士)들을 제거하려는 화(禍)를 꾸몄다.
  — 『선조실록』

- 을사사화
  이덕응이 자백하기를 …… 계속 추궁하자 그는 "윤임이 제게 이르되 경원 대군이 왕위에 올라 윤원로가 권력을 잡게 되면 자신의 집안은 멸족될 것이니 봉성군을 옹립하자고 하였습니다."라고 실토하였다.
  — 『명종실록』

더 알아보기 | 조광조의 개혁 정치

- 13 실시(사림 진출을 위한 천거 제도) → 사림 등용 多
- 14 (사림 기반) 보급
- 향촌 자치(cf. 서원 설립 주장 X)
- 15 주장 → 16 활성화
- 17 『삼강행실도』 18 보급
- 19 (고리대) 폐지
- 20 의 폐단 개혁 → 21 주장
- 22 폐지 → 단군 제사 ⇔ 사림의 23 ※
- 중종반정 정국 공신들 中 24 자격 없는 사람 삭제

정답 1 사초 2 조의제문 3 김종직 4 김종직 5 김일손 6 폐비 윤씨 7 윤필상 8 연산군 9 중종반정 10 연산군 11 조광조 12 주초위왕 사건 13 현량과 14 소학 15 방납 16 서원 17 언문 18 향약 19 내수사 20 소격서 21 도교 22 소격서 23 반발 24 위훈 25 윤원형 26 대윤 27 소윤

실전 대비를 위한 사료 읽기

한국사 핵심 개념을 암기·점검할 수 있는 빈칸 구성

고득점 달성을 위한 '더 알아보기'

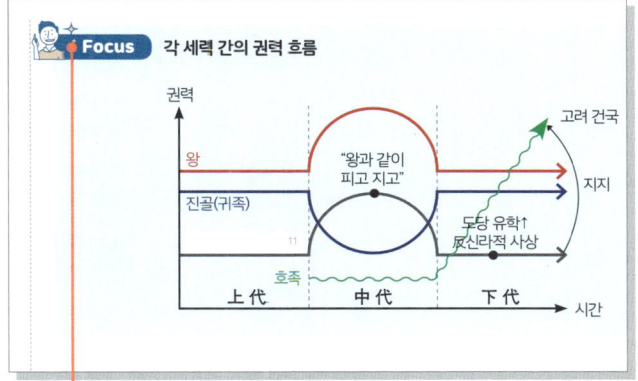

시대와 사건 전체의 흐름을 맵핑으로 도식화한 **'Focus'**

단원의 필수 사료와 핵심 사진·지도를 모은 **'맵핑 핵심 자료'**

차례

이중석 선생님의 맵핑이 담긴 블랭크노트만의 특별한 장점   2
한눈에 보는 블랭크노트의 구성과 특징   3

PART. 1   전근대사

Ⅰ 선사 시대

01 역사의 의미와 유물 사관	6
02 선사 시대 - 기록 이전의 시대	8
03 고조선	12
04 초기 국가 - 철기 시대 여러 나라	16

Ⅱ 정치사

05 삼국 시대 - 중앙 집권 국가의 탄생	19
06 삼국 시대 - 삼국의 통치 체제	32
07 삼국 시대 - 대외 항쟁과 신라의 삼국 통일	34
08 남북국 시대 - 통일 신라의 발전	37
09 남북국 시대 - 발해의 발전	41
10 남북국의 통치 체제	44
11 고려의 건국과 후삼국 통일	48
12 고려의 통치 조직	51
13 고려의 관리 선발 제도	55
14 고려 초기 왕의 업적	57
15 고려 중기 문벌 귀족 사회	62
16 무신 정권의 성립과 동요	65
17 고려의 대외 관계	68
18 고려 말 원의 내정 간섭과 개혁 정치	71
19 고려의 멸망과 조선의 건국 과정	74
20 조선의 통치 체제	75
21 조선의 관리 선발 제도	82
22 조선 전기 왕의 업적	84
23 훈구·사림의 등장과 사화	88
24 조선의 대외 관계	90
25 붕당 정치의 전개	99
26 조선 후기 탕평 정치	102
27 세도 정치와 사회 변혁의 움직임	106
28 조선 후기 대외 관계	109

Ⅲ 경제·사회·문화사

29 고대의 경제	110
30 고려의 경제	115
31 조선의 경제	123
32 고대의 사회	133
33 고려의 사회	137
34 조선의 사회	140
35 고대의 문화	146
36 고려의 문화	163
37 조선의 문화	176

PART. 2   근현대사

Ⅳ 근대

38 근대史의 시작	202
39 개항과 위정척사 운동	205
40 임오군란과 갑신정변	208
41 근대적 조약	212
42 동학史	214
43 갑오·을미개혁의 내용 분석	218
44 독립 협회와 대한 제국	220
45 국권 피탈 과정↔의병과 애국 계몽 운동	224
46 근대 경제史 - 열강의 경제 침탈과 경제적 구국 운동	230
47 근대 사회史	234
48 근대 문화史	235

Ⅴ 일제 강점기

49 일제 강점기 시기별 통치 방식의 변화	243
50 1910년대 민족 독립운동	247
51 3·1운동과 대한민국 임시 정부	249
52 1920~30년대 국외 민족 독립운동	254
53 1920~30년대 국내 민족 독립운동	260
54 민족 유일당 운동	264
55 국내외 동포의 생활 모습	266
56 민족 문화 수호 운동	267

Ⅵ 현대

57 해방 전후사	272
58 대한민국 수립	274
59 제헌 국회의 활동(1948~1950)	277
60 북한 정권 수립과 6·25 전쟁	279
61 민주주의의 시련과 발전	281
62 통일로! 통일로!	289
63 시기별 경제 정책	292
64 시기별 교육 정책과 언론의 발전	294
65 대중 문화의 발전	295

스마트폰으로 간편하게 정답을 확인하는

폰 안에 쏙!
블랭크노트 정답(PDF)

- 해커스공무원(gosi.Hackers.com) 접속 후 로그인
▶ 상단의 [교재·서점 → 무료 학습 자료] 클릭
▶ 본 교재의 [자료받기] 클릭 후 이용

PART 01 전근대사

해커스공무원 이중석 맵핑 한국사 **올인원 블랭크노트**

I 선사 시대

II 정치사

III 경제·사회·문화사

01 역사의 의미와 유물 사관 ①

1. 선사 시대

역사의 의미

史	史
└ 기록하다	└ 가운데

"과거에 있었던 사실" | "과거에 일어난 사실을 조사하여 기록한 것"

← 1 _____ 로서의 역사 | ← 2 _____ 로서의 역사

객관적 의미의 역사 | 주관적 의미의 역사
(역사가의 주관 배제) | (역사가가 과거의 사실들을 조사·연구하여 주관적으로 재구성)

발굴 | 발견, 탐사 등
| └ 3 _____ , 객관적, 공정성

랑케 | 카
"모든 사실을 배제하고 | "역사가는 과거의 사실 중
사실 그 자체를 밝히기" | 역사적 사실만 가려 뽑고
  | 그것을 재해석한다."
| ─ 카 |
  | "역사는 현재와 과거의 대화이다."
  | ─ 크로체

사료 비판

● 외적 비판 : 사료 자체의
     └ 4 _____ 판단
     ↳ 시료 밖에서 판단함
     ↳ TV 진품명품

● 내적 비판 : 사료 내용의
     └ 5 _____ 판단
     ↳ 시료 안에서 판단함
     ↳ 해신탕 속의 "한 동국"

유물 사관

사상(史觀) ─ 역사(사실)·역사적 사실을 바라보는 관점 (→ 6.____)

상부 → 정치·법률·종교·사상
↓규정 ↑규제
하부 → 생산력, 생산 수단
⟨사회 구조⟩

→ 정신·문화적 요소 = 7. ____ · 8.____(상부)
→ 물질 경제적 요소 = 정정·발전 동력(하부)

정답 1 사실 2 기록 3 카 4 진위성 5 신뢰성 6 물질 7 사회 8 경제

01 역사의 의미와 유물 사관 ②

📁 선사 시대의 구조적 이해

구석기 시대	신석기 시대	청동기 시대	철기 시대
사냥, 채집, 어로 (___1___ 경제)	★ ___4___ , 목축의 시작 잡곡(조, 피, 수수), 벼농사X (생산 경제)	★ ___7___ 시작	___13___ 사용 철제 보습, 깊이갈이
짐승 같은 생활 무리 → 이동 생활 └ ___2___ , 막집(강가) 연장자가 우두머리(___3___ 발생 X) 주술적 신앙 시작 └ 동굴 벽화, 조각품 ⇒ 사냥의 성공과 풍요 기원	인간다운 생활 정착 생활(강가, 바닷가) └ ___5___ 의 형성(움집) ___6___ 의 발생 └ 애니미즘, 토테미즘, 샤머니즘, 영혼 조상 숭배 토기의 필요 ⇒ 곡물 보관	야산, 구릉 지대 거주(배산임수) ___8___ 발생 ⇓ ★ ___9___ 발생 ⇒ 빈부 격차 ⇒ ___10___ 발생 ⇒ 법 ⇒ 국가의 형성 • 정복 전쟁 ⇒ 부족 간 통합 ⇒ ___11___ └ 선민 사상, 천손 사상(정치 이데올로기의 등장) → 전쟁 없이 정복 가능, 지배의 정당성 확보 • ___12___ ⇒ 가부장제	생산력 증대 = 역사 발전 ___14___ 형성 중국과 본격적 교역 시작 └ 명도전, 오수전 반량전, 다호리 붓

02 선사 시대 - 기물 이전의 시대 ①

구석기 시대

경제
1. **채집, 어로**, 사냥 등 → 무리를 지어 이동 생활

주거
동굴, 바위 그늘, 막집(강가)

도구
1. **뗀석기**, 뼈도구(골각기)
2. 대표 석기: 주먹도끼, 슴베찌르개

조기: 긁개, 밀개

구석기 시대

전기 구석기
약 70만 년 전 ~ 10만 년 전
- **특징**: 큰 석기 하나를 여러 용도로 사용
- 대표 석기: **주먹도끼**, 찍개
- 유적지
  - 충북 단양 금굴: 우리나라(南韓) 구석기 유적지 중 가장 오래됨
  - 공주 석장리 유적: 남한 최초로 발굴된 구석기 유적

더 알아보기 구석기 유적

경기 **3. 연천 전곡리**: 아슐리안형 주먹도끼 출토
→ 아슐리안계 주먹도끼는 아프리카·유럽 지역에만 존재하고 아시아에는 없다는 모비우스의 학설을 뒤집음

중기 구석기
약 10만 년 전 ~ 4만 년 전
- **특징**: 격지(돌조각)를 잔손질하여 하나의 석기를 하나의 용도로 사용
- 대표 석기: 밀개, 긁개, 찌개
- 유적
  - 웅기 굴포리
  - 6. **제천 점말 동굴**
  - 대현리 동굴
  - 제주 빌레못 동굴

후기 구석기
약 4만 년 전 ~ 1만 년 전
- **특징**: 형태와 쓰임새가 같은 여러 개의 석기 제작
- 대표 석기: **7. 슴베찌르개**, 잔석기
- 유적
  - 황해 북부 동관진 유적(1933)
  - **8. 단양 수양개** 유적
  - 충북 단양 금굴 유적: 우리나라 구석기 유적지 중 가장 오래됨

더 알아보기 구석기 시대의 인골 화석

- 충북 단양 상시리 동굴: 아이 두개골 → 남한 최초 인골 화석 발견
- 평양 만달리 동굴: 우리나라 인류의 조상
- 충북 청원 흥수굴: 어린아이 인골(흥수아이로 명명됨)

정답 1 사냥 2 주먹 도끼 3 연천 전곡리 4 공주 석장리 5 하나의 용도 6 제천 점말 동굴 7 슴베찌르개 8 단양 수양개

해커스공무원학원·공무원인강·교재 Q&A gosi.Hackers.com

02 선사 시대 - 기록 이전의 시대 ②

중석기 시대

약 1만 2천 년 전 ~ 1만 년 전

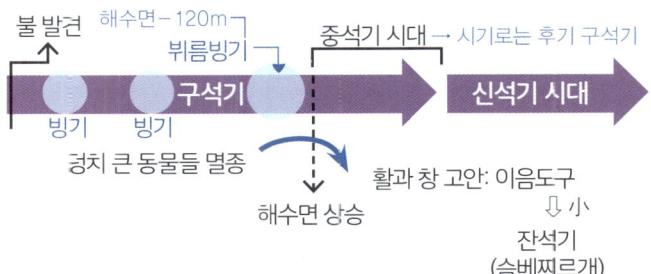

- 활과 창 고안: 이음도구
  ⇩ 小
  잔석기
  (슴베찌르개)

● 특징
빙하기가 지나고 기후가 온화해지면서 거대한 짐승이 사라지고 작은 동물과 식물 번성
⇨ 새로운 자연 환경에 적응하려는 노력으로 도구가 변화함

● 도구
1 사용, 이음 도구 제작(톱, 활, 창, 창살)

돌
자루(=슴베) 나무

활을 사용하여 작고 빠른 짐승 사냥
창, 작살 등을 이용하여 고기잡이

● 유적지
- 남한 지역
  - 경남 통영 상노대도
  - 강원 홍천 하화계리
- 북한 지역
  - 함북 웅기 부포리
  - 평양 만달리

신석기 시대 (약 1만 년 전 ~)

● 경제 ★
2 · 3 의 시작
└ 그러나 여전히 수렵·채집이 더 중요
⇨ 정착 생활, 원시 신앙 발생

● 부족 사회
혈연을 바탕으로 한 씨족 형성, 족외혼을 통해 부족 형성, 평등한 원시 공동체 사회

Focus 선사 시대 사회 변화

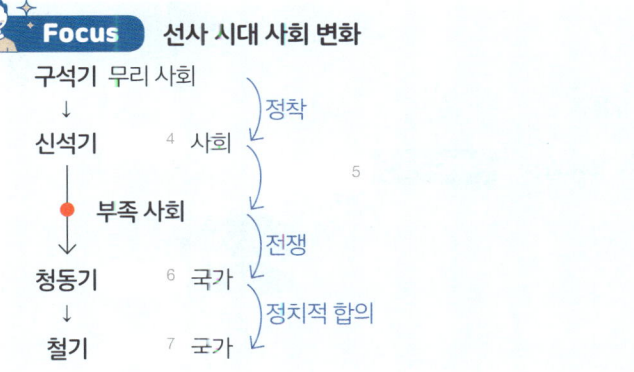

● 원시 신앙
- 8 : 자연 현상·자연물에 정령이 있다그 믿음
- 토테미즘: 자기 부족의 기원을 특정 동식물과 연결지어 숭배
- 샤머니즘: 영혼과 하늘을 인간과 연결시켜 주는 무당을 믿음
- 영혼 · 조상 숭배: 사람이 죽어도 영혼은 없어지지 않는다는 믿음

● 도구
- 9 : 농기구(돌보습, 돌괭이, 돌낫), 조리 도구(갈돌과 갈판)
- 수공업 도구: ★ 10 , 뼈바늘(옷, 그물 제작)
  ⇨ 원시 수공업 시작

● 토기 ★

	이른 민무늬 토기	초기에 제작
	11	토기 몸체에 덧무늬를 붙임
	눌러찍기무늬 토기	
	12	후기에 제작 첨저형(V형)

- 유물: 조개 껍데기 가면, 치레걸이(장식품)

● 유적지 ★
- 제주 한경 고산리: 한반도 최고(最古) 신석기 유적지
- 강원 13
- 함북 웅기 굴포리 서포항: 인골 발견
  → 동침앙와신전장
  (시신의 머리가 동쪽을 향해 누워 있음)
- 황해 봉산 지탑리, 평양 남경: 탄화된 좁쌀 발견
  └ 농경 시작의 증거
- 서울 암사동: 신석기 시대 집터 발견
- 14 (패총): 조개껍데기 가면, 흑요석 화살촉
  └ 조개더미   └ 원거리 교역의 증거

02 선사 시대 – 기록 이전의 시대 ③

I. 선사 시대

청동기 시대(B.C. 2,000년경 ~ B.C. 1,500년경 시작)

- **경제** ★
  - [1] 시작 ⇨ 농업 생산력 증대 ⇨ 잉여 생산물 발생
    └ but, 여전히 밭농사 중심(조·보리)

- **사회** ★
  - [2] 발생, **계급 분화**: 잉여 생산물의 발생이 빈부 격차와 **계급 분화** 촉진
    └ 계급 분화의 증거:
    고인돌의 크기, 껴묻거리
  - **남녀 역할 분화**: 여자는 집안일, 남자는 농경이나 전쟁에 종사
  - **족장(군장)의 출현**: 청동 무기 사용으로 활발한 정복 활동 전개
    ⇨ 지배자와 피지배자의 분화 촉진
    ⇨ 지배자인 족장(군장)이 다스리는 사회 등장([3])
    우세한 부족은 선민 사상을 내세워 주변 부족을 통합

📍 반달 돌칼

- **도구**
  - 간석기: 농기구의 다양화([4]📍, 돌도끼, 홈자귀, 돌괭이 등) ⇨ 농경이 발달함
    └ ★ 청동기가 아닌 석기

- **토기**

덧띠새김 무늬 토기　민무늬 토기　　[5] 토기　붉은 간 토기　송국리식 토기
└ 신석기 말기에서 청동기 초기의 토기

- **유적지**
  - **평북 의주 미송리 동굴**: 미송리식 토기 발견
  - **경기 여주 흔암리**: 탄화미 발견 (벼농사 시작의 증거)
  - **충남 부여 송국리**: 탄화미 발견, 청동기 시대 유물 다량 출토
    (반달돌칼·홈자귀·붉은 간 토기·송국리식 토기 등)
  - **울산 검단리**: 환호(도랑)로 둘러싸인 마을 유적 발견

더 알아보기 ─ 암각화 유적지(청동기)

울산 울주 대곡리 반구대 바위 그림
- 동물 그림
→ 사냥·고기잡이의 성공과 다산 기원

고령 양전동 알터 바위 그림
(= 고령 장기리 바위 그림)
- 기하학적 무늬(태양 숭배 의식 표현)
  └ 동심원, 십자형, 삼각형

Focus ─ 신석기와 청동기의 움집 비교

신석기 시대	청동기 시대
강가, 바닷가	야산, 구릉 지대 - 배산임수 취락 방어 시설([6])
원형, [7]	[8]
10호 미만(소규모) 발견 └ 씨족 사회, 크기 일정(주거용)	수십 호 이상 발견 = 크기 다양, 마을 형성 └ 주거용, 창고, 공동 작업장 등
강가, 바닷가 근처 ⇨ 추움	덜 추움, 건축 기술 발달

지표
지하　　　　화덕 ⇨
지표
[9] 화덕　주춧돌

정답　1 벼농사 2 사유 재산 3 계급 사회 4 반달돌칼 5 미송리식 6 환호 7 방형 8 장방형(직사각형) 9 지상 가옥화

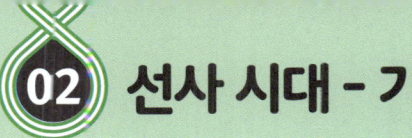

02 선사 시대 - 기록 이전의 시대 ④

청동기·철기 시대 비교

청동기 시대
(B.C. 2,000년경 ~ B.C. 1,500년경 시작)

청동기 출현(청동기 ___¹___ X)
⇒ 전문 장인 출현(농기구 X, 장식 무기 O, 공구 O)

철기 시대
(B.C. 5세기경 시작)

- ___²___ ⇒ 농업 생산력 증대
- 철제 무기 ⇒ 활발한 정복 전쟁
- 청동제 ⇒ 의기화(제사용 도구)
- 토기

덧띠 토기   검은 간 토기

└ 입술 단면에 원형·방형·삼각형 덧띠를 붙인 토기

청동기 시대
(B.C. 2,000년경 ~ B.C. 1,500년경 시작)

- 고인돌

탁자식   바둑판식   개석식

- 돌무지무덤
- 돌널무덤

- 선돌(입석)

철기 시대
(B.C. 5세기경 시작)

- 널무덤(토광묘)

- ___⁸___ (옹관묘)

● **북방 시베리아 계통의 청동기 문화**

비파형 동검 ─────────→ ³ 청동기 문화
      동검의 "토착화"
우리나라 체형에 맞게 청동기의 독자적 변화·발전
                             ⁴ 동검 + 거푸집

⁵ 거울 ─────────→ ⁶ 거울
      공예 기술 세련화

● **중국 계통의 철기 문화**

활발한 교역: ___⁷___, 반량전, 오수전
한자의 전래: 경남 창원 다호리 붓

03 고조선 ①   1. 선사 시대

해커스공무원 실전동형모의고사 한국사 1권 이동욱 봉투모의고사 특별증정

📖 고조선의 사회 모습

● 단군 시화 ★
→ 1. _____ 등 유물을 통해 고조선의 사회 모습을 추론할 수 있음

- **곰 숭배 사상**: 토테미즘 ➡ 고조선 사회가 원시 신앙 존재
- **시조**: 단군(제사장) + 왕검(정치적 군장)
  → 4. _____ 사상: 단군(제사장)과 왕검(정치적 군장)을 겸하는 **제정일치** 사회
- **농경 사회**: 풍백·우사·운사 등 농경과 관련된 신을 통솔 → 농경 중시 사회
- **새로운 사회 수립**: 환웅 부족이 태백산 지역에 내려옴 ➡ 계급이 발생하고 사유 재산 통치
- **부족의 융합**: 환웅 부족과 곰 부족의 연합, 호랑이 부족은 배제됨
- **선민 사상**: 환웅이 하늘의 자손임을 내세움 → 부족의 권위 정당화
- **홍익인간**: 널리 인간을 이롭게 한다(3. _____ 조항) → 건국 이념
- **8조법** ➡ 단군 시화의 6. _____ (3조 조항만 전해짐)
  → 노동력 존중: 살인자는 사형에 처한다 → **농경 중시 사회**를 반영한 사회
  → 사유 재산: 남의 물건을 훔친 자는 노비로 산음 → 사유 재산 존재·신분 사회
  → 일부는 화폐로 갚으며 50만 전을 내야 한다.
  → 농경 사회의 인정받음을 나타내는 사회

📖 고조선(단군 이야기) 관련 기록

● 동국의 고조선 관련 기록
- 『사기』: 중국의 고조선 관련 기록 중 가장 오래된 기록
  - 기자전에 사마천이 기술한 고조선 관련 기록
  - 조선 고조선 인물의 정치적 활동과 그 대화명에 호랑이부족과 접촉하였음
- 『삼국유사』: 고조선 관련 기록 - 고조선 관련 기록 중 가장 오래된 기록
  - 기자에서 단군 신화가 역사적인 의미를 지닌 기록
  - 『삼국유사』: 고조선, put, 대한민국의 정통성이 강조됨)

● 우리나라의 고조선 관련 기록
- 『삼국유사』(일연): 고조선 관련 기록 – 단군 신화 기록, 8_____ 발생 사상
- *『제왕운기』(이승휴): 고조선 10_____ 발생 사상
- 『세종실록』지리지: 고조선 관련 기록
- 조선 세조 때 - 12_____ 에 『제왕운기』와 같음
- 『응제시주』(권람): 조선 세조(15C) - 『제왕운기』와 같음
- 『동국여지승람』(서거정): 조선 성종 13_____
- 『동국여지승람』(노사신): 조선 성종 등등
- 『표제음주동국사략』(유희령): 조선 중종 등등

🔖 개념 확인하기 | 단군 신화하여 8조법

● 단군 신화

→ 옛날 환인의 아들 환웅이 인간 세상을 다스리고자 하였다. 아버지는 아들의 뜻을 알고는 삼위 태백산을 내려다보니, 인간을 널리 이롭게 할 수 있었다. 이에 환인은 환웅에게 천부인 3개를 주어 인간 세계에 내려가 다스리게 하였다. 환웅은 3,000명의 무리를 이끌고 태백산 꼭대기 신단수 아래에 내려와 그곳을 신시라고 불렀다. ...... 환웅은 곰과 호랑이가 사람이 되고 싶다 하니, 쑥과 마늘을 주면서 100일간 이것을 먹으며 햇빛을 보지 않으면 사람이 되리라 하였다. 곰은 이를 지켜 21일 만에 여자로 변하였다. 환웅은 여자로 변한 곰과 혼인하여 아들을 낳으니 단군왕검이라 이름하였다.

— 『삼국유사』

● 8조법
→ (고조선에서는) 백성들에게 금하는 법 8조를 만들었다. 그것은 사람을 죽인 자는 즉시 죽이고, 남에게 상처를 입힌 자는 곡식으로 배상하며, 남의 물건을 도둑질한 자는 소유주의 집에 잡혀 들어가 노비가 됨을 원칙으로 하되, 자속하려는 자는 50만 전을 내야 한다. ...... 여자들은 단정하여 음란하고 편벽된 짓을 하지 않았다.

— 『한서』 「지리지」

정답 1 단군 신화 2 8조법 3 홍익인간 4 제정일치 5 토테미즘 6 한서 7 노동력 8 삼국유사 9 대동강 10 제왕운기 11 응제시주 12 요동 13 동국통감

03 고조선 ②

I. 선사 시대

📁 고조선의 성립과 발전

```
B.C. 2333            B.C. 4c 경            B.C. 3c 초            B.C. 3c 경
   ○                    ○                    ○                    ○
```

- __1__ 이 고조선 건국
  - 제사장(단군) + 정치적 군장(왕검)
  - = 제정 일치 사회
- 랴오닝 중심, 청동기 문화를 바탕으로 성장

★ 랴오시(요서)를 경계로
  - __4__ 와 대립할 만큼 강성
  - 중국의 전국 7웅 중 하나

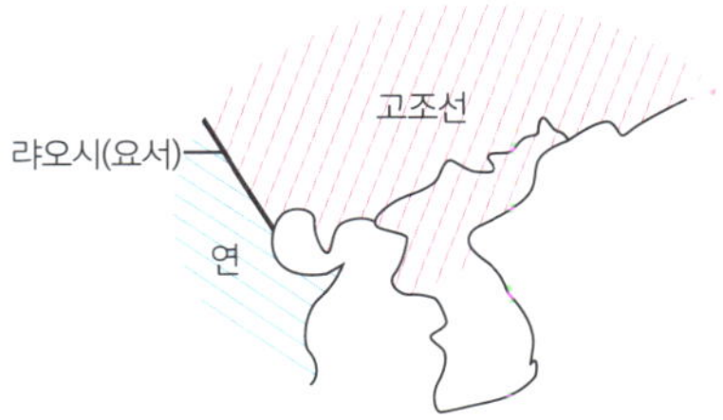

연나라 장수 __5__ 의 고조선 침입
⇨ 서쪽 영토(요동) 상실

고조선의 국력↑(왕권 강화)
- **왕호 사용**: __6__, __7__
- 일시적 왕위 세습
- **관직 설치**: 상, 경, 대부, 대신, 장군, 박사 등

● 고조선의 세력 범위

__2__, __3__ 거울, 미송리식 토기, 북방식 고인돌 중 2개 이상이 공통으로 발견되는 지역

고조선의 중심지 이동

요동 → __8__ 우역
        └─ 왕검성

① 요동 중심설
② 대동강 중심설
③ 중심지 이동설
   └─ 최근 학계의 정설

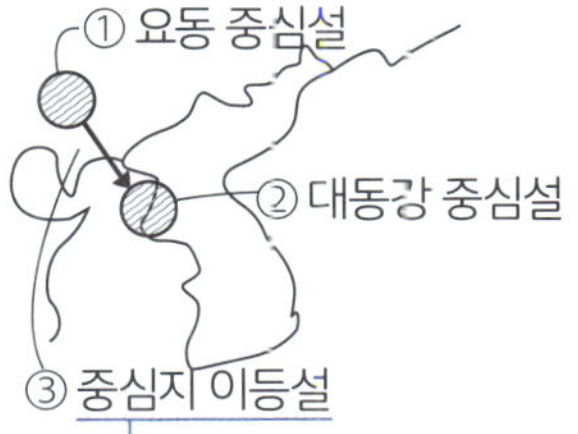

✨ Focus | 단군 조선설과 기자 조선설

- **단군 조선설**: 우리나라의 주장

- **기자 조선설**: 조선 시대 사림의 주장 ⇨ 현재는 부정되는 학설
  - 소중화의 근거로 삼음
  - 민족 문화에 대한 자부심 향상(오랑캐가 세운 나라가 아니라는 증거)
  - ex) 이이, 『__9__』

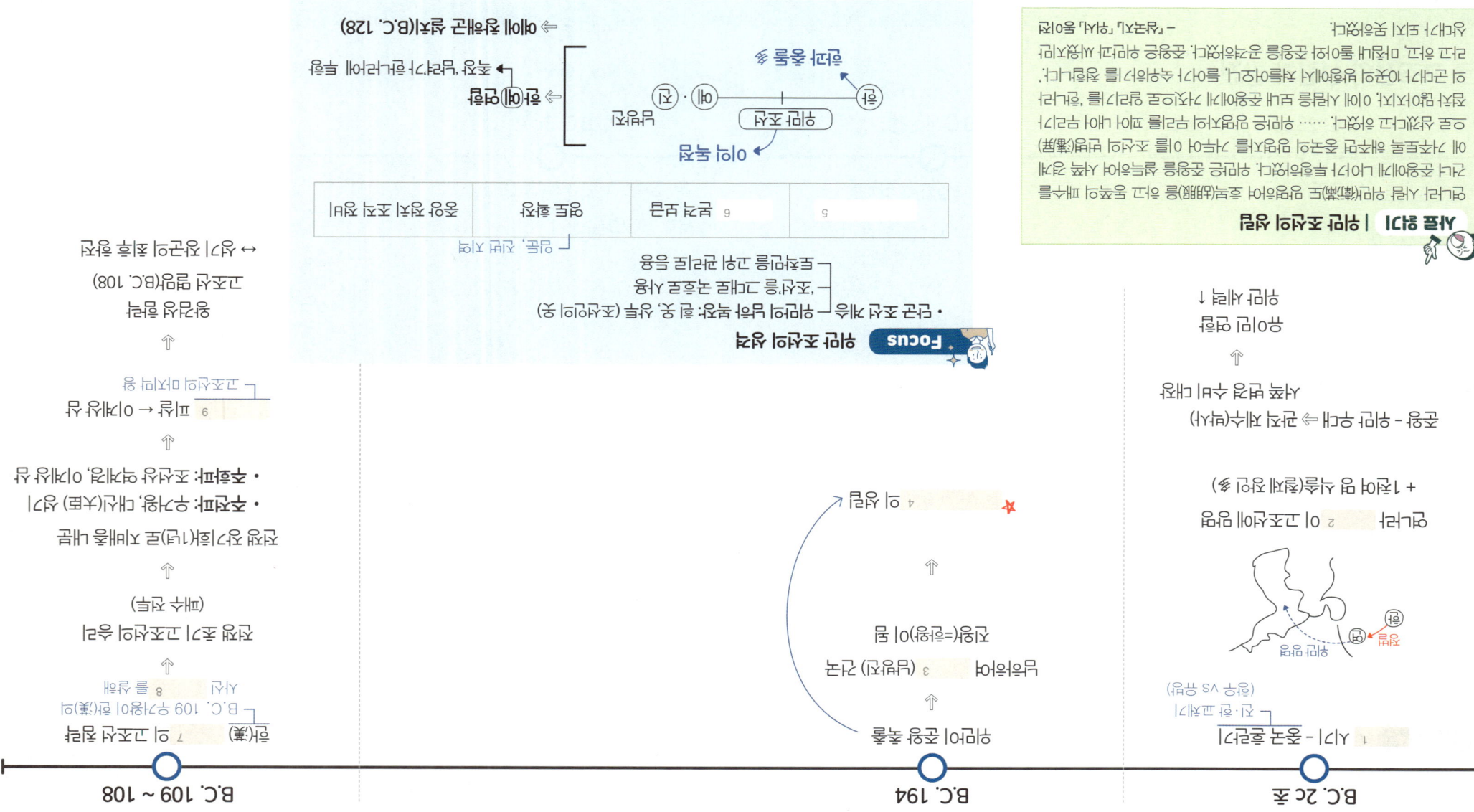

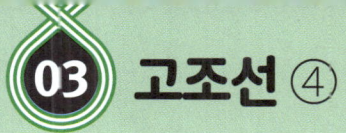

03 고조선 ④

📁 한(漢)의 고조선 지배

- ¹ (한4군) 설치 낙랑, 진번, 임둔, 현도
  └ 기존에 있었음
- 법 조항이 60여 개로 증가 ⇨ 풍속이 각박해짐
  └ 토착 세력의 반발
- 고조선 분열 정책을 추진

한 군현의 소멸
- **낙랑군**: 고구려 ² 에 의해 멸망
- **진번군**: 낙랑과 현도에 병합
- **임둔군**: 낙랑에 병합
- **현도군**: 고구려인의 저항으로 푸순 방면으로 축출

더 알아보기 | 단군 조선과 위만 조선 비교

단군 조선	위만 조선
• 기원전 2333년 단군왕검이 건국	• 기원전 194년 위만이 성립
• ³ 를 바탕으로 성장	• 본격적으로 ⁵ 문화 수용
• 단군 신화 → 선민 사상, ⁴ 반영	• ⁶ 독점 → 한 - 위만 조선 - 예·진
• 연나라와 대립할 만큼 강성	• 한의 침략을 받아 멸망

더 알아보기 | 철기 시대 연맹 왕국의 등장

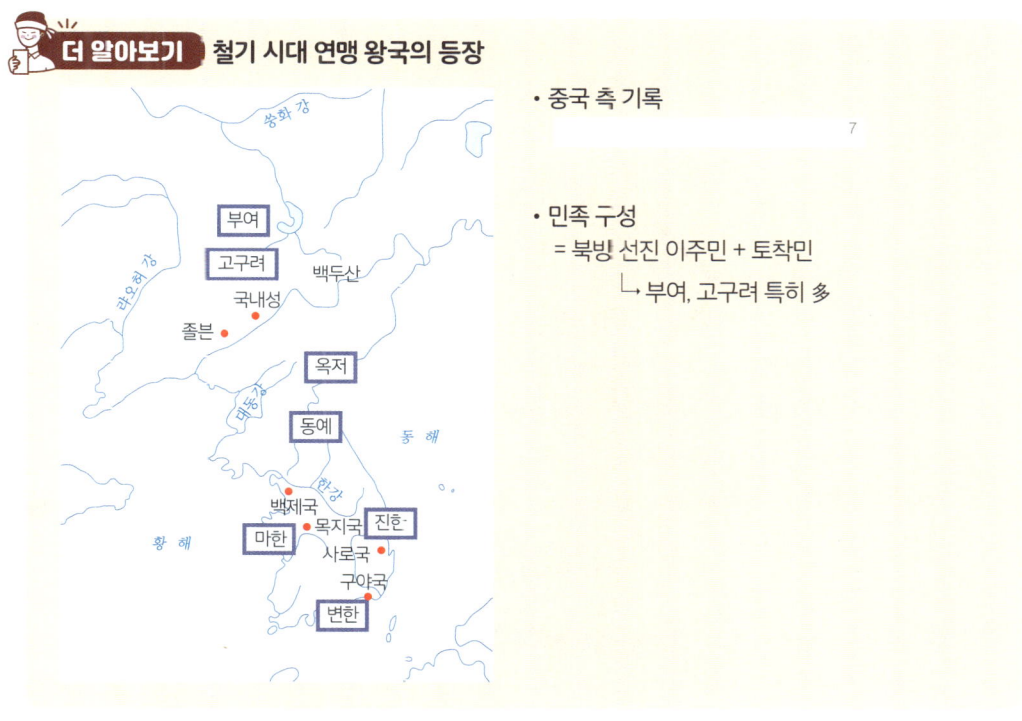

- 중국 측 기록 ⁷

- 민족 구성
  = 북방 선진 이주민 + 토착민
  └ 부여, 고구려 특히 多

정답: 1 한군현 2 미천왕 3 청동기 문화 4 농경 사회 5 철기 6 중계 무역 7 「삼국지」, 「위서」, 「동이전」

04 초기 국가 – 철기 시대 여러 나라 ①

I. 선사 시대

부여

→ 고구려, 백제의 뿌리
└ 6c 성왕 – 국호를 남부여, 수도를 사비(現 부여)로 천도

● 정치

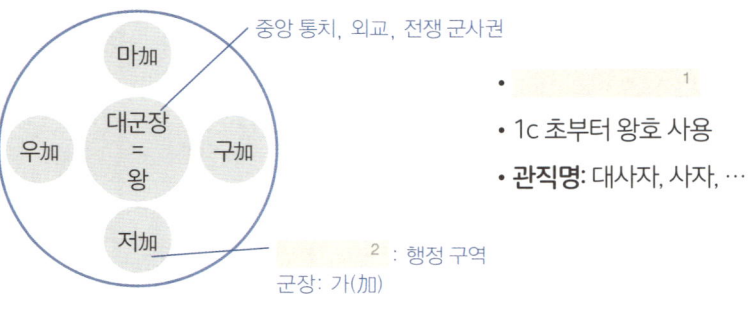

중앙 통치, 외교, 전쟁 군사권

- _____ 1
- 1c 초부터 왕호 사용
- **관직명**: 대사자, 사자, …

_____ 2 : 행정 구역
군장: 가(加)

● 경제
- 반농 반목(농경, 목축) + 수렵 발달(← _____ 3 유역 넓은 평야 지대)
- **특산물**: 말, 주옥, 모피
- 하호(하층 평민, 노비X)가 생산 활동 담당

● 제천 행사: _____ 4 (12月)★ 겨울철 사냥 기원(← 수렵 사회의 전통 반영)

● 사회 풍습★
- _____ 5 (껴묻거리), 국왕의 장례에 _____ 6 (옥으로 만든 갑옷) 사용
- 흰색 숭상(→ 흰 옷을 입음)
- _____ 7 (전쟁 미망인 사회 보호책, 가문의 재산 유지 목적) → 지배층의 혼인 풍습
- 우제점법(소굽점), _____ 8 (한의 역법) 사용
- **법률** – _____ 9 : 남의 물건을 훔치면 물건 값의 12배 배상
- 간음자, 투기가 심한 부인은 사형에 처함 (일부다처제)

● 변화 · 발전
- 3c 말 선비족의 침입으로 국력 쇠퇴 ⇨ 고구려 보호국으로 전락
- 5c 말 고구려 문자왕에 의해 복속 ⇨ 중앙 집권 국가로 성장 X

고구려

→ 초반부터 강력한 왕권으로 시작

● 정치

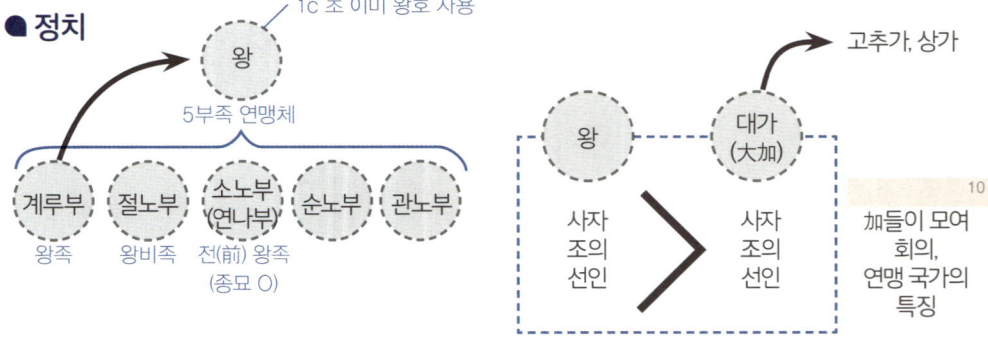

1c 초 이미 왕호 사용

고추가, 상가

加들이 모여 회의, 연맹 국가의 특징

왕 아래 관직의 힘이 더 ↑

● 경제
- 산악 지대로 토지 척박 ⇨ _____ 11 경제(대상: 옥저, 동예)
- _____ 12 (창고): 약탈물 저장
- 특산물: 맥궁(전쟁용 활) → 상무적 기풍

● 제천 행사: _____ 13 (10月)★ 국동대혈에 모여 조상신(주몽 & 유화부인)에 제사

● 사회 풍습★
- _____ 14 (일종의 데릴사위제, 노동력 중시) → 지배층의 혼인 풍습
- **장례 풍습**: 돌을 쌓아 봉분을 만들고(돌무지무덤) 봉분 주변에 소나무, 잣나무를 심음
- **사회 풍습**: 부여의 영향을 받음 - _____ 15 , 우제점법
- **법률**: 부여의 영향을 받음 - 1책 12법, 투기가 심한 부인은 사형
- **형벌**: 중대 범죄자 사형 · 가족은 노비 , 감옥 X
  _____ 16 를 통해 결정

● 변화 · 발전: 유일하게 중앙 집권 국가로 성장

04 초기 국가 - 철기 시대 여러 나라 ②

I. 선사 시대

옥저

● 정치
군장 국가: 읍군, ____¹, 후가 통치
  └ 대군장 X(왕 X)
→ 연맹 왕국으로 발전 X

● 경제
- 소금, 해산물 풍부 ┐
                    ├→ ____² 에 공납
- 함흥 평야 → 농경 발달 ┘

● 제천 행사
기록 X

● 사회 풍습 ★
- ____⁵ (예부제)
- ____⁶ (가족 공동 무덤)
  └ 목곽 입구에 쌀 항아리를 매달아 놓음

동예

- 단궁(활), ____³ (조랑말)
  반어피(바다표범 가죽)
- 해산물, 신누에
  └ 방직 기술 발달로 명주, 삼베 등 생산

____⁴ (10월)

- 족외혼 ┐
         ├ 씨족 사회의 전통
- ____⁷ ┘
  └ 다른 부족의 영역을 침범하면
    노비·소·말로 변상
- 철(凸)자형·여(呂)자형 집터

- 사람이 병으로 죽으면 집을 버리고 다른 집으로 이사

● 변화 · 발전
고구려에 복속 · 멸망

삼한
→ 78개 소국 연맹체

● 정치

마한	변한	진한
54부족	12부족	12부족
목지국	구야국	사로국

 ____⁸ (한왕) ────────────→ 왕을 파견·통치
  └ 삼한 전체의 왕

군장 ┌ 힘↑: ____⁹, 견지 ⇒ 저수지 有
     └ 힘↓: ____¹⁰, 부례 ⇒ 저수지 無

● 경제
                              ┌ 김제 벽골제, 제천 의림지 등
- 철제 농기구 사용으로 벼농사 발달 → 저수지 축조
- 변한: 다량의 철 생산 → ____¹¹, ____¹² 에 수출, 화폐처럼 사용(덩이쇠)

● 제천 행사 ★
- ____¹³ (5月) → 단오로 발전
- ____¹⁴ (10月) → 추석으로 발전
- 군장 외에 ____¹⁵ 이 존재 ⇒ ____¹⁶ 에서 ____¹⁷ (제사장)이 주도
  ⇒ 제사장 힘↓, ____¹⁸ 사회

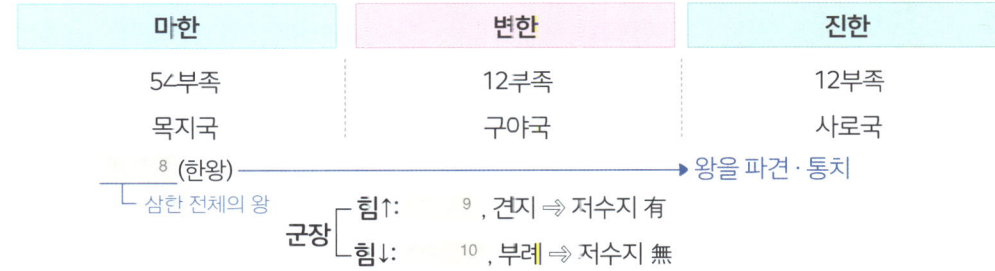
📍솟대(소도)

● 사회 풍습
- ____¹⁹ : 공동 노동 조직 ← 벼농사 발달
- 풍습 ┌ ____²⁰ : 일본의 영향
       └ ____²¹ : 아이의 머리를 돌로 눌러 납작하게 만듦(일종의 성형)
- 주거: 귀틀집, 초가집, 흙방(토실) - 무덤: 주구묘, 옹관묘

 📍흙방(토실)    📍주구묘

● 변화 · 발전
마한: 백제국 ⇒ ____²² 로 발전   변한: 구야국 ⇒ ____²³ 로 발전   진한: 사로국 ⇒ ____²⁴ 로 발전

04 초기 국가 - 철기 시대 여러 나라

해커스공무원 이중석 맵핑 한국사 올인원 블랭크노트

I. 선사 시대

📖 맵핑 핵심 자료

▨ 부여의 정치

벼슬은 여섯 가축의 이름을 따서 마가·우가·저가·구가·견사·대사자·사자라 칭했으며 …… 제가들은 별도로 사출도를 주관하는데 큰 곳은 수천 가이며 작은 곳은 수백 가였다. …… 옛 부여의 풍속에 장마와 가뭄이 연이어 오곡이 익지 않을 때, 그때마다 왕에게 허물을 돌려서 '왕을 마땅히 바꾸어야 한다.'라거나 혹은 '왕은 마땅히 죽어야 한다.'라고 하였다.

– 『삼국지』「위서」동이전

▨ 부여의 자연 환경과 사회

• 구릉과 넓은 못이 많아 동이 지역 중에서 가장 넓고 평탄한 곳이다. 토질은 오곡을 가꾸기에는 알맞지만 과일은 생산되지 않는다. 사람들 체격이 매우 크고, 성품이 강직하고 용맹하며, 근엄하고 후덕하여 다른 나라를 노략질하지 않았다. …… 사람이 죽으면 여름철에는 모두 얼음을 사용하여 장사를 지냈다. …… 장사를 후하게 지냈으며, 곽(槨)은 사용하였으나 관(棺)은 쓰지 않았다.

• 흰 옷을 좋아했고, 은력을 사용했으며 형사취수제와 일부다처제의 풍습이 있었다. 왕이 죽으면 많은 사람을 부장품과 함께 껴묻는 순장의 풍속이 있었다.

– 『삼국지』「위서」동이전

▨ 고구려의 정치

나라에는 왕이 있고, 벼슬로는 상가·대로·패자·고추가·주부·우태·승·사자·조의·선인이 있다. 신분이 높고 낮음에 따라 각각 등급을 두었다. 왕의 종족으로서 대가는 모두 고추가로 불린다. 모든 대가들은 사자·조의·선인을 두었는데, 명단을 반드시 왕에게 보고해야 한다.

– 『삼국지』「위서」동이전

▨ 고구려의 자연 환경과 풍습

• 부여의 별종이라 하는데, 말이나 풍속 따위는 부여와 많이 같지만 기질이나 옷차림이 다르다.

• 큰 산과 깊은 골짜기가 많고 평원과 연못이 없어서 계곡을 따라 살며, 골짜기 물을 식수로 마셨다. 좋은 밭이 없어서 힘들여 일구어도 배를 채우기는 부족하였다. 사람들의 성품은 흉악하고 급해서 노략질하기를 좋아하였다.

• 장례를 후하게 치러 금·은 재화를 무덤에 넣는다. 돌을 쌓아 봉분을 만들고 주위에 소나무와 잣나무를 심는다. – 『삼국지』「위서」동이전

▨ 옥저

고구려 개마대산 동쪽에 있는데 개마대산은 큰 바닷가에 맞닿아 있다. 지형은 동북 간이 좁고 서남 간은 길어서 천리 정도는 된다. 북쪽은 읍루, 부여와 남쪽은 예맥과 접해 있다. …… 큰 나라 사이에서 시달리고 괴롭힘을 당하다가 마침내 고구려에 복속되었다. 고구려는 그 나라 사람 중에 대인을 뽑아 사자로 삼아 토착 지배층과 함께 통치하게 하였다.

– 『삼국지』「위서」동이전

▨ 동예

• 동예는 남쪽으로는 진한과 북쪽으로는 고구려, 옥저와 맞닿아 있고, 동쪽으로는 큰 바다에 닿았으니 오늘날 조선 동쪽이 모두 그 지역이다. …… 대군장이 없고 한대 이후로 후, 읍군, 삼로 등의 관직이 있어서 하호를 통치하였다. 해마다 10월이면 하늘에 제사를 지내는데 밤낮으로 술마시며 노래 부르고 춤추니, 이를 '무천'이라고 한다.

• 꺼리는 것이 많아서 병을 앓거나 사람이 죽으면 옛집을 버리고 곧 다시 새집을 지어 산다. …… 부락을 함부로 침범하면 노비, 소, 말로 배상하게 하는데 이를 책화라고 한다.

– 『삼국지』「위서」동이전

▨ 삼한

• 각기 장수(長帥)가 있어 세력이 큰 자는 스스로 신지라 부르고 그 다음 세력을 읍차라 한다. …… 5월이 되어 씨를 다 뿌리고 나면 귀신에게 제사를 올린다. 이 때는 모든 사람들이 모여서 노래하고 춤추며 술을 마시고 놀아 밤낮을 쉬지 않는다. …… 10월에 농사일이 끝나면 또 한번 이렇게 논다.

• 귀신을 믿기 때문에 국읍에 각각 한 사람씩 세워 천신의 제사를 주관하게 하는데, 이를 천군이라 한다. 여러 나라에는 각각 별읍이 있는데, 이를 소도라 하였다. 큰 나무를 세우고 거기에 방울과 북을 매달아 놓고 귀신을 섬겼는데, 사방에서 도망해 온 사람들은 모두 여기에 모여 돌아가지 않았다.

– 『삼국지』「위서」동이전

05 삼국 시대 - 중앙 집권 국가의 탄생 ①

📁 고대 국가의 특징

- **중앙 집권화**: 지방 족장 세력의 중앙 관료화(=신하, 귀족)
  ¹ 정비, ² 정비 ➡ 서열화

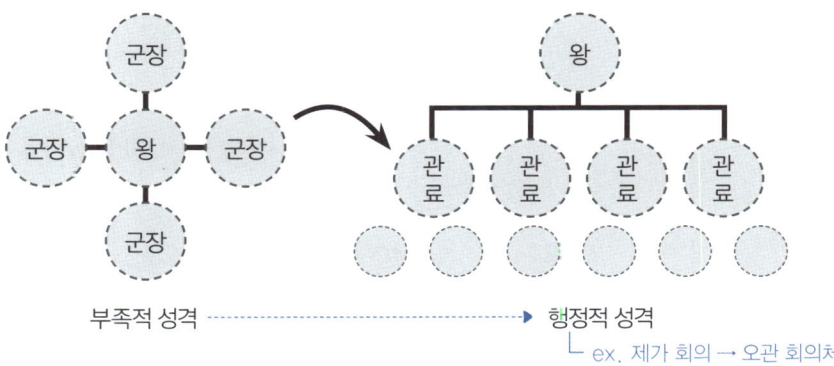

부족적 성격 ┈┈┈┈┈➤ 행정적 성격
　　　　　　　　　　　└ ex. 제가 회의 → 오관 회의체

- **왕권 강화** ← ³ ⭐ **수용**: 왕즉불(王卽佛)
  └ 통치 이데올로기
  　국가 정신 통일 + 지배의 정당성 확보

- ⁴ ⭐ **반포 = 형법 +** ⁵ (≒ 헌법, 통치 체제 성문화)

- **영역 국가의 모습 :** ⁶ 확정
  └ 정복 전쟁 활발

- ⁷ ⭐ **차지의 의미 (=전성기)**
  - 중국과의 최단 교역로 ➡ ⁸ 유입 용이
  - 황해 장악 = 삼국의 패권 장악(군사적으로 우위를 확보)

더 알아보기 — 삼국의 중앙 집권화 비교 ⭐

구분	고구려	백제	신라
체제 정비	태조왕(1c후)	⁹ (3c)	내물 마립간(4c)
부자 상속	¹⁰ (2c)	¹¹ (4c)	눌지 마립간(5c)
율령 반포	소수림왕(4c)	¹² (3c)	¹³ (6c)
불교 수용	소수림왕(4c)	¹⁴ (4c)	¹⁵ (5c) (→ 공인 : 법흥왕)
한강 차지	¹⁶ (5c)	고이왕(3c)	진흥왕(6c)

05 삼국 시대 - 중앙 집권 국가의 형성 ②

삼국의 정치적인 발전도

4C 백제 전성기
→ 근초고왕, 마리마리이

- 영토
- 2 ___ 고국원왕 고국원왕 전사시기(371)
- 3 신동·남동 진출
- 4 왜 백제 교사 주도
- 왜국 중 왕권의 오지 지지 진출
- 5 ___ 교사(진주)

5C 고구려 전성기
→ 광개토

- 6 ___ 왕(427) - 평양성 이전
- 동북제국의 칙사 진출
- 국내성 마라왕 집권 X
- 백제 한성의 공격
- 웅진 천도의 공격(433)
- 8 ___ 천도(433)
- 백제의 공격 동원(475), 사망, 9 ___ 왕(475) → 10 ___ 천도(475)
- 돈호성의
- 고구려가 남한강 유역까지 진출
- 중주 (충주) ⇐ 고구려비 건립
- 나·제 결혼 동맹 체결(493), 고구려 공동성 시기

6C 신라 전성기
→ 진흥왕

- 진흥왕 집권 돗수 X
- 나·제 동맹 결렬 후 신라 한강 유역 점령(553)
- 11 ___ 집령(551) ⇐ 나·제 동맹 결렬
- 12 ___ 전투(554, vs 백제) ⇐ 백제 장원 진사
- 응공 진출
- 13 ___ 돗립 ⇐ 동예성·황초령비 건립
- 동북 방면 진출 가능 (신동지방)

정답 1 마한 2 평양성 3 요서 4 진평현 5 동진 6 평양 7 남하 8 나·제 동맹 9 개로왕 10 웅진 11 단양 적성비 12 관산성 13 당항성

05 삼국 시대 - 중앙 집권 국가의 탄생 ③

📁 삼국의 전성기와 연합도

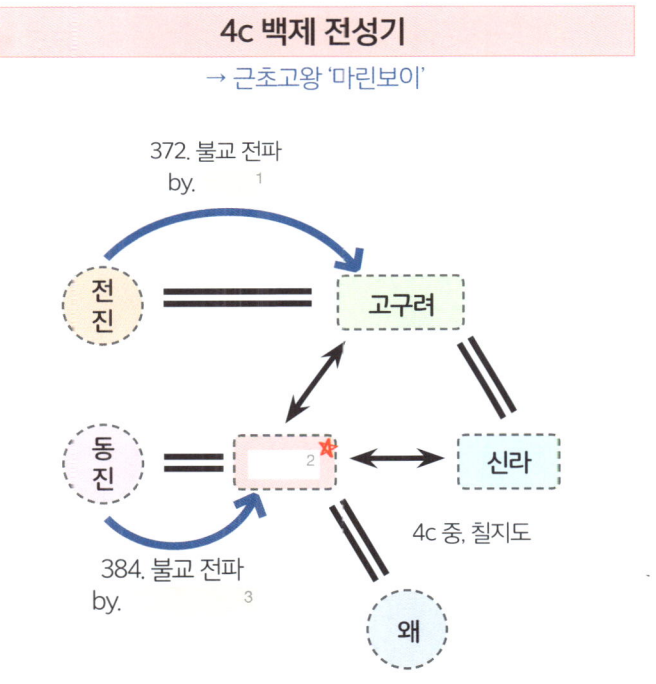

4c 백제 전성기
→ 근초고왕 '마린보이'

372. 불교 전파 by. ___1___

___2___

384. 불교 전파 by. ___3___

4c 중, 칠지도

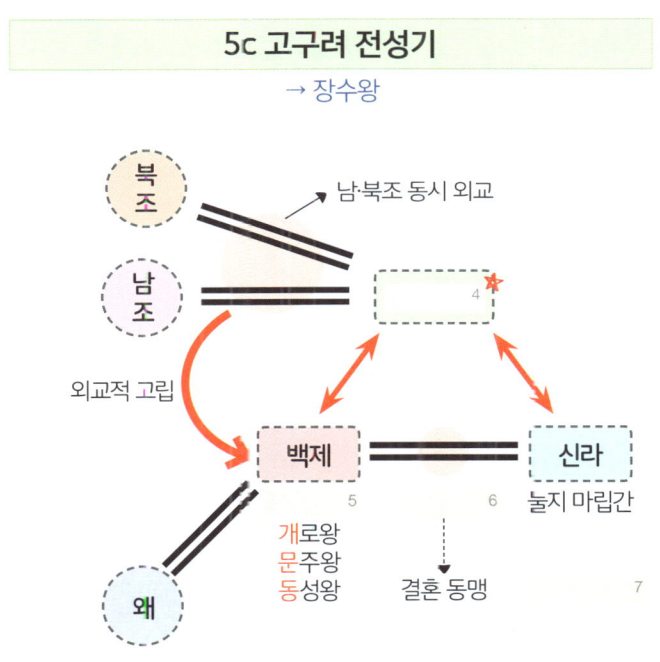

5c 고구려 전성기
→ 장수왕

남·북조 동시 외교

외교적 고립

___4___

개로왕
문주왕
동성왕

5   6 눌지 마립간

결혼 동맹   7

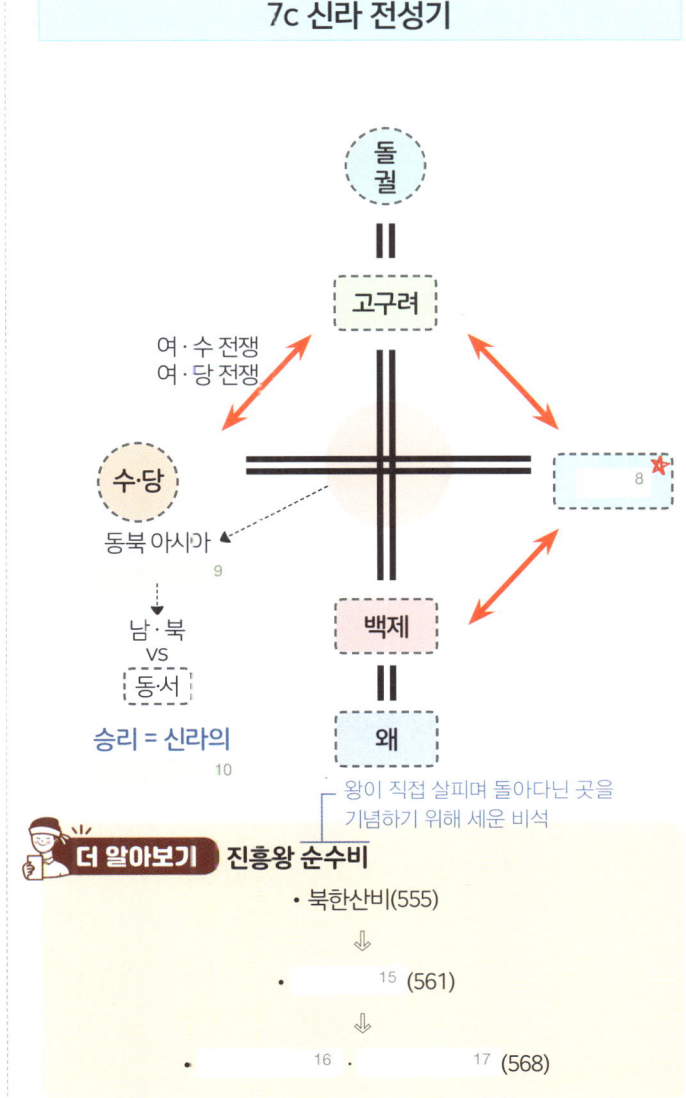

7c 신라 전성기

여·수 전쟁
여·당 전쟁

동북 아시아
___9___

남·북 vs 동·서

승리 = 신라의 ___10___

___8___

더 알아보기 진흥왕 순수비
왕이 직접 살피며 돌아다닌 곳을 기념하기 위해 세운 비석

- 북한산비(555)
  ⇩
- ___15___ (561)
  ⇩
- ___16___ ___17___ (568)

• ___11___ 그릇 – "을묘년 국강상 광개토지호태왕호우십"

※ 4c 말 ~ 5c 초 한반도 정세

• **전개:** 왜의 신라 침입 ⇨ 고구려(고구려 군 5만 명)의 신라 지원 ⇨ 왜군 격퇴(by. 광개토 대왕)
  └ 백제와 연합   ⇨ 고구려 군의 신라 주둔

• **결과:** - 고구려의 신라 ___12___ 시작
           - 가야의 중심지 이동(___13___ ⇨ ___14___)

05 남북국 시대 - 중앙 집권 국가의 탄생 ④

II. 고대사회 - 고대

📖 가야

● 성립
- 낙동강 하류의 변한 지역
  - 농경문화 발달과 철기 문화를 토대로 연맹체 성립
- 금관 연맹(6가야):
  1. 금관가야(김해), 2. (성주), 3. ( ),
  4. (고령), 5. (김해성가야), 6. (고령미라마가야), (고성소가야)

● 금관가야 **★중요**
- 건국: 김수로(42), ┌6┐ 가 건국
  - 김해에서 성장한 금관가야가 금관 연맹을 통합 → 맹주
- 금관 연맹 발달
  - 해상: 4C 초 ~ 5C 초 금관가야를 중심으로 금관 연맹 형성
  - 쇠퇴: 4C 초 고구려 · 백제의 공격으로 금관가야 세력 위축
  ↳ ┌8┐ 이 금관가야 중심의 금관 연맹을 공격(광개토대왕x)
- 후기 가야 연맹의 등장 - 5C 중엽 금관가야의 쇠퇴로, 대가야를 중심으로 한 금관 연맹이 대두
  - 6C 초 백제 · 금관가야와 동맹을 맺어 왜와 대응
  └ ┌10┐ 실현: 대가야가 금관가야와 교류, 금관가야가 신라와 ┌11┐ (522)

● 멸망 **★**
- 금관가야 멸망: 신라 ┌12┐ 이 금관가야를 정복
  ↳ 가야 남부 지역이 신라에 병합되고 분열 심화
- 대가야 멸망: 가야가 백제의 중재로 신라와 결연을 맺음 → ┌13┐ 이 친공
  정복 ┐ 이후 대가야 멸망(562)
  └ ┌14┐ 의 활약

● 문화 **★**
- 김해 ┌18┐ 고분군, 고령 ┌19┐ 고분군, 함안 말이산 고분군, 창녕 교동 고분군
- 유물: 고분에서 토성, 덩이쇠, 칼, 굽다리 접시, 수레바퀴 토기 등 출토
  - 금관가야의 수레바퀴 토기 → ┌20┐ 에 영향을 줌
- 대표 유물: 21 (수레바퀴), 22 (농물), 덩이쇠 · 판갑(체계) 등이
  대가야 및 금관가야의 인물상이 출투되어 고유한 문화 확립

🔸 금관가야 고분 출토 유물
🔸 대가야 고분 출토 유물

정답 1 변한 2 금관가야 3 김수로왕 4 대가야 5 이진아시왕 6 김해 7 아유타국 8 광개토 대왕 9 고령 10 결혼 동맹 11 법흥왕 12 법흥왕 13 진흥왕 14 이사부 15 철 16 낙랑 17 규수 18 대성동 19 지산동 20 스에키 토기 21 우륵 22 강수

05 삼국 시대 - 중앙 집권 국가의 탄생 ⑤

II. 정치사 - 고대

고구려

B.C. 37 건국: 부여 계통의 유이민(주몽)과 압록강 토착 세력의 결합

● 태조왕(1c)
- _____¹ 의 왕위 세습, 형제 상속제
- (동) _____² 정복, 동예·현도군 공격
  ⇒ 만주 지방으로 세력 확대
- 5부 체제(부족적 성격) 정비

● 고국천왕(2c)
- 왕위 형제 상속제 → _____³
- 부족적 5부 개편 → 행정적 5부
  수평적   수직적
- _____⁴ 를 국상으로 기용
  ⇒ _____⁵ 실시(194, 을파소의 건의)
    └ 왕권↑, 귀족 견제, 농민 경제 안정

● 동천왕(3c)
- 오나라와 수교, 위나라 견제
- _____⁶ 공격
- 위나라 관구검의 침입 ⇒ 환도성·국내성 함락

[1~3세기]

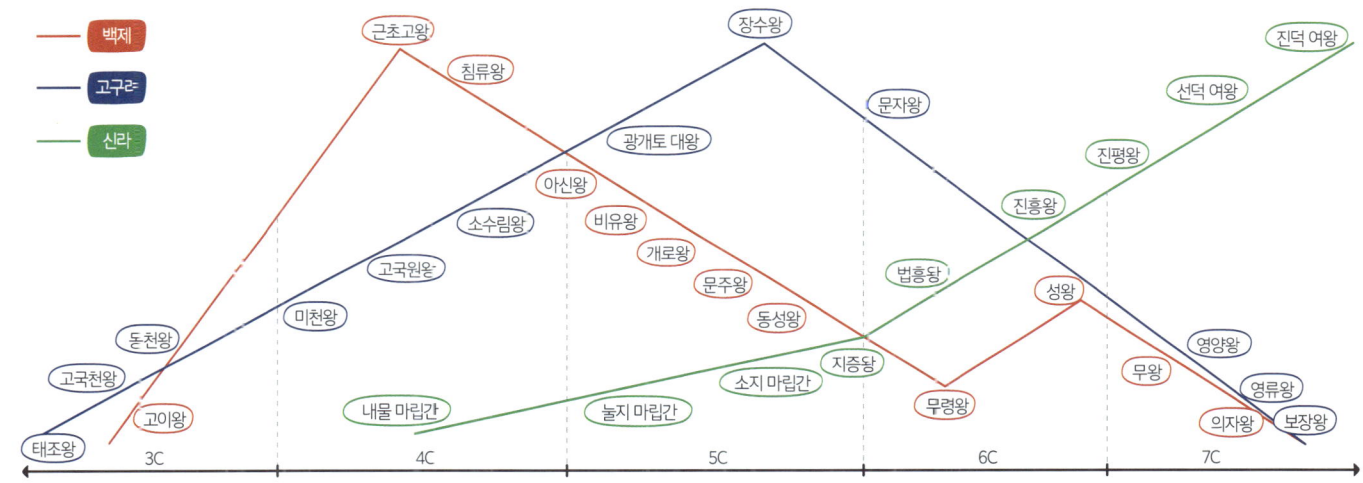

백제

B.C. 18 건국: 고구려 계통의 유이민(온조)과 한강 유역 토착 세력의 결합

● 고이왕(3c)
- 왕위 _____⁷ 상속제 확립
- _____⁸ (삼국 중 가장 먼저)
- 6좌평·_____⁹·관복제(자·비·청색) 정비
- 남당(정사를 보는 관청) 설치
- 낙랑군, 대방군(진번) 공격 ⇒ 한강 유역 완전 장악
                              _____¹⁰ 병합

신라

B.C. 57 건국: 경주 지역 토착민과 유이민(박혁거세) 집단의 결합

Focus 신라의 왕호 변천 과정

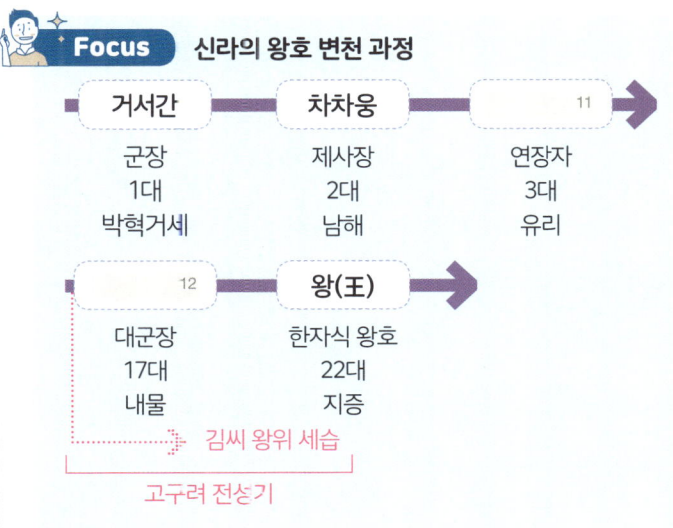

정답: 1 계루부 고씨 2 옥저 3 부자 상속제 4 을파소 5 진대법 6 서안평 7 부자 8 율령 반포 9 16관등제 10 목지국 11 이사금 12 마립간

05 삼국 시대 - 중앙 집권 국가의 탄생 ⑥

해커스공무원 이중석 맵핑 한국사 올인원 블랭크노트

II. 정치사 - 고대

4세기

◯ 미천왕(4c)
- [1] 점령(311)
- 낙랑군 · 대방군 축출(313~314) ⇨ 옛 고조선 땅 회복

◯ 고국원왕
- 전연(선비족) [2] 의 침입(342)
- 백제 [3] 침입 ⇨ 전사(371)

◯ 소수림왕
- 전진과 수교
  ⇨ 전진에서 [4] 수용, 공인(372, 순도)
  └ 삼국 중 최초
- [5] 설립(372)
- [6] 반포(373)

5세기

◯ 광개토 대왕(5c)★ 연호: [7]
- [8] 공격 ⇨ 요동 차지
- 백제 [9] 공격 ⇨ 백제 [10] 항복(396)
  └ 점령X   한강 이북 차지
- [11] 구원(400) ⇨ 왜군 격퇴, 금관가야 공격
  ⇨ [12] 가야 연맹 해체

◯ 근초고왕(4c)★
- 왕위 [13] 상속제 확립
- [14] · 산둥 · 일본의 규슈 진출
- [15] 정복 ⇨ 전라도 남해안 유역 진출
- 고구려 공격(고구려 [16] 전사)
- 『 [17] 』 편찬(고흥)
- 일본 왕에게 칠지도 하사

📍 칠지도

◯ 침류왕
동진에서 [18] 수용 · 공인(384)

사료 읽기 | 백제의 요서 진출
- 고려(고구려)가 랴오둥(요동)을 차지하니 백제는 랴오시(요서)를 차지하였다. 백제가 통치한 곳을 진평군(진평현)이라고 한다. - 『송서』
- 그 나라(백제)는 본래 (고)구려와 더불어 랴오둥(요동)의 동쪽에 있었다. 진(晋) 대에 (고)구려가 이미 랴오둥(요동)을 차지하니 백제 역시 랴오시(요서). 진평의 두 군(郡)의 땅을 차지하고 스스로 백제군을 두었다. - 『양서』

사료 읽기 | 광개토 대왕의 신라 구원
(영락) 9년(399) 기해에 백제가 서약을 어기고 왜와 화통하므로, 왕은 평양으로 순수해 내려갔다. 신라가 사신을 보내 왕에게 말하기를, '왜인이 그 국경에 가득 차 성을 부수었으니, 노객은 백성된 자로서 왕에게 귀의하여 분부를 청한다.'라고 하였다. …… 10년(400) 경자에 보병과 기병 5만을 보내 신라를 구원하게 하였다. …… 관군이 이르자 왜적이 물러가므로, 뒤를 급히 추격하여 임나가라의 종발성에 이르렀다. 성이 곧 귀순하여 복종하므로, 순라병을 두어 지키게 하였다. 신라의 농성을 공략하니 왜구는 위축되어 궤멸되었다. - 광개토 대왕릉비

◯ 내물 마립간(4c)
- [19] 확립(기존: 박 · 석 · 김씨 교대)
- [20] 왕호 사용
- 고구려의 도움 - 전진과 수교
  └ 광개토 대왕 - [21]

정답 1 서안평 2 모용황 3 근초고왕 4 불교 5 태학 6 율령 7 영락 8 후연 9 한성 10 아신왕 11 신라 12 전기 13 부자 14 요서 15 마한 16 고국원왕 17 서기 18 불교 19 김씨 왕위 세습 20 마립간 21 호우명 그릇

해커스공무원학원 · 공무원인강 · 교재 Q&A gosi.Hackers.com **24**

05 삼국 시대 - 중앙 집권 국가의 탄생 ⑦

5세기

● 장수왕(5c) ★
- 정복 활동
  - ____¹ (북방 유목 국가)지역 분할 점령
    ⇒ 흥안령 일대의 초원 지대 장악
  - 백제의 ____² 함락(→ 개로왕 사살)
    ⇒ 남한강 차지 → ____³ 고구려비 건립
- 남북조 동시 외교 ⇒ 백제 외교적 고립
- 광개토 대왕릉비 건립(414)
- ____⁴ (427)
  ⇒ 남하 정책 추진(남양만 일대까지)
- 지방 교육 기관인 ____⁵ (≒신라의 화랑도) 설립

● 문자왕
- ____⁶ 복속(494) ⇒ 고구려 최대 영토 확보

● 비유왕(5c)
- ____⁷ 체결(433, with 눌지 마립간)

● 개로왕 ★
- 북위에 원병 요청 ⇒ "개로왕 국서"
  └ 고구려의 공격에 맞서기 위해
- ____⁸ 함락 ⇒ 개로왕 전사
  └ 고구려 장수왕의 침입

● 문주왕
- ____⁹ 천도(475)

● 동성왕
- 신라와 ____¹⁰ 체결(493, with 소지 마립간)
- ____¹¹ 복속(498)

6세기

● 무령왕(6c)
- "사지절도독 백제제군사 ____¹² 백제왕"
  = "백제 사마왕"
- ____¹³ 설치 → 왕족 파견
- 남조의 ____¹⁴ 와 수교
  └ 무령왕릉, 양직공도 ┘

● 눌지 마립간(5c)
- 왕위 ____¹⁵ 상속제 확립
- ____¹⁶ 수용(공인X, 민간 중심으로 비밀리에 포교)
- ____¹⁷ 체결(433, with 비유왕)

● 소지 마립간
- 부족적 6촌 → ____¹⁸ 로 개편
- ____¹⁹ (역참) 설치(국가 공문서 송달 목적)
- 경주에 ____²⁰ (시장) 개설
- 백제와 ____²¹ 동맹 체결(493, with 동성왕)

● 지증왕(6c)
- ____²² 금지 (502) - 농업 노동력 확보 목적
- ____²³ 제도화(502)
- ____²⁴ 정책 실시 ┬ 사로 → 신라(503)
  └ 중국식 제도   ├ 마립간 → 왕(503)
                    └ 주·군 설치(주에 군주 파견, 505)
- 동시(시장, 509) 설치   ____²⁵ (시장 감독) ┐ 최초 이사부
- ____²⁶ (울릉도) 정벌(512, 이사부)
- ____²⁷ (현재의 경남 함안으로 추정) 소경 설치(514)
- 최초의 소경

05 삼국 시대 – 중앙 집권 국가의 탄생 ⑧

해커스공무원 이중석 맵핑 한국사 올인원 블랭크노트
II. 정치사 – 고대

6세기

7세기

● **영양왕(6~7c)**
- 한강 유역 공격(590, ___1___ 장군)
- 『___2___』 5권 편찬(600, ___3___)
- 수 양제 침입 ⇒ ___4___(612, ___5___)
  └ 청천강
- 일본에 고구려 문화 전파 ← 담징, 혜자

● **성왕(6c)**★
"지절도독 백제제군사 ___6___ 백제왕"
- ___7___ 천도(538), **국호**: 남부여
- 22부 설치, ___8___(수도), ___9___(지방) 체제 정비
- ___10___ 확립
- 일본에 ___11___ ← 노리사치계
- 신라와 연합, 일시적 한강 회복(551)
  ⇓
  진흥왕의 배신, 한강 유역 상실(553)
  ⇓
  신라와 ___12___(554)
  ⇓
  성왕 전사(554)

● **무왕(7c)**
- ___13___ 건립
- ___14___ 시도(→ 실패)

● **법흥왕**★ **연호**: 건원(536)
- ___15___ 설치(517)
- ___16___ 반포와 공복 제정(520) – 17관등제와 ___17___ 정비
  └ 자·비·청·황색
- 대가야와 결혼 동맹(522)
- ___18___ 공인(527) - 이차돈의 순교
  └ 이차돈의 순교비(백률사 석당 – 헌덕왕 대에 건립)
- ___19___ 설치(531, 최초의 상대등: 이찬 철부)
- ___20___ 정복(532)

● **진흥왕(6c)**★ "전륜성왕", **연호**: 개국, 대창, 홍제
- **경**: 관리 감찰 담당 ──┐
  ___21___ : 국가 재정 담당 ──┘ 설치
- ___22___ 정비(원화 제도) → 국가적인 조직으로 개편
- 『___23___』 편찬(거칠부)
- ___24___(551), 진흥왕 순수비 건립
  북한산비(___25___)
  ⇓
  창녕비(561)
  ⇓
  황초령비·마운령비(568)
- 불교 진흥 ⇒ 황룡사, 흥륜사 건립
- ___26___ 정복(562)

● **진평왕(6~7c) 연호**: 건복
- 아차산성 전투(590, vs 고구려) ⇒ 온달 격퇴
- 수에 '___27___' 를 보냄
  └ 고구려 공격 요청 글, by. 원광 법사
- 남산 신성 축조 ⇒ ___28___ 건립(591)
  └ 경주 남산

해커스공무원학원·공무원인강·교재 Q&A gosi.Hackers.com 26

05 삼국 시대 - 중앙 집권 국가의 탄생 ⑨

7세기

● 영류왕
- __1__ 친선책 → 연개소문과 대립
- → __2__ 의 쿠데타(642)

● 보장왕(7c)
- 당 태종 침입 ⇒ __3__ (645, 양만춘)
- 고구려 멸망(668, 신라 __4__)

● 의자왕
- 신라의 40여 성 함락, __5__ 함락, 642)
- 신라와 __6__ 전투에서 패배
  ⇩
  사비성 함락
  ⇩
  백제 멸망(660, 신라 __7__)

● 선덕 여왕 ★ 연호: 인평
- 황룡사 9층 목탑(자장), __8__ 건립
- __9__ , 분황사 __10__ 석탑, 영묘사 건립
- 백제 의자왕의 공격 ⇒ 대야성 함락(642)
  └ 신라와 백제의 주도권 핵심
- __11__ · 염종의 난(647) ⇒ 김춘추, 김유신이 진압

● 진덕 여왕 마지막 성골 왕, 연호: 태화
- 김춘추 - __12__ (648)
- 중국식 의관, 중국식 연호 사용(영휘)
- 당에 ' __13__ '을 지어 보냄(650)

맵핑 핵심 자료

고구려 건국 신화

…… 금와는 이상히 여겨 그녀(유화)를 방에 가두었다. 햇빛이 그녀를 비추었다. 유화가 피해도 따라와 비추었다. 그로부터 태기가 있어 커다란 알 하나를 낳았다. …… 일곱 살이 되자 더욱 의젓해졌다. 스스로 활을 만들어 쏘았는데 백발백중이었다. 부여에서는 활 잘 쏘는 사람을 주몽이라 하였다. 이 때문에 이름을 주몽이라 하였다. …… 왕이 졸본천에 이르렀다. 땅이 기름지고 산천이 험하여 도읍으로 정하였다. 궁궐을 지을 겨를이 없어 비류수(환인)가에 집을 짓고 살면서 나라 이름을 고구려라 하고 성을 고씨라 하였다.　 ─ 『삼국사기』

백제 건국 신화

백제의 시조는 온조왕이다. 아버지는 주몽이다. …… 주몽은 두 아들을 낳았는데, 첫 아들은 비류라 하고 둘째는 온조라 하였다. 주몽이 부여에 있을 때 낳은 유리가 찾아와서 태자로 책봉되었다. 비류와 온조는 태자가 자기들을 받아들이지 않을 것이라 두려워하였다. 마침내 자신을 따르는 신하들과 함께 남쪽으로 내려갔다. …… 온조는 하남 위례성에 도읍을 정하였다. 온조는 열 명의 신하와 함께 나라를 세우고 나라 이름을 십제라 하였다. …… 비류의 신하가 모두 위례에 합류하고 즐거이 온조를 따르게 되자 나라 이름을 백제로 고쳤다. 국왕의 핏줄이 고구려와 같이 부여에서 나온 것이라 하여 부여를 성씨로 삼았다.　 ─ 『삼국사기』

신라 건국 신화

시조는 성이 박씨이고 이름은 혁거세이다. 전한 효선제 오봉 원년 갑자년 4일 병진날에 즉위하고 거서간이라고 불리었다. 그 때 나이 13세였으며, 나라 이름을 서라벌이라고 했다. 일찍이 조선 유민이 이곳에 와서 산골짜기에 나누어 살며 6촌을 이루고 있었다. 첫째는 알천 양산촌 …… 이것이 진한 6부였다.
어느 날 고허촌장 소벌공이 양찬(남산) 아래를 바라보았다. 나정(蘿井) 곁 숲에 말이 무릎을 꿇고서 울고 있었다. 달려가 보니 말은 간데없고 큰 알만 있었다. 알을 깨어보니 어린 아이가 나와 거두어 길렀다. …… 여섯 마을 사람들은 이상하게 태어난 아이라고 하여 임금으로 모시었다. 진 나라 사람들은 바가지를 박이라 하였다. 큰 알이 박과 같았기 때문에 박을 성씨로 삼았다.　 ─ 『삼국사기』

가야의 건국 신화

• **금관가야의 건국**

천지가 개벽한 뒤로 가야 지방에는 아직 나라가 없고 또한 왕과 신하도 없었는데, 단지 아홉 추장이 각기 백성을 거느리고 농사를 지으며 살았다. …… 아홉 추장과 사람들이 노래하고 춤추면서 하늘을 보니 얼마 뒤 자주색 줄이 하늘로부터 내려와서 땅에 닿았다. 줄 끝을 찾아보니 붉은 보자기에 금빛 상자가 싸여 있었다. 상자를 열어 보니 황금색 알 여섯 개가 있었다. …… 열 사흘째 날 아침에 다시 모여 상자를 열어 보니 여섯 알이 어린 아이가 되어 있었다. …… 그 달 보름에 맏이를 왕위에 추대하고 수로라 하였다. 그가 곧 가라국 또는 가야국 왕이며, 나머지 다섯도 각각 다섯 가야의 임금이 되었다.　 ─ 『삼국유사』

• **대가야의 건국**

시조는 이진아시왕이다. 그로부터 도설지왕까지 대략 16대 520년이다. 최치원이 지은 『석이정전』을 살펴보면, 가야산신 정견모주가 천신 이비가지에게 감응되어 대가야의 왕 뇌질주일과 금관국왕 뇌질청예 두 사람을 낳는데, 뇌질주일은 곧 이진아시왕의 별칭이고 뇌질청예는 수로왕의 별칭이라고 한다.　 ─ 『신증동국여지승람』

근초고왕의 고구려 공격

고구려가 군사를 동원하여 공격해왔다. 왕이 이를 듣고 패하(예성강) 강가에 복병을 배치하고 그들이 오기를 기다렸다가 갑자기 공격하였다. 고구려 군사가 패배하였다. …… 겨울, 왕이 태자와 함께 정예군 3만 명을 거느리고 고구려에 침입하여 평양성을 공격하였다. 고구려왕 사유(고국원왕)가 필사적으로 항전하다가 화살에 맞아 죽었다. 왕이 군사를 이끌고 물러났다.　 ─ 『삼국사기』

칠지도 명문(백제와 일본과의 관계)

• (앞면) 태화 4년 5월 16일 병오일 정오에 무쇠를 백 번이나 두들겨서 칠지도를 만든다. 이 칼은 백병(재앙)을 피할 수 있다. 마땅히 후왕(侯王)에게 줄 만하다.

• (뒷면) 선세(先世) 이래로 아무도 이런 칼을 가진 일이 없는데, 백제 왕세자는 세세로 기생성음하므로 왜왕 지(旨)를 위하여 만든다. 후세에 길이 전할 것이다.

맵핑 핵심 자료

고구려 장수왕의 한성 공격

- 63년(475) 9월에 왕(장수왕)이 군사 30,000명을 이끌고 백제에 침입하여 백제의 도읍 한성을 함락시키고 백제왕 부여경(개로왕)을 죽이고 남녀 8,000명을 사로잡아 돌아왔다.
- 임금(개로왕)은 고구려가 자주 변경을 침범한다 하여 위나라에 표문을 올려 병사를 요청하였으나 들어주지 않았다. …… 고구려왕 거련(장수왕)이 병사 3만 명을 거느리고 와서 한성을 포위하였다. …… 임금은 상황이 어렵게 되자 어찌할 바를 모르다가 기병 수십 명을 거느리고 성문을 나가 서쪽으로 달아났는데, 고구려 병사가 추격하여 임금을 살해하였다.
— 『삼국사기』

관산성 전투

- 성왕의 아들 부여 창(위덕왕)은 권신들의 반대에도 불구하고 관산성을 공격하였다. …… 성왕은 격려차 군대를 이끌고 전선으로 향했는데 미리 정보를 알고 매복하고 있던 신라인 고간 고도(苦都)에게 사로잡혔다. 잠시 후 성왕은 …… 머리를 늘여 베임을 당하였다.
— 『일본서기』

- 진흥왕 15년(554) 백제왕 명농(성왕)이 가량(加良)과 함께 관산성(管山城)을 공격해 왔다. …… 신주군주(新州軍主) 김무력이 주병(州兵)을 이끌고 나아가 교전함에, 비장(裨將)인 삼년산군(三年山郡)의 고으도(高于都刀)가 백제왕을 급히 쳐서 죽였다.
— 『삼국사기』 「신라본기」

백제와 신라의 결혼 동맹

소지 마립간 15년(493) 백제왕 모대(동성왕)가 사신을 보내 혼인을 청하매, 왕은 이벌찬 비지의 딸을 보냈다. …… 17년 8월에 고구려가 백제 치양성을 포위하여 백제가 구원을 청하자 왕이 덕지에게 명하여 군사를 이끌고 가서 구원하게 하니, 고구려 군대가 무너져 달아났다.
— 『삼국사기』

가야의 멸망

- **금관 가야의 멸망**

법흥왕 19년 금관국주 김구해가 아내와 세 아들(노종·두덕·무력)과 함께 가야의 보물을 가지고 와서 항복하였다. 왕은 예를 다하여 대접하고 상대등의 지위를 내려주었으며 그 나라를 식읍으로 주었다. 아들 무력은 벼슬이 각간에 이르렀다.
— 『삼국사기』

- **대가야의 멸망**

진흥왕이 이찬 이사부에게 명하여 가라국(대가야)을 공격하도록 하였다. 이때 사다함은 나이 15, 6세였음에도 종군하기를 청하였다. 왕이 나이가 아직 어리다 하여 허락하지 않았으나, 여러 번 진심으로 청하고 뜻이 확고하였으므로 드디어 귀당 비장으로 삼았다. …… 대가야 사람들이 뜻밖에 군사가 쳐들어오는 것을 보고 놀라 막지 못하였으므로 대군이 승세를 타고 마침내 대가야를 멸망시켰다.
— 『삼국사기』

신라의 의미

지증 마립간 4년(503) 10월에 여러 신하들이 아뢰기를, "시조가 창업한 이래로 나라 이름이 일정하지 않아 어떤 이는 사라(斯羅)라 하고 어떤 이는 사로(斯盧)라 하고 어떤 이는 신라(新羅)라 하였으나 신들은 생각건대 '신(新)'은 덕업이 날로 새롭다는 뜻이요(德業日新), '라(羅)'는 사방을 망라한다는 뜻이니(網羅四方) 이것으로 국호를 삼는 것이 좋을 것 같습니다.
— 『삼국사기』

아차산성 전투

영양왕이 왕위에 오르자 온달이 왕에게 아뢰었다. "신라가 우리 한강 북쪽 땅을 빼앗아 군, 현을 만들었습니다. 백성들이 원통하여 언제나 부모의 나라를 잊지 않고 있습니다. 불초한 신을 어리석게 여기지 마시고 군사를 주신다면 한번 나가 싸워서 반드시 우리의 땅을 회복하겠습니다." 왕이 허락하였다. 떠날 때 온달은 맹세했다. "계립현과 죽령 서쪽 땅을 되찾지 못한다면 나는 돌아오지 않겠다." 드디어 신라 군사와 아단성 밑에서 싸우다 적의 화살에 맞아 죽었다.
— 『삼국사기』

대야성 전투

선덕 여왕 11년 7월, 백제왕 의자가 군사를 크게 일으켜 서쪽 지방 40여 성을 공격하여 빼앗았다. 8월에 다시 고구려와 함께 당항성을 빼앗아 당나라로 가는 길을 막고자 하였다. 왕이 사신을 보내 당태종에게 급한 사정을 통보하였다. 백제 장군 윤충이 대야성을 공격하였다. 도독인 이찬 품석과 사지(13관등) 죽죽·용석 등이 전사하였다. 겨울에 왕이 백제를 공격하여 대야성의 패배를 보복하고자 이찬 김춘추를 고구려에 보내 군사를 보내줄 것을 요청하였다. 대야성 전투에서 죽은 품석의 부인은 김춘추의 딸이었다.
— 『삼국사기』

05 삼국 시대 - 중앙 집권 국가의 탄생 ①

II. 정치사 - 고대

📖 고구려의 팽창

● **장수왕 - 광개토 대왕릉비 ★ - 지증왕** - 건흥식(광개토 대왕릉비)

비문의 내용
- 기구: 광개토 대왕의 업적 이식 표출
- 왕위 계보: 추모왕(동명왕) ⇒ 유류왕(유리왕) ⇒ 대주류왕(대무신왕)으로 이어지는 계보 정리
- 광개토 대왕의 정복 활동 기록: 만주 정복, 영락(가라국)·백제(가잔성)·왜, 동부여, 숙신 등에 대한 정복 활동 기록
  (¹_____ 정벌), 왜 격퇴(² _____ 정벌)
  → 광개토 대왕의 정복 활동 내용 등을 통해 알 수 있음
- 수묘인(묘지기) 관련 기록: ³_____ 관리·차출·매매 등에 대한 내용 기록

● **역사 논쟁**: 신묘년의 해석을 두고 한·일 양국 간의 논쟁
  "왜이신묘년래도해파백잔□□□신라이위신민
  倭以辛卯年來渡海破百殘□□□新羅以爲臣民"

문이 아니라 문이는 해석 (일본의 주장)	vs	주어를 생략한, 주어를 고구려로 해석 (한국의 주장)

*⁵ _____ (추정)

● **장수왕 - 중원 고구려비 ★ - 지증왕**: 충주

비문의 내용
- ⁶ _____ → 고구려왕이 신라 왕에게 의복을 하사하였다는 기록이 있음 → 신라를 속국 취급 했음을 알 수 있음
- ⁷ _____ 지방에서 고구려가 왕의 유린을 승인하여 포상을 내렸다고(고구려에 복속) 있음 → 고구려가 신라를 복속하에 두었음을 알 수 있음
- 의이: 한반도 중부에 유일한 고구려 비석

📖 백제의 마식

● **사기치진비**: 이차돈이 태화여 순교자임을 알림

비문의 내용
- 불교 공인 내용
- 이차돈의 순교 내용 등을 통해 알 수 있음 → ⁸ _____ 이 왕인(눌지왕)

📖 신라의 마식

● **지증왕**
  • **⁹ _____**: 지중왕(자자왕) 의 정치 및 국성 법령 제정 내용 기록

● **법흥왕**
  • **¹⁰ _____**: 신라 법흥왕의 율령 반포된 이후의 개혁된 제도들의 자주인들에게 반영된 내용 기록
  • **울진 봉평리**(자자자비): 울진 지역이 신라 부속이 되었음을 알 기념하기 위해 건립

● **진흥왕 ★ 순수비**: 진흥왕이 개척한 영토를 순수하며 이를 기념하기 위해 건립

- ¹¹ (555) 창녕 진경비 ⇒ ¹² (561) 마운령 지경비 ⇒ ¹³ (568) 황초령 지경비 / 북한산 지경비
- ¹⁴ (568)

● **진평왕**
  • ¹⁵ _____: 경주 남산의 성곽에 인명된 인물과 인품이 여러 시 처벌할 것 등을 사용

05 삼국 시대 - 중앙 집권 국가의 탄생

맵핑 핵심 자료

▨ 광개토 대왕릉비

▨ 충주(중원) 고구려비

5월에 고(구)려 대왕이 상왕공과 함께 신라의 매금을 만나 영원토록 우호를 맺기 위해 중원에 왔으나, 신라 매금이 오지 않아 실행되지 못하였다. 이에 고구려 대왕이 태자공과 전부 대사자 다우환노로 하여금 우벌성 부근에 있는 진영에 머물러 다시 신라 매금을 만나게 하였다. …… 동이 매금은 신하와 함께 우벌성에 이르러 고구려 대사자 다우환노와 만나 전부터 이곳에 주둔하고 있던 고구려 당주인 발위사자 금노로 하여금 신라 영토 내의 중인을 모아 내지(內地)인 우벌성 부근으로 이주하게 하였다.

▨ 사택지적 비문

"갑인년 정월 9일 내지성의 사택지적은 몸이 날로 늙어 가고 지난 세월을 돌이킬 수 없음을 한탄하고 슬퍼하여, 금을 뚫어 진귀한 당을 세우고 옥을 깎아 보배로운 탑을 세우니, 외외한 자비로운 모습은 신광(神光)을 토하여 구름을 보내는 듯하고 ……"

▨ 단양 적성비

▨ 진흥왕 순수비

- 북한산비

- 창녕비

- 황초령비

- 마운령비

06 삼국 시대 – 삼국의 통치 체제 ①

해커스공무원 이중석 맵핑 한국사 올인원 블랭크노트
II. 정치사 - 고대

📁 중앙 관제

구분	고구려	백제		신라
관등	10여 관등 __1__ 계열 　　　　　 __2__ 계열 ⋮　　　　　⋮ 족장 세력 출신　　행정 관리 출신	16관등(행정 관료) 6좌평(족장 세력) 내신좌평 / 왕명 출납(수상) / 위사좌평 / 숙위 담당(왕궁 수비) 내두좌평 / 재무 담당 / 조정좌평 / 법무 담당(형벌, 치안) 내법좌평 / 의례 담당(제사, 교육) / 병관좌평 / 국방 담당 __7__ 계열　　　　 __8__ 계열 ⋮　　　　　 ⋮ 자색　　　　　비색 + __9__ 계열 ⋮ 청색		17관등 __12__ 계열　　　 __13__ 계열 (고위)　　　　대나마, 이벌찬,　　　　나마 이찬, 잡찬, 파진찬 등 └ 골품제와 결합하여 운영 자·비·청·황색 공복
수상	대대로 (대막리지 - 연개소문)	상좌평 (내신좌평)		상대등
합의 기구	__3__ ⇓ 오관 회의체(대대로~조의두대형)	__10__		__14__ (만장일치제)
중앙 관부	__4__ , __5__ , __6__ (내무) 　(외무)　 (재정)	__11__ (6부) → 아래 직능별 행정 분담 ⇓ 22부 설치 (성왕, 사비 천도 이후)		10부(__15__ 포함) ⇒ 14부(통일 신라)

정답 1 형계 2 사자계 3 제가회의 4 내평 5 외평 6 주부 7 솔계 8 덕계 9 무관직 10 정사암 회의 11 6좌평 12 찬계 13 나계 14 화백 회의 15 집사부

06 삼국 시대 - 삼국의 통치 체제 ②

📁 지방 행정 조직 및 군사 조직 → 행정 조직과 군사 조직이 [1] (=미분화)

구분		고구려	백제	신라
지방 행정 조직	수도	5부	[5]	6부
	특수 행정 구역	3경 (국내성, 평양성, 한성) └ 서울X 황해도 재령	22담로([6]) → 왕족 파견	2소경 동원경, 중원경 (강릉) (충주) → [8] 파견
	상위 조직	5부(大城) → [2] 파견	5방 → [7] 파견	5주 → [9] 파견
	하위 조직	성(小城) → 성주 파견 ([3], 도사)	군 → 군장 파견	군 → 당주 파견
군사 조직		[4], 말객 (유사시 군대 지휘)	방령이 700~1,200명의 군대 지휘	군주가 군대 지휘

정답 1 일원화일체 2 욕살 3 처려근지 4 대모달 5 5부 6 담로장 7 방령 8 사신 9 군주

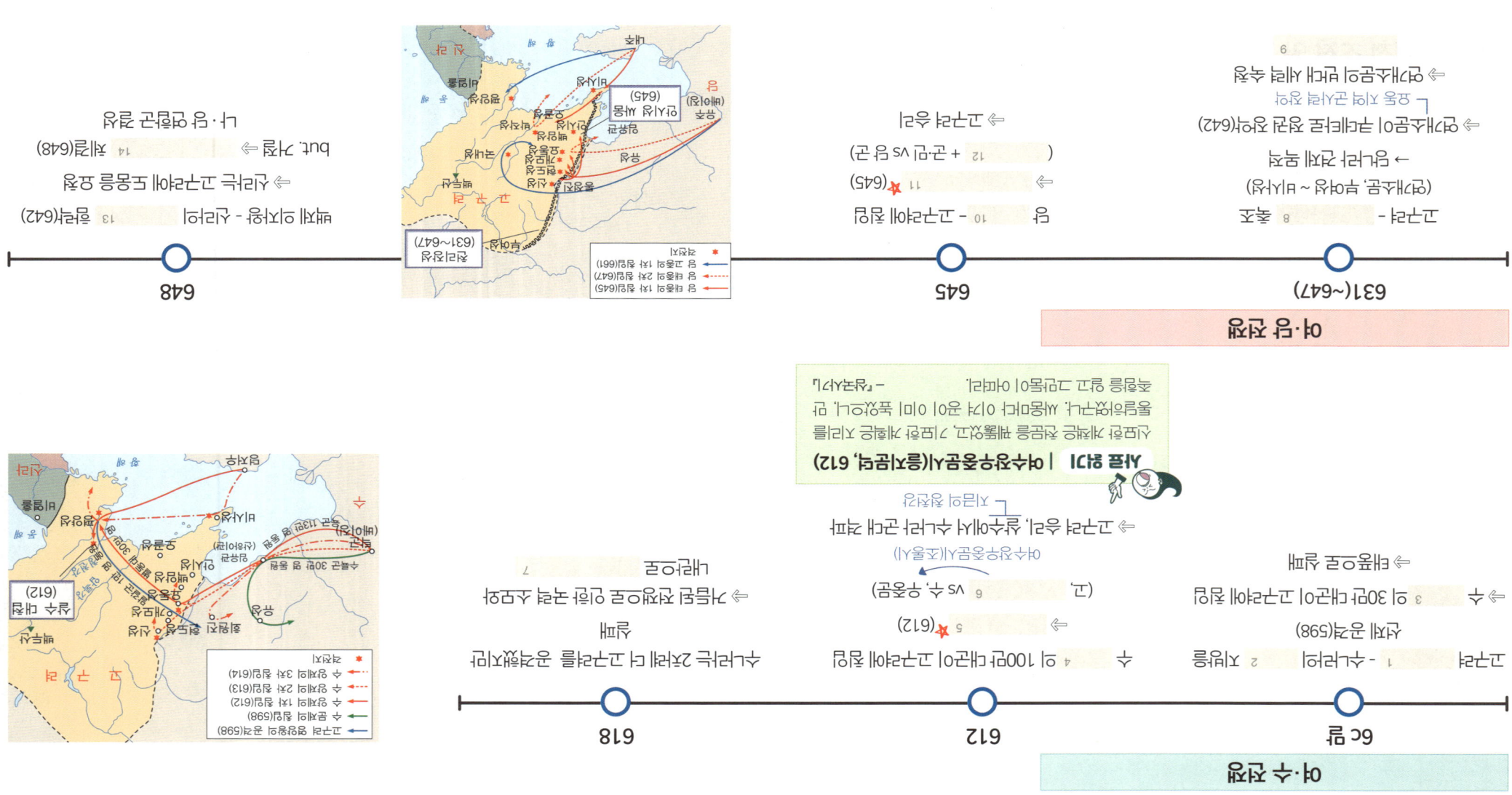

07 삼국 시대 - 대외 항쟁과 신라의 삼국 통일 ②

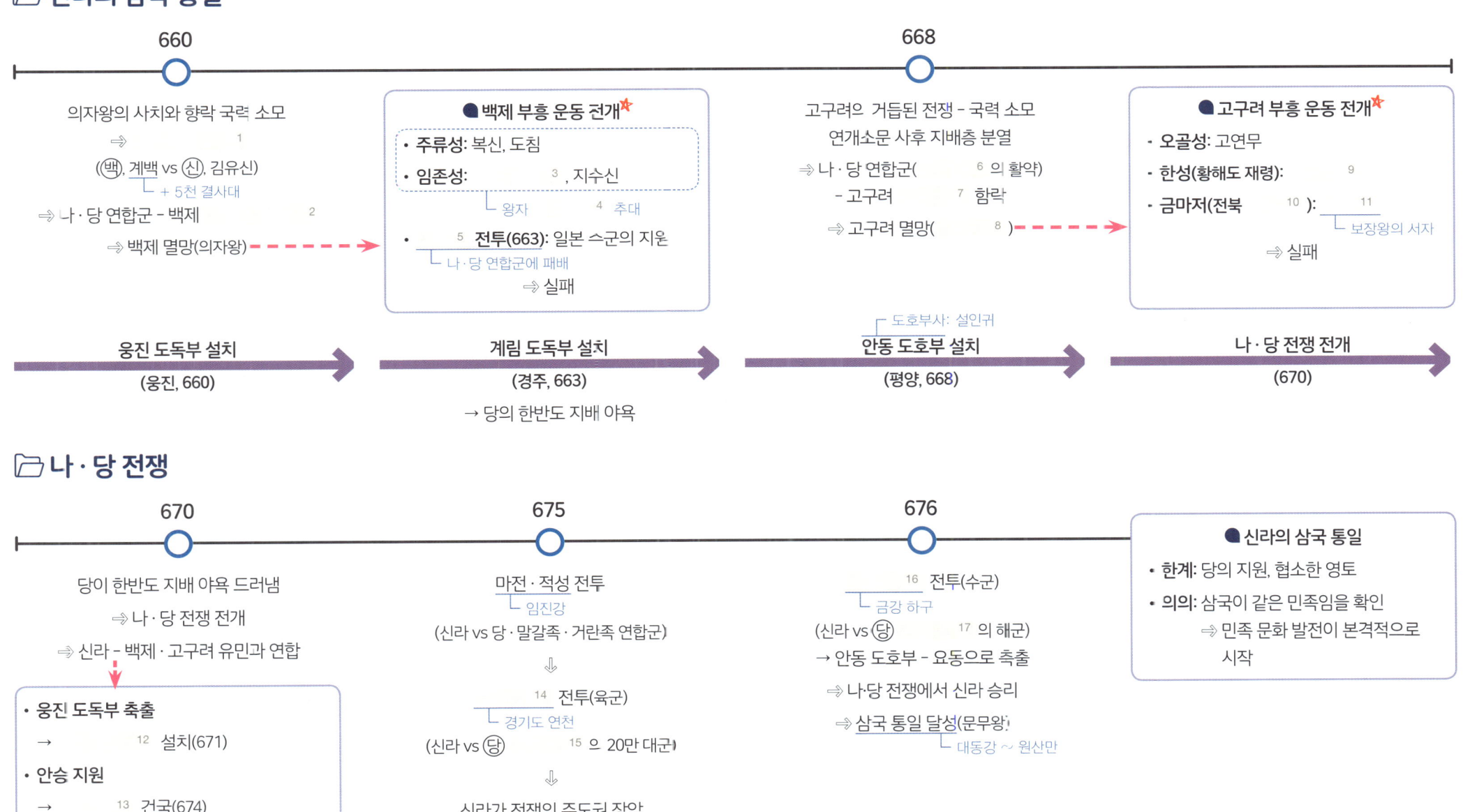

07 삼국 시대 – 대외 항쟁과 신라의 삼국 통일

Ⅱ. 정치사 – 고대

📖 맵핑 핵심 자료

▨ 안시성 전투

보장왕 4년(645)에 (당의) 여러 장수가 안시성을 급히 공격하였다. …… 당은 성의 동남쪽 모서리에서 토산을 쌓고 성을 위협하였는데, 성 안에서도 또한 성벽을 높이 쌓고 그에 맞섰다. …… 토산이 무너지며 성을 눌러서 성이 무너졌다. 우리(고구려) 군사 수백인은 성이 무너진 곳으로 나아가 싸워 토산을 빼앗고 점거하였으며 해자(垓子)를 파서 이를 지켰다. …… 황제는 요동이 일찍 추워져서 풀이 마르고 물이 얼므로 군사와 군마가 오래 머물기 어렵고, 또한 군량이 떨어져갔으므로 명하여 철군하도록 하였다. – 『삼국사기』

▨ 나·당 전쟁의 원인

선왕(무열왕)께서 직접 받으신 태종 문황제의 조칙은 다음과 같았다. '내가 지금 고구려를 치려는 것은 너희 신라가 두 나라 사이에 끼어 매번 침략을 받아 편안한 날이 없음을 가련히 여겼기 때문이다. …… 두 나라를 평정하면 평양 이남 백제의 토지는 전부 너희 신라에게 주어 길이 편안토록 하겠다.' …… 백제의 옛 땅은 백제(웅진 도독부)로 돌려줄 것이라고 한다.

– 『삼국사기』

▨ 백제·고구려 부흥 운동과 나·당 전쟁

▨ 백강 전투

(나·당 연합군이) 백강으로 가서 육군과 모여서 동시에 주류성으로 가다가 백강 어귀에서 왜국 군사를 만나 네 번 싸워서 다 이기고 그들의 배 4백 척을 불태우니 연기와 불꽃이 하늘을 찌르고 바닷물이 붉어졌다.

– 『삼국사기』

▨ 신라의 삼국 통일

문무왕은 군신과 더불어 의논한 뒤에 당나라 조칙에 답하였다. "선왕 춘추는 자못 현덕이 있었고, 생시에 김유신이란 양신을 얻어 정치에 한마음으로 힘을 다하여 삼한을 일통하였으니, 공업이 많지 않다고 할 수 없다."

– 『삼국사기』

▨ 신라의 삼국 통일에 대한 상반된 평가

- 백제는 말기에 와서 도리에 어긋나는 행동이 많았다. 대대로 신라와 원수 사이였다. 고구려와 손잡고 신라를 공격하였다. …… 당나라의 천자가 두 번이나 조서를 내려서 백제와 신라 사이의 원한을 풀기 위하여 노력하였다. 겉으로는 순종하는 듯 하면서도 안으로는 이를 어겨 대국에 죄를 지었다. 백제가 패망한 것도 당연한 일이었다.

– 『삼국사기』

- 다른 종족들을 끌어들여 같은 종족을 멸망시키는 것은 도적을 불러들여 형제를 죽이는 것과 다를 바 없는 것이다. …… 혈기를 가진 자라면 이를 욕하고 꾸짖는 게 옳으며 배척하는 것이 옳거늘, 오늘날 그 본말을 따지지 않고, 다만 '우리나라 통일의 실마리를 연 임금이다.'라고 한다.

– 신채호, 「독사신론」

08 남북국 시대 - 통일 신라의 발전 ①

📁 남북국 = 통일 신라 + 발해 → 반도 사관 극복

- 최치원: 발해를 "북국"
- 최초 "남북국 형세" → 유득공의 『발해고』
  └ 조선 후기 발해사 연구 활발

 **Focus** 신라의 토지 제도

※ 선생님 강의를 듣고 판서를 정리해보세요.

📁 통일 신라의 시대 구분

『   1   』

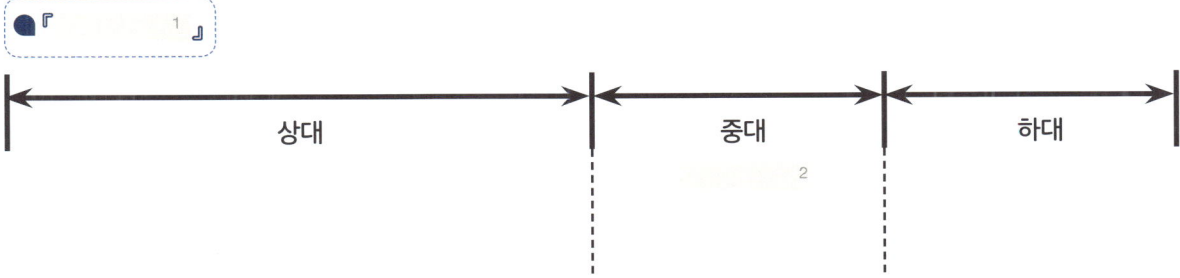

| 상대 | 중대 | 하대 |

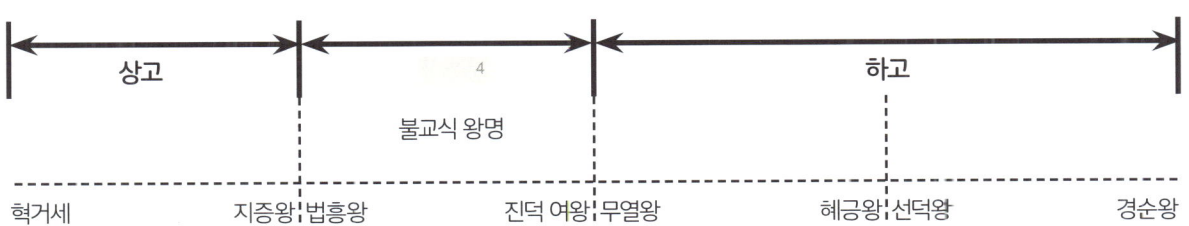

| 상고 | 불교식 왕명 | 하고 |

혁거세 ─ 지증왕│법흥왕 ─ 진덕 여왕│무열왕 ─ 혜공왕│선덕왕 ─ 경순왕

정답: 1 삼국사기 2 김유신 3 삼국유사 4 중고

80 남북국 시대 - 통일 신라의 발전 ②

II. 정치사 - 고대

통일 신라의 구조적 이해 (『삼국사기』)

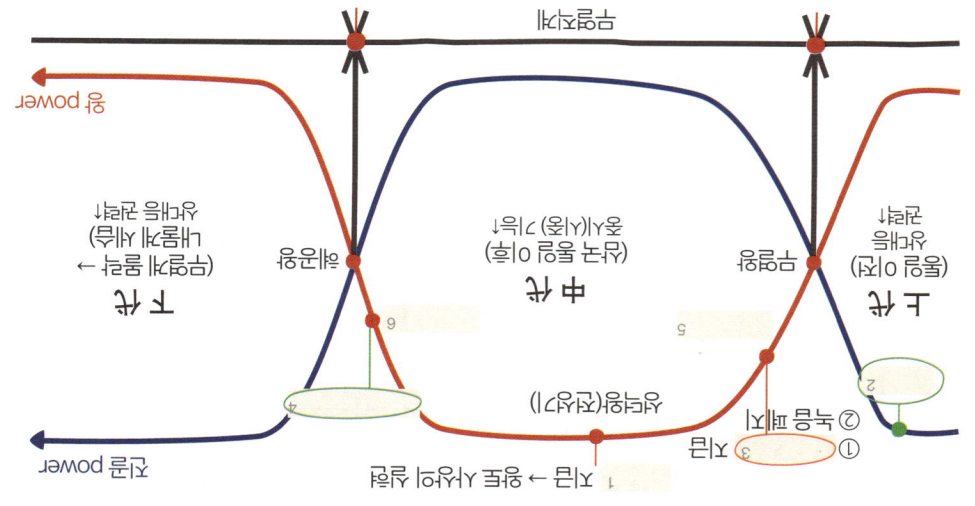

- 1 금관 → 통일 사상의 표방
- 2 지증왕
  - ① 녹읍 폐지
  - ② 국왕 권력 강화
- 3 진흥
- 4 혜공왕
- 5 中代 (국왕 중심 이동) 동(사용) 기능↑
- 6 원성왕
- 상대: 골품(진골) 귀족 권력↑ 녹읍 폐지 → 왕권 사상의 발현
- 하대: 국왕 권력 약화 → 나물계 사용 (왕명 이동)

통일 신라 정치기구의 변동(운영↓)

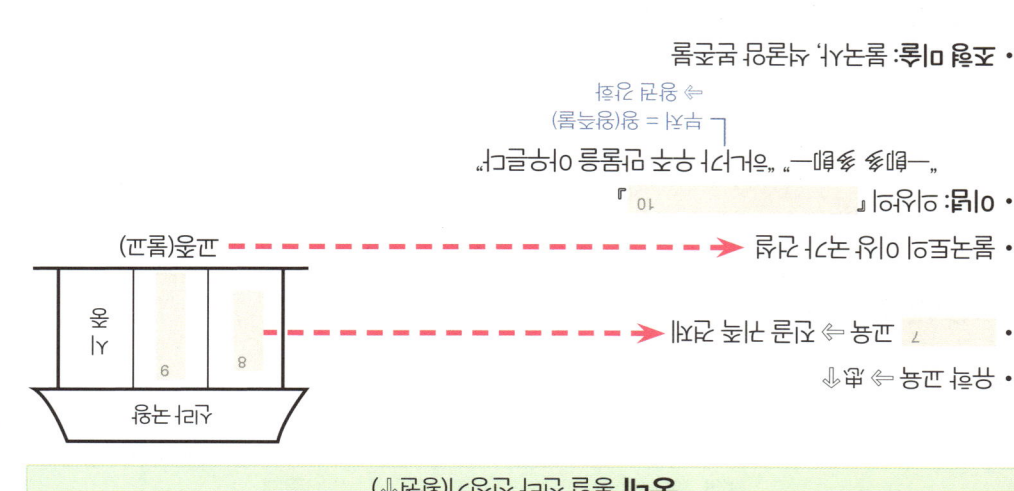

- 집사부 → 중시
- 교육 → 국학 → 기반 가족 강화
  - 7
  - 8
  - 9 시
- "율령" 중심 운영 관료들을 아우르다
  - 귀족(왕권) 약화
  - 왕권(중앙) 강화
- 10 이름: 『
- 골품제의 이상 모순 → 골품(동요)
  - 중앙 권력, 사상으로 극복

남북국 시대 - 통일 신라의 발전 ②

✦Focus 각 시대 신라 정치 변동

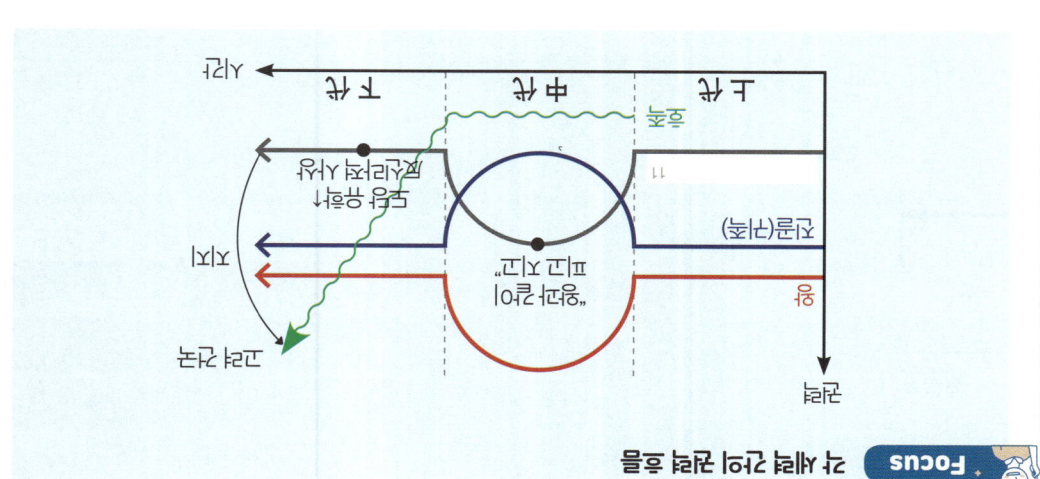

통일 신라 시기의 변화(정치↑)

① 이해기의 분류점 → 다른 이후, 이왕기 성장

시대 배경	근본 원인	이유	15
시대 배경 분열	12 이유	근본 요인	
새 시대 개창	중대 (6두→중)	중도 시대	14 (→사신)
	(+ 지방단체 + 미탈 시전)	중도 시대	

② 신라 후해의 동향

- 중앙: 왕위 쟁탈전 ⇔ 중앙 권력의 왕족들의 이탈
  - 155년 간 20명의 왕의 교체
- 지방 - 호족(장군·성주)의: 신라 + 해외 → 17
  - 농민: 농민, 호족, 해외 세력, 교기 세력, 호적
  - 농민들의 이동 수단 → 난난
    - 18 (농동·에소의 난), 96 원(진성 여왕)

정답 1 정전 2 녹읍 3 관료전 4 녹읍 부활 5 신문왕 6 경덕왕 7 6두품 8 국학 9 관료전 10 화엄일승법계도 11 6두품(득난) 12 골품제 13 선종 14 이성계 15 성리학 16 155-20 17 반독립적 18 초적의 무리

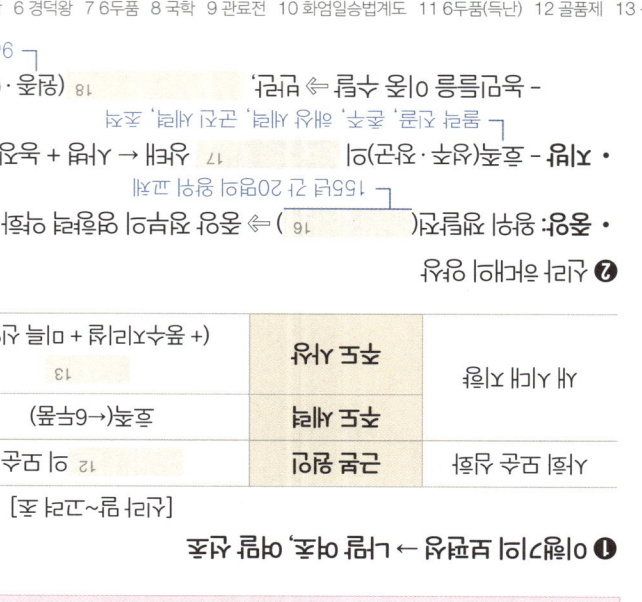

08 남북국 시대 - 통일 신라의 발전 ③

통일 신라의 왕의 업적 - 중대: 통일 신라 "전성기"

7c 중반 → 7c 후반

무열왕 (김춘추, 654~661)
- 최초의 ___1___ 출신 왕(성골 폐지)
- 지배층 재편
  - 가야 출신 김유신의 누이를 왕비로 맞음
    ⇒ 왕비족 박씨 종식
  - ___2___ 제도 폐지
- 중시 (시중)의 기능↑(상대등↓)
- 중국식 시호 사용: 무열 / 묘호: 태종
- ___3___ 멸망(660)

문무왕 (661~681)
- ___4___ 멸망(668)
- 삼국 통일 완성(676)
- 관부 정비: 우이방부, 선부 설치
- 주의 장관: 군주 - 변경 → ___5___
- ___6___ 파견(지방관 감찰)

신문왕 (581~692)
- 왕권 전제화: ___7___, 감은사,
  └ 해중릉(대왕암)
  ___8___ 등
- ___9___ 모역 사건(681) → 귀족 세력 숙청
- 중앙: 집사부 이하 ___10___ 부 완성
- 지방: ___11___ 완비
- 군사: 시위부 강화, 9서당(중앙군),
  └ 왕 친위 부대
  10정(지방군) 편성
- ___12___ 설치(682)
- 토지 제도 개편
  - ___13___ (687)
  - ___14___ (689)
- ___15___ (대구) 천도 시도(689)

7c 후반 → 8c 초반 → 8c 후반

효소왕 (692~702)
- 서시, 남시 추가 설치

성덕왕 (702~737) "전성기"
- 국학 재정비: 공자와 72제자의 화상을 국학에 안치
- ___16___ 지급(722)
- 당과의 국교 재개 → 당의 요청으로 발해(무왕) 공격
- 일본과 수교 → 견신라사 파견
  └ 일본→신라
- ___17___ 주조(우리나라 最古 동종)
- ___18___ 제시
  └ 관리들이 지켜야 할 계율 덕목

경덕왕 (742~765)
- 중국식 명칭 사용(___19___)
  - 중앙 관료의 칭호(중시 → 시중)
  - 군현의 이름(사벌주 → 상주 / 한산주 → 한주)
  - 국학 → ___20___
    └ 박사, 조교 설치
  - ___21___ 부활(757)
- ___22___ ___23___ 축조
- 성덕 대왕 신종 주조 시작

혜공왕 (765~780)
- 8살에 즉위, 태후 만월 부인이 섭정
  → 왕실의 권위 약화
- 진골 귀족들의 반란↑ ─ 전국에서 귀족들이 난에 동참
  - 대공·대렴의 난 → 96각간의 난(768)
    → 김양상이 진압
  - 김양상의 정권 장악(774)
  - ___24___ 의 난(780): 김양상에 의해 진압됨 → 난 진압 과정에서 혜공왕 피살됨
- ___25___ 주조 완성(771)

08 남북국 시대 - 통일 신라의 발전 ④

해커스공무원 이중석 맵핑 한국사 올인원 블랭크노트

II. 정치사 - 고대

📁 통일 신라의 왕의 업적 - 하대: 통일 신라 "쇠퇴기"

8c 후반 ➡️ **9c 초반** ➡️

선덕왕 (김양상, 780~785)
- 　　　　¹ 정치
  → 귀족 연립 정권의 형태
- 왕권 약화: 상대등↑

원성왕 (김경신, 785~798)
- 　　　　² 계의 왕위 계승
  : 무열왕계(　　　　³)를 몰아냄
- 　　　　⁴ (독서출신과) 실시
  : 최초의 관리 선발 제도 (→ 실패)
- **주의 장관**: 총관 - 변경 → 　　　⁵

  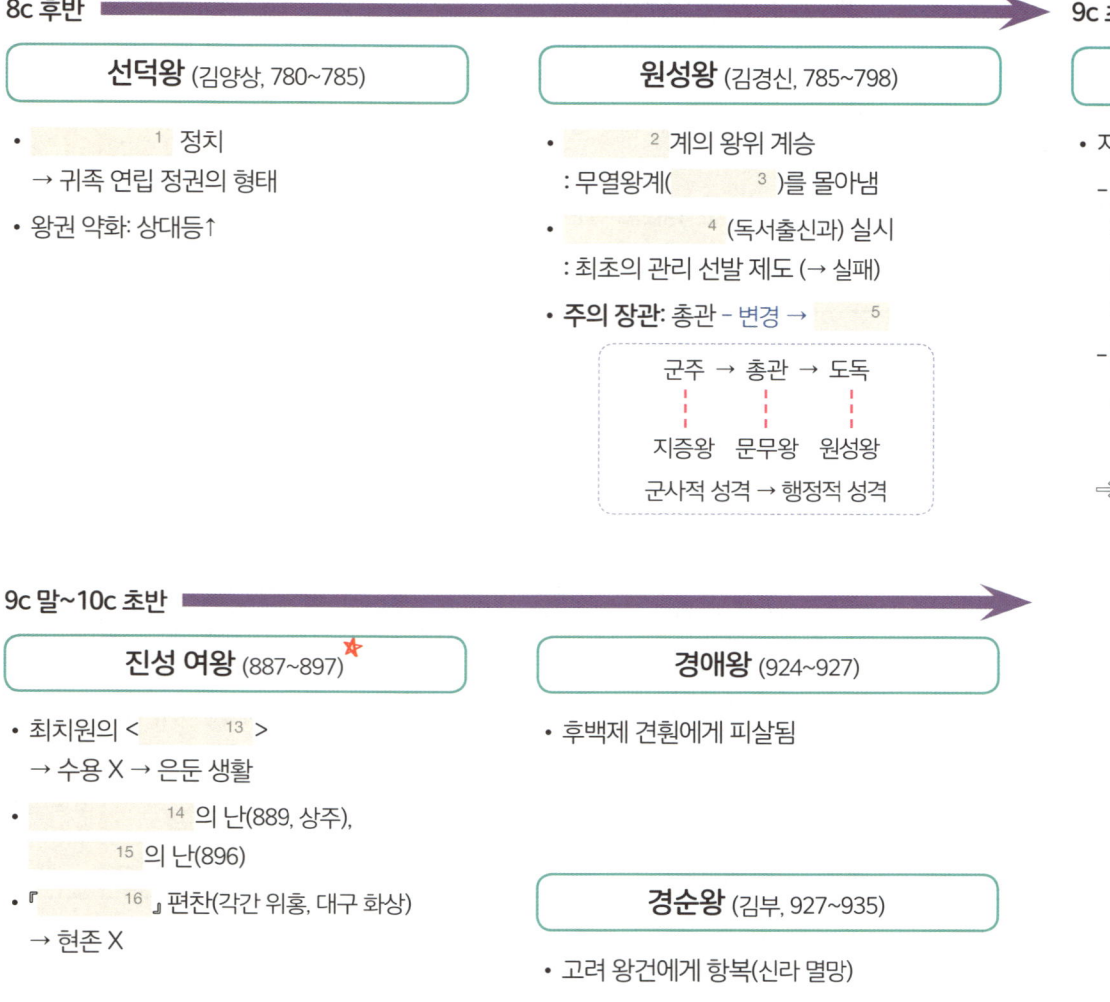

  군주 → 총관 → 도독

  지증왕　문무왕　원성왕

  군사적 성격 → 행정적 성격

헌덕왕 (809~826)
- 지방 귀족 반란
  - 　　　　⁶ 의 난(822): 父김주원이 왕위를 계승하지 못한 데에 불만을 품은 　　　⁷ (공주)　⁸ 김헌창이 난을 일으킴 (국호: 　　⁹ , 연호: 경운)
  - **김범문의 난(825)**: 김헌창의 子 김범문이 고달산(여주)에서 난을 일으켜 북한산주 공격

⇨ 무열계를 6두품으로 강등

흥덕왕 (826~836)
- 완도에 　　　　¹⁰ 설치(828)
  → 　　　¹¹
- 집사부 → 　　　¹² 으로 개칭
- 사치 금지령 반포

> 📢✋ **사료 읽기** | 청해진 설치
>
> 장보고가 귀국하여 흥덕왕을 뵙고 아뢰기를, "중국의 어디를 가든지 우리나라 사람들을 노비로 삼고 있으니 청해에 진영을 설치하여 해적이 사람들을 잡아 서쪽으로 데려가지 못하게 해 주십시오."라고 하였다. 왕은 그 말에 따라 군사 만 명을 주어 해상을 방비하게 하였다.
> — 「삼국사기」

9c 말~10c 초반 ➡️

진성 여왕 (887~897)
- 최치원의 < 　　　¹³ >
  → 수용 X → 은둔 생활
- 　　　　¹⁴ 의 난(889, 상주),
  　　　¹⁵ 의 난(896)
- 「　　　¹⁶ 」편찬(각간 위홍, 대구 화상)
  → 현존 X

경애왕 (924~927)
- 후백제 견훤에게 피살됨

경순왕 (김부, 927~935)
- 고려 왕건에게 항복(신라 멸망)

> 👨 **더 알아보기** 청해진 대사 장보고의 활약
> - 당에 건너가 서주 무령군 소장이 됨
> - 산둥 반도에 　　　¹⁷ 건립
> - 완도에 청해진을 설치(해상 무역권 장악) → 해적 소탕
> - 당에 　　　　¹⁸ , 일본에 　　　¹⁹ 를 파견 (당-신라-일본을 잇는 국제 무역 주도)
> - 민애왕을 몰아내고 신무왕 옹립(839)

정답 1 상대등 중심의 2 내물왕 3 무열왕계 4 독서삼품과 5 도독 6 김헌창 7 웅천주 도독 8 무열왕계 9 장안 10 청해진 11 해상 무역권 12 집사성 13 시무 10여 조 14 원종·애노 15 적고적 16 삼대목 17 법화원 18 견당매물사 19 회역사

해커스공무원학원·공무원인강·교재 Q&A gosi.Hackers.com 40

09 남북국 시대 - 발해의 발전 ①

📁 발해의 건국 (698 ~ 926)

- **이원적 민족 구성 - 지배층**: 고구려 유민("   1   ")
  - **피지배층**: 말갈인(2   )

- **독자적 연호 사용** ➡ **대외적**: 중국과의 대등 관계(자주성)
  - **대내적**: 왕권 강화

📁 발해의 고구려 계승 증거 (발해 = 고구려 baby)

- 대조영 - 고구려인

- 지배층 성씨 - 대·고·장·양·두·오·이씨 ➡   3

- 일본에 보낸 국서
  - 무왕 "우리는 고구려의 옛 땅을 회복하고 부여의 정통성을 이어받았다."
    → 　　　4 국가임을 표방
  - 문왕 "   5   대흠무"

-    6   공주 묘 - 고구려식 굴식 돌방무덤의   7   구조

- 고구려 전통 양식 多 - 온돌 장치, 연꽃 무늬 장식의 와당, 이불병좌상, 석등

더 알아보기 | 당의 문화 수용

- 중앙 관제 - 당의 3성 6부제를   8   으로 수용
- 상경 용천부(수도)의 도시 구조 -   9   방식
  └ 당의 장안성 모방

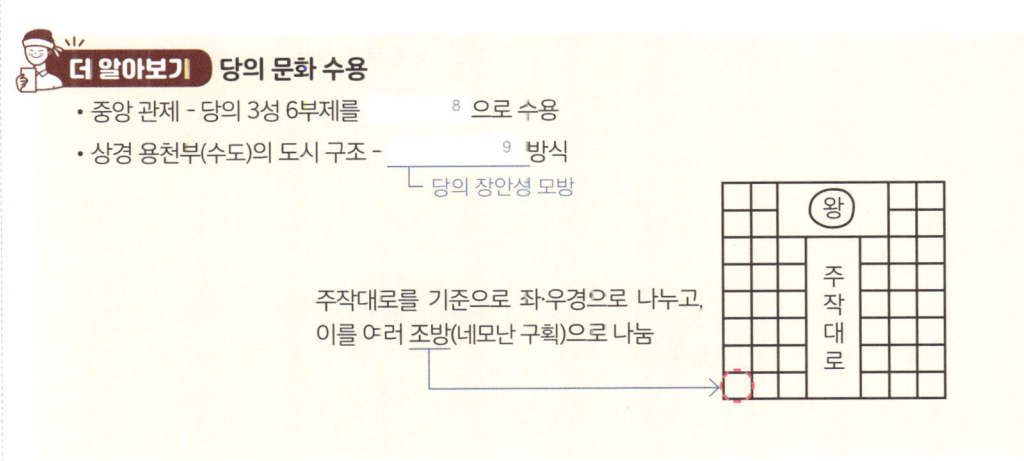

주작대로를 기준으로 좌·우경으로 나누고, 이를 여러 조방(네모난 구획)으로 나눔

60 남북국 시대 - 발해의 발전 ②

II. 정치사 - 고대

📖 발해의 건국

고구려 유민 → [말갈인]

고왕 (698~719)

- 대조영, 연호: 1
- 고구려 유민 통솔
- 말갈족 동모산 건국(698) → 2
- 나라 이름을 진
- 후에 발해로 변경(713)
  └ 일본으로부터 '발해 군왕'으로 인정받음
  해동성국을 일컬음

📖 발해의 발전

선왕 → 문왕 → 무왕 → 문왕 → 선왕 → 애왕

무왕 (719~737) ⭐

- 대외: 연호 6
- 대당 대립기: 장문휴 특수부대
  중국 등주(산둥 반도) 공격(732)
- 영토 확장: 만주 북부까지 영토 확장
- 9, 10 진출
- 대일 외교 표방: 서 고구려 계승의식 표명
  (일본·신라 견제)

문왕 (737~793) ⭐

- 대내: 연호 11, 체제 정비
  - 12 (중경) · 상경(중경) · 동경
  - 13 개편
  - 당: 친당 외교로 수용하여
  - 15 ← 14 ← 중경 ← 상경
  - 16 국왕 사용
  - 신라: 17 사용, 친선 사용
  - 대일 외교 표방: 일본 사신 왕 호칭 사용

선왕 (818~830) ⭐

- 대내·외: 연호 18
- 대외적으로 영토 확장
  - 북쪽 대부분과 북쪽 만주, 남쪽으로는 대동강과
  - "20 (전성기)"
  - 국왕을 일컬음
  - 21 의 지방 조직
  - 당: 중국인들이 다수 유학을 다녀와 → 문
    물 교류

애왕 (906~926)

- 대인선
  - 거란(요)의 침입(야율아바기)으로 발해 멸망
  (926)
  - 22 ⇔ 거란: 동북공정·대립하여
  - 23 건국 but → 실패
  - 발해 이후 고려(왕건)로 지배층의 일부
- 결론
  - ■ 만주에서 발해와 통일 신라의 경쟁
  - 남북국 시대
  - 민족 통합 시대

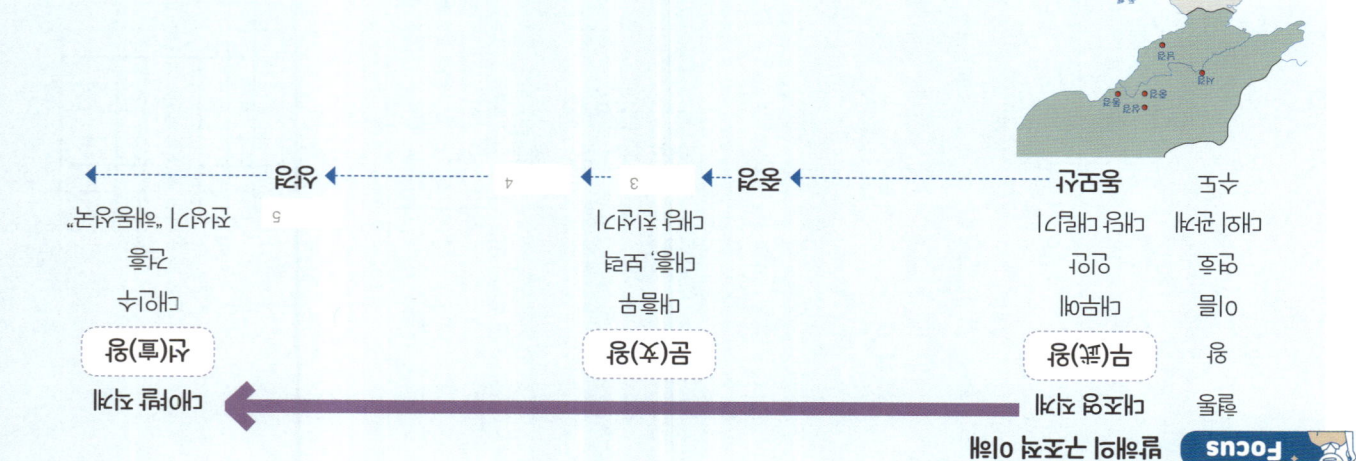

정답 1 천통 2 동모산 3 상경 4 동경 5 성왕 6 인안 7 말갈족 8 당 9 돌궐 10 일본 11 대흥 12 3성6부 13 신라도 14 상경 15 동경 16 고려 국왕 17 황상 18 건흥 19 대야발 20 해동성국 21 5경 15부 62주 22 정안국 23 흥료국

09 남북국 시대 - 발해의 발전

맵핑 핵심 자료

▣ 신문왕 즉위 교서 - 김흠돌 모역 사건

16일에 왕은 교서를 내렸다. " …… 상중(喪中)에 서울에서 반란이 일어날 줄은 누가 생각이나 했겠는가? 반란 괴수 흠돌, 흥원, 진공 등은 능력도 없으면서 높은 지위에 올라 제 마음대로 위세를 부렸다. 흉악한 무리를 끌어 모으고 궁중 내시들과 결탁하여 반란을 일으키고자 하였다. …… 군사를 모아 이 무도한 자들을 없애려 하였다."
- 『삼국사기』

▣ 만파식적 설화

파진찬 곽숙청이 아뢰었다. "동해 가운데 작은 산이 감은사를 향해 와서 파도가 노는 대로 왔다 갔다 합니다." 왕이 이상하게 여겨 일관(천문을 맡은 관리)에게 점을 치게 하였다. 일관이 아뢰었다. "폐하께서 해변으로 나가 보신다면 반드시 값으로 칠 수 없는 큰 보물을 얻을 것입니다." …… 왕은 놀라고 기뻐하여 오색 비단과 금과 옥으로 보답하고 사자를 시켜 대나무를 베어서 바다에서 나오자, 산과 용은 갑자기 사라져 나타나지 않았다. 왕이 행차에서 돌아와 그 대나무로 피리를 만들었는데, 이 피리를 불면, 적병이 물러가고 병이 나으며, 가뭄에는 비가 오고 장마는 개며, 바람이 잦아지고 물결이 평온해졌다.
- 『삼국유사』

▣ 신라 하대의 사회 동요

▣ 문무왕릉(대왕암)

대왕이 죽고 난 뒤 동해 가운데 큰 바위 위에서 장사지냈다. 왕이 평소에 이르기를, "짐은 죽은 뒤에 호국대룡(護國大龍)이 되어 불법(佛法)을 받들고 나라를 수호하고자 한다."라고 하였다.
- 『삼국유사』

▣ 김헌창의 난

헌덕왕 14년 3월 웅천주 도독 김헌창은 그 아버지 주원이 왕이 되지 못한 이유를 내세워 반란을 일으켜 나라 이름을 장안이라 하고 연호를 경운이라 하였다. 무진주, 완산주, 청주, 사벌주의 4주 도독과 국원경, 서원경, 금관경의 사신과 여러 군현의 수령들을 위협하여 자기의 소속으로 삼았다.
- 『삼국사기』

▣ 대조영의 발해 건국

- 발해말갈의 대조영은 본래 고구려의 별종이다. 고구려가 망하자 대조영은 그 무리를 이끌고 영주로 이사하였다. …… 대조영은 드디어 그 무리를 이끌고 동쪽 계루의 옛 땅으로 들어가 동모산을 거점으로 하여 성을 쌓고 거주하였다. 대조영은 용맹하고 병사 다루기를 잘하였으므로, 말갈의 무리와 고구려의 남은 무리가 점차 그에게 들어갔다.
- 『구당서』

- 발해는 고구려 옛 땅에 세운 나라이다. 사방 이천 리이며 주현이나 관역이 없다. 곳곳에 마을이 있는데 모두 말갈 부락이다. 백성에는 말갈이 많고 토인이 적다. 토인이 촌장이 되었다. 큰 촌락은 도독이라 하고 다음 크기는 자사라 한다. 그 아래는 백성들이 모두 수령이라 부른다.
- 『유취국사』

▣ 진성 여왕 시기 농민 봉기

- 원종과 애노의 난(889): 진성(여)왕 3년, 국내 여러 주와 군에서 납세를 하지 않아 창고가 비고 국가 재정이 어려워지자, 왕이 사신을 파견하여 독촉하였다. 이로 인하여 도처에서 도적이 봉기하였다. 이때 원종, 애노 등이 사벌주에 웅거하여 반란을 일으키니 왕이 영기에게 잡도록 명령하였다. 그러나 영기는 적진을 쳐다보고는 두려워하여 나가지 못하였다.
- 『삼국사기』

- 적고적의 난(896): 도적이 서남쪽에서 일어나 붉은 바지를 입고 특이하게 굴어 사람들이 붉은 바지 도적이라 불렀다. 그들이 주현을 무찌르고 서울 서부 모량리까지 와서 민가를 약탈하여 갔다.
- 『삼국사기』

▣ 발해 무왕의 대당 강경책

무왕이 신하들을 불러 "처음에 흑수말갈이 우리의 길을 빌려서 당나라와 통하였다. …… 그런데 지금 당나라와 공모하여 우리를 앞뒤에서 치려는 것이다."고 말하였다. 이리하여 동생 문예가 외삼촌 임아상으로 하여금 군사를 동원하여 흑수말갈을 치도록 하였다.
- 『발해고』

▣ 발해 무왕이 일본에 보낸 국서

"무예(武藝)가 아룁니다. …… 무예는 황송스럽게 대국(大國)을 맡아 외람되게 여러 번(藩)을 함부로 총괄하며, 고려의 옛 땅을 회복하고 부여의 습속(習俗)을 가지고 있습니다."
- 『속일본기』

▣ 일본이 발해 문왕에게 보낸 국서

"천황이 삼가 고려 국왕에게 문안한다. 지금 보내온 글을 보니 …… 천손이라는 참람한 칭호를 써 놓았다. …… 다만 사신 만복(萬福) 등은 전의 허물을 깊이 뉘우치고 왕을 대신하여 사죄하므로 짐이 멀리서 온 것을 불쌍히 여겨 그 뉘우치고 고침을 들어 주었다. …… 바야흐로 이제 대씨(大氏)는 일찍이 아무 일 없이 편안한 연고로 함부로 외숙과 생질이라 칭하는데, (그것은) 예(禮)를 잃은 것이다." - 『속일본기』

10 남북국의 통치 체제 ①

II. 정치사 - 고대

해커스공무원 이중석 맵핑 한국사 동영상강의 특별코스 무료쿠폰

☐ 통일 신라의 통치 체제 → 특징: _____ 1. 강화

(예: ① 9사당 ② 5소경)

● 중앙
- 수상: 시중(中侍), 후대에는 (下侍)
- 기록 회의 기구: 화백 회의
- 집사부 이원: 2. (왕권) 3. _____
  집단 이전에 강하고(진골귀족, 4. _____), 이전과 왕명 집행에, 회의 정리 기기

• 아래 13부: 부래권한 하고, 진골귀족 2~3개부씩 통(독수 장관제)

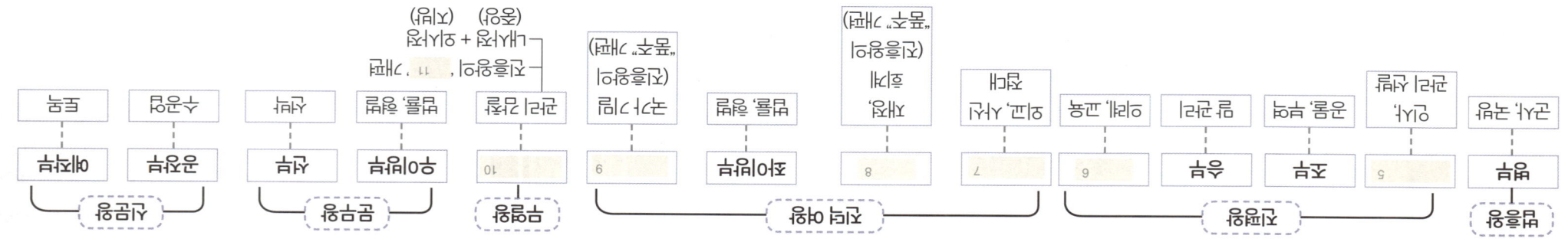

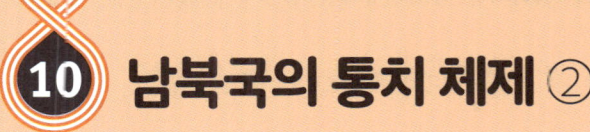

10 남북국의 통치 체제 ②

II. 정치사 - 고대

📂 통일 신라의 통치 체제

● 지방 통치 체제

- 9주★ → 도독 파견 ← 총관 ← 군주(1)
                      3   2

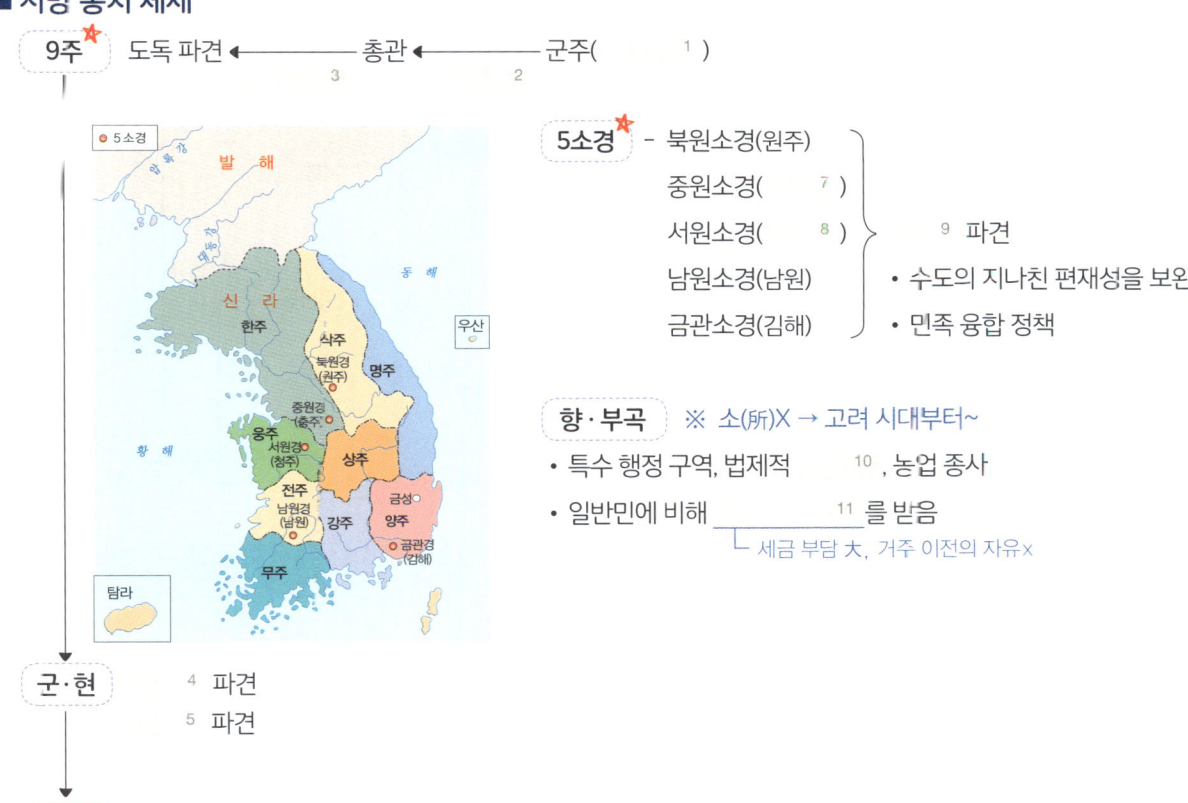

- 5소경★ — 북원소경(원주)
          중원소경(7)
          서원소경(8)   9 파견
          남원소경(남원)   • 수도의 지나친 편재성을 보완
          금관소경(김해)   • 민족 융합 정책

- 향·부곡 ※ 소(所)X → 고려 시대부터~
  • 특수 행정 구역, 법제적 10 , 농업 종사
  • 일반민에 비해 _____ 11 를 받음
                  └ 세금 부담 大, 거주 이전의 자유 x

- 군·현   4 파견
          5 파견

- 촌   토착 세력을 6 로 두어 관리

💡 더 알아보기 — 통일 신라의 지방 통제 정책
• 상수리 제도 - 지방 귀족을 수도에 머물게 하여 지방 세력을 견제
  - 기인 제도(고려), 경저리(조선) 제도로 계승
• 외사정 파견(문무왕) - 지방 행정 통제와 지방관 감찰을 위해 설치한 외관직
  - 주마다 2인의 외사정 파견

● 군사 조직

중앙군
- 직업군 — 신라인 + 고구려인 + 백제인 + 말갈인 모두 포함
  ★ 12 ⇒ 13 정책, 군사력 강화 → 왕의 호위, 궁궐 수비, 수도 방어

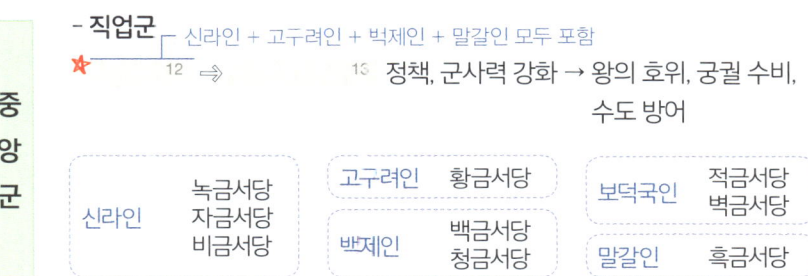

신라인 — 녹금서당 / 자금서당 / 비금서당
고구려인 — 황금서당
보덕국인 — 적금서당 / 벽금서당
백제인 — 백금서당 / 청금서당
말갈인 — 흑금서당

지방군
- 농민군
  ★ 14 ⇒ 지방 행정 조직과 15
      └ 16 에 17 ㅇ 정 + others주에 1개의 정을 배치

관할 지역	한주	상주	웅주	전주
10정	남천정	골내근정	음리화정	고량부리정	거사물정

관할 지역	양주	강주	무주	삭주	명주
10정	삼량화정	소삼정	미다부리정	벌력천정	이화혜정

특수군
- 18
- 19
- 20

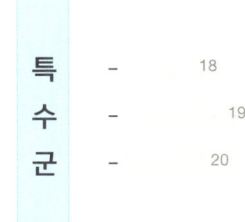

10 단복귀 톺칵 체계 (3)

II. 정치사 - 고려

📖 단복귀 톺칵 체계

● 중앙 톺칵 체계 - 3성 6부제(당제 모방 때 정비)
※ 당의 3성 6부제 모방 → but, 연가성 유지

❶ 중서(문하성)과 상서성의 기관
❷ 6부의 이원화
❸ 6부에 유교적 명칭 사용

```
                              (이부) 문관의 인사, 공훈 및 봉작 관장
                    이부 ─┤
                        │    (병부) 무관 인사, 군사, 조세, 체형 관장
                        ┤
                        │    (예부) 의례의 제사, 5.       , 외교
                        이부 ─┤
                        │    (형부) 고시 고문 사도 감옥 장리
              상서성 ─┤    시부 ─┤
                        │    (예부) 법률, 소송 및 감옥 장리
                        에부 ─┤
                        │    (공부) 공장, 영건 공사 등사
                        ───┤
                              9
```

중앙 → 6부 → 3. 정청(장관: ___) → (기구?)
                                    ↓
                         ⭐ 2. 정책 결정(수상: ___)
                                    ↓
                         ⭐ 7. 관리 감찰 기구
                                    ↓
                              8. 시사 감리, 비판, 등용, 제도 등 관장
                                    ↓
                              9. 국립 대학(고르 시고 교육)

중대상 → 장례 식인 → 정도상
중대성 → 장례 식인 → 중대성

※ 출가 기구
• 통복원: 정원회의
• 기사: 중요 일자 기록
  └ 경요사, 중사사, 태사사 ......

정답 1 정당성 2 정당성 3 대내상 4 6부의 이원화 5 교육 관리 6 유교적 명칭 7 중정대 8 문적원 9 주자감

해커스공무원학원·공무원인강·교재 Q&A gosi.Hackers.com 46

10 남북국의 통치 체제 ④

📁 발해의 통치 체제

● **지방 통치 체제** - 1 (2 때 정비)

5경 — 전략적 요충지 → 15부 → 62주 → 현 → 촌
                      3 파견   4 파견   5 파견   토착 세력을
                                                                           6 으로 두어 관리

● **군사 조직**

- **중앙군**: [7] - 왕궁과 수도 경비 담당
               - 대장군·장군이 지휘

- **지방군**: 농병 일치의 군대, 지방관이 지휘 → 지방 행정과 군사 조직의 8

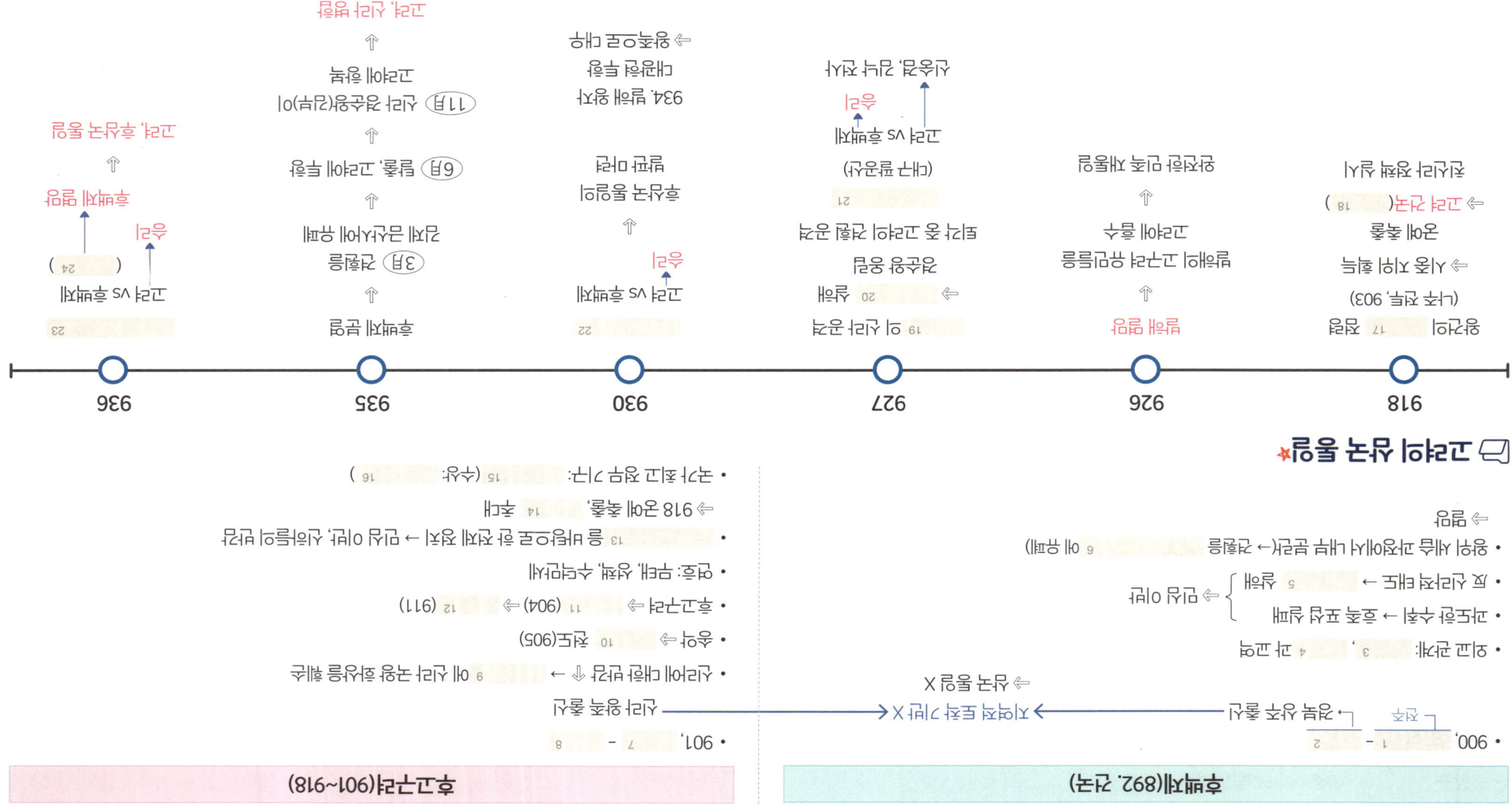

11 고려의 건국과 후삼국 통일 ②

II. 정치사 - 고려

📁 고려 성립의 역사적 의의

- 단순히 왕조의 교체만을 의미하는 것 X
  ⇒ 고대 사회에서 중세 사회로 전환되는 역사적 발전 의미

💡 더 알아보기 │ 고려를 중세로 규정하는 이유

구분	고대(신라)	중세(고려)
정치	진골 귀족 중심	¹ 중심 + ²
사회	골품 제도 신분 이동 ³ 신분제 중심의 ⁵ 사회	음서 + ⁴ 제도 신분 이동 가능 비교적 능력 위주의 ⁶ 사회
이념(사상)	불교 중심	⁷ 정치 사상 + 불교(경제·사회·문화)

📁 고려 전체 흐름

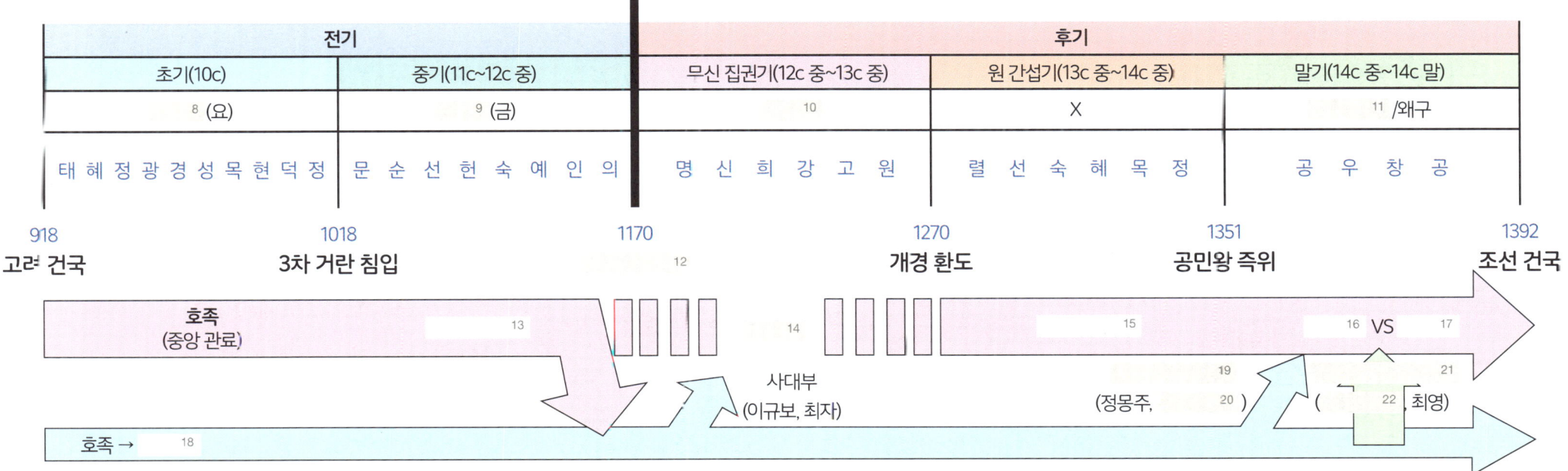

11 고려의 건국과 후삼국 통일

맵핑 핵심 자료

견훤과 궁예

- 견훤은 상주 가은현(경북 문경 가은) 사람으로, 본래의 성은 이씨였는데, 후에 견으로 성씨를 삼았다. 아버지는 아자개이니, 농사로 자활하다가 후에 가업을 일으켜 장군이 되었다. — 『삼국사기』

- 궁예는 신라 사람으로, 성은 김씨이고, 아버지는 제47대 헌안왕 의정이며, 어머니는 헌안왕의 후궁이었다. …… 머리를 깎고 승려가 되어 스스로 선종(善宗)이라 이름하였다. 신라 말에 …… 이런 혼란기를 틈타 무리를 모으면 자신의 뜻을 이룰 수 있다고 생각하여 죽주의 도적 괴수 기훤에게 의탁하였으며, …… 북원의 도적 양길에게 의탁하니, 양길이 잘 대우하여 일을 맡기고 드디어 병사를 나누어 주어 동쪽으로 땅을 점령하도록 하였다. — 『삼국사기』

고려의 발해 유민 포용

발해국 세자 대광현이 백성 수만 명을 데리고 와서 귀화하였다. 그에게 '왕계'라는 이름을 주어 왕실 족보에 등록하고, 특히 원보의 품계를 주어 백주 고을 일을 맡아보게 하면서 자기 조상의 제사를 받들게 하였다. 그의 관리들에게는 작위를, 군사들에게는 토지와 주택을 각각 차등있게 주었다. — 『고려사』

고려의 민족 재통일

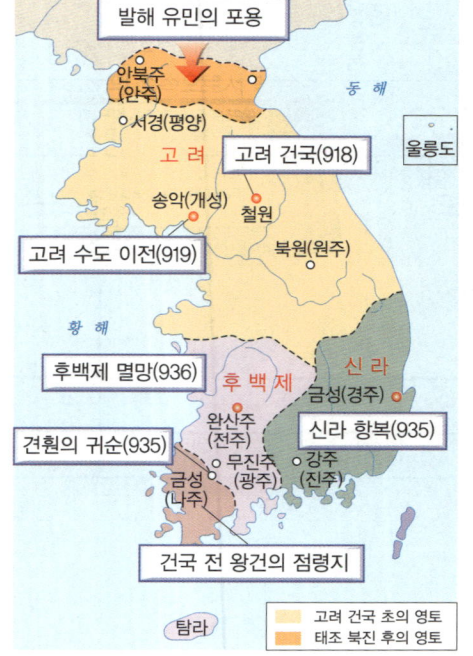

후삼국 통일

- 경순왕이 말하였다. '이와 같이 고립되고 위급한 형세로는 나라를 지킬 수 없다. 강하지도 못하면서 겸허하지도 못하여 죄 없는 백성들을 참혹히 죽도록 하는 것은 차마 할 수 없다.' 곧 시랑 김봉휴를 시켜 왕건에게 편지를 보내어 항복하였다. — 『삼국사기』

- 천복 원년(936) 6월 견훤이 왕건에게 아뢰었다. '…… 대왕께서 강한 군사로 난신적자를 없애 주시면 제가 죽어도 유감이 없겠습니다.' …… 태조가 친히 3군을 거느리고 천안에 이르러 군사를 합하여 일선에 진주하였다. 신검은 무력으로써 대항하였다. 태조가 장군 공훤을 시켜 바로 중군을 치라 하고 모든 군사가 함께 나가 양쪽에서 들여 치니 백제 군사가 흩어져 달아났다. 신검은 두 아우와 장군 부달, 능환 등 40여 명을 데리고 나와 항복하였다. — 『삼국사기』

12 고려의 통치 조직 ①

II. 정치사 - 고려

📁 중앙 통치 체제

❶ 당의 3성 6부 → 2성 6부
❷ 송의 중추원, 삼사 } 모방 + 고려의 독자적 기구
❸ 당과 송의 어사대

※ 성종 때 정비 시작 문종 완성
- ___3___ 이 6부 판사 겸임
- 내사문하성 → 중서문하성

6부 —보고→ 6부 상서 —보고→ 재신

- 2품 이상의 고관, 국정 총괄(백관 통솔)
- 6부 판사를 겸임(6부 상서의 보고를 지속적으로 받음)
- ⇒ 실제 행정과 정책 결정 과정의 괴리를 축소

___4___ = 재부, 중앙 최고 관부
수상: 문하시중

상서령 — 실직 X
상층상서 — ___9___ — 좌복야 — 실직, but. 지위↓
          └ 우복야

___7___ 3품 이하의 관리
간쟁·봉박의 기능 담당(___8___ 의 역할)

하층상서 — ___10___
- 이부: 문관 인사
- 병부: 무관 인사, 국방 담당
- 호부: 호구 조사, 재정(조세 징수, 예산)
- 형부: 법률, 재판
- 예부: 교육, 의례, 과거, 외교
- 공부: 건축, 토목

___12___ ★
- 구성: 중서문하성 낭사 + 어사대
- 역할: 권력의 독점과 부정을 방지
- 업무
  - ___13___ : 관리 임명·법률 개폐 동의 및 거부권
  - 간쟁: 왕의 잘못에 대해 간언
  - 봉박: 잘못된 왕명의 시행은 거부하고 돌려보냄

왕
├ 도병마사 — 국방 문제 담당 (대외적)
├ 식목도감 — 법률·격식 제정 (대내적)
재추 합좌 기구
(+문하시중)
재신과 추밀
2품 이상의 고관이
모여 국가 중대사
논의

___5___

___11___ — 관리 감찰

중추원
= 추부
├ ___14___ — 2품 이상, 군사 기밀 관장
├ ___15___ — 3품, 왕명 출납, 기별지 담당
                            소식지

___16___ — 화폐·곡식의 출납에 대한 ___17___ 담당

정답: 1 중추원 2 삼사 3 시중 4 중서문하성 5 상서성 6 재신 7 낭사 8 어사대 9 상서도성 10 6부 11 어사대 12 대간 13 서경 14 추밀 15 승선 16 삼사 17 회계

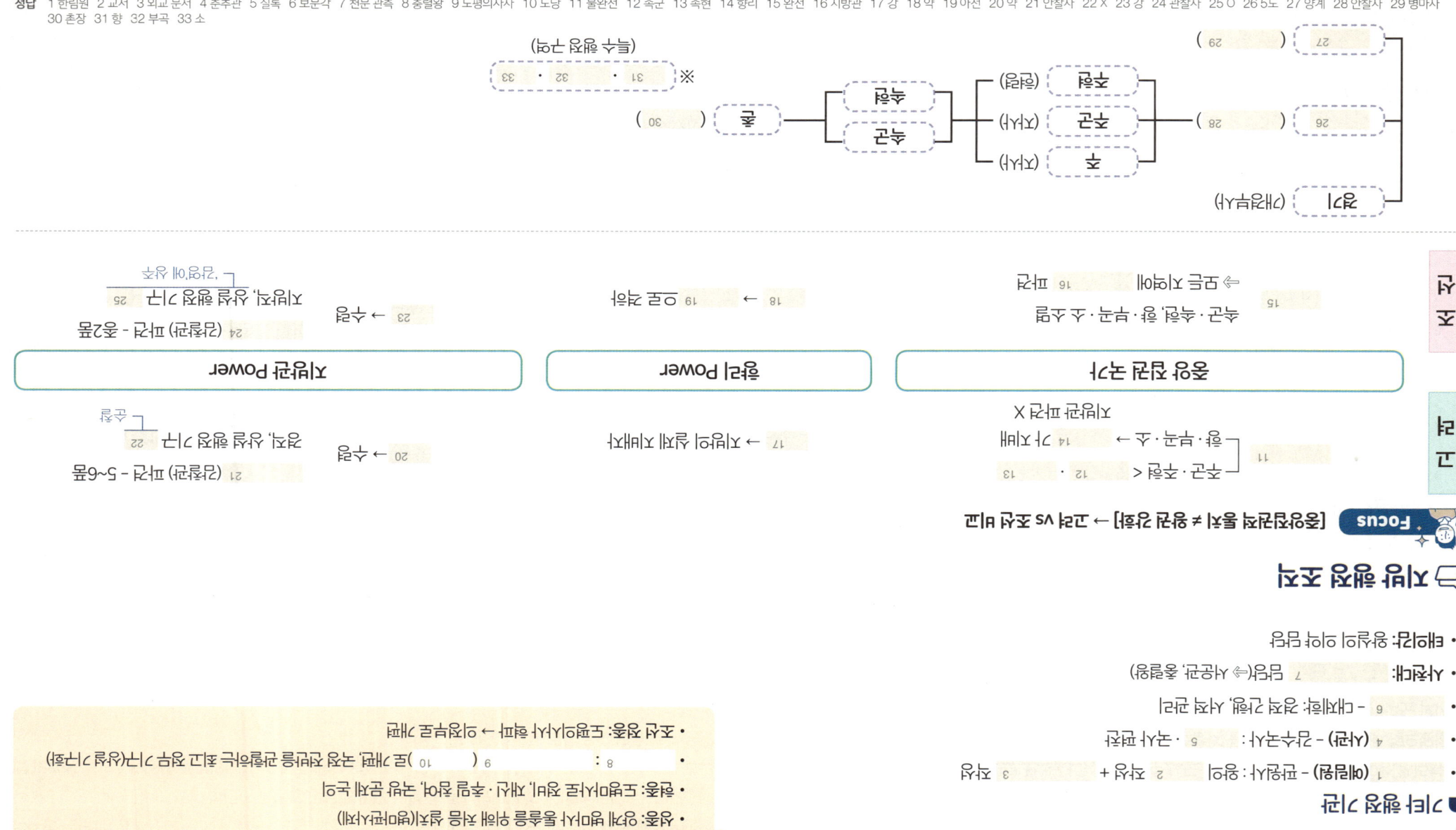

12 고려의 통치 조직 ③

II. 정치사 - 고려

📁 지방 행정 조직

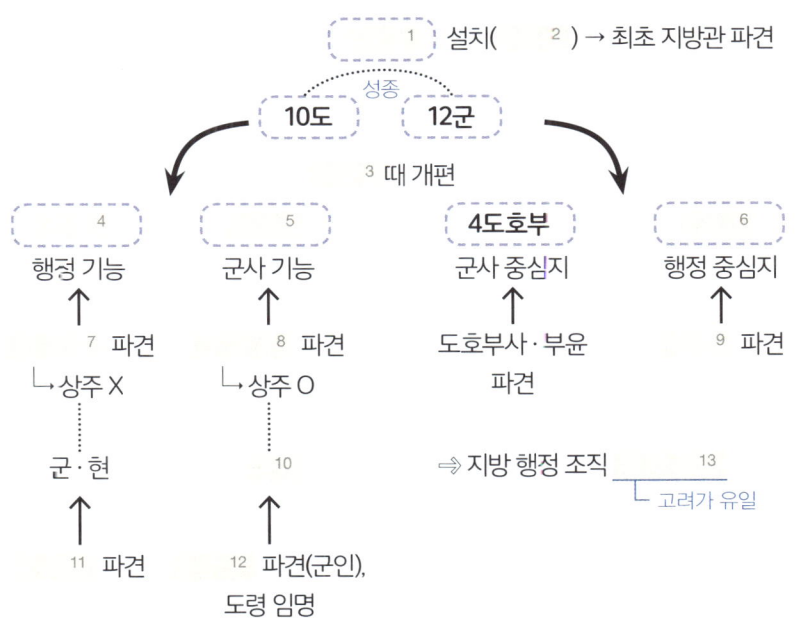

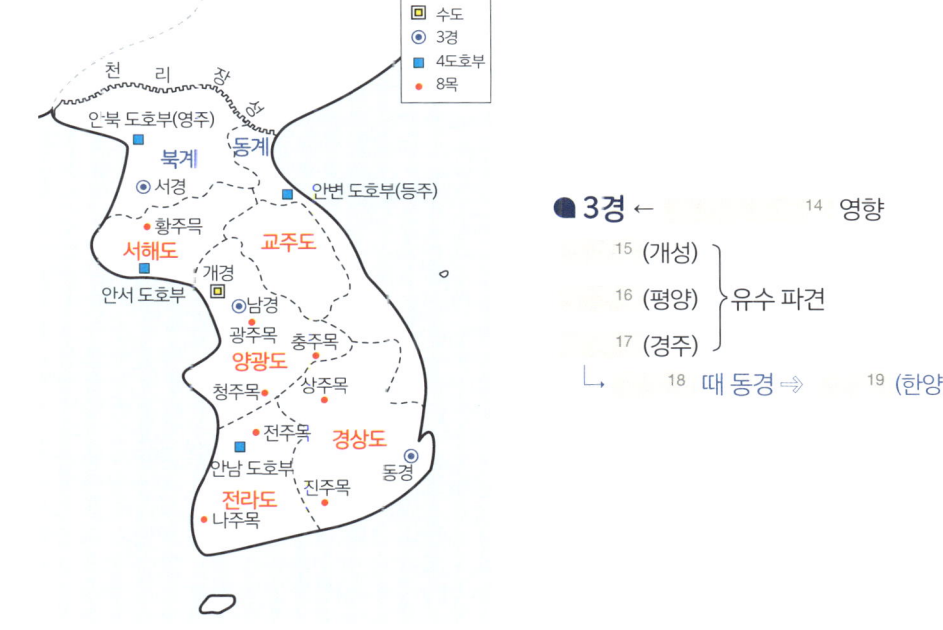

● 특수 행정 구역

- 반란이 일어난 일반 군·현이 강등
- 공주 명학소의 난(1176)을 계기로 점차 일반 현으로 승격
  ⇒ 조선 전기 _____24_____ 의 시행으로 소멸

12 고려의 통치 조직 ④
II. 정치사 - 고려

📖 군사 조직

중앙군

∨ = 군반 씨족(1   )
- 특징: 경제적 보장, 2   → 3   지급
  └ 직역 세습
- 구성:
  - 4   : 응양군·용호군 - 응양군·용호군
  - 5   : 수도 경비·국경 방어 임무
    - 좌우위·신호위·흥위위 ─ 주력 부대
    - 금오위·천우위·감문위
  - 2군·6위 → 상장군 8령
                 6   군 8령 ⇒ 중방
                                  ├ 회의 체제
                                  └ 무신 최고 정치 기구
                                    8   이후 영향력 커짐

지방군

∨ 양인 (16세 이상 장정)
- 특징: 군인전 미지급
- 구성:
  - 10   (5군): 보승군·정용군(국방과 치안)·일품군(노역, 상번 부대)으로 구성 → 군인전 지급 ✕
    └ 11   이 지휘(군, 일반행정 통괄기 지휘)
  - 12   (양계): 경비 부대 + 예비 부대, 좌군·우군·중군으로 구성
    └ 13
    └ 14   + 도령이 지휘
          └ 토착 지휘관

특수군

- 광군 (15   ): 이 정종이 대군란이 위해 창치, 주현군의 모체가 됨
- 별무반 (17   ): 18   의 건의로 창치, 19   정벌
  - 구성: 신기군(기병) + 신보군(보병) + 20   (승병)
- 21   : 최씨 정권의 사병 역할(최우가 창치), 22   에 저항(1270~1273)
  - 구성: 좌별초 + 우별초 + 23
- 24   ( ): 왜구를 격퇴하기 위해 창치, 양인, 권문세족으로 구성된 사병 군사집단

정답 1 중류층 2 직업 군인 3 군인전 4 2군 5 6위 6 대장군 7 무신 합좌 기구 8 무신 정변 9 농민 10 주현군 11 수령 12 주진군 13 상비군 14 진장 15 정종 16 거란 17 숙종 18 윤관 19 여진 20 항마군 21 삼별초 22 몽골 23 신의군 24 우왕

13 고려의 관리 선발 제도 ①

📁 과거 제도

● 실시
- ___1___ 때(958) ___2___ 의 건의로 실시
- 왕권 강화를 목적으로 시행

● 응시 자격
- 법적으로 ___5___ 이상이면 응시 가능(향·부곡·소민 X)
- 실제로 문과(___6___ · ___7___)에는 주로 귀족·향리 자제가 응시
- 백정 농민은 주로 ___8___ 에 응시

● 실시 시기
- ___9___ (3년)를 원칙 → but 실제로는 격년시(2년)

● 특징
- ___3___ 위주로 선발, 출신 문벌이 중요하게 작용됨
- 과거 시험관: ___4___

● 종류
- 문과 ┬ ___10___ : ___11___ 시험, 문학적 재능(___12___)을 평가하는 시험, ___13___ 보다 중시됨
       └ ___14___ : ___15___ 의 이해 정도를 평가하는 시험
- 잡과: ___16___ 시험(법률, 회계, 지리 등) → 선배가 뽑음
- 승과: ___17___ (왕륜사과) ___18___ (광명사)으로 나누어 실시
  ⇒ 합격자에게 ___19___ (대덕) 부여(승려의 지위 보장)
- ※ 무과 ×: ___20___ (군반 씨족), 문신 → 무신
  └ 윤관, 강감찬

● 응시 절차

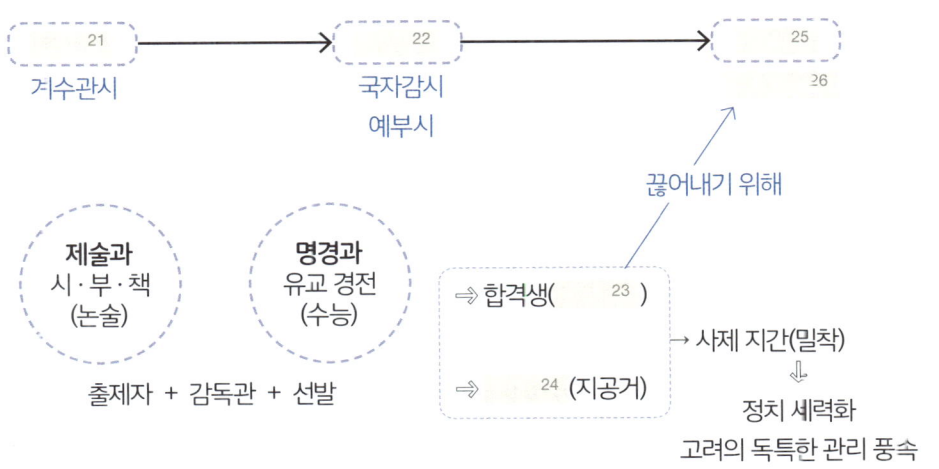

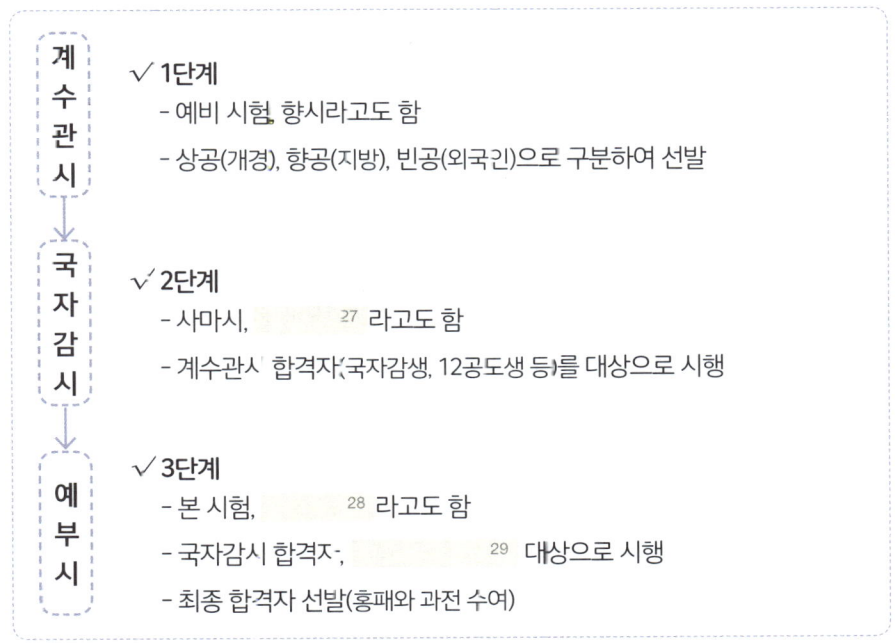

정답: 1 광종 2 쌍기 3 유학 4 지공거 5 양인 6 제술과 7 명경과 8 잡과 9 식년시 10 제술과 11 논술 12 사장 13 명경과 14 명경과 15 유교 경전 16 기술관 17 교종선 18 선종선 19 법계 20 무반 21 계수관시 22 국자감시 23 국자감생 24 지공거 25 예부시 26 동당시 27 국자감시 28 동당시 29 12공도생

29 정치 고려

13 고려의 관리 선발 제도 ②

II. 정치사 - 고려

📁 음서 제도

● 의미
공신, 왕족 및 [1   ] 이상 고위 관리의 자손이 과거를 거치지 않고 관리가 될 수 있는 제도

● 특징
- 승진에 한계([2   ])가 없음
- 고위 관료의 지위 세습 [3   ] (50% 이상이 재상직에 진출) ⟩ ⇒ 고려 [4   ] 를 형성하는 데 기여
- 과거보다 중시됨

● 혜택 범위
- **3품 이상 관리** → 자 · 손 · 제 · 질 · 서
- **5품 이상 관리**: 자, 손까지 혜택

📁 기타 관리 선발 제도

- [5   ] : 덕행이나 학식·재능이 있는 인물 [6   ]

사료 읽기 | **고려 시대의 관리 선발 제도**

• **고려 시대의 관리 선발 제도**
태조가 먼저 학교를 세웠으나 과거로 인재를 뽑는 데까지는 이르지 못하였다. 광종이 쌍기의 건의를 받아들여 과거로 인재를 뽑자. 이때부터 학문을 숭상하는 풍습이 일어나기 시작하였다. …… 비록 이름 있는 경대부라도 반드시 과거를 거쳐 벼슬에 나아간 것은 아니었다. 이외에도 천거, 문음에 의한 서용, 성중애마의 선발 배치, 남반 · 잡로 등 벼슬에 나아가는 길이 한 가지만은 아니었다.
― 『고려사』

• **음서 제도와 승진**
이자연의 손자 이자덕은 이자겸의 사촌이다. 그는 공손하고 근신하며 효도와 우애가 있었다. 글공부를 좋아하고 불도를 즐겼다. 음서로 경시서 승에 임명되었다가 중서시랑 평장사(정2품)가 되었다. …… 이광진(이자연의 동생)의 처음 이름은 원휴이다. 음서로 양온 승이 되었다. 여러 관직을 거쳐 추밀원의 재상이 되었다.
― 『고려사』

정답 1 5품 2 정원(상한) 3 가능 4 귀족 사회 5 천거 6 추천

14. 고려 초기 왕의 업적 ①

태조 왕건(918~943)
- "중력의 화신" 연호: ___1___
- 29명의 왕비 ⇒ 외척 多, 왕위 쟁탈전↑

● 왕권 강화
- 관제 정비: 태봉의 관제 + 신라, 중국의 관제 가미
  9관등제 → (통일 이후)16관등제
- 『___2___』, 『___3___』 저술: 관리들이 지켜야 할 규범 제시
- ___4___: 후대 왕들이 지켜야 할 정책 방안 제시

> **사료 읽기 | 훈요 10조**
> 1. ___5___ 를 신봉할 것
> 2. 도선의 말에 따라 절을 함부로 짓지 말 것
> 3. 왕위 계승은 적자 적손을 원칙으로 할 것
> 4. 거란의 야만적인 풍속을 배제할 것
> 5. ___6___ 을 중시할 것
> 6. 연등회·팔관회를 ___7___ 할 것
> 7. 간언을 따르고 참소를 멀리할 것
> 8. 차현 이남의 사람을 경계할 것
> 9. 문무백관의 녹봉을 함부로 늘리거나 줄이지 말 것
> 10. 경사를 읽고 옛 일을 거울삼아 오늘을 경계할 것

● 민생 안정책
- ___8___: 조세를 수확량의 1/10로 경감
  (取民有度) → 과도한 수취 금지
- ___9___ 설치: 빈민 구제, 고구려 '진대법' 계승

● 호족 통합책
- 정략 결혼: 29개 지역 ___10___ 과 연합
- ___11___: "예물을 두터이, 말을 정중히"
  (重幣卑辭) → 지방 호족 우대, 저자세 외교
- ___12___ 정책: ___13___ 성을 하사하여 친족으로 포섭
- ___14___ (본관) 제도 실시: 지방 중소 호족에게 지역명을 본관으로 부여
- 중앙 관직 수여(+ ___15___ 지급)

● 호족 견제책
- ___16___ 제도: 지방 호족 자제를 인질로 삼음
  └ 신라의 ___17___ 제도 계승
  ⇒ 업무 고역화
- ★ ___18___ 제도(최초: 김부)
  ─ 중앙의 고위 관리 중에서 선발 ⇒ 출신지의 사심관으로 임명
  ─ ___19___ 추천권 · 부호장 이하 향리 임명권 부여, 치안 유지, 부세 운영
  ─ 지역에서 문제가 발생하면 ___20___
  ─ 중앙 집권 + 향촌 자치 ⇒ 고려 말 세력↑, ___21___ 때 폐지
  조선 때 분화 → ___22___ + ___23___

● 북진 정책
- 고구려 계승 의식 ─ 국호: ___24___
                   └ 연호: ___25___
- ___26___ (평양) 중시: 서경을 ___27___ 의 전진 기지로
  └ 고구려의 옛 수도 개발
  ⇒ 서경 ___28___ 제도 실시
  (성종 때 정비)
- 영토 확장: ___29___ ~ ___30___ 에 이르는 국경선 확보
- 거란 강경책: ___31___ (942)

● 숭불 정책
- ___32___ · ___33___ 개최: 민심 수습, 고려의 정체성 확립
- 법왕사 · 왕륜사 · 흥국사 등 10개의 사찰 건립

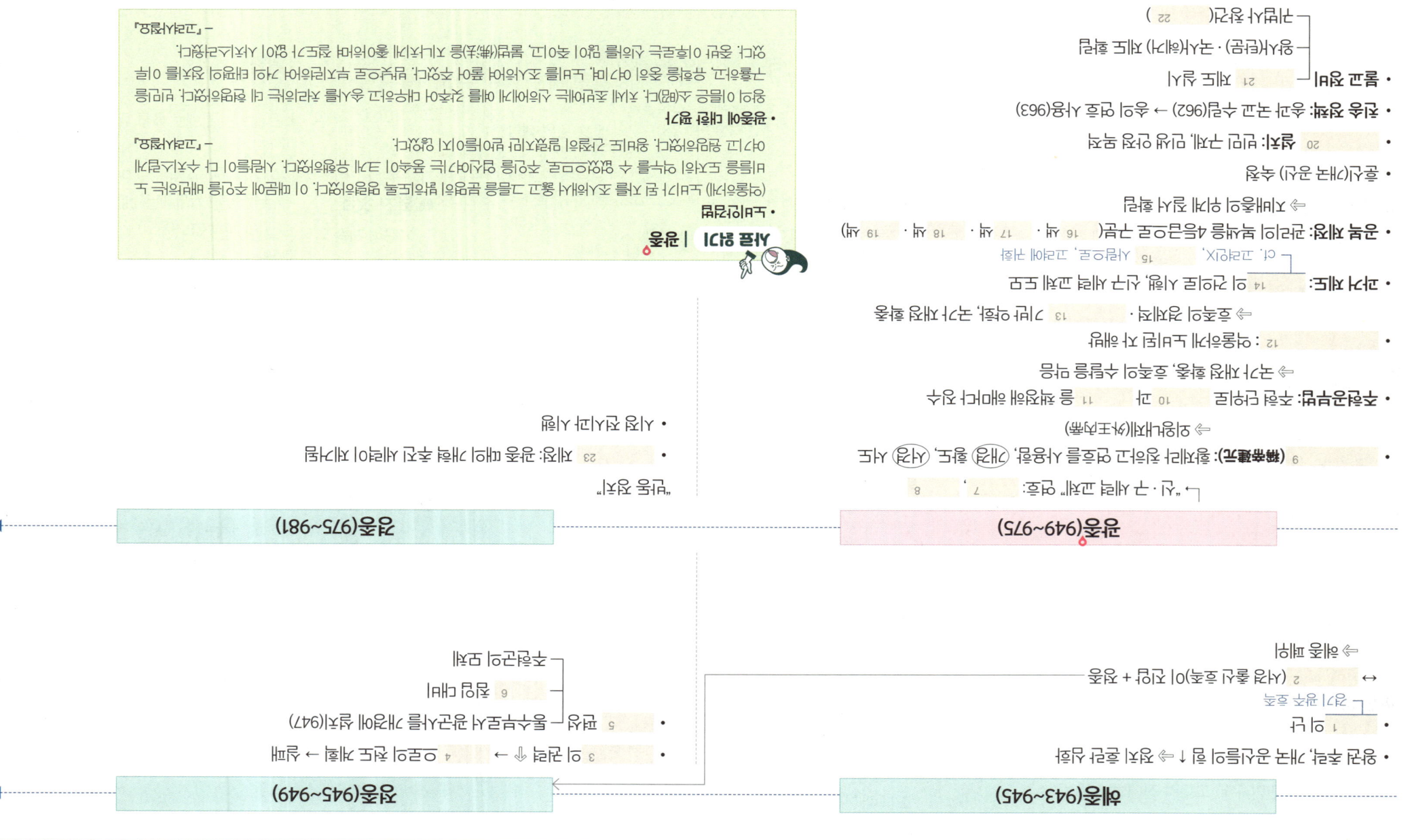

14. 고려 초기 왕의 업적 ③

성종(981~997)
└ "최승로와 쌍둥이", 숭유억불

유교진흥책 → 유교적 정치 질서 실현
- 최승로의 ___1___ 채택
  ⇒ 지방관 파견, 유교 이념의 실현, 왕권 전제화 규제
- 최승로의 『___2___』: ___3___ 의 왕권 전제화 정책 비판
- 교육 조서 반포
- 유학 교육 진흥
  - 중앙: ___4___ (국립 대학) 정비
  - 지방: ___5___ (= 향학) 설치, 경학박사, 의학박사 파견
  - 도서관 설치: 개경에 ___6___, 서경에 ___7___ 설치
- ___8___ 시행: 관리들에게 매월 시와 글을 지어 바치게 함

불교 억제책
- ___9___, ___10___ 축소·폐지(⇒ ___11___ 때 부활)

체제 정비
- 중앙 통치 조직 정비
  - 2성 6부(당 관제 모방)
    - ___12___ · ___13___ (송 관제 모방)
    - ___14___ · ___15___ (독자적 기구)
      └ 현종 때 완비
- 지방 행정 조직 정비
  - ___16___ 설치(호족 억제) → ___17___ 파견
  - 향직 개편: 지방 중소 호족을 ___18___ 로 편입
    상층 향리 + 하층 향리
         ___19___   ___20___

사회 정책
- 흑창을 ___24___ 으로 확대 + ___25___ 설치(개경·서경·12목) [물가 조절 기관]
- ___26___ 실시: 재해 시 조, 공납, 역 면제
- ___27___ 시행: 이자가 원금을 못 넘도록 고리대 제한
- ___28___ 실시: 노비안검법으로 해방된 노비들 중 일부를 다시 노비로 환천 ⇒ 귀족 권한 강화

경제 정책
권농 정책, ___29___ (최초의 철전) 발행(널리 유통 X)

대외 정책
거란의 1차 침입(993) → ___30___ 의 외교 담판으로 ___31___ 획득

- 분사 제도 정비: ___21___ 의 분사 정비
- 문·무산계 수여
  - ___22___ 문·무관에게 문산계
  - ___23___ 향리, 탐라 왕족, 여진족 추장 등에게 무산계 부여

더 알아보기: 시무 28조의 내용

- **국방**
  - 서북 지방 수비 강조
  - 북계 확정 및 방어책 마련
- **불교**
  - 불교의 폐단 지적
  - 불교 행사 축소와 민폐 시정
  - 승려의 횡포와 승려의 궁정 출입 엄금
- **신분 질서**
  - 유교적 신분 질서 적용 → 양천지법(良賤之法) 확립
  - 공신과 세가(世家) 자손들에 대한 관직 제수 건의
- **왕권과 신권**
  - 왕권과 신권의 조화 추구
  - 광종 같은 전제 군주 반대
  - 시위 군졸의 축소, 대간 제도 등 건의
- **제도 개혁**
  - 중국 문물의 선택적 수용
  - 공역을 균등하게 부여
  - 관복 제정 주장, 외관(지방관) 파견

14 고려 초기 왕의 업적 ④

II. 정치사 - 고려

목종(997~1009)

개정 전시과 시행, 전중성 설치

현종(1009~1031)

제도 개편

- **지방 행정 조직 정비**
  - → [1] 완비, [2] 설치
- [3] 의 공복제 제정
- [4] **실시**: 향리 자제의 과거 응시 허용
  └ 원래 기능을 제도화

사회 시책

- 면군급고법: 노부모 봉양하는 정남의 군역 면제
- 주창수렵법: 의창 확대 실시
- 목감양마법: 말 사육과 목장의 체계적 관리

거란의 2 · 3차 침입

- 강감찬의 [5] (1019) → 거란 격퇴,
  [6] 축조(1029)
- [7] 조판(호국 불교, 1011~1087)

문화 정책

- 불교 진흥
  - 연등회와 팔관회 부활
  - [8] · 현화사 7층 석탑 건립
- 『[9]』 편찬: 7대 왕의 실록

덕종(1031~1034)

- [10] 축조 시작(1033)
  (압록강 ~ 도련포)
  ⇒ 정종 때 완성(1044)

문종(1046~1083)

└ "문벌 귀족 사회 시작"

법규 정비

- [11] 완비 ┬ 재신이 6부 판사 겸임
  └ 내사문하성 ⇒ 중서문하성
- [12] 시행: 과거 시험 시 인적 사항 감추고 실시
- [13] **설치**: 한양을 남경으로 승격 → [14] 에 포함
  └ 풍수지리 사상의 영향

경제 정책

- 경정 전시과 시행(1076)
- 공음전 완비
- 녹봉 제도 정비: 현직 관료를 47등급으로 나누어 녹봉(현물)
  지급 ⇒ 문벌 귀족 사회 시작

사회 정책

- [15] **설치(개경)**: 음식 + 빈민 치료
- [16] 시행: 기인의 대상을 향리의 자제가 아니라 임
  의로 선발하여 잡역 동원
  ⇒ 인질 제도 약화
- [17] 실시: 사형수에 한해 세 번까지 재판

문화 정책

- 넷째 아들 [18] - [19] 건립
- 사학 융성: [20] 의 [21] (문헌공도) 등 사학 12도 진
  흥(관학이 위축됨)

해커스공무원학원·공무원인강·교재 Q&A gosi.Hackers.com

14 고려 초기 왕의 업적

📖 맵핑 핵심 자료

▨ 왕건의 민생 안정책

- (태조 17년, 934) 5월에 태조가 예산진에 행차하여 이르기를, "너희 공경장상은 국록을 먹는 사람들이므로 내가 백성을 자식처럼 사랑하는 마음을 헤아려서, 너희들 녹읍의 백성들을 불쌍히 여겨야 할 것이다. 만약 무지한 가신들을 녹읍에 보낸다면, 오직 거두어들이는 데만 힘써 마음대로 약탈할 것이니 너희 또한 어찌 알 수 있겠는가?"라고 하였다. — 『고려사』

- 전교를 내리기를, "내가 들으니 덕은 오직 좋은 정치에 있고, 정(政)은 백성을 양육함에 있다. 국가는 사람으로 근본을 삼고, 사람은 먹는 것으로 하늘을 삼는다." 이에 우리 태조께서는 흑창을 설치하여 가난한 백성을 진대(賑貸)하는 것을 항상적인 법칙으로 삼으셨다. — 『고려사』

▨ 왕건의 사성 정책

왕순식은 명주 사람으로 출신 지역의 장군으로 있었다. …… 그는 아들 장명을 왕건에게 보내어 병졸 600인을 거느리고 숙위하게 하였으며, 후에 자제와 더불어 무리를 거느리고 와서 협력할 뜻을 보이니, 태조가 왕씨 성을 하사하고 대광의 벼슬을 내렸다. — 『고려사』

▨ 사심관 제도와 기인 제도

- 태조 18년 신라왕 김부(경순왕)가 항복해 오니 신라국을 없애고 경주라 하였다. 김부로 하여금 경주의 사심관이 되어 부호장 이하의 임명을 맡게 하였다. 이에 여러 공신이 이를 본받아 각기 자기 출신 지역의 사심이 되었다. 사심관은 여기에서 비롯되었다. — 『고려사』

- 국초에 향리의 자제를 뽑아 서울에서 인질로 삼고 또 그 향사(鄕事)의 고문에 대비하니 이를 기인(其人)이라 하였다. — 『고려사』

▨ 광종의 관복 정비

우리나라의 예식과 복장 제도는 삼한 시대부터 나라별로 풍속을 지켜 왔다. 신라 태종 무열왕이 당의 복장 제도를 도입하려고 한 뒤부터 관복 제도가 중국과 비슷하게 되었다. 고려 태조가 나라를 세울 때는 모든 것이 새로 시작하는 것이 많아서 관복 제도도 우선 신라에서 물려받은 그대로 두었다. 광종 때에 와서 비로소 백관의 공복을 제정하였다. 이때부터 귀천과 상하의 차별이 명확해졌다. — 『고려사』

▨ 5조 정적평 (광종에 대한 최승로의 평가)

신의 어리석은 생각으로 만약 광종이 처음과 같이 늘 공손하고 아끼며 정사를 부지런히 하였다면, 어찌 타고난 수명이 길지 않고 겨우 향년 50으로 그쳤겠습니까. 더욱이 경신년(광종 11)부터 을해년(광종 26)까지 16년 간은 간사하고 흉악한 자가 다투어 나아가고 참소가 크게 일어나 군자는 용납되지 못하고 소인은 뜻을 얻었습니다. 마침내 아들이 부모를 거역하고, 노비가 주인을 고발하고, 상하가 마음이 다르고, 군신이 서로 갈렸습니다. 옛 신하와 장수들은 잇달아 죽음을 당하였고, 가까운 친척이 다 멸망을 하였습니다.

▨ 최승로의 시무 28조

제7조 태조께서 나라를 통일한 후에 군현에 수령을 두고자 하였으나 대개 초창기에 일이 번다하여 미처 이 일을 시행할 겨를이 없었습니다. 이에 제가 보건대 향리 토호들이 늘 공무를 빙자하여 백성들을 침해하고 학대하므로 백성들이 명령을 감당하지 못하니 청컨대 외관(外官, 지방관)을 두소서.

제11조 중국의 제도를 따르지 않을 수는 없지만 사방의 풍습이 각기 토성(土性)에 따르게 되니 다 고치기는 어려울 것 같습니다. 그 예악(禮樂)·시서(詩書)의 가르침과 군신·부자의 도리는 마땅히 중국을 본받아 비루한 것은 고치도록 하고, 그 밖의 거마(車馬)·의복의 제도는 우리의 풍속을 따르게 하여 사치함과 검소함을 알맞게 할 것이며 구태여 중국과 같이 할 필요가 없습니다.

제13조 우리나라에서는 봄에는 연등을 설치하고, 겨울에는 팔관을 베풀어 사람을 많이 동원하고 노역이 심히 번다하오니 원컨대 이를 감하여 백성이 힘을 펴게 하소서.

제20조 불교를 행하는 것은 수신(修身)의 근본이며, 유교를 행하는 것은 치국(治國)의 근원이니, 수신은 내생(來生)을 위한 것이며, 치국은 곧 오늘의 일입니다.

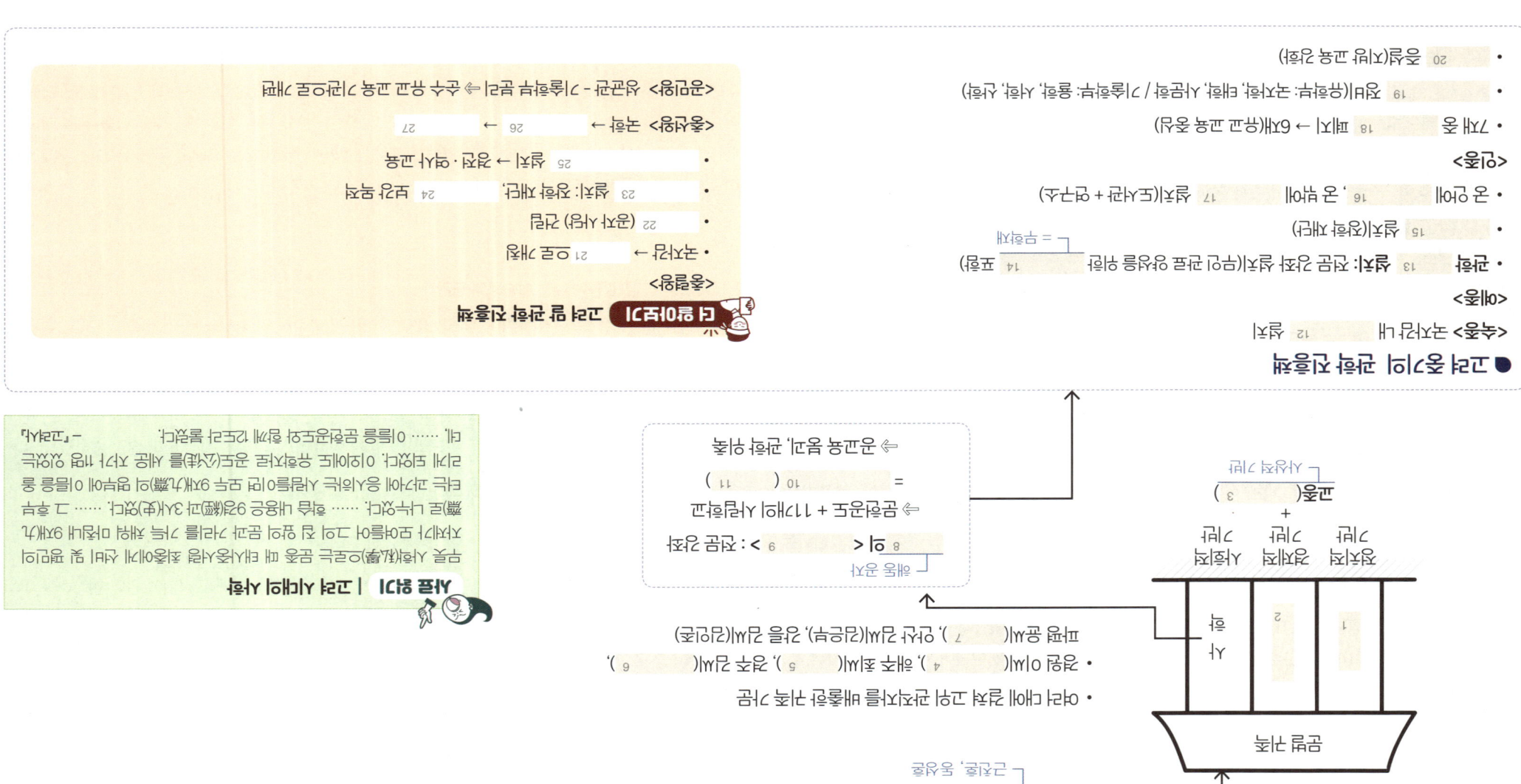

15 고려 중기 문벌 귀족 사회 ②

II. 정치사 - 고려

📁 문벌 귀족 사회의 동요

모순과 내부 분열 → 문벌 귀족 vs 왕의 측근 정치 세력 ─ 지방 세력 ← __1__ 로 진출
부정·비리 심화 └ 예종 때 - 한안인

이자겸의 난(1126, 인종)

배경
- 예종 사후 이자겸의 도움으로 __2__ 즉위
- 이자겸 세력의 권력 독점 심화
  ⇒ __3__ 측근 세력의 반발, 이자겸 제거 계획

1115
- __4__ 의 金 건국(__5__)

1125
- 거란(요)의 멸망 ⇒ 금이 고려에 __6__ 요구
  ⇒ 이자겸의 __7__ 주장
  ⇔ 측근 세력 __8__

전개
이자겸이 __9__ 과 함께 난을 일으킴(1126)
→ 이자겸의 사대 수용
⇒ 인종이 __10__ 을 회유하여 이자겸 제거
⇒ 이후 __11__ 이 척준경도 제거하여 난을 진압
⇒ '__12__' 반포(1127)
└ 실추된 왕권 회복 및 민생 안정 목적

결과
- 왕의 권위 추락
- 반란 수습 과정에서 김부식 등의 __13__ 귀족 세력과 정지상 등의 __14__ 세력이 성장
- 문벌 귀족 세력 내의 분열 심화

사료 읽기 | 15개조 유신령

작년(1126년) 2월 난신 적자들이 틈을 타서 일어나 음모가 발각됐으므로 짐이 법으로 다스렸다. …… 지난날 허물을 깊이 반성하고 새롭게 할 수 있는 가르침이 있기를 바라므로 중외에 포고한다.

1. 농사일을 힘쓰게 하여 백성의 식량을 풍족하게 할 것.
   …
1. 산림과 천택(川澤)에서 나는 이익은 침탈하지 말고 백성들과 함께 나눌 것.
   ―『고려사』

묘청의 난(1135, 인종)

배경
- 이자겸의 난 이후 왕권 위축 ⇒ 인종이 개혁 추진(15개조 유신령)
- __15__ (묘청·정지상)와 __16__ (김부식)의 대립이 격화

서경파	개경파
개혁 세력	보수 세력
묘청, 정지상, 백수한	김부식, 한유충
__17__ 계승	__18__ 계승
금국 정벌	금과의 사대 관계 __19__
__20__	현상 유지
__21__ 사상(자주적 전통 사상)	__22__ 사상(합리적, 보수적)

전개
묘청이 __23__ 천도 주장 - 서경에 __24__ 과 __25__ (토착신의 사당) 건립(1128)
⇒ __26__ 으 반대로 중단 ⇒ 묘청이 난을 일으킴(1135)
⇒ __30__ 으 관군에 의해 1년 만에 진압됨

국호: __27__
연호: __28__
군대: __29__

결과
- 김부식의 권력↑, 서경파 몰락: 서경의 지위 격하, __31__ 제도 폐지
- 개경파의 문치주의 강화, __32__ 풍조 심화
  └ 무신 정변의 배경이 됨

사료 읽기 | 묘청의 난

(묘청이 말하길) "상경(개경)은 이미 기운이 쇠하여 궁궐이 불타고 남은 것이 없습니다. 서경은 왕기(王氣)가 있으니 주상께서 옮기시어 상경으로 삼는 것이 옳을 것입니다." …… 인종 13년 묘청이 …… 난을 일으켰다. …… 나라 이름을 대위라 하고, 연호를 천개라 하였으며, 군대를 천견충의군이라 하였다.
―『고려사』

사료 읽기 | 이자겸의 난

내시 김찬과 안보린 등이 왕을 시종하면서 왕의 뜻을 알고 이자겸을 체포하여 귀양 보내고자 하였다. …… 척준경이 수십 명을 데리고 주작문에 도착하였다. …… 이자겸의 아들인 승려 의장(義莊)은 현화사 승려 3백여 명을 이끌고 궁성 앞에 도달했다. …… 이자겸은 십팔자가 왕이 된다는 비기를 믿고 왕위를 찬탈하려 하였다.
―『고려사』

맵핑 핵심 자료

II. 정치사 - 고려

문벌 귀족의 성립

- 최언위는 처음 이름이 신지이고 경주 사람이다. 성격이 온후하고 어려서부터 글을 잘하였다. 신라 말기 18세에 당에 가서 과거에 급제하였다. …… 42세에 신라에 돌아와서 집사성 시랑에 임명되었다. 왕건이 나라를 세우자 가족을 데리고 왔다. 왕건이 태자 사부로 삼고 문필에 관한 사무를 맡겼다. …… 최언위는 광윤, 행귀, 광원, 행종 네 아들을 두었다. 광윤은 일찍이 빈공진사로 진나라에 유학 갔다가 거란에 포로가 되었다. …… 거란이 장차 우리나라를 침범하려는 것을 알고 편지를 써서 고려에 알렸다. 이에 정종은 주관 부서에 명령하여 군사 30만을 선발하고 광군(光軍)이라 하였다. ─『고려사』

- 광원의 아들 최항은 평장사 최언위의 손자이다. 성종 때 20세에 갑과에 급제하였다. …… 목종 때에 재차 지공거(知貢舉)에 임명되었다. 그가 선발한 급제자 가운데 명사들이 많았으므로 왕이 그를 소중히 여기고 정치의 대소사를 의논하였다. 현종 11년 검교 태부 수 문하시랑 · 동 내사 문하평장사로 임명하였다. 청하현 개국자로 봉하고 식읍 5백호를 주었다. …… 덕종 2년에 정광벼슬을 추증하고, 문종 21년에 수태사 겸 중서령 벼슬을 추증하였다. ─『고려사』

문벌 귀족 사회의 모순

• 정치 권력의 독점

돈중, 돈시는 김부식의 아들이다. 김돈시는 벼슬을 상서 우승까지 지냈으며 정중부의 난에 죽었다. 김돈중은 인종 때 과거에 장원 급제하였다. 지공거 한유충 등이 처음에 김돈중을 제2등으로 정하였다. 왕이 아버지를 위로하려고 장원으로 급제시켰다. ─『고려사』

• 경제적 기반 확대

이자겸의 여러 아들들이 앞다투어 큰집을 지어 집들이 거리에 이어졌다. 세력이 더욱 커짐에 따라 뇌물이 공공연히 오고 갔다. 사방에서 바치는 음식과 선물이 넘치게 되니 썩어서 버리는 고기가 항상 수만 근이나 되었다. 남의 토지를 빼앗고 종들을 시켜 수레와 말을 빼앗았다. 가난한 백성들이 모두 수레를 부숴 버리고 말을 팔아 버리니 길이 시끌벅적하였다. ─『고려사』

서경 천도 운동

제가 보건대 서경 임원역의 땅은 풍수지리를 하는 사람들이 말하는 아주 좋은 땅입니다. 만약 이곳에 궁궐을 짓고 전하께서 옮겨 앉으시면 천하를 다스릴 수 있습니다. 또한 금나라가 선물을 바치고 스스로 항복할 것이고 주변의 36나라가 모두 머리를 조아릴 것입니다. ─『고려사』

김부식의 서경 천도 반대

금년 여름 서경 대화궁에 30여 개소나 벼락이 떨어졌습니다. 서경이 만일 좋은 땅이라면 하늘이 이렇게 하였을 리 없습니다. 또 서경은 아직 추수가 끝나지 않았습니다. 지금 거동하시면 농작물을 짓밟을 것이니 이는 백성을 사랑하고 물건을 아끼는 뜻과 어긋납니다. ─『고려사』

신채호의 서경 천도 운동에 대한 평가

나는 한마디 말로 회답하여 말하기를 고려 인종 13년(1135) 서경(평양) 천도 운동, 즉 묘청이 김부식에게 패함이 그 원인으로 생각한다. …… 그 실상은 낭가(郎家)와 불교 양가 대 유교의 싸움이며, 국풍파(國風派) 대 한학파(漢學派)의 싸움이며, 독립당 대 사대당의 싸움이며, 진취 사상 대 보수 사상의 싸움이니, 묘청은 곧 전자의 대표요, 김부식은 후자의 대표이다. 이 전쟁에서 묘청 등이 패하고 김부식이 이겼으므로 조선사가 사대적, 보수적, 속박적 사상인 유교 사상에 정복되고 말았다. 만약 김부식이 패하고 묘청 등이 이겼더라면 조선사가 독립적, 진취적으로 진전하였을 것이니 이것이 어찌 일천년래 제일대사건이라 하지 아니하랴. ─신채호, 『조선사연구초』

16 무신 정권의 성립과 동요 ①

무신 정변

배경
- 숭문천무 사상 팽배 → 무신들에 대한 차별 대우
- 군 지휘부 - ___1___ 이 장악, 도병마사 > 중방
- 토지 분배 - 문신 > 무신 , 군인전 미지급
- ___2___ (강예재) 폐지
- ___3___ 의 실정 - 사치, 향락
- ___4___ 사건 ⇒ 무신 정변

전개 1170. 무신 정변(경인의 난) 발발
- ___5___, ___6___, 이고
- 문신(문벌 귀족) 세력 제거
- 의종 폐위 → 거제도로 귀양, ___7___ 옹립
- 무신들의 토지 · 노비 확대 → 무신 내부 권력 쟁탈전

결과
- 무신 집권기 시작 ⇒ 지배자 잦은 교체 ⇒ 사회 혼란 야기
- ___8___ - 국가 최고 회의 기구

[형성기] ___9___ → ___10___ → ___11___
[확립기] ___12___ → ___13___ → 최항 → 최의 ⇒ 최씨 무신 정권 종결
[붕괴기] 김준 → 임연 · 임유무 ⇒ 무신 정권 종결

무신 집권기

___14___ (1170-1179) ← 제거 — **___17___ (1179-1183)**, **___19___ (1183-1196)**

___14___ (1170-1179)
- ___15___ 제거
- ___16___ 을 중심으로 독재권 행사
  - └ 초기의 집권 무신들은 권력 기반이 약해 중방을 중심으로 국정 운영

___17___ (1179-1183)
- ___18___ (사병 집단) 설치

___19___ (1183-1196)
- ___20___ 출신

무신 집권기 사회의 동요*

※ 반(反) 무신의 난

<동북면 병마사 ___21___ 의 난(1173)>
- 최초의 반(反) 무신 난(= 계사의 난)
- 무신 정권 타도와 ___22___ 복위 주장

<___23___ 승려의 난(1174)>
- ___24___ 의 난, ___25___ 의 난 ⇒ 진압 이후 ___26___ 불교 후원

<서경 유수 ___27___ 의 난(1174)>
- ___28___ 지역(서경) 민란과 연계
- 지방군 + 농민과 함께 중앙 무신들에게 저항 ⇒ 최대 규모의 反무신의 난

<___29___ · ___30___ 의 난(1176)>
= 명학소의 난
- 신분 해방 운동
- 공주 명학소가 ___31___ 으로 승격 ⇒ 향 · 부곡 · 소가 소멸되는 계기

<전주 관노의 난 (1182)>

<___32___ · ___33___ 의 난 (1193)>
- 최대 규모 농민 봉기
- ___34___ 부흥 운동

정답 1 문신 2 무학재 3 의종 4 보현원 5 이의방 6 정중부 7 명종 8 중방 9 이의방 10 정중부 11 경대승 12 이의민 13 최충헌 14 정중부 15 이의방 16 중방 17 경대승 18 도방 19 이의민 20 천민 21 김보당 22 의종 23 교종 24 흥왕사 25 귀법사 26 선종 27 조위총 28 서북 29 망이 30 망소이 31 충순현 32 김사미 33 효심 34 신라

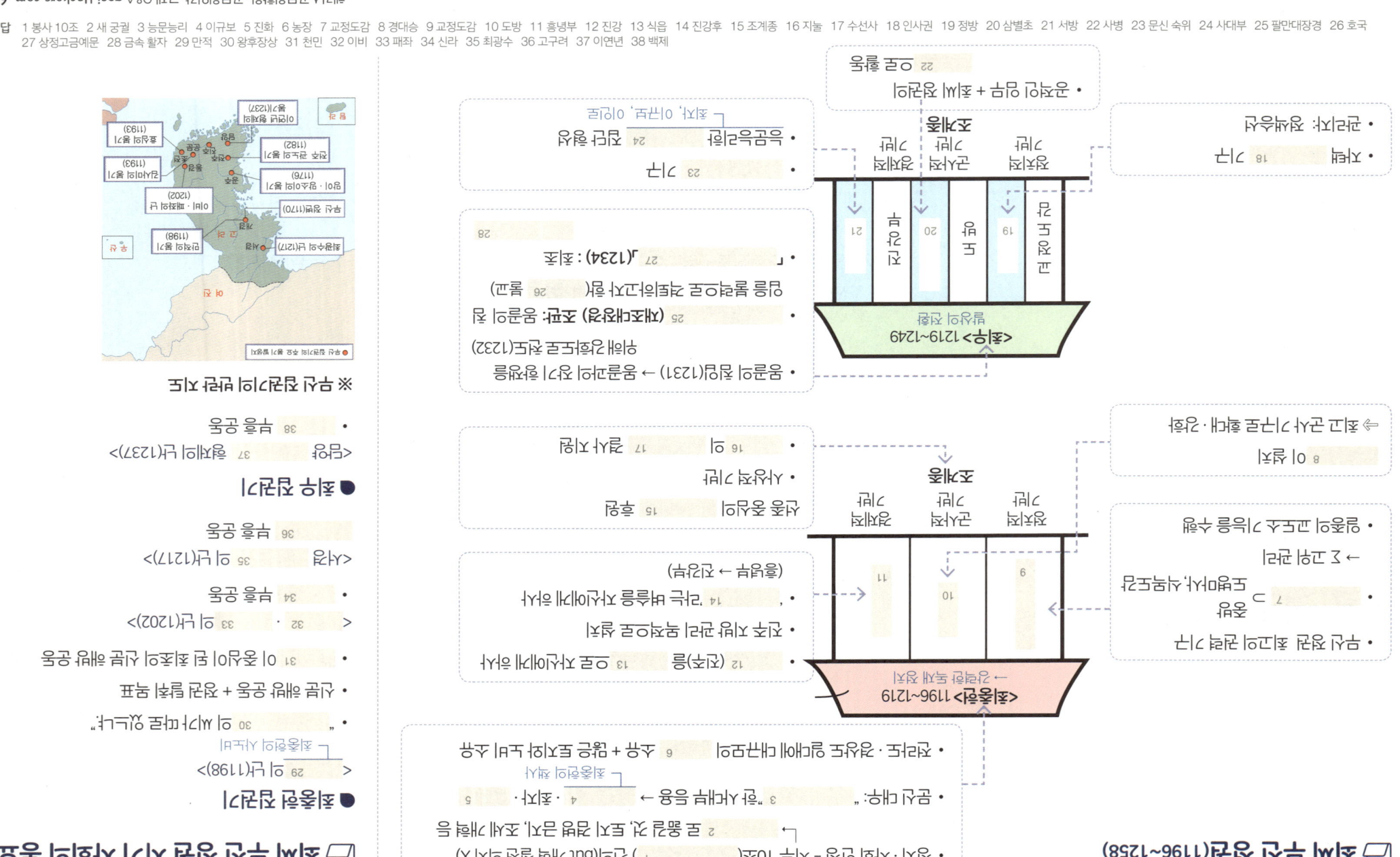

16. 무신 정권의 성립과 동요 ③

II. 정치사 - 고려

📁 무신 정권 종결(1258~1270)

- 최씨 무신 정권의 종결 이후 김준·임연·임유무의 집권
  → ①_____ 고수
- ②_____ 때 ③_____ 가 제거됨(몽골의 힘을 빌려)
- 무신 정권 붕괴, 몽골과의 강화(몽골 쿠빌라이 칸과 원종의 강화)
  ⇩
  ④_____ 시작

📁 무신 정권 영향

정치
- 왕권 약화: 최충헌이 명종 폐위, 신종·희종·강종·고종 옹립
- 통치 질서 문란
- 문벌 귀족 사회의 붕괴(개인의 능력 중시)

경제
- 전시과 체제 붕괴 ← 지배층의 대토지 소유 확대
- 지배층의 수탈↑ ⇒ 농민 생활 악화

사회
- 봉기 빈발
- 하극상 풍조 ← 이의민 등 노비 출신의 권력자 등장

문화
- 유학 쇠퇴
- 패관 문학·은둔적 시조 발달: 문신들이 은둔 생활을 하며 문학 활동 전개
- 신앙 결사 운동 전개(불교계의 정화운동)

사료 읽기 | 무신 집권기 관련 사료

■ 보현원 사건
의종 24년 8월 그믐날 수박희를 하였다. 대장군 이소응이 이기지 못하고 달아나려 하였다. 이때 한뢰가 갑자기 나서 이소응의 뺨을 후려쳐 섬돌 아래로 떨어지게 하였다. 왕과 여러 신하들이 손뼉을 치며 크게 웃었다. 정중부, 김광미, 양숙, 진준 등은 낯빛을 바꾸어 서로 눈짓을 하더니 정중부가 날카로운 소리로 한뢰를 꾸짖었다. 이고가 칼을 뽑고 정중부에게 눈짓하였으나 정중부가 그만두게 하였다. — 『고려사』

■ 봉사 10조
최충헌이 동생 최충수와 함께 봉사를 올리기를 "적신 이의민은 성품이 사납고 잔인하여 윗사람을 업신여기고 …… 폐하께서는 태조의 바른 법을 좇아 행하여 중흥하소서"
1. 길일(吉日)에 새로 지은 궁궐로 들어가셔서 천명(天命)을 받드셔야 할 것입니다.
2. 옛 제도를 좇아 관리의 인원을 줄이고 생략하여 적당한 인원에게만 녹봉을 제수하소서.
3. 담당 관리에게 공문서를 모아 다시 조사하도록 하여 함부로 빼앗은 토지를 모두 본래의 주인에게 돌려주게 하소서.
4. 거칠고 능한 이를 골라 외직(外職)에 임명하시어 권세가들이 백성들의 살림을 무너뜨리지 못하게 하소서. ……
10. 적임자를 택하신 뒤 조정에서 주언하도록 하시고 업무를 처리할때는 논쟁하여 올바로 잡도록 하소서." — 『고려사』

■ 교정도감의 설치
희종 5년(1209), 청교역 서리 3명이 최충헌 부자를 죽일 것을 모의하면서, 거짓 공첩을 만들어 승도를 불러 모았다. 귀법사 승려들이 그 공첩을 가져온 사람을 잡아서 최충헌에게 고발하자 즉시 영은관에 교정별감을 설치한 뒤 성문을 폐쇄하고 대대적으로 그 무리들을 색출하였다. — 『고려사』

■ 정방의 설치
고종 12년(1225)에 최우가 사저에 정방(政房)을 두고 백관(百官)의 전주(銓注), 인물을 심사하여 벼슬 자리를 배정를 다루었는데, 문사를 뽑아 이에 속하게 하고 이름을 필자적이라 하였다. — 『고려사』

■ 김보당의 난
명종 3년 8월 동북면 병마사 김보당이 동계에서 군사를 일으켜 정중부, 이의방 등을 토벌하고 의종을 복위시키려 하니 …… 9월에 한언국은 잡혀 죽고 조금 뒤에 안북도호부에서 김보당을 잡아 보내니 이의방이 김보당을 저자에서 죽이고 무릇 문신은 모두 살해하였다. — 『고려사』

■ 조위총의 난
명종 4년, 조위총이 병사를 일으켜 중부 등을 토벌하기를 모의하여 드디어 동북 양계 여러 성의 군대에 격문을 보내어 호소하기를, "듣건대 상경의 중방이 의논하기를, 북계의 여러 성에는 대개 사납고 교만한 자가 많으므로 토벌하려고 하여 이미 대병력을 출동시켰다고 한다. ……"라고 하였다. — 『고려사』

■ 만적의 난
사노비인 만적 등 6인이 뒷산에 나무하러 가서 공사의 노비들을 불러모았다. 음모를 꾸며 말하였다. "국가에는 경계의 난(무신 정변) 이래로 귀족 고관들이 천한 노예들 가운데서 많이 나왔다. 장수들과 재상들의 씨가 따로 있는 것이 아니다. 때가 오면 아무나 할 수 있는 것이다. 우리들은 어찌 힘드는 일에 시달리고 채찍질 아래에서 고생만 하고 지내겠는가." — 『고려사』

정답: 1 대몽 항쟁 2 원종 3 김준 4 왕정 복귀

17 고려의 대외 관계 ①

해커스공무원 이중석 맵핑 한국사 합격생 필기노트

II. 중세 사회 - 고려

초기 - 거란

■ 1차 침입 993
- 고려의 1. ___ 2. 정책 ⇔ 거란의 3. ___ 4. 침입 (+80만)
- 5. ___의 외교 담판(소손녕과 6. ___ 체결) → 강동 6주 획득(거란과 약속한 송과의 관계 단절 약속 미이행 → 거란의 2차 침입 계기)
- 강동 6주의 중요성 대두 7. 8.
- 고려의 송과의 유대 유지

■ 2차 침입 1010
- 9. 등극(1009) → 거란의 구실 ⇔ 10. 11. ___의 12. ___(+40만)
- 강동 6주 반환 요구
- 13. ___ 항전 ⇔ 거란의 퇴로 차단 - 14. 이 현종(공주 영접)의 친조 조건
- 고려의 흥화진 대승 - 양규, 조원 등의 공세 유지 15.

■ 3차 침입 1018
- 거란의 16. ___ 9만
- 거란의 17. (+10만) 침입
- 18. 의 귀주 대첩(1019) 19.
- 거란과의 국제적 평화 관계 지속

영향
- 동북아시아의 세력 균형 유지
- 개경에: 20. 축조(개경의 외성, 1009~1029)
- 국경 일대에 천리장성 축조 21. (1033~1044)
  - 압록강~도련포
  - 거란·여진의 침입에 대비
- 22. 조판(1011~1087)
- 23. 편찬: 초조대장경 조판 축원 - 부처의 가피력에 의지

중기 - 여진 ★

- 강조 전 - 여진족
  - 24.
- 숙종: 별무반 편성 - 여진에 동북 9성 축조(패배)
- 25. - 26. 편성 (윤관의 건의, 1104)
  - 27. + 신기군 + 항마군 (총 17만)
- 28. 여진 정벌(1107) → 29. 축조: 여진 남단 축출
  - 30. 9성 여진에게 반환 (1109)
  - 31. 숭배와 여진의 요청
- 1115 여진의 32. 금건국, 요나라 공격
- 1125 요 멸망, 금의 33. ⇔ 34. (1126)
- 1127 송 → 35.
- 12c 정방 금의 동북아시아 패권 장악

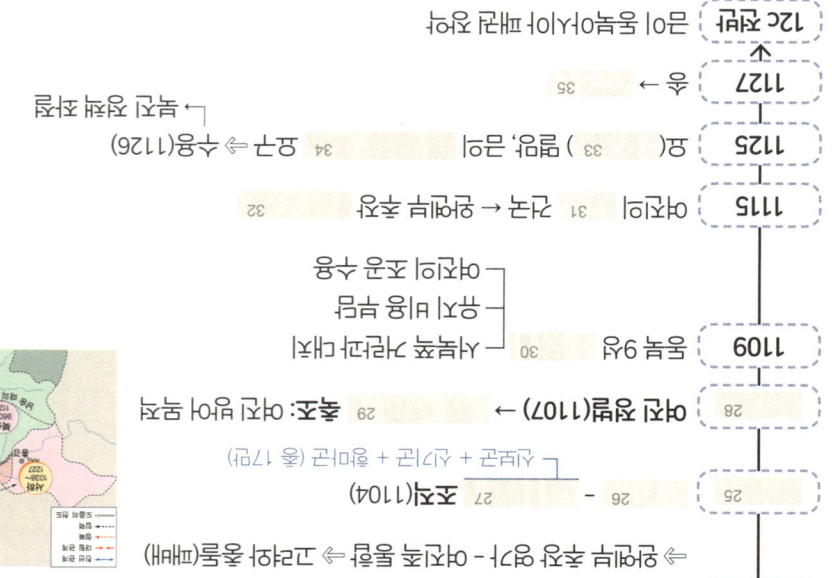

사료 읽기 | 고려 시대의 대외 정책

■ 거란의 1차 침입과 서희의 외교 담판
(소손녕이) 서희에게 말하였다. "너희 나라는 신라 땅에서 일어났다. 고구려 땅은 우리의 소유인데 너희들이 침범하였다. 너희가 우리와 국경을 접하고 있는데도 바다를 건너 송을 섬기기 때문에 오늘의 출병이 있게 된 것이다. ...... 서희가 말하였다. "그렇지 않다. 우리나라가 바로 고구려의 후계자이다. 그러므로 나라 이름을 고려라 하고 평양에 도읍하였다. ...... 만일 여진을 내쫓고 우리의 옛 땅을 돌려주어 성과 보를 쌓고 도로가 통하게 되면 어찌 교빙하지 않겠는가?" - 「고려사」

■ 여진 정벌과 동북 9성 반환
- 윤관이 천리장성 밖의 산천을 두루 살피고 국경을 정하고자 하였다. ...... 여진 추장들이 모여 의논하기를, "만약 9성을 되돌려주어 우리의 생업을 편안하게 해 준다면, 우리는 하늘에 맹세하여 자손대대에 이르기까지 공물을 정성껏 바칠 것이며, 기와 조각 하나라도 고려 국경에 던지지 않을 것이다."라고 하였다. ...... 이에 임금이 신하들에게 의견을 물어 모두 9성을 되돌려 주기로 하였다. - 「고려사」

정답 1 성종 2 친송 3 북진 4 소손녕 5 서희 6 강동 6주 7 현종 8 유지 9 강조의 정변 10 목종 11 현종 12 성종 13 개경 14 양규 15 입조 16 현종 17 소배압 18 강감찬 19 귀주 대첩 20 나성 21 천리장성 22 초조대장경 23 7대실록 24 회유책 25 숙종 26 윤관 27 별무반 28 예종 29 동북 9성 30 반환 31 금 32 아구타 33 거란 34 사대 관계 35 남송

17 고려의 대외 관계 ②

무신 집권기 – 대몽 항쟁기

- **배경** 칭기즈칸이 몽골 제국 건설 + 금의 세력 약화
  - 거란족 ─── 1
  - 금 ─── 2 (두만강)
  - 1219. 3 (강동성 전투)
    몽골 + 고려 + 동진국 연합군 ⇒ 거란족 격퇴
  - 사신 4 를 고려에 파견 ⇒ 사대 관계 요구
    ⇒ 거절 ⇒ 1225. 5 에서 6 피살

- **1차 침입(1231)**
  - 몽골 장수 7 가 고려에 침입 ⇒ 의주 점령
  - 3 의 항전(9 전투)
  - 개경 포위 ⇒ 고려 항복, 사대 요구 수용

- **2차 침입(1232)**
  - 몽골의 무리한 조공 요구 ⇔ 10 의 저항, 11
  - 12 전투: 승려 김윤후가 적장 13 사살
  - 대구 부인사에서 보관 중이던 14 소실

- **3차 침입(1235)**
  - 황룡사 9층 목탑 소실
  - 15 조판(1236~1251) ← 강화도 선원사

- **5차 침입(1253)** – 김윤후의 16 전투
  └ 충주성 방호별감

- **6차 침입(1254)**
  - 17 주민들이 몽골에 대항
  - ⇒ 익안폐현으로 승격

- ⇒ **대몽 항쟁의 의의**: 백성들의 활약

- **결과** 1270. 18 = 몽골에게 굴복
- **반발** 19 의 항쟁(1270~1273)
  - 기득권을 잃지 않기 위한 발버둥
  - 몽골과의 강화 반대
  - 승화후 ' 20 '을 왕으로 추대

  강화도 → 21 주도
  ↓
  22
  - 용장성 축조
  - 23 에 국서(고려첩장) → 대몽 연합 제의
  - 전라, 경상 일부 지역 진출
  - 배중손 사후 → 24
  ↓
  25
  - 애월에서 김통정이 지휘
  - 김방경이 여·몽 연합군을 지휘
  ⇒ 삼별초의 항쟁 진압

- 진압 이후
  - 몽골(원 간섭기) 시작
  - 26 설치(1273)
  - 27 설치 – 몽골이 제주도에 말 사육

고려 말 – 홍건적과 왜구 격퇴

⇒ 신흥 무인 세력의 정치 세력화(최영, 이성계)

- **홍건적의 침입** 공민왕
  - 1차 침입(1359): 28 함락
    → 이승경, 이방실의 활약으로 서경 탈환·홍건적 격퇴
  - 2차 침입(1361): 29 함락
    → 공민왕이 30 (안동)로 피난
    → 31 ·이방실·이성계 등이 홍건적 격퇴

- **왜구의 침입** 우왕 ~ 창왕
  - 32 설치(1377, 우왕): 33 의 건의, 화포 제작
  - 34 대첩(1376 우왕): 35
  - 진포 대첩(1380, 우왕): 최무선, 나세
  - 36 대첩(1380, 우왕): 37, 아지발도 살해
  - 관음포 대첩(1383, 우왕): 정지, 최무선
  - 38 정벌(1389, 창왕): 39

홍건적과 왜구의 침입

필수 암기 사료

고려의 대외 관계 II. 정치사 - 고려

■ 이자겸의 사대 요구 수용

사신이 와서 조서를 전하자 김부식이 그들을 맞이하려 하였다. 그러나 이자겸이 이를 원하지 않았다. 이자겸이 말하기를, "금이 예전에는 작은 나라여서 요와 우리나라를 섬겼습니다. 그러나 지금 갑자기 세력이 강성하여져 요와 송을 멸망시켰고, 정치적 기반을 굳건히 하고 군사력이 강한 병력을 소유하였습니다. 또한 우리와 국경을 접하고 있어 섬기지 않을 수 없는 형세입니다. 또 작은 나라로 큰 나라를 섬기는 것은 선왕의 도이니, 마땅히 먼저 사신을 보내어 예를 닦아야 합니다."라고 하니, 왕이 이 말을 따랐다.
- 「고려사절요」

■ 사신의 대몽 항쟁

몽골 사신 저고여가 귀국하다가 압록강 부근에서 도적에게 피살되자, 몽골은 그 책임을 고려에 돌려 양국의 국교는 단절되고 6, 7년 간 전쟁 준비를 서로 série 하였다. 1231년(고종 18) 8월에 몽골 장군 살리타가 대군을 이끌고 압록강을 건너 함신진(의주)을 포위하자 방수장군(防守將軍) 조숙창은 항복하였다. ······ 몽골군이 서경에 이르자 분도장군 김중온과 서경낭장 통진은 성을 버리고 도망하였다.
- 「고려사」

■ 삼별초 대몽 항쟁의 전개

· 장군 김방경이 흔도와 함께 일본군을 크게 격파하였다. ······ 원종이 몽골에 들어가서 세조를 알현하자 세조는 그를 맞이하며 "······"라고 하였다. 왕이 말하기를, "참으로 폐하의 말씀과 같습니다. 이에 폐하의 덕에 감복하여 다시 와서 뵙는 것이 바라는 바입니다."라고 하였다.
- 「고려사절요」

■ 공민왕의 2차 침입

충렬왕 6년(1380) 8월에 왜구가 500척의 배를 이끌고 진포에 들어와 주(州)·군(郡)을 돌아다니면서 약탈과 살육을 저질렀다. 최무선이 부원수로서 도원수 심덕부와 상원수 나세 등과 함께 배 100척을 이끌고 가서 왜구를 공격하여 모두 불태워 버렸다.
- 「고려사」

■ 홍건적의 대몽 항쟁

홍건적이 침입하여 서울이 함락되자, 왕은 남쪽으로 파천하였다. 정세운은 이때 태후를 따라 호종하였는데, 밤낮으로 눈물 흘리며 왕에게 적을 물리칠 것을 아뢰었다. ······
- 「고려사」

■ 공민공의 대응

· 왜구의 침략(2차 침입)
김원봉은 다시 전투에 임해 왜구의 일부가 도망쳐 다시 방향을 돌려 진주에 이르려 하자 이를 추격하여 섬멸하였다. 이 싸움에서 김원봉 등 700여 명이 전사하였으나 몸이 굴하지 않았다. 그 공적이 조정에 알려지자 충렬왕은 이에 특별히 증직을 내렸다.
- 「고려사」

· 홍건적의 침입(2차 침입)
왕이 복주에 이르러 정세운에게 적을 토벌하도록 명하였다. 정세운은 몸소 화살과 돌을 무릅쓰고 나아가 사졸들을 격려하였다. 이에 사기가 백 배로 올라 용감하게 나아가 적을 무찌르니 마침내 개경을 회복하였다.

■ 박서의 대몽 항쟁

몽골이 귀주에 이르러 군사를 나누어 성을 여러 겹으로 포위하고 서문·남문·북문을 공격하였다. ······ 몽골이 또 대포차 30문(구덩이)을 배치하고 성을 공격하여 성벽 50간을 무너뜨렸다. 박서가 무너지는 대로 곧 쇠사슬로 얽어매어 수리하였으므로 몽골이 감히 공격하지 못하였다.
- 「고려사」

■ 별무반

· 여진이 강성하여 강동에 쳐들어왔을 때 김부식이 군대를 이끌고 가서 ······"그들이 날래고 용맹스러워 대적할 수 없었다. 그 이유는 그들이 기병이고 우리는 보병이기 때문이다."
- 「고려사절요」

· 윤관이 건의하여 별무반을 조직하였다. 문무 산관 및 서리로부터 장사치, 종들과 주·부·군·현민에 이르기까지 무릇 말을 가진 자는 신기군으로, 말이 없는 자는 신보·도탕·경궁·정노·발화 등의 군에 속하게 하였다. 20살 이상인 남자로 과거에 응시하지 않는 자는 모두 신보군에 속하게 하였다. ······ 또 승려를 뽑아서 항마군을 삼았다.
- 「고려사절요」

18. 고려 말 원의 내정 간섭과 개혁 정치 ①

II. 정치사 - 고려

📁 원 간섭기 → 자주성의 박살

유청신 - _____1 주장
"고려 왕조를 폐지하고 원의 지방 행정 단위인 성을 고려에 설치하자!"

● 영토 상실
- _____2 (_____3 이북) ⇒ 공민왕 때 무력 수복
- _____4 (_____5 이북) } _____6 때 반환
- 탐라총관부(제주, 목마장 운영)

● 관제 격하
- 왕실 호칭 격하
  宗 → 忠○王
  └ 렬·선·숙·혜·목·정
- 중앙 관제 격하
  - 2성 (중서문하성, 상서성) → 1부 _____7
  - 6부 → 4사 전리사, 판도사, 군부사, 전법사
  - 중추원 → _____8

● 일본 원정에 동원
- **정동(征東)행성 설치**: 2차 일본 원정을 위해 충렬왕 때 설치된 기구
- **1차(1274)**: 둔전경략사(원이 고려의 인력과 물자 징발을 위해 설치), 김방경 참전 → 태풍(神風, 가미카제)으로 인해 실패
- **2차(1281)**: _____9 중심 → 태풍으로 인해 실패
  └ 원정 실패 이후 내정 간섭 기구로 존속
  - **행정**: 좌우사
  - **군사**: 도진무사
  - **사법**: _____10
    └ 횡포 가장 많, 반원 세력 탄압 기구

지도: 동녕부(1270~1290), 쌍성총관부(1258~1356), 정동행성(1280~1356), 탐라총관부(1273~1301), 천리장성, 귀주, 안북부, 서경, 화주, 통주, 개경, 남경, 황해, 동해, 탐라, 고려

● 내정 간섭
기구
- _____11: 반원 인사 색출, 거경의 치안 담당
- _____12: 내정 간섭과 조세 징수, 감찰관(충렬왕 때 폐지)
- _____13: 십진법으로 편제된 군사 제도
  └ 만호·천호·백호부 등
    열 명 = 1분대, 분대장 - 몽골인 임경

제도
- _____14 (뚤레게) 제도: 고려 왕자·왕실 종친을 인질
- _____15 제도: 남만주 지역과 고려 사이 분열

수탈
- _____16 설치: _____17 (→ 환향녀) 징발
  ⇒ _____18 시작 (& 데릴사위제)
- _____19 설치: 해동청(고려 매) 공출
- **특산물 수탈**: 금·은·인삼 등

● 문화적 영향
- 자주성 손상
- 인적·물적 교류
  - _____20: 변발·호복·족두리·연지·곤지·수라 소주·타락죽
  - _____21: 상투·흰옷·탕류

18 고려 말 정치 나타난 개혁과 대외 관계의 변화 ②

II. 정치사 - 고려

고려 말 왕들의 개혁 정치

충렬왕 (1274 ~ 1308)

· 개혁 기구
  - 1 _____ : 경사교수도감 도감을 설치하여 유학을 장려하기 위한 7재를 정비, 국자감을 성균관으로 개칭
  ↳ 성리학 최초 전래 → 이후 신진사대부 계층이 수용
· 원으로부터 성리학이 안향에 의해 전래
· 유학자 : 2 _____ (원의 고증학의 영향을 받아 성리학 전파 계기)
· 안향의 : 3 _____ 섬학전 이라는 일종의 장학금 제도
· 회헌 - 4 _____ , 5 _____ 『주자가례』 전래
  ↳ 이제현 → 4대 사화
  · 유교국학 → 국자감 : 국학 → 6 _____ 으로 국학 명칭 변화
· 관제 개편 : 7 _____ 이 단일 재상 관부
                                   8 _____ 일원

충선왕 (1298, 1308 ~ 1313)

· 개혁 기구
  - 9 _____ (왕명출납, 개혁 사법) : 사림원 설치
  · 10 _____ 시도 (→ 다시 부활)
  · 11 _____ : 가물한 재정, 이원함 정치
  · ⭐12 _____ : 국가 재정에 많은 도움을 주는 중요한 정책
  · 13 _____ (왕비가 없음) : 왕실은 종친 + 고관 함께 = 신진세력 양성 등
    14 _____
    목록 — 15 _____ 표음 — 16 _____
                         17 _____ 남원
  · 영의 18 _____
  · 19 _____ : 원 조정의 관리 교육을 위해 대도에 건립 한 교육 기관
    ↳ 동양학, 고증학자, '원' 관리 시대로 수용됨

충숙왕 (1313 ~ 1330, 1332~1339)

· 개혁 기구
  - 20 _____ : 정치, 토지 개혁 시도 (but 실패)
  ↳ 계폐사족 등이 저지 시도
· 사전의 폐단 문제

충목왕 (1344 ~ 1348)

· 개혁 기구
  - 21 _____ : 이 때의 전민과 노비가 권력과 세가에 의하여 뺏기고 눌리는 상태를 원 조정에게 호소
· 녹과전 부활

정답 1 전민변정도감 2 둔전경략사 3 편민 18사 4 안향 5 성리학 6 대성전 7 양현고 8 경사교수도감 9 사림원 10 정방 11 소금 전매제 12 전농사 13 만권당 14 이제현 15 이색 16 정몽주 17 정도전 18 수시력 19 재상지종 20 찰리변위도감 21 정치도감

18 고려 말 원의 내정 간섭과 개혁 정치 ③

📁 고려 말 왕들의 개혁 정치

공민왕(1351 ~ 1374)
└ 원·명 교체기 + 신진 사대부 성장 ⇒ 원의 세력 약화

(1기) 반원 자주 ⇒ (2기) 왕권 강화

● **반원 자주 정책**
- 친원 세력(1) 숙청
- 2 폐지
- 3 무력 수복(1356) ← 4 (+ 5)
- 원의 연호X, 원의 풍습X: 6 과 7 금지
- 관제 복구
  - 1부(8) ─→ 2성 중서문하성, 상서성
  - 4사(전리사, 판도사, 군부사, 전법사) ─→ 6부
  - 9 ─→ 중추원

● **영토 회복**
- 10 탈환
- 초산~ 11 영토 확장
- 12 정벌 추진 → 실패(13 , 지용수가 요동성 함락)

● **왕권 강화 정책**
- 14 폐지: 인사권 장악, 권문세족 약화 ⇒ 16 등용 ↑
- 과거제 정비: 향시 + 회시 + 15
- 17 개편:
  - 8 분리, 성리학 전문 순수 유교 교육 기관으로 확대·개편
  - 최초 성균관 대사성: 목은 19
- 20 설치: 21 에게 빼앗긴 토지·노비 몰수 ⇒ 농민에게 재분배
  └ 신돈의 제단
  → 국가 재정 확충, 권문세족 힘 약화
- 22 신설 - 23 (도당) 권한 축소

● **개혁 결과**
- 원의 간섭 + 24 반발
- 신진 사대부의 역량 미흡
- 25 의 잦은 침입
⇒ 실패 ⇒ but. 26 의 정치적 경험 축적 ⇒ 27 건국

📖 사료 읽기 | 공민왕의 개혁 정치

■ **신돈의 개혁**
신돈기 전민변정도감을 두기를 청하였다. 스스로 판사(장관)가 되어 전국에 알렸다. "요즈음 기강이 크게 무너져서 탐욕스러움이 풍속으로 되었다. 백성이 대대로 지어온 땅이나 권세가들이 거의 다 뺏었다. 돌려주라고 판결한 것도 그대로 가지며 양민을 노예로 삼고 있다. …… 엄히 다스릴 것이다." 이 명령이 나오자 권세가 뺏은 땅을 주인에게 돌려주므로 안팎이 기뻐하였다. …… 무릇 천민이나 노비가 양민이 되기를 호소하는 자는 모두 양민으로 만들어 주었다.
─『고려사』

■ **신진 사대부의 성장**
공민왕 16년(1367) 성균관을 다시 짓고 이색을 판개성부사 겸 성균대사성으로 삼았다. 학생 수를 늘리고, 경전을 잘 아는 김구용, 정몽주, 박성충, 박의중, 이숭인 등을 교관으로 삼았다. 그때 성균관 학생은 수십 명 정도였다. 이색이 학칙을 정하고 날마다 명륜당에서 경을 나누어 수업했다. 강의를 마치면 서로 토론하여 한가한 때가 없었다. 이에 학자가 많이 모여 함께 눈으로 보고 마음으로 느끼는 가운데 정주 주자학이 크게 일어났다.
─『고려사』

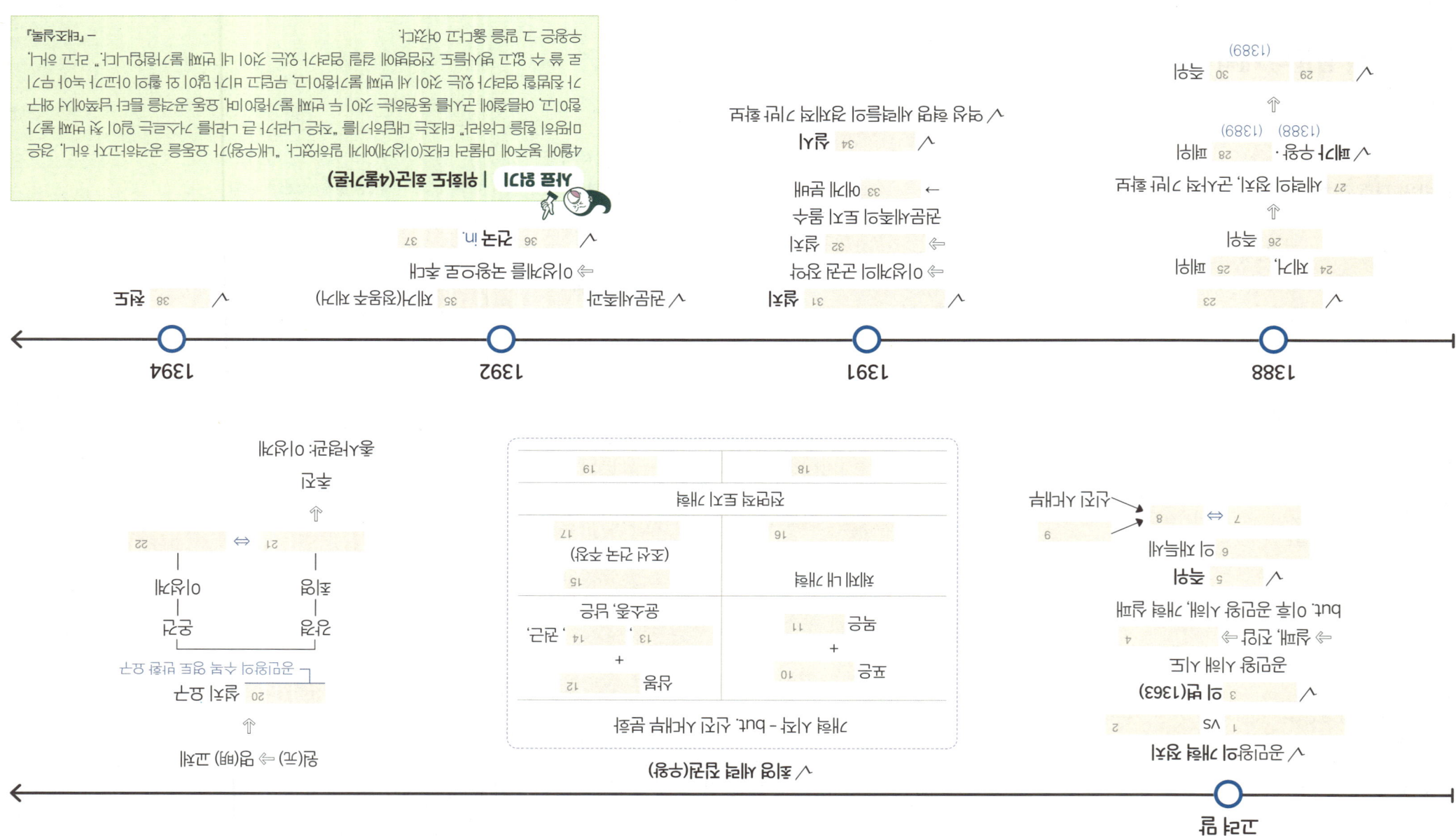

20 조선의 통치 체제 ①

조선의 중앙 통치 체제*

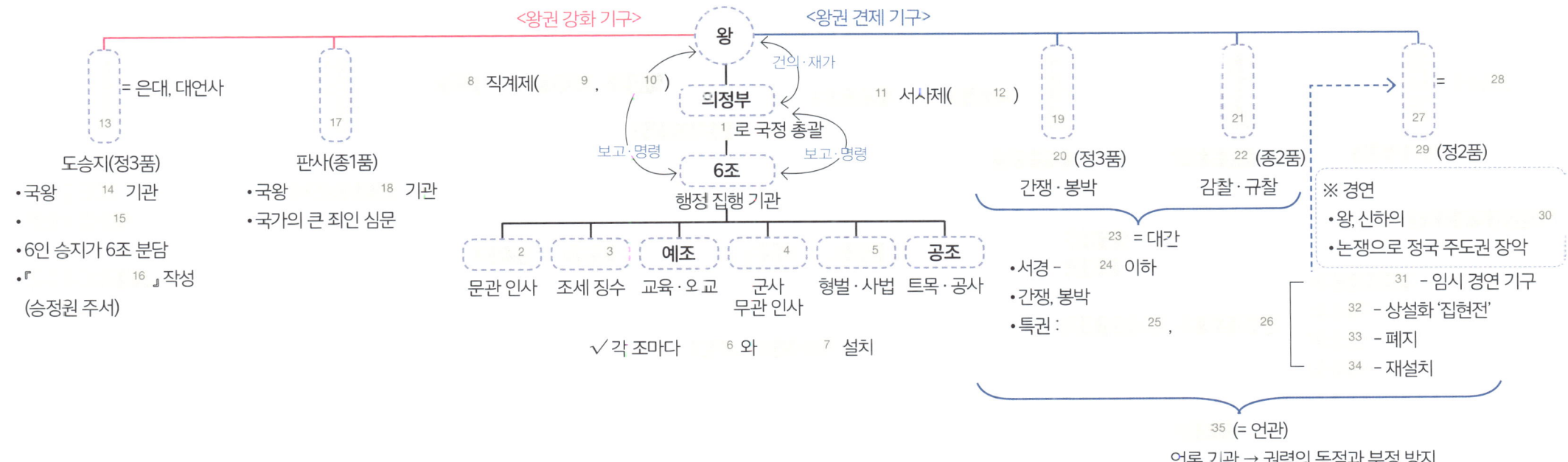

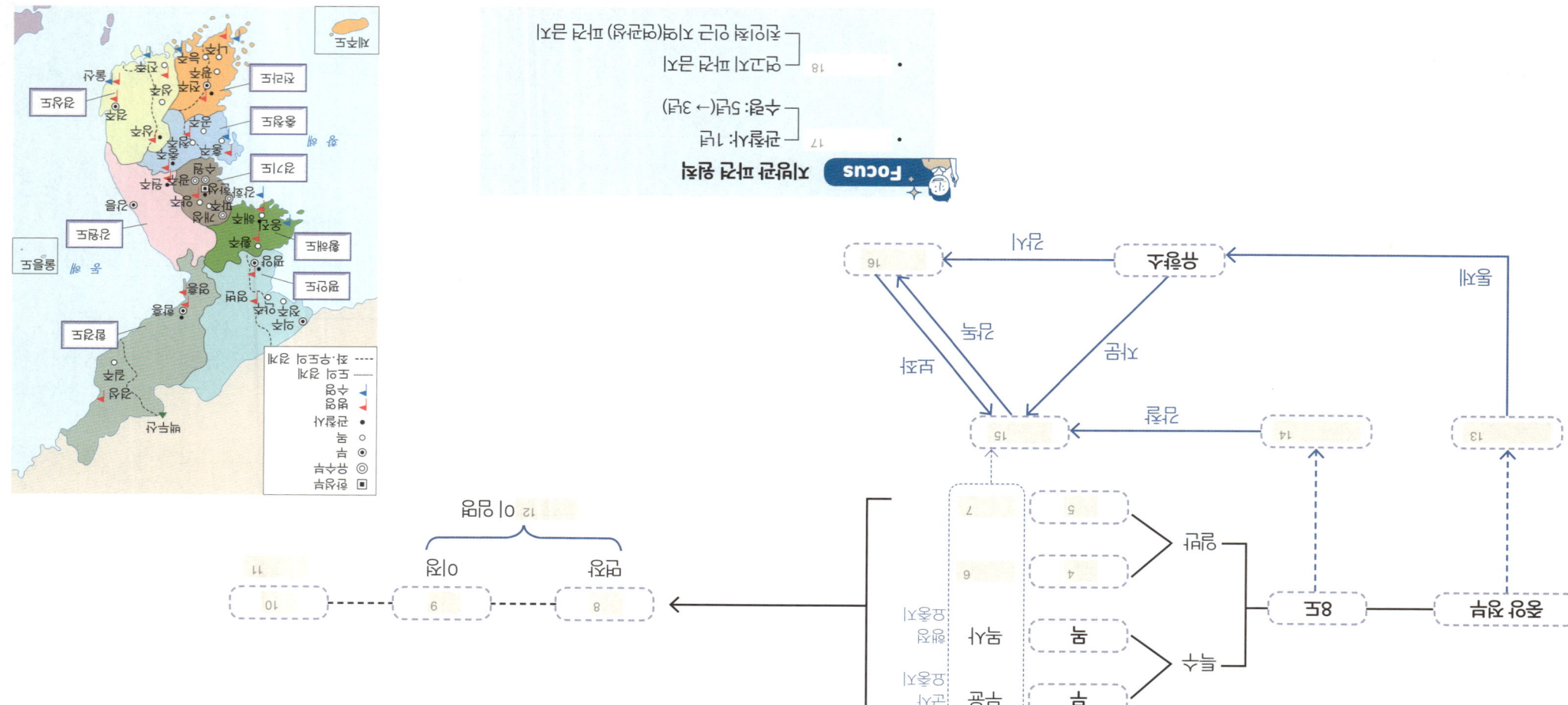

20. 조선의 통치 체제 ③

조선의 지방 행정 조직

수령
- ¹ 에 파견
- ² 담당, ³ 업무 수행
  → ⁴, ⁵ 의 징수가 가장 중요한 임무
- ⁶ 의 지휘·감독 받음
- **권한 강화**: 지방의 ⁷, ⁸, ⁹ 장악

[농업 장려(농상성) / 부역의 균등(부역균) / 소송의 간결(사송간) / 군대의 정비(군정수) / 향리의 부정 방지(간활식) / 호구의 확보(호구증) / 학교의 진흥(학교흥)]

- ¹⁰ : 지방관의 임기 설정 관찰사 ¹¹ 년, 수령 ¹² 년(후에 ¹³ 년)
- ¹⁴ : 자기 ¹⁵ 의 지방관으로 임명 금지

6방
- ⁶ ⇒ 세습적 ¹⁷ 으로 격하(무보수)
- ¹⁸ 보좌, 행정 실무
- ¹⁹ 시대보다 향리 권한 약화

- ²⁰ : 서울에 머무르는 지방 향리, 고려의 ²¹ 계승
  자기 군현의 원활한 ²² 징발· ²³ 납부 목적

관찰사
- ²⁴ 에 파견
- 종2품, ²⁵, ²⁶
- 1년 임기제(약 360일, 단임)
- 일부는 ²⁷, ²⁸ 겸직
- ²⁹ (상설 행정 기구)에 상주, ³⁰ 지휘·감독
- ³¹, 행정권, 사법권, 군사권 보유

4 유수부
특수 행정 구역
- ³² (세종), 강화(인조), ³³ (숙종), 수원(정조)에 설치
- ³⁴ 요충지, 임기응변적 설치, 4도 ³⁵ 파견 (국왕 직속 경관, 종2품)
- 관찰사의 지휘나 통제를 받지 X

[고려 ⁴⁰ 제도 분화·발전]

경재소
- 지방 출신의 ³⁶ 을 책임자로 임명
- ³⁷ 와 ³⁸ 사이 연락 담당
- 유향소 임원(좌수·별감) 임명
- ³⁹ 때 혁파(1603) ⇒ 이후 수령이 좌수·별감 임명

유향소
- 재지 사족들의 ⁴¹
  └ 지방 유지, 전직 관리
- ⁴² 보좌, ⁴³ 규찰, 풍속 교정, 백성 교화
- 향임(임원): ⁴⁴ ·별감
- ⁴⁵ : 향촌 회의 기구 → 향규(향회 운영 규칙) 제정
- ⁴⁶ : ⁴⁷ 에 참여하는 사족들의 명부

✓ **유향소의 변천**
조선 초기 등장 → 혁파(⁴⁸) → 복립(세종) → 재혁파(⁴⁹) → 재복립(성종) → 향청으로 변화(선조)

20 조선의 통치 체제 ④

II. 정치사 - 조직

📖 조선의 지방 행정 조직

역참제

- 교통: 1 ↔ 운송사 관장
- 운송 담당자, 공문 전달 등등
- 2 에서 관할
- 3 (수령의 토지) 지급: 상서원이 관장
- 역사 5 지급
  └ 예하 이동시 사용
- 원
  - 관리들이 이용하는 공용 이동
  - 전국 1220개에 공용
  - 6 지급: 7 가 관장

유수제, 파발제

- 유수제
  - 수어는 양기, 덤에도 물
  - 8 (남산) 유수대로 관장 팔달
- 파발제
  - 9 때 - 10 이후 시행
  - 발달, 족발, 발말
  - 사용 ~ 의주 - 11

조운제

- 가 공인 13 정부 14 철외 15 , 16 에 위치
  - 조원(해가 6 : 정3 : 내부 1)
- 17 ↑ 12
- 강원 18 ( ) ← 19
- 운영 20 ( ) ← 21
- ※ 조창 ↔ 강창: 22
  └ 23 평안, 함경, 의주 제외
  └ 24
  └ 25 - 수운 불가

정답 1 교통 2 병조 3 역전 4 상서원 5 마패 6 원주전 7 원주 8 목멱산 9 임난 10 역원제 붕괴 11 기발 12 조창 13 조세 14 조창 15 바닷가 16 강가 17 경창 18 광흥창 19 녹봉 20 풍저창 21 국용 22 잉류 지역 23 평안도 24 함경도 25 제주도

20 조선의 통치 체제 ⑤

II. 정치사 - 조선

📁 조선의 군사 제도

● 군역 제도 "누가 군대 가나?"

✓ 원칙
- ___1___ : 16세 ~ 60세의 양인 남성(천민 제외)이 대상
- ___2___ : 평상시 농업 종사, 유사시 전쟁 참여
  └ ___3___ 제정 ─┬─ 구성 ─┬─ ___5___ (정병): 1년에 ___6___ 군 복무
  (15C, ___4___)   └─ ___7___ (___8___): 1년에 ___9___ 납부
                 └─ 정군으로 뽑히지 않은 장정을 보인으로 삼아 정군의
                   비용을 부담(정군 1명당 보인 2명 배정)

✓ 예외
- 현직 관료(양반)·학생·향리·상공업자는 군역 면제
- 왕족·공신·고급 관료의 자제는 고급 특수군(___10___, ___11___ 등)에 편제
  → ___12___ 와 녹봉을 받음

● 군사 조직

- 구성 ─┬─ ___13___ : 농민   ___14___ (일반 평민)
        ├─ ___15___ : ___16___ 을 치르고 선발된 직업 군인
        │   중앙 - 왕궁·서울 수비 / 지방 - ___17___
        └─ 특수병(___18___, ___19___): 왕족, 공신, 고관의 자제로 구성
- 조직

정답: 1 양인 개병제 2 농병 일치제 3 보법 4 세조 5 정군 6 2~3개월 7 보인 8 봉족 9 군포 10 갑사 11 별시위 12 토지 13 정군 14 갑사 15 갑사 16 시험 17 영진군 18 내금위 19 겸사복 20 의흥위 21 용양위 22 훈련도감 23 포수 24 사수 25 살수 26 상비군 27 어영청 28 번상병 29 기병 30 총융청 31 효종 32 북한산성 33 수어청 34 남한산성 35 금위영 36 수도

79

20 조선의 통치 체제 ⑥

해커스공무원 이중석 맵핑 한국사 올인원 블랭크노트

Ⅱ. 정치사 - 조선

지방군

- _____1 ┌ _____2 으로 구성(_____3)
  │
  16C │ └ 육군·수군이 국방상 요지인 _____4 · _____5 에 소속되어 복무
  임진왜란
  후 개편
  ↓
- _____6 **체제** ┌ _____7 복구
  │
  ├ _____8 ~ _____9 까지 전 계층 포함(양천 혼성군)
  │
  ├ → but 양반들의 회피로 상민과 노비만 남음
  │
  └ 평상시 생업에 종사, 유사시 전투에 동원

잡색군

- 서리, 잡학인, 전직 관리, 향리, 신량역천인, 노비 등으로 구성
- 평상시 생업에 종사, 유사시에만 동원되는 _____10 (농민 제외)
  (훈련 O)

● 지역 방어 체제의 변화 ★

15c. _____11 ── **1555. 명종** _____18 ── **1583** ── **16c 후반** _____19 ── **1592. 선조** _____25 ── **임진왜란 휴전 협상 中** _____26

_____12

진	진	진
진	진	진

- _____13 방어 체제
- _____14 이 지휘
  → 지휘 통제가 효율적
- 한 지역이 뚫려도 _____15
- _____16 침입에 유리
  (_____17 침입에 취약)

남부
제승방략으로 전환

니탕개의 난
북부
제승방략으로 전환

진	진	진
진	진	진

- _____20 방어 체제
- _____21 침입에 유리
- 중앙에서 파견된 고위 관리가 지휘
  → 지휘 통제가 _____22
  → _____23 이 지연될 경우 도망자 ↑
  ⇒ _____24 때 효과 X

영진군 ⊃ _____27
      ⊃ _____28
쏙오!

→ 속오군(양천 혼성군)
  └ 진관의 단점을 보완하기 위해
    군사를 늘림

해커스공무원학원·공무원인강·교재 Q&A gosi.Hackers.com 80

20 조선의 통치 체제

맵핑 핵심 자료

대간(양사)

대간은 □·땅히 위엄과 명망이 우선되어야 하고 탄핵은 뒤에 하여야 한다. …… 천하의 득실과 백성들을 이해하고 사직의 모든 일을 간섭하고 일정한 직책에 매이지 않는 것은 홀로 재상만이 행할 수 있으며 간관만이 말할 수 있을 뿐이니, 간관의 지위는 비록 낮지만 직무는 재상과 대등하다.
— 『삼봉집』

경재소

이 8조 호구의 법식에 따라 2품 이상은 8향, 6품 이상은 처의 고향을 제외한 6향, 그 이하는 조부와 증조의 외향을 제외한 4향, 관직이 없는 의관족의 자제는 부모의 외향을 제외한 2향으로 하여 매 향마다 경재소에서 좌수 1명을, 참상은 별감 2명을 정하여 고을의 일을 맡기되, 수령의 정치에는 간여하지 못하게 하고 어긴 사람은 죄로 다스리게 하십시오.
— 『세종실록』

수령 7사

첫째. 농업을 발전시킬 것.
둘째. 유교 경전 등의 교육을 진흥할 것.
셋째. 법을 잘 지켜 백성에게 올바름을 보일 것.
넷째. 간사하고 교활한 드리를 제거할 것.
다섯째. 때맞추어 군사 훈련을 실시하고 군기를 엄정히 할 것.
여섯째. 백성을 편히 하고 호구를 늘릴 것.
일곱째. 부역을 공평하고 균등하게 부과할 것.

군역과 보법

서울과 지방의 군정은 6년마다 병적을 만든다. 서울은 5부에서, 지방은 절도사가 제주 3읍은 절제사가 담당한다. 1부는 병조에 보내어 보관하고 관찰사가 있는 도와 주진·거진·제진도 1부씩 보관한다. 병조는 그 총액수를 올린다.
— 『경국대전』

경성과 지방의 군사에 보인(保人)을 지급하는데 차등이 있다. 장정 2인을 1보로 하고, 갑사(甲士)에게는 2보를 지급한다. 장기 복무하는 환관(宦官)도 2보를 지급한다. 기병, 수군은 1보 1정을 준다. 보병, 봉수군은 1보를 준다.
— 『경국대전』

유향소

• 고을에서 부모에게 불효하는 자, 형제에게 불경하는 자, 친족 간에 불복하는 자, 인척 간에 불화하는 자, 남에게 신의가 없거나 남을 구휼해 주지 않는 자가 있으면, 유향소에서 그에 대한 징계를 의논할 수 있으며, 아전으로 백성의 재물을 침탈하는 자가 있으면 이곳에서 징계를 의논할 수 있다.
— 『경국대전』

• 김대(金臺)가 아리기를, "백성을 괴롭힘은 향리(鄕吏)보다 더한 자가 없는데, 수령(守令)도 반드시 다 어질 수는 없습니다. …… 옛 사람이 이르기를, '교활한 관리가 지나가면 닭과 개라 하더라도 편안하지 못하다.'고 하였습니다. 닭과 개도 편안하지 못한데 더구나 사람이겠습니까? 유향소의 법은 매우 훌륭했습니다만 이시애의 난으로 중간에 펴지하여 이러한 큰 폐단이 생겼습니다. 다시 세우는 것이 어떻겠습니까?" 하니, 임금(성종)이 좌우(左右)에게 물었다.
— 『성종실록』

훈련도감

오늘의 적세(賊勢)가 매우 염려되는데 전부터 일을 처리하는 것이 느슨해져 적의 난리를 겪는 2년 동안 군사 한 명을 훈련시키거나 기계 하나를 수리한 것 없이 중국군만을 바라보며 적이 제 발로 물러가기만을 기다렸으니 불가하지 않겠는가. …… 나의 생각에는 따로 훈련도감을 설치하여 합당한 인원을 차출해서 장정을 뽑아 날마다 활을 익히기도 하고 포를 쏘기도 하여 모든 무예를 훈련시키도록 하고 싶으니, 의논하여 처리하라.
— 『선조실록』

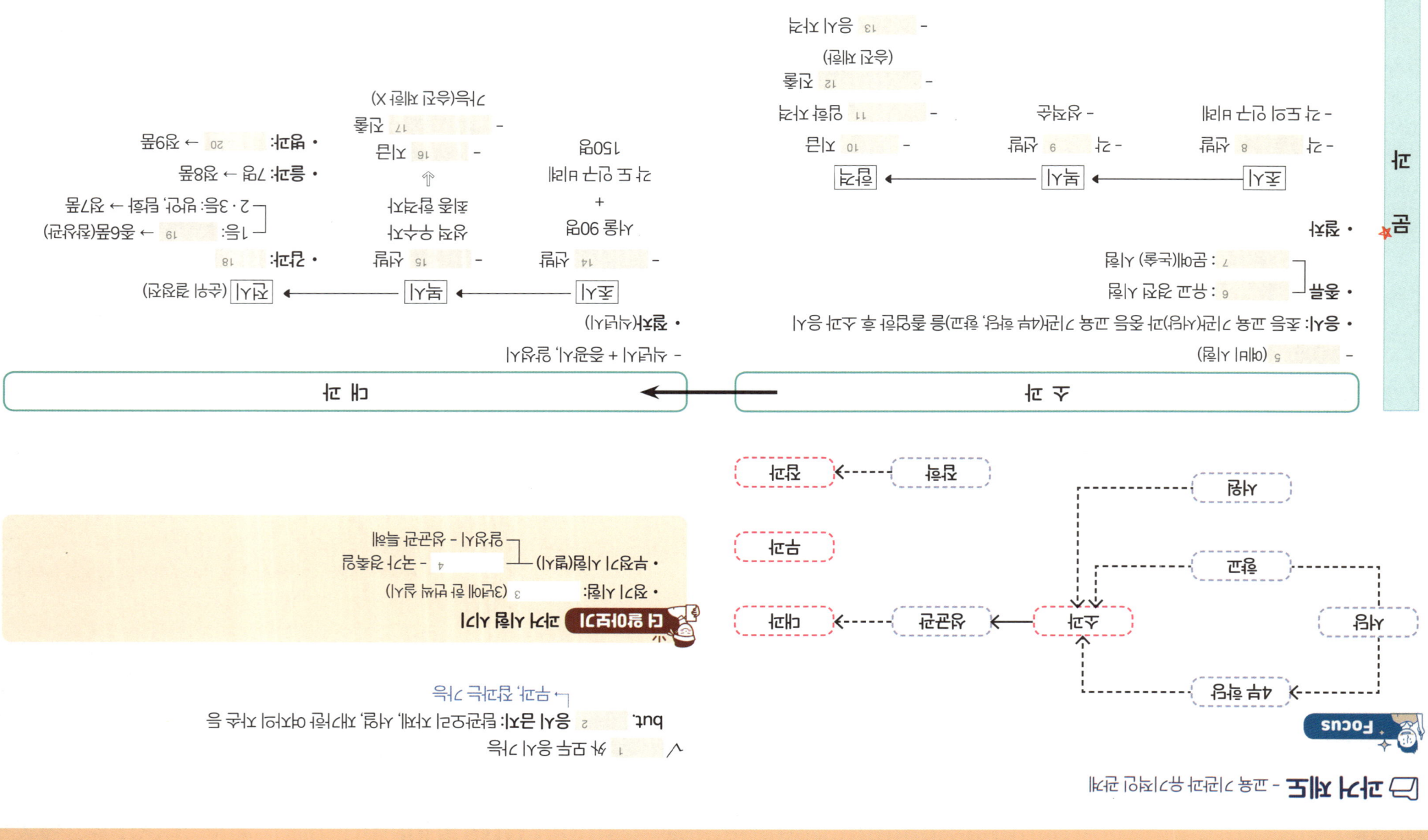

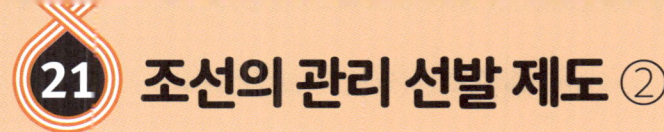

21 조선의 관리 선발 제도 ②

II. 정치사 - 조선

무 과

- ___1___ + ___2___ (임금 참여 X, 성균관 밖에서)
- 소과(예비 시험) 없음, 바로 대과 실시
- 주로 ___3___ · 중간 계층이 응시
- 시험 과목: 무술 + 병서 + 경서
- 절차 초시 → 복시 → 전시 (순위 결정전)
  - ___4___ 선발
  - ___5___ 선발
    - 최종 합격자
      ___6___ 지급
      ___7___ 이라는
      호칭 수여
  - 갑과: ___8___ → 종7품
  - 을과: 5명 → 종8품
  - 병과: 20명 → 종9품

잡 과

• 기술관 선발 시험

초시 ─ ___9___ → 사역원
    ─ ___10___ → 형조
    ─ ___11___ → 전의감
    ─ ___12___ → 관상감

복시 ─ ___13___ 에서 주관
   - 백패 지급

더 알아보기 조선 시대 승과

- 조선 초 - 승과 실시
- 중종 - 조광조에 의해 폐지
- 명종 - 문정왕후 때 잠시 부활
  → 문정왕후 사후 다시 폐지

기타 시험 제도

- ___14___
  - ___17___ 이상의 고관 자제 대상(친가 쪽 할아버지까지)
    → 고려(___18___ 이상)에 비해 제한
  - 한품제 적용: 승진의 관품제한 적용
- ___15___
  - 간단한 시험을 거쳐 ___19___ 또는 ___20___ 로 선발
  - 고관 진출은 사실상 불가능
  - 산학 → 호조 주관
    화학 → 도화서 주관
    악학 → 장악원 주관
- ___16___
  - 3품 이상 고관의 추천을 받은 관리 등용
    문관: 3품 이상, 무관: 2품 이상
  - ___21___ 중 선발 → 간단한 시험
  - 붕당 정치 격화 → 세력 확대에 이용

더 알아보기 합리적 인사 관리 제도

- ___22___ - 지방관의 임기 설정 - 관찰사 360일, 수령 1800일
- ___23___ ─ 가까운 친인척이 같은 관청에서 근무하지 못함
       └ 자기 출신지 지방관 임명 금지
- ___24___ 제도 - 5품 이하 관리 임명 시 대간이 신분·경력 등을 조사한 뒤 그 가부를 승인
- ___25___ ─ 근무 성적 평가제
       ├ 고관이 ___27___ 마다 하급 관리의 근무 성적을 평가
       └ 승진·좌천의 자료로 사용
- ___26___ ─ 신분에 따른 승진의 품계 제한 ─ 서얼, 기술관 - ___28___ 까지
                                       ├ 토관, 향리 - 정5품까지
                                       └ 서리 - 정7품까지

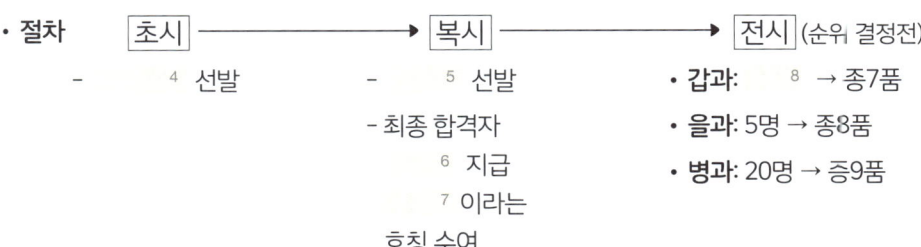

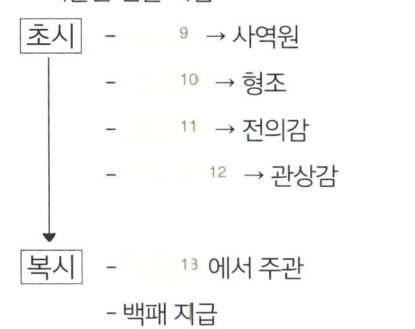

22 조선 전기 왕의 업적 ①

태조 (1392~1398)

- 조선 건국
  - 국호(1)
  - 도읍기틀 마련
    - 한양 천도(1394)
    - 경복궁 건설(1395)
    - 숭례문·사직단·종묘 등 건설
  - 3 책자(1393)
    - 명나라와 외교 관계 개선을 위해 고려의 우왕사·창왕사(고려의 공양왕대가 고쳐 기재됨)
    - 역성혁명 논리를 합리화하기 위한 고려국사(1391, 정도전)를 2차례
  - 교육 정비 고려 국자감을 성균관으로 개편

더 알아보기 "조선 왕조의 설계자, 정도전"

- 한양으로 수도 천도
- 궁궐의 명칭 제정 4 _____
- 유교적 통치 이념 확립 5 _____ 저술
- 도성의 기본 건축 마련 6 _____ 7 _____ 저술
- 양반 관료제 이념 확립: 8 _____ 저술 → 재상 중심의 임기응변 반영 → 이방원에 의해 피살
- 대외 정책: 요동 정벌 추진, 9 _____ 저술(진법서)

제1차 왕자의 난(1398)

- 세자 책봉에 불만을 가진 10 이방원이 정도전·남은·심효생 등 반대 세력 제거

☆ 시험 참기 「조선경국전」
조선경국전은 정도전이 왕에게 올린 글로 새로운 나라의 종합적인 규범을 담고 있다. 정도전은 이 책에서 왕조의 기본 정책 방향을 중국의 『주례』에서 구했으며, 신권 중심의 정치와 재상 중심의 정치를 강조하였다. 또 재상은 왕의 실정을 견제할 수 있는 존재로 보았고, 임금의 등용은 재상이 담당해야 한다고 보았다. 또 인사권과 정책 결정권·군사권·재정권 등은 모두 재상에게 있어야 하고, 왕은 상징적인 존재로 남아 있어야 한다고 보았다. -「조선경국전」

⇒ 13 ( )을 왕으로 추대

정종 (1398~1400)

- 임시 14 (1399) → 정당 중심의 합의 기구 → 왕권 약화
- 집현전 설치 → 15 (집현)/16 (군국) 중심 분화

제2차 왕자의 난(1400)

- 17 이 방어에게 주도, 반대 세력 완전 숙청, 왕권 18 등 세계로 물고 업공 양위

태종 (1400~1418)

- 19 실시
- 녹읍 → 20 원위
- 21 원 → 대내외 인적 실체 정치
- 이후 22 형태: 관료들의 명과 시설 실현 정치 → 제12차 왕자의 난(1400) 원인 정부
- 23 실시(20세이상): 군역 대상 법률, 호적 미등록자 조사 → 24 강화
- 호구 조사 → 25 수립
- 26 → 27 변경
  - 건민의 구농 및 과공 등 관리 → 인구·경리적 상황 파악
  - 양전: 20000여 개 → 토지, 노비, 구리 수량 증가 · 국가 재정 확충
- 29 실시: 언로 확대
- 사원 정리 30 실시
  - 불교 침해·이후 불별 저지
  - 31 실시: 10년간 대당으로 쓰이게 통제
- 문물 정비 32 (주자소)에서 활동 사주 → 주조
  - 주자소: 3대 이일 세종대 사자 다시 피함
  - 34 (호패·주호, 인세 내용) 발급
- 공물 정비
  - 35 주제

정답 1 1392 2 한양 3 의흥삼군부 4 왕도 정치 5 재상 6 조선경국전 7 경제문감 8 불씨잡변 9 진도 10 방석 11 방원 12 방과 13 정종 14 개경 천도 15 의정부 16 삼군부 17 방간 18 방원 19 6조 직계제 20 사간원 21 직속 기구 22 사병 23 양전 사업 24 양안 25 호적 26 사사서 27 저화 28 사원 29 노비변정도감 30 호패법 31 인보법 32 신문고 33 서얼차대법 34 주자소 35 계미자

22. 조선 전기 왕의 업적 ②

세종 (1418~1450)

● 왕권 강화책
- _____¹ 실시
  but. 이조, 병조 → _____² : 인사, 군사권 장악 ⇒ 왕권과 신권의 조화
- **집현전** 상설화(정종 때 임시 설치) → _____³ 실시 ⇒ 왕도 정치 구현
- _____⁴ 실시
- **유능한 인재 등용**: 청백리 재상(황희, 맹사성)
- 『_____⁵』 시행, 장려

● 대외 정책
- To. 일본
  - ⁶ 정벌(1419, 세종 1)
  - ⁷ (1426, 세종 8)
  - ⁸ 체결(1443, 세종 25)
- To. 여진
  - ⁹ (최윤덕) ¹⁰ (김종서) 개척(1433~1443, 세종 15~세종 25)

● 자주성
- 독자적 천문 체계 완성 → 『_____¹¹』: 역법서, 한양 기준
- 독자적 농서 → 『_____¹²』
- 독자적 의서 → 『_____¹³』

● 경제 정책
- **불교 교단 정리**: _____¹⁴ = 선종 18사 + 교종 18사
- _____¹⁵ - _____¹⁶ (풍흉), 전분 6등법(비옥도)
- _____¹⁷ 발행: 저화 보조 화폐

● 민족 문화 향상
- _____¹⁸ 창제(1443) → 반포(1446)
  - Test 『용비어천가』, 『동국정운』, 『월인천강지곡』, 『석보상절』
    ⇒ 『월인석보』(세조)
- **과학 기술 발명**: _____¹⁹, _____²⁰, 측우기, 혼천의, 간의
- **활자 주조** - _____²¹, _____²² : 밀랍 대신 식자판 조립 방법 창안
- **유교 윤리 보급**: 『_____²³』 편찬 (cf: 중종 때 조광조의 건의로 『_____²⁴』 편찬) — 김안국
- **예법서** 『_____²⁵』 보급
- _____²⁶ 정리(박연), _____²⁷ 간행(관습도감) — 악보, 소리의 장단, 고저

● 편찬 사업
- 『_____²⁸』 - 한의학 백과사전
- 『_____²⁹』
- 『총통등록』 - 무기, 화약
- 『_____³⁰』 - 병서
- 『태산오록』 - 임신과 출산, 산후조리
- 『신주무원록』 - 법의학서

사료 읽기 | 세종 시기의 자주적 서적

• 『칠정산』
왕께서 정흠지, 정초, 정인지 등에게 명하여 선명력과 수시력 등 여러 역법의 차이를 비교하여 교정하도록 하였다. 또한, 『태음통궤』와 『태양통궤』 등 중국 역서를 연구하고 우리 실정에 맞게 수정하여 「내편」을 편찬하도록 하였다. 또 「회회력법」을 구하여 …… 「외편」을 만들었다.

• 『농사직설』
농사는 천하의 대본이다. …… 5방(五方)의 풍토가 다르고 곡식을 심고 가꾸는 법이 각기 있어 …… 각 도 감사에게 명하여 주와 현의 늙은 농부들이 경험한 바를 모두 들어 올리라 하였다. 이를 한편의 책으로 엮었으니, 이름하여 『농사직설』이라 하였다.

• 『향약집성방』
예전에 신농씨가 많은 초목의 맛을 보고 그 지방의 성질에 맞춰 병을 고치게 하였으며, …… 또 오방(五方)은 모두 제각기 타고난 성질이 다르고 천리를 넘어서면 풍속이 같지 않는 법이다. …… 그 지방의 향약(鄕藥)을 가지고 병을 고치는 것이 반드시 힘은 적게 들고 효력은 빠른 것이다.

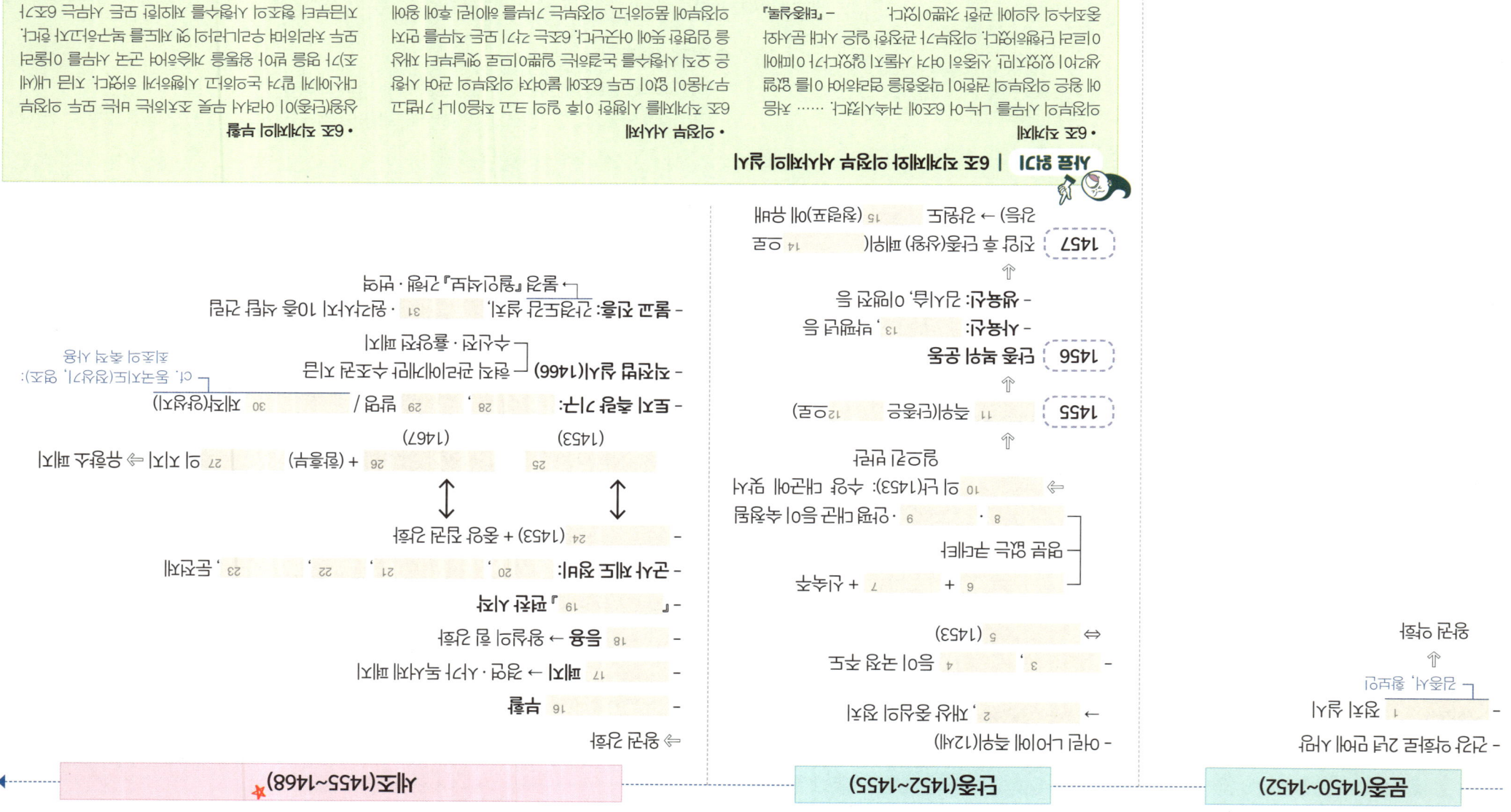

22 조선 전기 왕의 업적 ④

성종 (1469~1494)

● 체제 정비
- _____¹ 폐지 ⇒ 친정 실시 선언
- _____² (옥당) 설치 + 독서당(호당) 부활
  ↳ 세종 때 _____³ ⇒ 세조 때 폐지 ⇒ 부활
- 『_____⁴』 완성, 반포
- _____⁵ 등용 → _____⁶ 견제: 김종직 3사 진출
- _____⁷ 정책 → _____⁸ 폐지(= 승려 인정 X)
- _____⁹ 부활, 강화
- 관수 관급제 실시 → 관리들의 농민 수탈 X
  ⇒ 국가의 토지 지배력 강화

● 원상제
- 세조 대에 좌익공신(한명회)을 우대하기 위해 설치한 국가 원로대신들의 회의 기구
- 세조 대에 세자(예종)를 참여시켜 정사를 가르침
- 예종 대 ~ 성종 초기: 국정 최고 회의 기구
- 성종 대에 한명회가 죽은 후 기능 약화

● 편찬 사업
- 『_____¹⁰』- 조선 전기 최대 인문 지리서
- 『_____¹¹』- 서거정, 고조선 ~ 고려 말, 편년체, 최초 장편 사서
- 『_____¹²』- 서거정, 동방 문학 전집
- 『_____¹³』- 길·가·빈·군·흉, 왕실 의례서
- 『_____¹⁴』- 성현, 음악서
- 『_____¹⁵』- 노사신, 서거정, 고조선 ~ 삼국 시대, 김부식의 『삼국사기』 보완
- 『_____¹⁶』- 신숙주, 일본 견문기

23 훈구·사림의 등장과 사화 ①

II. 정치사 - 조선

훈구·사림의 등장

Focus

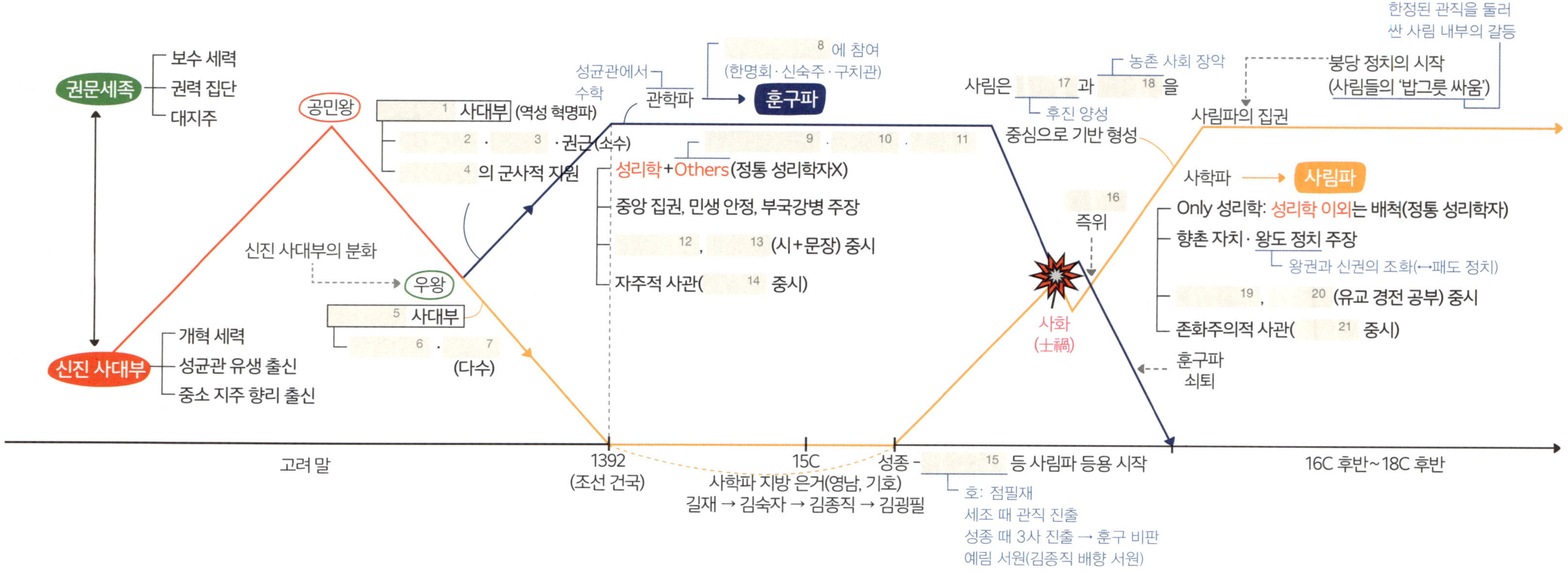

구분	훈구 사대부	신진 사대부
온건파	고려 왕조 유지 주장 점진적 개혁 주장	
급진파		역성 혁명 전면적 개혁 주장

- 1392 (조선 건국)
- 15C 사대부 지원 증가(일부, 기호) → 훈구파
- 15C 중종 - 사림 등용 시작
- 16C 중반~18C 중반 사림파 집권

훈구파
- 이 왕조에 충성
- 중앙 집권, 민생 안정, 부국강병 추구
- 성리학+Others(성균관 등 관학파 주장)
- 12, 13 (사장+문물) 중시
- 14 중시
- 자주적 사관

사림파
- 의리·명분 중시 (성리학·서원·향약)
- 사학
- 6 훈신, 척신 정치 비판
- 성리학 외 학문 배척 (←패관 잡기)
- Only 성리학 → 예학 중시 (성리학 이념화)
- 19 (지방 분권 강조)
- 20 (향촌 자치 중시)
- 21 중시
- 존화주의적 사관

- 1 혁명파
- 2 정도전
- 3 조준
- 4 이성계
- 5 온건파
- 6 정몽주
- 7 이색
- 8 계유정난
- 9 과학 기술
- 10 도교
- 11 불교
- 12 현실적
- 13 사장
- 14 단군
- 15 김종직
- 16 선조
- 17 서원
- 18 향약
- 19 이상적
- 20 경학
- 21 기자

23. 훈구·사림의 등장과 사화 ②

📁 사화(훈구파 vs 사림파)

무오사화(1498, 연산군)

- 배경 - __1__ 문제
  김일손이 『성종실록』「__2__」에
  김종직의 「__3__」 수록

- 전개
  훈구파가 연산군에게 고발
  ⇩
  __4__ 부관참시
  __5__ 능지처참
  다수의 사림들이 유배를 감

갑자사화(1504, 연산군)

- 배경
  __6__ 사건 → 임사홍의 고변
  : 폐비 윤씨 사건을 연산군에게 보고

- 전개
  폐비 윤씨 사건의 관련자 처벌
  ⇩
  훈구·사림 모두 피해(__7__ 몰락)
  ⇩
  __8__ 의 폭정(흥청 설치, 신언패 사용)
  ⇩
  __9__ 으로 __10__ 폐위

기묘사화(1519, 중종)

- 배경
  - 중종의 사림 등용으로 훈구·사림의 갈등
  - __11__ 의 급격한 개혁 정치에 훈구 반발

- 전개
  훈구파의 불만
  ⇩
  훈구(홍경주·남곤 등)의 '__12__' 사건
  (走肖爲王)
  ⇩
  조광조와 대부분의 사림이 제거됨

을사사화(1545, 명종 즉위년)

- 배경
  장경 왕후(비) — 11대 중종 — 문정 왕후(계비)
    12대 인종   13대 명종
  사림 + 윤임 (대윤)   윤원형 (소윤)
    死   12세 즉위

- 전개
  문정왕후의 수렴청정 +
  __25__ 중심의 척신 정치
  ⇩
  __26__ · __27__ 숙청
  ⇩
  낙향 후 향촌에서 세력 확대

- 결과
  16c. 수취 체제 문란 ⇔ 임꺽정 등장
  └ 백정 출신
  구월산을 본거지로 활동

📖 사료 읽기 | 사화의 전개

• 김종직의 「조의제문」
어느 날 꿈에 신인(神人)이 말하기를 '나는 초나라 회왕(의제)의 손자인 심(心)이다. 서초(西楚)의 패왕(霸王, 항우)에게 피살되어 빈강에 빠져 있느니라.' 하고는 갑자기 사라져 버렸다. ……역사를 상고해보면 회왕(의제)을 죽여 강물에 던졌다는 말이 없는데 이것은 필시 항우가 비밀리에 사람을 시켜 죽이고 그 시체를 물에 던졌는지도 알 수 없다고 생각하여 마침내 글을 지어 회왕(의제)을 조위하였다.
— 『연산군일기』

• 주초위왕 사건
남곤은 나뭇잎에 묻은 감즙을 갉아먹는 벌레를 잡아 나뭇잎에다 '주초위왕(走肖爲王)' 네 글자를 써서 갉아먹게 하였다 …… 그는 왕에게 이 글자가 새겨진 나뭇잎을 바치게 하여 문사(文士)들을 제거하려는 화(禍)를 꾸몄다.
— 『선조실록』

• 을사사화
이덕응이 자백하기를 …… 계속 추궁하자 그는 "윤임이 제게 이르되 경원 대군이 왕위에 올라 윤원로가 권력을 잡게 되면 자신의 집안은 멸족될 것이니 봉성군을 옹립하자고 하였습니다."라고 실토하였다.
— 『명종실록』

🙋 더 알아보기 | 조광조의 개혁 정치 ⭐

- __13__ 실시(사림 진출을 위한 천거 제도)
  → 사림 등용 多
- __14__ (사림 기반) 보급
  → 향촌 자치(cf. 서원 설립 주장 X)
- __15__ 주장 - __16__ 활성화
- 『__17__』『삼강행실도』『__18__』 보급

- __19__ (고리대) 폐지
- __20__ 의 폐단 개혁 → __21__ 주장
- __22__ 폐지 →
  단군 제사 ⇔ 사림의 "__23__"
- __24__ : 중종반정 정국 공신들 中
  자격 없는 사람 삭제

정답: 1 사초 2 사초 3 조의제문 4 김종직 5 김일손 6 폐비 윤씨 7 김굉필 8 연산군 9 중종반정 10 연산군 11 조광조 12 주초위왕 13 현량과 14 향약 15 방납 16 수미법 17 소학 18 이륜행실도 19 내수사 장리 20 공납 21 수미법 22 소격서 23 소릉 복위 24 위훈 삭제 25 윤원형 26 대윤 27 사림

해커스공무원 8gosi.Hackers.com

정답 1 사대 2 교린 3 태조 4 표전문 5 정도전 6 요동 정벌 7 진법(서) 8 고명·금인 9 여진 10 원칙적 사대 관계 11 존화주의 12 귀순 13 북평관 14 태평관 15 동평관 16 무역소 17 태조 18 세종 19 최윤덕 20 김종서 21 사민 22 양민화 23 토관

24 조선의 대외 관계 ①

II. 정치사 - 조선

해커스공무원 이중석 맵핑 한국사 동영상강의 필기노트

∨ **1** ＿＿＿＿ ⇄ **2** ＿＿＿＿ 중국(명과)
(여진, 일본)

명과의 관계

● 건국 직후
→ 때 불편한 관계
- **3** ＿＿＿＿
- 사대외교: **4** ＿＿＿＿ 등 기념문제로 갈등 장공
- **5** ＿＿＿＿ 의 요동 정벌 운동
 → 정도전의 명에 대한 표전문 작성과 요동 정벌 추진 등이 문제

● 태종 이후
- 응: 태종에게 인정표를 수여함
- **6** ＿＿＿＿ 의 조선에 대한 외교적 안정으로 중 관계 호전

● 16세기
- **7** ＿＿＿＿ 로 인해 지나친 사대주의로 변질

명 ⇄ 조선
사행 외교
- 정기 사절: 동지사, 정조사, 성점사 등
 → 공무역: 명에게 국가가 인정하는 조공무역
 → 조공품 〈 회사품
- 왕기: 부정기적으로 특별한 사신파견, 시행사 편에 국서 전달
- 회사품: 도자기(아련, 인삼), 모피 등

● 16세기
 → **11** ＿＿＿＿ 이 인해 사대주의 경향이 심해로 확대됨

여진과의 관계

● 회유책
- **12** ＿＿＿＿ 장려: 관직 사 토지, 주택 지급
- 봉경: (사신 유숙소) **13** ＿＿＿＿ 설치, 조공 무역 허용
 ⎡• **14** ＿＿＿＿ : 조선에 입국한 명의 사신 유숙소
 ⎣• **15** ＿＿＿＿ : 조선에 입국한 일본 사신 유숙소

- **16** ＿＿＿＿ : 태종 때 경성·경원에 여진과 교역을 하기 위해 설치
 미, 옷, 해물, 종이 등 남과 북의
 (여진) → ← 조선 종유품 등

● 강경책
- **17** ＿＿＿＿ 때 두만강 지역 개척
- **18** ＿＿＿＿ 때: **19** ＿＿＿＿ (4군) **20** ＿＿＿＿ (6진) 개척
 → 세로 때 여진의 침입으로 폐사군(廢四郡)

Focus 4군 6진

- **21** ＿＿＿＿ 정책: 삼남 지방 인구의 이복한 곽의 이동 + 여진족의 경계 강화
- **22** ＿＿＿＿ : 귀가 이정된 감독 인정
- **23** ＿＿＿＿ : 특수 사법을 지정공으로 인명(유학 시편 X)
 → 여진의 회유 + 실질적 지배

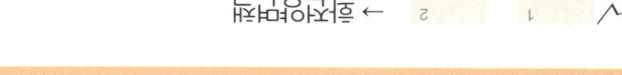

24 조선의 대외 관계 ②

일본과의 관계

● **강경책**

세종 재   1 ___ 가 쓰시마 섬(대마도) 정벌(1419, 세종 1) → 왜구 근절

● **회유책**

- 2 ___ (1426, 세종 8):   3 ___ · 4 ___ · 5 ___ → 6 ___ 설치
- 7 ___ 체결(1443, 세종 25): 무역량이 많아져 제한하는 조치
  └ 세견선 8 ___ , 세사미두 9 ___ , 거주왜인 60명

일본 ←— 구리, 황, 향료, 약재 등 —→ 조선
     ←— 쌀, 인삼, 무명, 삼베, 서적 등 —

조선 초기 대외 관계

더 알아보기 — 왜란 전·후의 대일 관계

● **16c**

- 중종
  - 10 ___ (1510): 11 ___ 설치(1511, 임시 기구)
  - 12 ___ (1512): 13 ___ 만 개항, 세견선 14 ___ , 세사미두 15 ___
  - 사량진왜변(1544): 교역 중단
- 명종
  - 16 ___ (1547): 규정 위반에 대한 벌칙 강화, 세견선 25척
  - 17 ___ (1555): 국교 18 ___ , 비변사 19 ___
- 선조
  - 20 ___ (1592): 비변사 최고 권력 기구화

● **17c**

- 광해군
  - 21 ___ (1609): 부산포만 개항
    세견선 22 ___ , 세사미두 23 ___

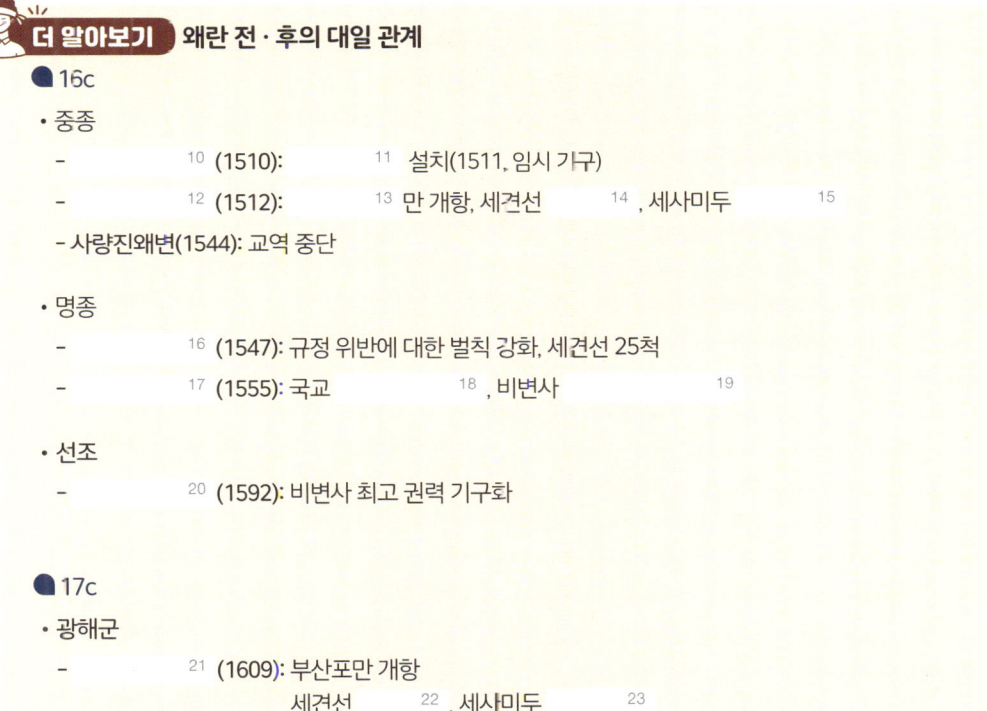

24 조선의 대외 관계 ③

II. 정치사 - 조선

📁 왜란史 ⭐

임진왜란 이전 상황

- **조선**
  - 양인 개병제의 붕괴와 군적수포제의 모순으로 국방력 약화
    ⇨ 군사적 공백 상태
  - **국론 분열**(조선 통신사의 입장 차이)
    - **서인(황윤길)**: 일본과의 전쟁 발발 가능성 [1]
      → 일본 침략 가능성에 대비하자
    - **동인(김성일)**: 일본과의 전쟁 발발 가능성 [2]

- **일본**
  - _____ [3] 가 일본 통일(전국 시대 종결)
  - _____ [4] 명분으로 대륙 침략 준비

- **여진**
  - **니탕개의 난(1583)**: 신립, 이순신 등이 격퇴

임진왜란 발발

- **1592. 4. 14.** 왜군의 20만 대군이 조선 침략
- _____ [5] 함락(정발 死)
- _____ [6] 함락(송상현 死)
- **1592. 4. 28.** _____ [7] 전투 패배(_____ [8] 전투, _____ [9] 死)
- 선조의 _____ [10] (광해군의 분조 활동)
- **1592. 5. 2.** 왜군이 20여일 만에 한양 함락

조선 수군의 승리

- **1592. 5. 7.** 옥포 해전 승리
- **1592. 5. 29.** [11] **해전 승리**: 거북선 최초 이용
- **1592. 6.** [12] · [13] 해전 승리
- **1592. 6. 13.** 평양성 함락
- **1592. 7.** _____ [14] **승리**: _____ [15] 전법
- **1592. 10.** _____ [16] 승리(cf. 해전 X) → _____ [17] 死

- **결과** ┬ 전라도 곡창 지대 보호
  └ 왜군의 수륙 병진 작전을 좌절시킴

🔍 사료 읽기 | 임진왜란의 발발

• 부산진 · 동래성 전투

적선이 바다를 덮어오니 부산 첨사 정발은 마침 절영도에서 사냥을 하다가, 조공하러 오는 왜라 여기고 대비하지 않았는데 미처 진(鎭)에 돌아오기도 전에 적이 이미 성에 올랐다. 이튿날 동래부가 함락되고 부사 송상현이 죽었다.
– 『선조실록』

• 충주 탄금대 전투

신립이 충주에 이르렀을 때 여러 장수들은 모두 새재의 험준함을 이용하여 적의 진격을 막고자 하였으나, 신립은 따르지 않고 들판에서 싸우려고 하였다. …… 왜적이 복병을 설치하여 우리 군사의 후방을 포위하였으므로 우리 군사가 크게 패하였다. 삼도순변사 신립은 포위를 뚫고 달천의 월탄가에 이르러, "전하를 뵈올 면목이 없다." 하고 빠져 죽었다.
– 『선조실록』

정답 1 ㅇ 2 ㅈ 3 도요토미 히데요시 4 정명가도 5 부산진 6 동래성 7 충주 8 탄금대 9 신립 10 파천 11 사천(1차) 12 당포 13 당항포 14 한산도 대첩 15 학익진 16 진주 대첩(1차) 17 김시민

24 조선의 대외 관계 ④

II. 정치사 - 조선

왜란사

의병의 항쟁

- 전국 각지에서 ¹ 으로 조직
- 의병 대부분이 ² + 의병장(³ + ⁴)
- 향토 지리에 밝은 이점을 활용하여 왜군 타격
  → 이후 ⁵ 에 편입되어 활약
- 대표적 의병장
  - 경상도: ⁶ , ⁷
  - 전라도: ⁸ , 김천일, 김덕령
  - 충청도: ⁹
  - 함경도(길주): ¹⁰ → ¹¹ (¹² 때 건립)
  - 금강산: ¹³ (¹⁴)┐승병
  - 묘향산: ¹⁵ (¹⁶)┘(호국 불교)

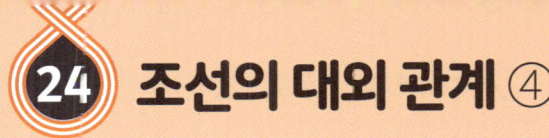

조선의 반격(전란 극복)

- 수군과 의병의 승전
- 명이 조선에 원군 파병
  - 1차 파병: 조승훈
  - 2차 파병: ¹⁷
- 1593. 1. ¹⁸ 의 전세 역전 → 평양성 탈환
- 벽제관 전투에서 명군이 대패 → 평양으로 후퇴
- 1593. 2. ¹⁹ 승리
  ²⁰ 지휘 + 관군과 농민(cf. 의병 X)
- 1593. 4. ²¹ 수복
- 1593. 6. 2차 진주 대첩(카토·쿠로다의 군대)
- 1593. 10. 선조의 한양 복귀

사료 읽기 | 권율의 행주 대첩

왜적들은 세 개로 부대를 나누어 번갈아 가며 쳐들어 왔으나 모두 패하고 달아났다. 때마침 날이 저물자 왜적들은 서울로 돌아갔다. 권율은 군사들로 하여금 왜적의 시체를 나뭇가지에 걸어놓아 그 맺혔던 한을 풀었다.
– 『징비록』

휴전 협상

조선의 전열 정비

- 중앙군: ²² 설치(1593)
  → ²³ 양성
- 지방군: ²⁴ 실시(1594)

사료 읽기 | 훈련도감의 설치

선조 26년(1593) 10월 국왕의 행차가 서울로 돌아왔으나 …… 이때 왕께서 도감을 설치하여 군사를 훈련시키라고 명하시고 나를 도제조로 삼으셨다. 나는 청하기를 "당속미 1,000석을 군량으로 하되 한 사람당 하루에 2되씩 준다 하여 군인을 모집하면 응하는 이가 사방에서 모여들 것입니다." 하였다 …… 얼마 안 되어 수천 명을 얻어 조총 쏘는 법과 창칼 쓰는 기술을 가르치고 초관과 파총을 세워 그들을 거느리게 하였다. 또 둔번을 정하여 궁중을 숙직하게 하고, 국왕 행차가 있을 때 이들로써 호위하게 하였다.
– 유성룡, 『서애집』

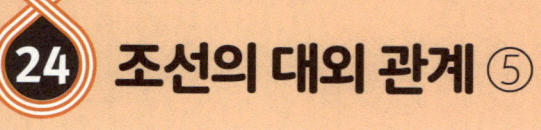

24 조선의 대외 관계 ⑤

Ⅱ. 정치사 - 조선

📁 왜란史⭐

왜군의 재침입

- **1597. 1.** 정유재란 발발
- **1597. 7.** _____¹ 패배
  - → 원균의 지휘부 전멸
- 조·명 연합군의 직산 전투 승리 ⟶ 이순신의 재등장
- **1597. 9.** _____² 승리(진도 울돌목)
- **1598.** 도요토미 히데요시의 죽음, 왜군 철수
- **1598. 11.** _____³ 승리(남해군 앞바다)
  - ⇒ _____⁴ 死

🕊️ 사료 읽기 | 명량 대첩

벽파정 뒤에 명량이 있는데 숫자가 적은 수군으로서는 명량을 등지고 진을 칠 수 없었다. 이에 여러 장수들을 불러 모아 말하기를, "반드시 죽고자 하면 살고 살려고 하면 죽는다."고 하였다. 이것은 바로 오늘의 우리를 두고 이른 말이다. 너희들 모든 장병들은 조금이라도 영(令)을 어기는 일이 있으면 군법으로 다스려 작은 일일지라도 용서치 아니할 것이다.
— 『난중일기』

전란 이후 상황

● 조선

- _____⁵ 의 최고 기구화
- 농토의 황폐화, 인구 감소, 양안(토지 대장)·호적 소실
  ⇒ 국가 재정 감소 ⇒ 납속책·공명첩 발급 ⇒ _____⁶ 동요
- 담배, 고추, 호박, 토마토 등이 전래됨
- 문화재 소실 - _____⁷, _____⁸, 서적, 4대 사고 등

● 일본

- 문화 발전(_____⁹, 활자, 성리학): 조선의 많은 문화재와 기술자들을 약탈해 갔기 때문
- 도쿠가와의 에도 막부 성립: 조선에 적극적 친교 요청 _____¹⁰ 파견
  → 조선과 _____¹¹ (1604) (포로 송환)
- _____¹² 파견(1607): 1607~1811, 총 _____¹³ 회 파견
- _____¹⁴ (1609, _____¹⁵) 통교 재개(부산포만 개항, 세견선 20척, 세사미두 100석)

● 중국

- _____¹⁶ 의 국력 약화
- 북방의 _____¹⁷ 이 급성장하여 _____¹⁸ 건국(1616) ⇒ 명·청 교체

🕊️ 사료 읽기 | 전란의 영향

• 임진왜란 이후의 한양

경성에는 종묘, 사직, 궁궐과 나머지 관청들이 또한 하나도 남아 있는 것이 없으며, 사대부의 집과 민가들도 종루 이북은 모두 불탔고 이남만 다소 남은 것이 있으며, 백골이 수북이 쌓여서 비록 치우고자 해도 다 치울 수 없다. 경성의 수많은 백성들이 도륙을 당했고 남은 이들도 겨우 목숨만 붙어 있다. 굶어 죽은 시체가 길에 가득하고 진제장(賑濟場)에 나아가 얻어 먹는 자가 수천 명이며 매일 죽는 자가 60~70명 이상이다.
— 성혼, 『우계집』

• 기유약조

1. 대마도주(對馬島主)의 세사미두(歲賜米豆)는 100석으로 한다.
1. 대마도주의 세견선(歲遣船)은 20척으로 한다.
1. 왜관의 체류 시일은 대마도주가 특별히 보낸 사람은 110일, 기타 세견선은 85일이고, 표류인 등을 송환할 때는 55일로 한다.
1. 대마도주가 발급하는 문인(文引)을 받은 배만 올 수 있다.
1. 대마도주에게는 전례에 따라 도서(圖書)를 만들어 지급하고, …… 부산포에 두고서 서계가 올 때마다 따져 보아서 격에 어긋나거나 부험(출입증)이 없는 배는 돌려보낸다.

24 조선의 대외 관계 ⑥

II. 정치사 - 조선

📁 호란史

● 붕당의 출현 ★

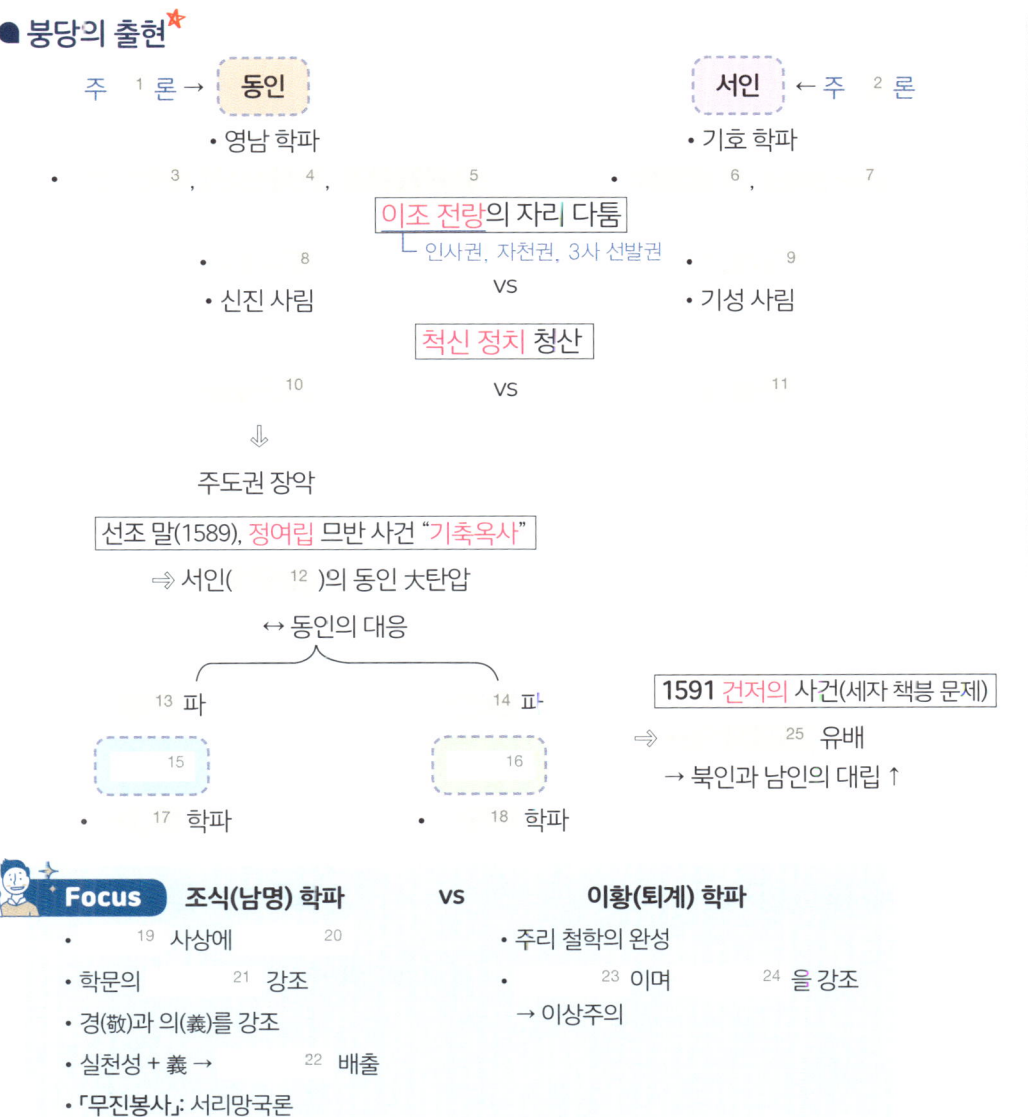

- 주 1 론 → 동인   서인 ← 주 2 론
  - 영남 학파   • 기호 학파
  - 3 , 4 ,   5   • 6 , 7
                이조 전랑의 자리 다툼
                  8
                └ 인사권, 자천권, 3사 선발권   9
  - 신진 사림   vs   • 기성 사림
                척신 정치 청산
         10   vs   11
         ⇩
      주도권 장악
  선조 말(1589), 정여립 므반 사건 "기축옥사"
       ⇒ 서인(12)의 동인 大탄압
       ↔ 동인의 대응
         13 파   14 파
      [15]   [16]
       • 17 학파   • 18 학파

Focus 조식(남명) 학파   vs   이황(퇴계) 학파
  • 19 사상에 20   • 주리 철학의 완성
  • 학문의 21 강조   • 23 이며 24 을 강조
  • 경(敬)과 의(義)를 강조   → 이상주의
  • 실천성 + 義 → 22 배출
  • 「무진봉사」: 서리망국론

1591 건저의 사건(세자 책봉 문제)
  ⇒ 25 유배
  → 북인과 남인의 대립 ↑

광해군(1608~1623)

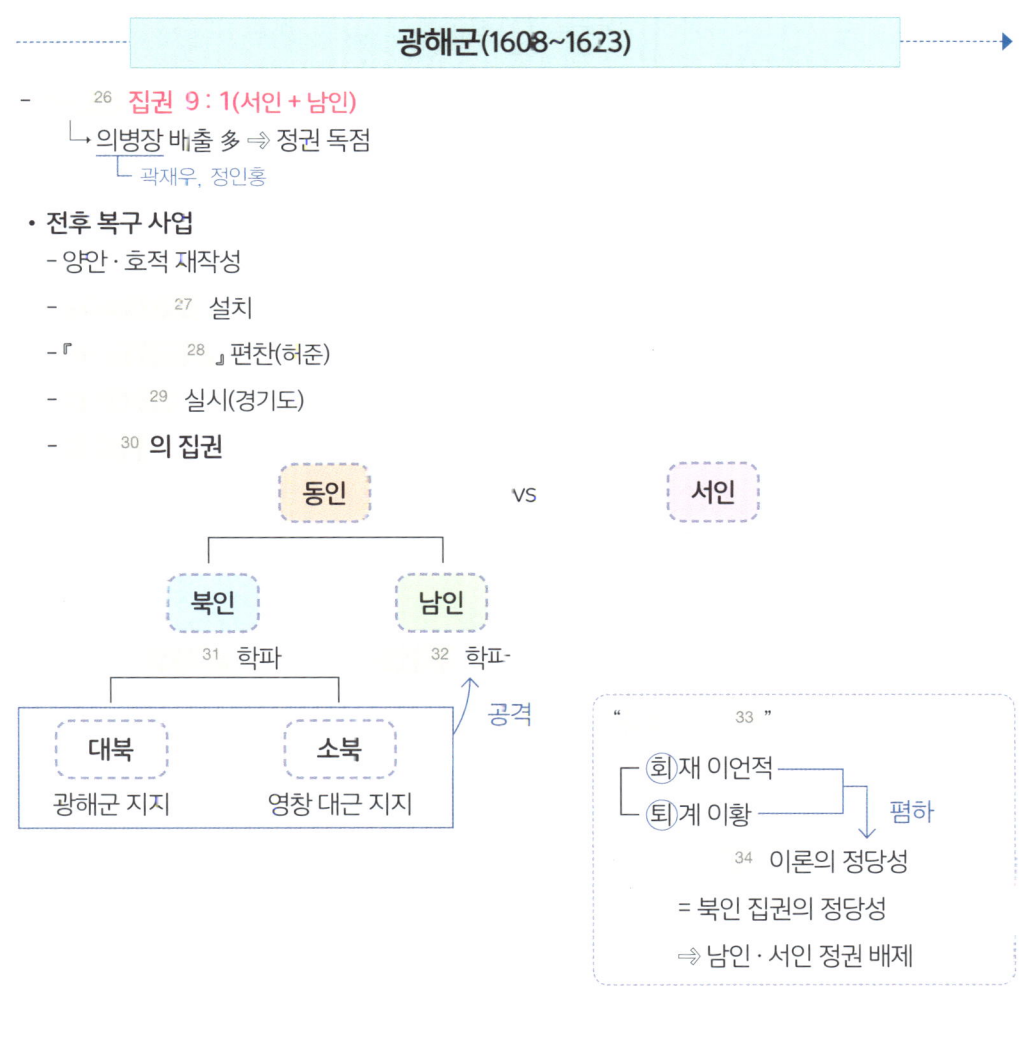

-     26 집권 9 : 1(서인 + 남인)
   └ 의병장 배출 多 ⇒ 정권 독점
       └ 곽재우, 정인홍
• 전후 복구 사업
  - 양안 · 호적 재작성
  -      27 설치
  - 『   28   』편찬(허준)
  -     29 실시(경기도)
  -     30 의 집권

         동인   vs   서인
       ┌──┴──┐
      북인   남인
      31 학파   32 학파
       │   ↑
      ┌┴┐   공격
     대북 소북
   광해군 지지 영창 대군 지지

  "   33   "
  ┌회재 이언적
  └퇴계 이황   → 폄하
       34 이론의 정당성
   = 북인 집권의 정당성
   ⇒ 남인 · 서인 정권 배제

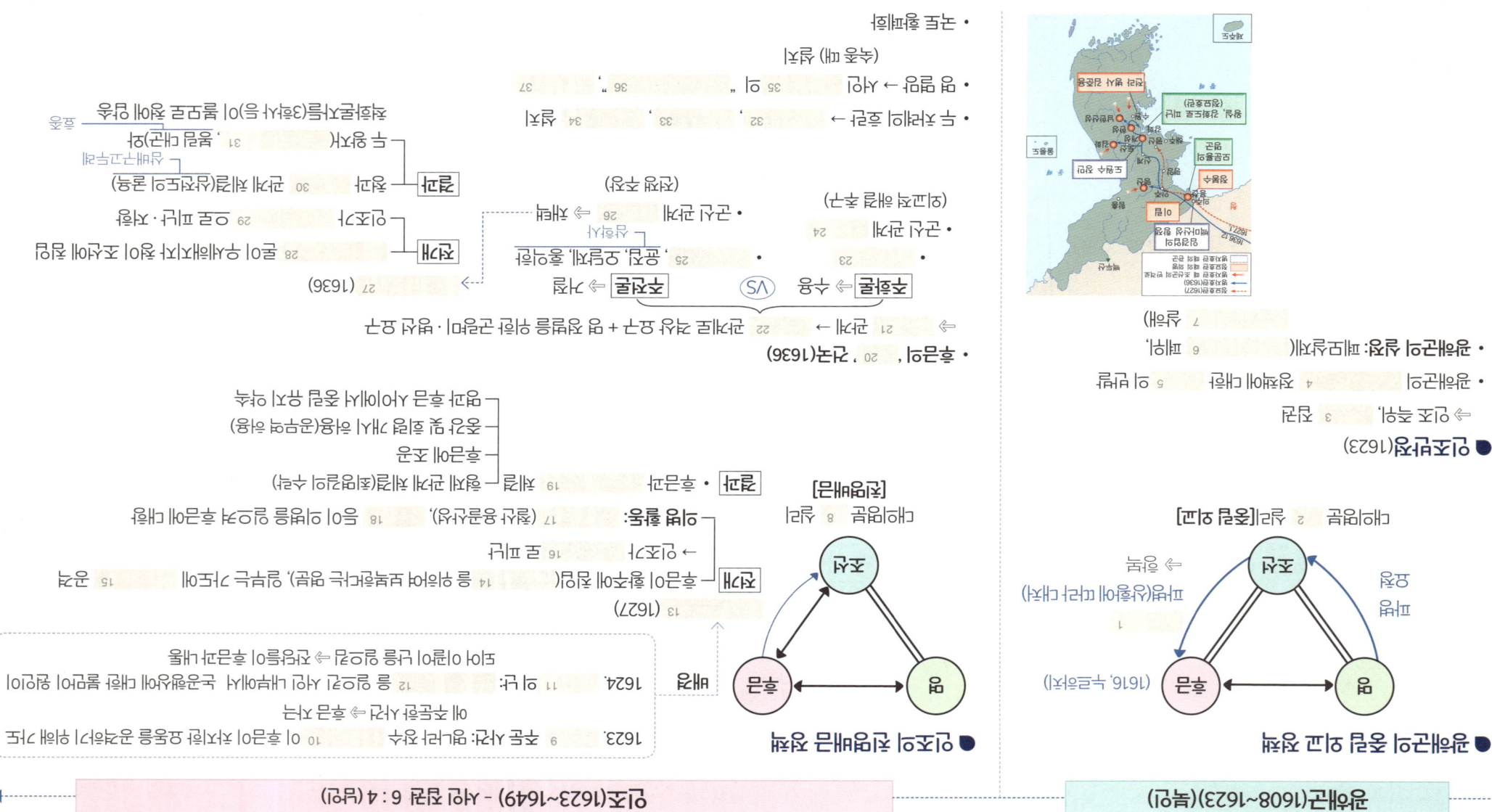

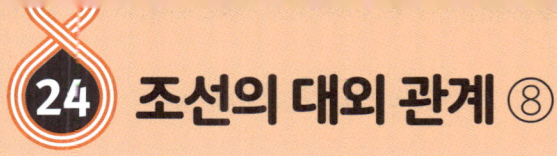

24 조선의 대외 관계 ⑧

II. 정치사 - 조선

📁 호란史

효종(1649~1659)(서인) 서인 집권 6 : 4 (남인)

● **북벌론 대두**
청의 살육과 약탈 → 반청 의식 고조
→ 청에 대한 적개심과 문화적 우월감으로 '청을 정벌하자'는 북벌론 대두
└ 1 = 2 = 3

● **북벌 추진**
• 효종의 북벌(4) ┬ 어영청 ⇨ 군사력 강화
  │   5 복구
  ├ 벨테브레(귀화인)을 훈련도감에 배치하여 신식 무기 제조(조총, 화포 등)
  └ 서인 등용
  지지
  ↑
  " 7 "

• 서인의 북벌(6) ┬ 서인들은 북벌을 8 으로 이용
  │ [명에 대한 의리, 복수설치(復讎雪恥) 주장]
  └송시열, 송준길
              └ 9 기반

⇨ 북벌 실패(서인 정권 유지·강화)

● **나선 정벌** - 형식적 북벌의 실체

효종 때 10 가 남하하여 청과 조선을 자극
⇩
조선에 청의 원병 요청
⇩
청에 조총 부대 파견 ┬ 1차 파병(1654): 11
                  └ 2차 파병(1658): 12

청을 도와 13 를 정벌(irony!)

공격
남인 14 (숙종)의 15 북벌

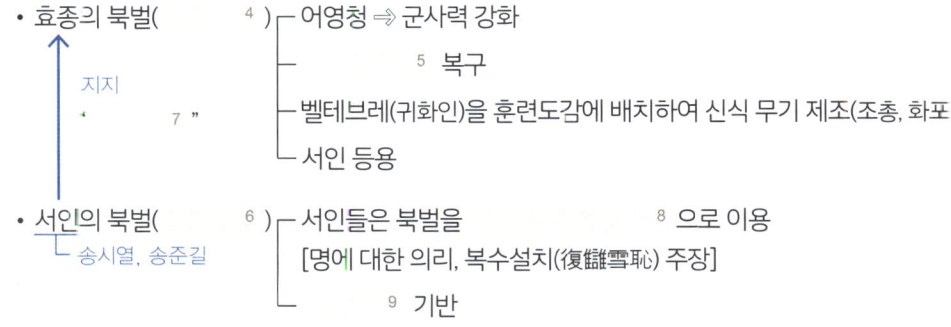

🗣️ 사료 읽기 | 효종 대의 대외 관계

• **북벌 정책**
저 오랑캐(청)는 반드시 망할 날이 있다. …… 그래서 정예 포병 10만을 양성하여 자식같이 아껴서 모두 죽음을 두려워하지 않는 용사로 만들고자 한다. 그 후에 저들에 틈이 있기를 기다려 불시에 중국으로 쳐들어가면 중원의 의사와 호걸이 어찌 호응하지 않겠는가?
— 『송서습유』

• **나선 정벌**
이일선이 말하기를, "대국이 군병을 동원하여 나선(羅禪)을 토벌하려는데 군량이 매우 부족합니다. 본국에서도 군병을 도와주어야 하니 본국에서 다섯 달 치 군량을 보내 주시오" 하니 상이 이르기를, "적의 형세는 어떠하오?" 하자 이일선이 말하기를, "적병은 10000여 명에 지나지 않는다고 하나, 저희들이 이처럼 달려오게 된 것은 북로에 비축한 것이 없음을 염려한 나머지, 내지의 곡물을 수송하여 군량을 대 주려고 하기 때문입니다" 하니 상이 이르기를, "먼 지역에 군량을 운송하자면 형세상 매우 어렵기는 하겠으나, 어찌 요구에 응하지 않을 수 있겠소"라고 하였다.
— 『효종실록』

24 조선의 대외 관계

📖 맵핑 핵심 자료

II. 정치사 – 조선

▨ 계해약조

세종 25년(1443) 계해에 세사미두와 세견선(歲遣船)에 대한 약조를 정하였다. (대마)도주(島主)에게는 해마다 쌀과 콩을 합하여 200섬을 주기로 하였다. 세견선은 50척으로 하고 만일 부득이하게 보고할 일이 있으면 이 숫자 이외에 특송선을 보내도록 하였다.   - 『증정교린지』

▨ 광해군의 중립 외교 정책

도원수 강홍립에게 가르침을 내렸다. "…… 중국 장수의 말을 그대로 따르지 말고 패하지 않을 방도를 강구하는 데만 힘을 쓰라."
    - 『광해군일기』

▨ 인조반정

적신 이이첨과 정인홍(鄭仁弘) 등이 또 그의 악행을 종용하여 임해군(臨海君)과 영창 대군을 해도(海島)에 안치하여 죽이고 …… (인목) 대비를 서궁(西宮)에 유폐하였다. …… 또 토목 공사를 크게 일으켜 해마다 쉴 새가 없었고, 간신배가 조정에 가득 차고 …… 난을 제거하고 반정(反正)할 뜻을 두었다.   - 『인조실록』

▨ 정묘호란

정주 목사 김진이 아뢰기를, "금나라 군대가 이미 선천, 정주의 중간에 육박하였으니 장차 얼마 후에 안주에 도착할 것입니다."하였다. 임금께서 묻기를, "이들이 명나라 장수 모문룡을 잡아가려고 온 것인가, 아니면 전적으로 우리나라를 침략하기 위하여 온 것인가?"하니, 장만이 아뢰기를, "듣건대 홍태시란 자가 매번 우리나라를 침략하고자 했다고 합니다."하였다.   - 『인조실록』

▨ 한산도 대첩

다시 여러 장수들에게 학익진으로 일제히 진격하라고 명령을 내렸다. 지자, 현자, 승자총통을 쏘아 먼저 적선 2, 3척을 깨뜨리니 왜군이 사기가 꺾여 도망을 쳤다. 장수와 병사들이 부쩍 힘을 내어 앞다투어 돌진하며 화살과 탄환을 쏘았다. 기세가 마치 폭풍우가 몰아치는 것 같았다. 적선을 불사르고 적을 죽여 한꺼번에 모두 무찔렀다.
    - 『삼도한산도승첩계본』

▨ 주화론과 주전론

• 최명길의 주화론

주화(主和) 두 글자는 신의 일평생에 신변의 누가 될 줄로 압니다. …… 화친을 맺어 국가를 보존하는 것보다 차라리 의를 지켜 망하는 것이 옳다고 하였으나, 이것은 신하가 절개를 지키는 데 쓰이는 말입니다. …… 자기의 힘을 헤아리지 아니하고 경망하게 큰 소리를 쳐서 오랑캐들의 노여움을 도발, 마침내는 백성이 도탄에 빠지고 종묘와 사직에 제사지내지 못하게 된다면 그 허물이 이보다 클 수 있겠습니까. …… 정묘년의 맹약을 지켜서 몇 년이라도 화를 늦추고 ……
    - 『지천집』

• 윤집의 주전론(척화론)

"화의로 백성과 나라를 망치기가 …… 오늘날과 같이 심한 적이 없습니다. 명은 우리나라에 있어서 곧 부모요, 오랑캐(청)는 우리나라에 있어서 곧 부모의 원수입니다. 신하된 자로서 부모의 원수와 형제가 되어서 부모를 저버리겠습니까. 하물며 임란의 일은 터럭만한 것도 황제의 힘이어서 우리나라에 있어서는 먹고 숨쉬는 것조차 잊기 어렵습니다. 차라리 나라가 없어질지라도 의리는 저버릴 수 없습니다. ……"
    - 『인조실록』

▨ 임진왜란 시기 의병의 활동

선조 25년 각 도에서 의병이 일어났다. 그때 삼도 수신(帥臣)이 모두 인심을 잃은 데다가 변란이 일어난 뒤에 군사와 식량을 징발하였다. …… 그러다가 도내 거족과 명망가들이 유생 등과 함께 조정의 명을 받들어 의를 부르짖고 일어나자 사람들이 호응하여 모여들었다. 크게 이루지는 못했으나 인심을 얻었으므로 국가의 명맥이 이에 힘입어 유지되었다. 호남의 고경명·김천일, 영남의 곽재우·정인홍, 호서의 조헌이 가장 먼저 의병을 일으켰다.   - 『선조수정실록』

▨ 삼전도의 굴욕

30일 해도 빛을 잃었다. 임금(인조)이 세자와 함께 푸른 옷을 입으시고 서문으로 나가셨다. 성에 있던 사람들이 통곡하니 울부짖는 소리가 하늘에 사무쳤다. …… 한(汗, 청 태종)이 황금으로 된 의자 위에 걸터앉아 전하로 하여금 걸어 들어오게 하시니 (인조) 백 보는 걸어 들어가셔서 따라온 신하들과 함께 뜰 안 진흙 위에서 배례를 하셨다. …… '황제 앞에서 어찌 감히 자신을 높이리오.' 세 번 절하고 아홉 번 고개를 조아리는 예를 행하시고 성에 오르셔서 서쪽을 향하여 제단 위에 앉으셨다.   - 『산성일기』

25 붕당 정치의 전개 ①

붕당 정치의 구조적 이해

붕당 정치의 출현	붕당 정치의 전개	붕당 정치의 변질	붕당 정치의 파탄
선조 →	인조 → 효종 → 현종	환국(숙종, 17C 후반) → 숙종 → 영조 → 정조 →	순조 → 헌종 → 철종
• 학풍 차이 [1] → 상대당 [2], 정치적 파트너 • 동인과 서인의 갈등 [3] 의 자리 다툼 [4] 청산문제	• 학풍 차이 [5] → 상대당 [6] • 긍정적 기능 ↑ [7] 의 여론 주재 → 정책에 여론 반영 상호 비판 · 견제를 통한 [8] 전개	• 학풍 차이 [9] → 상대당 [10] • [11] 와 [12] 기능 변질 • 산림의 존재 [13] • 사사(賜死) 빈번	• [14] 에 의한 정치 • 권력의 독점 → [15] 의 문란 · [16]
	6 : 4 →	일당 전제화 추세	10 : 0 일문 독재화

붕당 정치의 세밀한 흐름

Focus

정답 1 인정 2 인정 3 이조 전랑 4 척신 정치 5 인정 6 인정 7 산림 8 책임 정치 9 인정 O 10 인정 X 11 3사 12 이조 전랑 13 부정 14 세도 가문 15 삼정 16 매관매직 17 주리론 18 주기론 19 정여립 20 기축옥사 21 건저의 사건 22 중립 외교 23 북벌론 24 기해 25 갑인 26 경신 27 기사 28 갑술

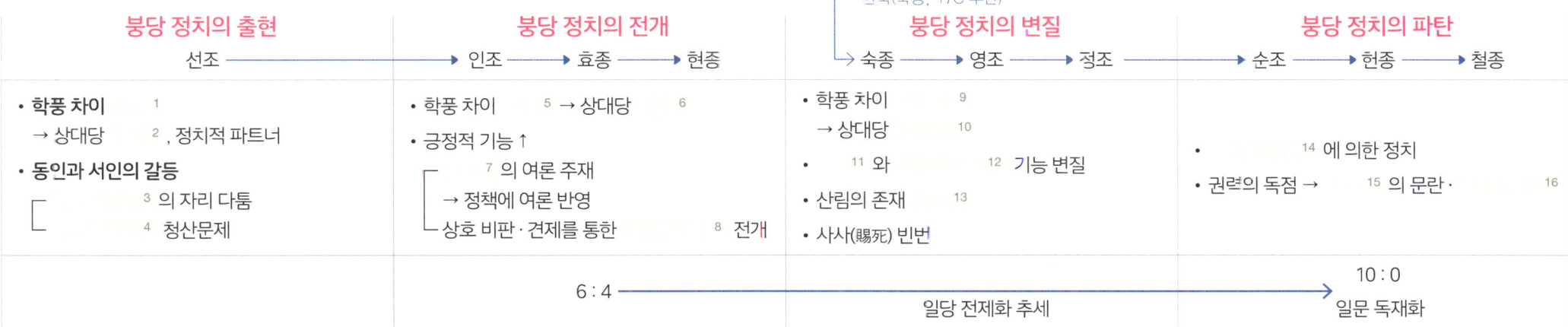

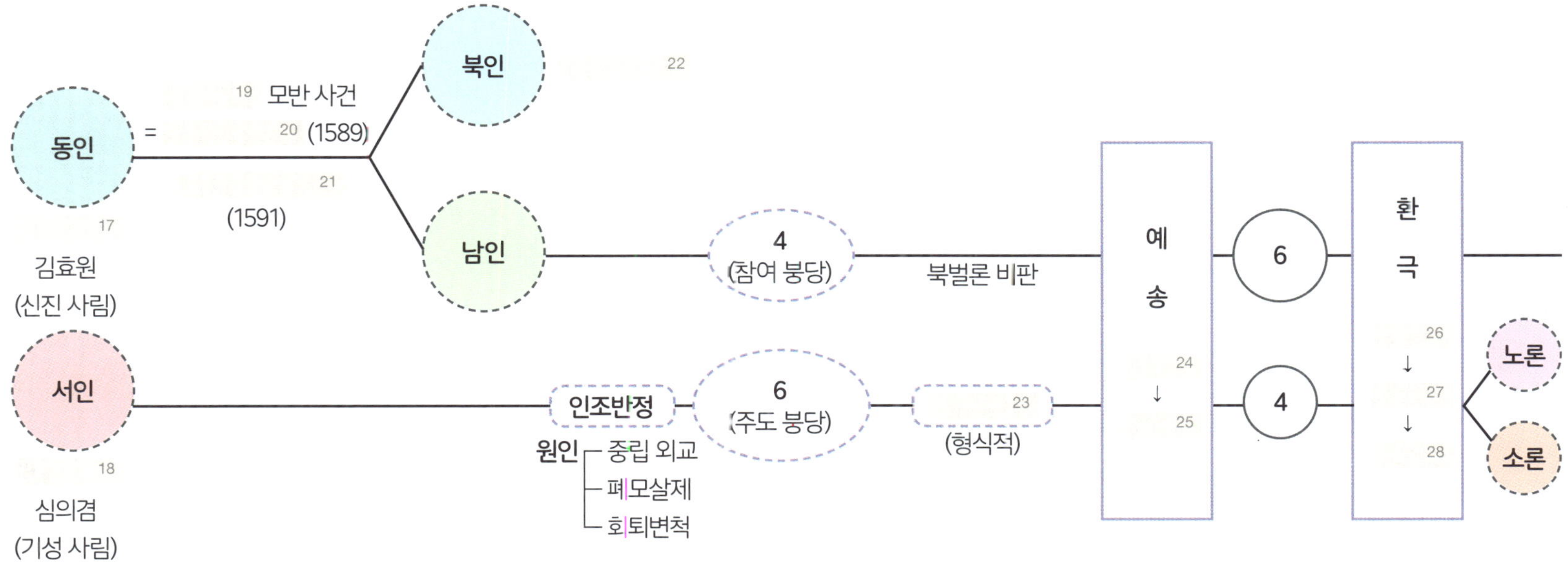

25 붕당 정치의 전개 ②

II. 정치사 - 조선

예송 논쟁

현종(1659~1674)

- 사인 집안 6 : 4 (남인)

인조
↑
2 효종
↑
3 현종

1 계비 (15세, 인조 43세)
↑
자의 대비(26세)
↑
자의 대비(36세) (대왕대비)

→ 이 상복 기간 = 정치 쟁점화

1차 예송 (= 5. 1659)

서인	남인
6 (기년설)	10
· 7	· 11
(8 이름의 예법)	(12 예법)
"정자이복설"	"정자이복설"
= "왕사부동례"	= "왕사동례"
9 조휴	13 조휴

↓ 우리

↓ 송시열 중(자의 대비 51세)

2차 예송 (= 14, 1674)

서인	남인
15 ( )	17 ( ) 18

↓ 우리

공동의 지임

4 : 9

· 19 (숙의) 정치 장악

남인 집권, 서인의 정치 참여 용세

정답 1 장렬 왕후 2 효종 3 현종 4 자의 대비(조대비) 5 기해예송 6 1년설 7 주자가례 8 사대부 9 신권 10 3년설 11 국조오례의 12 왕실 13 왕권 14 갑인예송 15 9개월설 16 대공설 17 1년설 18 기년설 19 남인

25 붕당 정치의 전개 ③

II. 정치사 - 조선

📁 붕당 정치의 변질 - 환국

숙종(1674~1720)

- 배경
  - (정비) 1 → 소생 x
  - 희빈 장씨 → 2 + 오빠 장희재
  - 숙빈 최씨 → 3 + 서인 김춘택

남인 집권 6 : 4(서인)

- 19 - 서인의 분화
  - 회덕 - 20 집
  - 니성 - 21 집

- 서인 22 ↔ 남인 23
- 제자 ↑ 24 의 중재 ⇒ 26 死
- 아들 25   서인 27 에게 비문 부탁
  - out. 무성의한 비문
  ⇒ 갈등 고조

경신환국 (1680)

허적의 4
  +
5 (허적의 서자)의 역모 사건
⇒ 남인의 정계 대축출 = " 6 "
  7 , 8 ⇒ 死

9 집권 7 : 3(남인)

- 소론
  - 28 , 박세채
  - 29 학풍
- 노론
  - 30
  - 31 학풍

기사환국 (1689)

- 10 의 세자 책봉 문제 ⇒ 11 사사
- 인현 왕후 12 ⇒ 서인(평민)으로 강등
⇒ 13 가 정비로 책봉

14 집권 8 : 2(서인)

● 경신환국 이후
- 남인의 정치 참여에 대한 입장 차이
  - 노론 ↔ 소론
  - 32 대의명분 강조
  - 33 실리 추구, 실질적 북벌
  - 남인

- 세자 책봉 문제에 대한 입장 차이
  - 노론 → 34 지지
  - 소론 → 35 지지

갑술환국 (1694)

숙빈 최씨 ------●------ 서인 김춘택
✓ 15
⇒ 인현 왕후 복위, 장희빈 死
  (" 16 ", 1701)

17 집권 9 : 1(남인)

- 일당 전제화 추세
- 상대방 의견 존중 x
⇓
붕당 정치 18

✓ **숙종의 정책**
- 윤휴의 실질적 북벌 주장(1674)
- 안용복의 활약(독도 관련): 1차(1693), 2차(1696)
- 37 건립(1704): 임진왜란 때 원병을 보내준 명나라 38 을 기리기 위한 사당
- 39 의 전국적 실시(1708)
- 36 설치(1682): 5군영 완비
- 40 건립(1712): 청과의 국경선 확정

26 조선 후기 탕평 정치 ①

Ⅱ. 정치사 - 조선

경종 (1720 ~ 1724)

- 1 의 정치 주도 → 완강공의 대리 청정 주장
  ↓
- 2 (1721~1722)
  ↓
- 3 4대신 유배·처형
  └ 김창집 / 이이명 / 이건명 / 조태채
  ↓
- 경종의 독살 의혹 → 4 (영조) 즉위

영조 (1724 ~ 1776)

└ 주인 김재로(노론수장)의 아들

● 이인좌의 난 (1728)
- 영조의 정통성 배해 의심
- 5 + 6 이 경종의 죽음에 영조가 연루되어 있다고 주장
  ↓
- 영조의 타당성 훼손 등
  └ 영조의 왕권이 크게 약해 있는 상황
- 7 (1729)
- 온건한 인사 이루 탕평 표방
  ↓
- 8 실시

● 온건 노론 탕평
- 탕평파 → 9 X 탕평 → 10 영조의 정치적 진출
  └ 송시열
- 탕평 11, 12 표문
  └ 영조 등용의 근거가 되지, 14 의 정계 집권
- 13: 응도원의 근거지가 되지, 14 의 정계 집권
- 의 정계적 배제 X 15 X
  └ 준론 탕평의 시발점 배경이 됨
- 균역: 강성론적 입장과 온건 사이 인사정책의 다툼의 신속한 원인의 결과 등록
  └ 18 의 유소 → 시파와 벽파의 대립

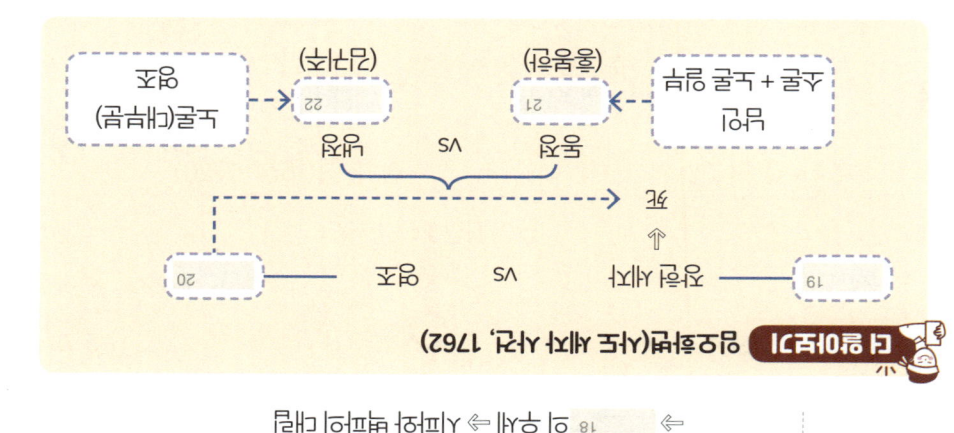

더 알아보기 임오화변(사도 세자 사건, 1762)

                  19 장원 세자 ─── 죽음
                                    vs   영조
                                                ↑
                                                조 ─ 20
                  19 ←───┐
                  남인   vs   영조
                                ↓
                  노론 + 소론일부   동정   완강
                                           21   22
                  남인   영조
                  (대북)   (대북)

● 영정 정책
- 관방량 실시 (1750)

● 군영 재정비
- 균역 (1751): 31
- 32 · 33 · 34 이
  └ 중앙(국왕) 변역

● 편찬 사업
- 『속대전』 편찬, 『경국대전』의 속편
- 『속오례의』: 『국조오례의(←『속』)』
- 『속병장도해』: 효종 때 편찬된 『병장도해』의 속편
- 『동국문헌비고』: 세종 때 편찬된 『(동국)문헌비고』의 속편
- '속'국통통감(→ 『국국통감』의 속편)
- "국가의 문물제도를 완성해야."
- 서적 간행
- 모자 금지
- 우수한 교육를 위해 (유전장)
- 해시산호정도, 동국여지도 (신경준)

정답 1 소론 2 신임사화 3 노론 4 영조 5 소론 6 남인 7 기유처분 8 탕평책 9 약화 10 탕평파 11 탕평비 12 탕평 교서 13 서원 14 산림 15 이조 전랑 16 후임자 천거권 17 3사 선발권 18 노론 19 소론 20 노론 21 시파 22 벽파 23 3심제 24 신문고 25 고구마 26 청계천 27 준천사 28 기로과 29 통청윤음 30 서얼 31 수성윤음 32 훈련도감 33 어영청 34 금위영

26 조선 후기 탕평 정치 ②

II. 정치사 - 조선

정조(1776 ~ 1800)

● 정조의 준론 탕평
- 당색 __1__ ⇒ 시시비비 명백히
- 임오화변 이후 __2__ 의 정국 주도
  ⇒ __3__ 를 제외한 모든 당파의 등용
  └ 시파(남인, 소론, 노론 일부)

● 왕권 강화
- __4__ : 도학(성리학)의 정통성은 군주에게 있다.
  ↔ __5__ (재야 사림의 우두머리)도통론
- __6__ : 군주(명월)가 백성(만천)을 직접 통치
  ⇒ __7__ - 직접 만나 민의를 수렴
- __8__ 설치(1776, 정조 즉위년) - 왕실 도서관
  ├ 기능 강화 ┬ __9__ 기능, 과거 시험 주관, 문신 교육
  │   └ __10__ 기능: 서적 간행, 외교 문서 등등
  └ 정책 자문 기능 - __11__ ⇒ 왕이 주도권 획득
- 검서관: __12__ 출신 (__13__, __14__, __15__) ⇒ 능력 중심의 관리 선발
- __16__ 설치 - 모든 군영(5군영 + 속오군)을 영장이 지휘·통제 ⇒ 국왕이 군권 장악
  └ 강력한 국왕 친위 부대
- __17__ : 신진 관리 중에 유능한 인재를 선발하여 정조가 직접 재교육
  ⇒ 당파 X, 군신 관계 + 사제 관계 = __18__
- 이조 전랑의 권한 __19__
- __20__ 의 권한 강화 - __21__ 을 수령이 직접 주관
- __22__ (1794) ← 신문체 "패사소품체" 유행
  │   └ 박지원, 홍대용
  신문체 금지 ─────────── (노론)
  → 체제 유지 목적   압박·견제

● 문물 정비
- __23__ 건립: 정치적 이상을 실현하는 상징적 도시
  ├ __24__ 참배, __25__ 사용
  ├ 공격 기능 + 방어 기능
  ├ 행차 - __26__, __27__ 건립
  ├ 상공인 유치
  └ __28__ (국영 농장), __29__ 설치
                      └ 수리 시설
- 『__30__』수입: 중국의 동양 최대 백과사전

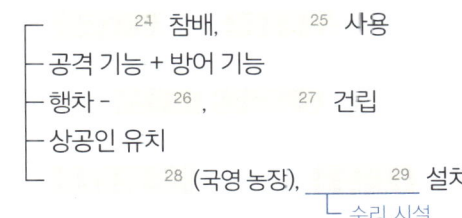
규장각

수원 화성

● 난전의 성장과 신해통공(1791)

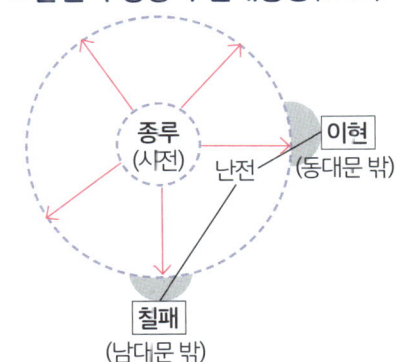
종루(시전), 이현(동대문 밖), 칠패(남대문 밖), 난전

- ✓ __31__ 의 등장 → 시전 상인 타격
- ✓ 시전의 __32__ 획득 ⇒ 물가 __33__
  ↔ 정조의 통공 정책 "__34__"
  금난전권 폐지(but. __35__ 제외)
  ⇒ 물가 안정, 자유 상공업 활성화

사료 읽기 | 정조의 정치 사상

국왕은 "탕평은 의리에 방해받지 않고 의리는 탕평에 방해받지 않은 다음에야 바야흐로 탕탕평평(蕩蕩平平)의 큰 의리라 할 수 있다. 지금 내가 한 말은 곧 의리의 탕평이지, 혼돈의 탕평이 아니다."라고 하였다. …… 국왕은 행차 때면 길에 나온 백성들을 불러 직접 의견을 들었다. 또한 척신 세력을 제거하여 정치의 기강을 바로 잡았고, 당색을 가리지 않고 어진 이들을 모아 학문을 장려하였다. 침전에는 '탕탕평평실(蕩蕩平平室)'이라는 편액을 달았으며, "하나의 달빛이 땅 위의 모든 강물에 비치니 강물은 세상 사람이요, 달은 태극이며 그 태극은 바로 나다(만천명월주인옹)."라고 하였다.
- 『정조실록』

26 조선 후기 탕평 정치 ③

해커스공무원 이중석 맵핑 한국사 올인원 블랭크노트

II. 정치사 - 조선

정조(1776 ~ 1800) ★

● 편찬 사업

- 『일성록』: 정조의 일기(정조 ~ 1910. 한일 합방 전) 유네스코 기록 유산

- 『대전통편』: 법전 통합

- 『증보동국문헌비고』

- 『홍재전서』: 정조의 개인 시문집

- 『   [1] 』: 박제가, 이덕무, 백동수, 종합 무예서 ← 척계광의 『기효신서』

- 『   [2] 』: 외교문서 집대성

- 『규장전운』: 한자 음운서(한자 음운 → 한글로 기록)

- 『국조보감』: 국왕 열람용 『국조보감』 집대성

- 『탁지지』: 호조 사례집

- 『추관지』: 형조 사례집

- 『춘관지』: 예조 사례집

- 『규장각지』: 규장각 사례집

- 『홍문관지』: 홍문관 사례집

무예도보통지

사료 읽기 | 정조의 정책

• **초계문신제 시행**

문신으로 승문원에 분관(分館, 문과에 급제한 사람 중 승문원에서 실무를 익히도록 배치)된 사람들 가운데 참상(參上)이나 참외(參外)를 막론하고 정부에서 상의하여 37세 이하로 한하여 초계(抄啓, 뽑아 일깨워줌)한다.

• **수령의 권한 강화**

"향촌의 사족들이 선비의 법도를 잊은 채, 사나운 기세로 백성을 짓누르는 일이 비일비재합니다. 수령은 임금의 대리인이자 애민(愛民)의 근원입니다. 앞으로 수령으로 하여금 향약을 직접 주관하게 하소서."

• **문체반정**

임금이 일렀다. "요즈음 문체(文體)도 점차 그 수준이 낮아지고 있다. …… 문체가 옹졸한 자는 모두 과거 시험에 합격시키지 않는다면 저절로 교정이 되지 않겠는가. 일반 산문의 경우는 사육문(四六文)과 다른데, 또 어찌 볼 만한 작품이 없단 말인가. 경은 유생들을 깨우쳐 주어 조정에서 문체를 크게 바꾸려고 한다는 뜻을 알게 하라."

• **『대전통편』 편찬**

정조께서 말씀하시기를 "아! 속전(『속대전』)이 갑자년(1744)에 완성되었으나 선왕의 왕명 중 갑자년 이후의 것이 오히려 많은데, 감히 지금과 가까운 데 있는 것만 오로지 취하고 지금보다 먼 데 있는 것을 소홀하게 할 수 있는가. 또 『원전』과 『속전』이 각각 딴 책으로 되어 있어 살펴보기 어려우니, 내가 일찍이 그것을 걱정하였다. 마땅히 두 법전과 신구(新舊) 명령들을 모아서 한 책으로 통합하고자 …… 책이 완성되었으니, 이름을 『대전통편(大典通編)』이라 한다."

정답 1 무예도보통지 2 동문휘고

해커스공무원학원·공무원인강·교재 Q&A gosi.Hackers.com 104

26 조선 후기 탕평 정치

맵핑 핵심 자료

붕당의 출현

• 동인과 서인의 분당

김효원이 알성 과거에 장원으로 합격하여 (이조) 전랑의 물망에 올랐으나 그가 윤원형의 문객이었다고 하여 심의겸이 반대하였다. 그 후에 (심의겸의 동생) 심충겸이 장원 급제하여 전랑으로 천거되었으나 외척이라 하여 효원이 반대하였다. 이때, 양편 친지들이 각기 다른 주장을 내세우면서 서로 배척하여 동인, 서인의 말이 여기서 비롯하였다. 효원의 집이 동쪽 건천동에 있고 의겸의 집이 서쪽 정동에 있기 때문이었다. 동인의 생각은 결코 외척을 등용할 수 없다는 것이었고, 서인의 생각은 의겸이 공로가 많을뿐더러 선비인데 어찌 앞길을 막느냐는 것이었다.

- 이긍익, 『연려실기술』

비변사의 기능 강화

효종 5년 11월 김익희가 상소하였다. "임시로 비변사를 설치하였는데, 재신(宰臣)으로서 이 일을 맡은 사람을 지변재상(知邊宰相)이라고 불렀습니다. 그러나 이것은 일시적인 전쟁 때문에 설치한 것으로 국가의 중요한 모든 일들을 참으로 다 맡긴 것은 아니었습니다. 오늘에 와서 큰 일이건 작은 일이건 중요한 것으로 취급되지 않는 것이 없는데, 정부는 한갓 헛이름만 지니고 육조는 모두 그 직임을 상실하였습니다. 명칭은 변방의 방비를 담당하는 것이라고 하면서 과거 시험에 대한 판하(判下)나 비빈(妃嬪)을 간택하는 등의 일까지도 모두 여기를 경유하여 나옵니다."

- 『효종실록』

예송 논쟁

• 좌참찬 송준길(서인)이 상소하기를, "…… 대신들 뜻이 모두 국조 전례에 자식을 위하여 3년복을 입는 제도는 없고 고례(古禮)로 하더라도 명명백백하게 밝혀 놓지 않았기 때문에, 혹시 후일 후회스러운 일이 있을지 모르니 차라리 국조 전례를 그대로 따르는 것이 좋다고 하였습니다. 그리하여 신도 다른 소견 없이 드디어 기년제로 정했던 것입니다. …… 그런데 허목(남인)은 그 '서자'를 꼭 첩의 자식으로 규정지으려 하고 있습니다."

- 『현종실록』

• 기해년의 일은 생각할수록 망극합니다. 그때 저들이 효종 대왕을 서자처럼 여겨 대왕 대비의 상복을 기년복(1년 상복)으로 낮추어 입도록 하자고 청했으니, 지금이라도 잘못된 일은 바로잡아야 하지 않겠습니까?

- 『현종실록』

유악 남용 사건(경신환국)

궐내에 보관하던 기름 먹인 장막을 허적이 다 가져갔음을 듣고, 임금이 노하여 "궐내에 쓰는 장막을 마음대로 가져가는 것은 한명회도 못하던 짓이다."라고 말하였다. 시종에게 알아보게 하니, 잔치에 참석한 서인은 몇 사람뿐이었고, 허적의 당파가 많아 기세가 등등하였다고 아뢰었다. 이에 임금이 남인을 제거할 결심을 하였다. …… 허적이 잡혀오자 임금이 모든 관직을 삭탈하였다.

- 『연려실기술』

기사환국

전교하기를, "나라의 근본이 정해지기 전에는 임금의 물음에 따라 각각 소견대로 진달하는 것이 혹 가하지만, 명호를 이미 정한 지금에 와서 송시열이 산림의 영수로서 상소 가운데에 감히 송나라 철종의 일까지 끌어 대어서 은연중 '너무 이르다.'고 하였다. …… 마땅히 멀리 귀양 보내야겠지만, 그래도 유신이니, 아직은 가벼운 법을 쫓아서 삭탈관작하고 성문 밖으로 내쫓는다." 하였다.

- 『연려실기술』

영조의 탕평 교서와 탕평비

• 붕당의 폐해가 요즈음보다 심한 적이 없었다. 처음에는 사문(斯文) 문제에서 분쟁이 일어나더니 이제는 한쪽 편 사람들을 모두 역당으로 몰아붙이고 있어 …… 근래에 와서 인재의 임용이 당목에 들어 있는 사람만으로 이루어지니 …… 이러한 상태가 그치지 않는다면 조정에 벼슬할 사람이 몇 명이나 되겠는가. …… 유배된 사람들은 금오(金吾, 의금부)로 하여금 그 경중을 헤아려 대신과 함께 등대(登對, 임금을 직접 대함) 소석(疏釋, 죄인을 관대히 처결하여 석방)하도록 하고, …… 너희 여러 신하들은 성인께서 잘못한 자를 바로 잡는 뜻을 따라 당습을 버리고 공평하기에 힘쓰라.

- 『영조실록』

• 원만하여 편당 짓지 않음은 곧 군자의 공정한 마음이고, 편당만 짓고 원만하지 않음은 바로 소인의 사사로운 마음이다.

- 탕평비

영조의 정책

• 신문고 부활

국초에 있었던 전례에 따라 창덕궁의 진선문과 시어소의 건명문 남쪽에 신문고를 다시 설치하도록 명하였다. 그리고 하교하기를, "…… 그리고 신문고의 전면과 후면에 '신문고'라고 세 글자를 써서 모든 백성이 알게 하라."고 하였다.

- 『영조실록』

• 청계천 준설

임금께서 집경당에 나아가 대신과 비국(비변사) 당상을 인견하였다. 좌의정 김상철이 말하기를, "이번에 청계천을 준설하고 석축(石築)할 물력(物力)을 제때에 마련하지 않을 수 없습니다. 그런즉 관서(關西)의 무역 보관 중인 소미(小米) 1만 석을 3군문에 나누어 주어 청계천을 준설하야 할 것이옵니다." 하니 임금이 이를 윤허하였다.

- 『영조실록』

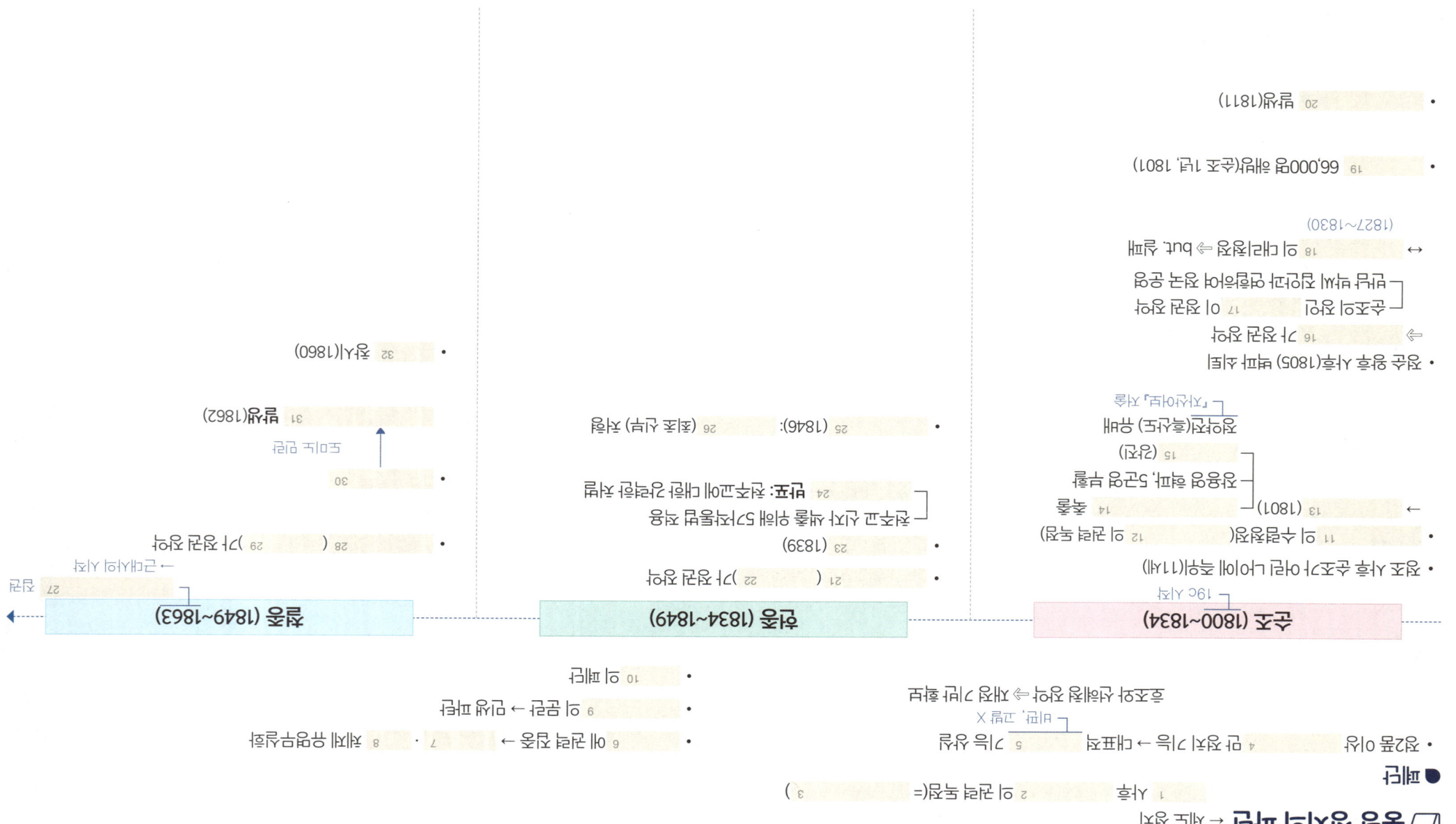

27 세도 정치와 사회 변혁의 움직임 ②

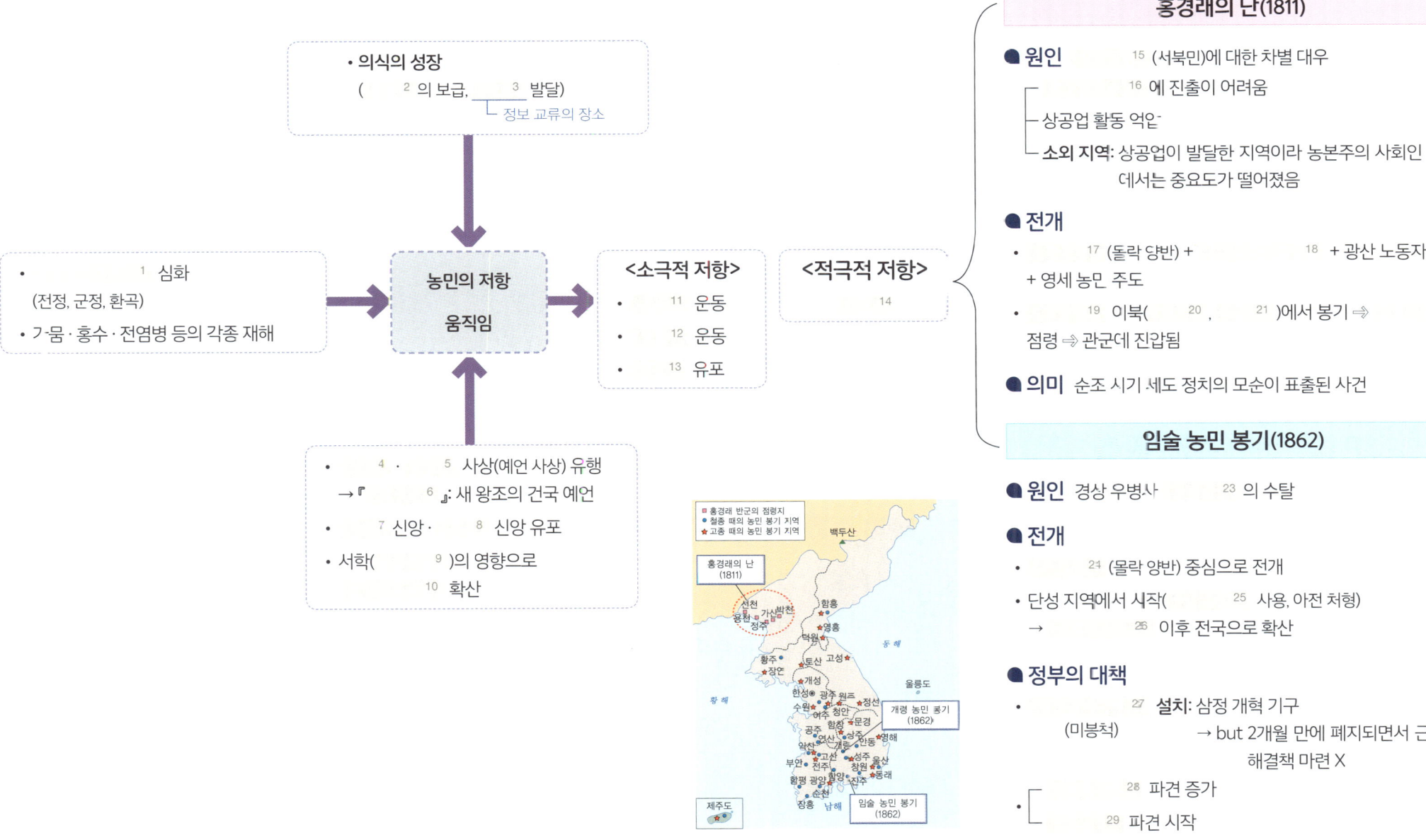

27 새도 정권기의 사회 변화와 동학의 등장(3)

II. 근대사회 - 조선

📖 천주교 박해

● 전파
- 17C 청(북경)에 왕래에 다녀온 우리나라 사신들에 의해 서학(천주교)로 소개
- 1_____ 의 인해 원리, 2_____ (으)로 돈이 입수
- 이수광: 『3_____』; 마테오 리치의 『4_____』 소개

● 확산
- 5_____: 계몽 실학자(정약용, 이승훈 등)에 의해 신앙으로 수용(18C 후반) → 때문에 사이에서 신앙 확산

● 탄압

신해박해(1791, 정조)	신유박해(1801, 순조)	기해박해(1839, 헌종)
• 아막이 시가를 불태우고 6_____ 으로 제사 거부	• 정조 사후 노론 벽파 집권	• 신유 사통을 입당 22_____ 집권
7_____, 정조의 온호(정호, 사건 확대X)	→ 정조의 화도 남인 남민 탄압	• 23_____: 천주교에 대한 경계심 강화
8_____ 피체(없시)	• 9_____ 처영	• 24_____ 정약용의 이들 정양종 처형
↓	10_____, 정조의 유해(정호, 사건 확대X)	「정감록 포함되지 않아」
9_____ 으로 재시체 왕성	11_____, 정호,	
10_____, 정조의 유해(정호, 사건 확대X)		
• 12_____ 닻푸(1795, 정조)	• 15_____ 신청	
	16_____, 이가환 처형 17_____ 처영	
	• 18_____, 19_____ 원치 유배	
	↑ ↑	
	정치 유배 → 「20_____」 구고	
	• 21_____ 사건	
	황사영이 천주교 교수에게 조선에서 청의 천주교 박해 사실을 알려주고 군대 파견해 줄 것을 요청하다 발각된 사건	

병오박해(1846, 헌종)	병인박해(1866, 고종)
천주교 최초의 신부 25_____ 체포(경성 압록 표류)	• 26_____ 의 원인
+	• 프랑스 신부 및 천주교인 등 수천명 처형
8인의 교인 교수 처형	• (兩) 교인 9명 처형

정답 1 북인 사신 2 서학 3 지봉유설 4 천주실의 5 남인 6 진산 사건 7 윤지충 8 권상연 9 천주교식 10 윤지충 11 권상연 12 척사학교 13 남인 14 시파 15 주문모 16 정약종 17 이승훈 18 정약용 19 정약전 20 자산어보 21 황사영 백서 22 5가작통법 23 척사윤음 24 정하상 25 김대건 26 병인양요

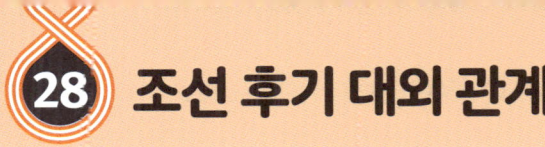

28 조선 후기 대외 관계

II. 정치사 - 조선

● 비변사

변두리(일본, 여진) 방어, 군무 회의 기구(in. 서울)

- 1 (2 5년, 1510) 비변사 설치 - 3 군무 회의 기구
- 4 (5 10년, 1555) 비변사 6 기구화
- 7 (8 25년, 1592) 비변사 - 국가 최고 회의 기구
  - 기존 무신 + 3정승 + 공조 제외 5조 판서
  - 의정부, 6조   9
  - 왕권   10

19세기 비변사 - 11 정치 핵심 기구화 ⇔ 12 - 비변사 혁파

[21C 이데올로기 약화 ⇒ 신민족주의 강화]

● 간도

- 17 건국 이후   18 지방 성역화
- 국경 분쟁 발생 ⇒   19 건립(1712, 숙종)
  "서위 압록 동우, **토문**" → 해석 차이 ─ 조 송화강 지류
                                    └ 청 두만강

- 20 - 1883   21 을 서북 경략사로 파견
  - 1835   22 를 토문 감계사로 파견
  - 1902   23 을 간도 시찰원으로 파견
          ⇒   24 로 임명(1903)
  - 1905 을사늑약 - 외교권 박탈
  - 1907 간도에 출장 25 설치
  - 1909   26 ⇒ 간도 귀속 문제 발생

백두산 정계비
(1712, 숙종)
송화강

┌─청─┐ ←─── 간도 ───→ ┌─일본─┐
        남만주(27)   28
        푸순 탄광 개발권

● 통신사 파견

선진문화 → 문화 13 역할
┌─조선─┐ ────────────→ ┌─일본─┐
        ←──────────────
        14 쇼군의 권위 인정 요청

- 15 ~ 16 년 총 12회
- 외교 + 문화 사절 역할

● 울릉도·독도

- 29 1696. 30 → 일본에게 독도가 우리 영토임을 확인
  but. 어민 침범 계속 ⇒ 이주 장려, 군 설치, 관리 파견

-       31 (1900)
  ┌ 울릉도를 32 로 개칭, 33 으로 승격
  └ 독도는   34 관할, 부속 도서로 명시
  but. 35 이후 일본이 멋대로 독도를 시마네현에 편입(시마네현 고시 40호)
                    ⇔ < 36 지령문>: 독도는 일본의 영토 X

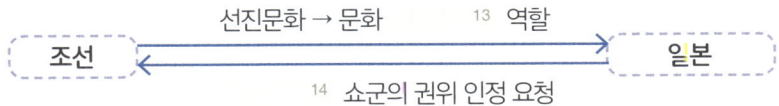

29 고대의 경제 ①

III. 경제사 - 고대

📁 경제 정책

✓ 중농억상 - _____¹ = 사회적 유동성 약화 ⇨ 수취 용이

초기: 피정복민에 대한 과도한 수취 ⇨ 피정복민들의 저항

삼국 항쟁기: 피정복민에 대한 강압적 통치 완화(세금↓)
⇨ 장기적 통치 기반

수취 체제

✓ 토지 생산성↓ ⇨ _____² x

⇨ 세금 부과 기준을 _____³ 에게 집중

[초기] 삼국이 동일

- **조세** ┌ 조: _____⁴ - _____⁵ 정도의 차이
　　　　　 토지 면적x, 생산 연령층의 숫자 ⇨ 쌀, 포목
　　　　 └ 세: _____⁶ - 사람에게 징수 ⇨ 곡물

- **공납(공물):** _____⁷ - 지역 특산품 + 수공업품

- **역** ┌ 요역: 15세 이상 남자의 _____⁸ 징발 ⇨ 왕궁·성·저수지 건축 시 동원
　　　 └ 군역: 농민을 _____⁹ 로 동원

[7c 이후] 통일 신라 & 발해 → 당의 조·용·조 제도 모방

- **조(租)** - 땅세
- **용(庸)** - 몸세(요역, 군역)
- **조(調)** - 가구세(공납)

🗣️ 사료 읽기 | 진대법

왕(고국천왕)이 사냥을 나갔다가 길거리에서 주저앉아 울고 있는 자를 보고 왜 우는지 물으니 이렇게 대답했다. "신이 가난하여 품팔이로 어미를 봉양해 왔는데, 흉년이 들어 한 줌의 양식도 얻지 못해서 웁니다." 이에 왕이 ...... 해마다 봄 3월부터 가을 7월까지 관곡을 내어 백성의 가구의 다소(多少)에 따라 진대(賑貸)함에 차등을 두고, 겨울 10월에 이르러 도로 거둬들이게 법규를 만드니 모든 사람이 크게 기뻐했다.
　　　　　　　　　　　　　　　　　　- 『삼국사기』

농민 안정책

- 농업 생산성 증대책 ┬ 철제 농기구의 보급
　　　　　　　　　　 ├ 우경 장려
　　　　　　　　　　 ├ 황무지 개간 권장 → 경작지 확대 목적
　　　　　　　　　　 └ 저수지 축조·수리 → 가뭄 대비 목적

- 구휼 정책 → 고구려 _____¹⁰
　　　　　　└ 194, _____¹¹ 때 을파소의 건의로 실시
　　　　　　 춘대추납제

🙋 더 알아보기 '진대법(賑貸法)' 시행 목적

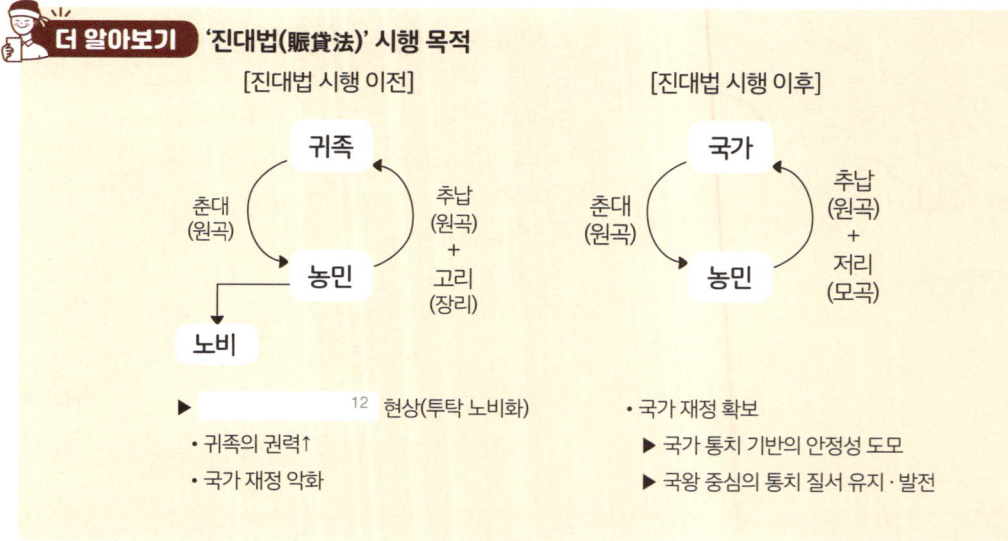

[진대법 시행 이전]

귀족
춘대(원곡)
추납(원곡) + 고리(장리)
농민
노비

▶ _____¹² 현상(투탁 노비화)
- 귀족의 권력↑
- 국가 재정 악화

[진대법 시행 이후]

국가
춘대(원곡)
추납(원곡) + 저리(모곡)
농민

- 국가 재정 확보
▶ 국가 통치 기반의 안정성 도모
▶ 국왕 중심의 통치 질서 유지·발전

정답 1 토지 생산 유한 유지 2 토지사유제 3 사람 4 가구당 5 호가지세 6 인인세 7 가가지세 8 노동력 9 군사 10 진대법 11 고국천왕 때 12 투탁

29 고대의 경제 ②

경제 생활

삼국의 경제

● **수공업**
- [초기] 노비 수공업: 기술이 뛰어난 노비가 무기·장신구 등 생산
- [후기] 관청 수공업: 관청에 수공업자를 소속시켜 물품 생산

● **상업**
[시장] 1 ──→ 지증왕 ──→ 2 (통일 신라)
   시사 설치   3   +   서시 + 남시 추가 설치
              동시전   서시전, 남시전 설치

● **경제 생활**
- [귀족] 호화 생활: 개인이 토지·노비 소유
  국가로부터 받은 녹읍·식읍을 기반으로
  수조권 + 노동력 징발권을 가짐
- [농민] 궁핍 생활: 척박한 토지 경작(시비법 미발달 → 휴경지 증가)
  국가와 귀족의 과도한 수취로 몰락하는 농민 발생
  → 4~5C 이후 철제 농기구의 보급과 6C 우경의 보급 확대(지증왕)로 농민 생활이 개선

통일 신라의 경제

● **상업**
- [수도] 농업 생산량 향상으로 인구 증가
  상품 수요 증가 ⇒ 4 · 5 추가 설치(효소왕)
- [지방] 교통의 요충지에 시장 형성

● **경제 생활**
- [귀족] 식읍·녹읍·사유 재산·고리대업으로 부 축적
  향락과 호화 생활 영유 → 금입택(저택),
  사절유택(호화 별장) 소유
- [농민] 생활이 어려움, 과중한 조세 부담
- [향·부곡민] 농민보다 더 많은 세금 부담
- [노비] 왕실·관청·귀족·절에 소속되어 각종 필수품 제작
  주인의 농장 관리·토지 경작

> **사료 읽기 | 통일 신라 귀족들의 향락 생활**
>
> - 35개나 되는 금을 입힌 거대한 저택(金入宅)이 있었다. …… 교외에 춘하추동 네 계절마다 놀던 별장을 가지고 있었으며 …… 49대 헌강왕 때에는 성 안에 초가집이 하나도 없고, 집의 처마와 담이 이웃집과 서로 이어져 있었다. - 『삼국유사』
> - 재상가에는 녹(祿)이 끊이지 않았다. 노동(奴僮)이 3,000명이고 비슷한 수의 갑옷과 무기, 소, 말, 돼지가 있었다. 바다 가운데 섬에서 길러 필요할 때 활로 쏘아서 잡아먹었다. 곡식을 꾸어서 갚지 못하면 노비로 삼았다. - 『신당서』

발해의 경제

- **농업·수공업·상업 발달**: 밭농사 위주(일부 지역 벼농사 실시)
  금속 가공업·직물업·도자기업 발달
  상경(도시) 등 교통의 요충지에서 상업 발달
- **목축과 수렵 발달**: 솔빈부에서 명마 생산(주요 수출품)
  모피·녹용·사향 등 수출

정답 1. 수도(경주) 2. 서시, 남시 3. 효소왕 4. 서시 5. 남시

29 고대의 경제 (3)

III. 경제사 - 고대

📖 통일 신라의 '민정문서' = 신라 장적, 신라 촌락 문서 민정

- 1933년 일본 도다이지(동대사) 쇼소인(정창원)에서 발견
- 일본에 있음
- 작성목적: 조세·공물의 효율적인 징수 목적
- 작성방법:
  - 촌주: 토지 조사수령의 책임자 작성 → 3가 재생 촌락 유지
  - 3가 1 4 변동 사항을 조사 → 5 마다 다시 작성
  (cf. 지방관이 작성X)
- 조사대상: 6 (촌락) 토지, 호구 4개 총락의 인구 수
  - 토지의 수
  - 인구의 수 7 인구수 (cf. 호구수X, 비과X)
  - 인구의 8 · 9 분류
  - 기타: 사람(人) 외 상세

소자	추자	조자	정자	제공	노공
유아	유년	소년	장년	중년	노년

  16 ~ 60세 생산 활동 가능

  - 가축 소등 수, 유실수 밤·잣·호두 나무 등의 사람
  - 가축과 유실수 예외의 심음도 함
  - ※ 촌주위답: 인정, 촌 토지 면적의 97% 차지 (정정답 ~ 창정답)
  - 토지 종류 10 등 여러 등급으로 나누어 파악 후 과세 공부 사업의 차이에 따라 재정의 다소 기준
- ★ 호구 분류
  - 총인구수: 신라인 대자본 포함 (즉, 여자 포함)
  - 내시령답: 내시령이라는 관리에게 지급된 공동 지원 토지 (소농장)
  - 관모답: 관청의 공공 소유의 재원마련을 위한 공공 토지
  - 마전: 총에 공동 경작 토지

  ⇒ 사적 X, 공동 경작 O

📖 통일 신라의 경제

상공의 의식
- 4 이후 국제 무역이 다시 발달 → 조공
- [당과]: 공무역 중심 학생 유학생 파견
- [일본]: 평화 기후로 해외 교역
  → [서역]: 국제 무역을 통해 서역과 교역을 가지기 시작

11 이용 → 이후 12 들어서 청해진 서리 설치 및 장군 13 활약 - 해상 무역 장악

국제의 변화
- 녹읍 폐지 도의 곡물 수령
- 녹읍 폐지 : 기준 in 수조(정수) 목적
- → 녹읍 폐지 - 수조권 가장 자유로움
- 국가 경제력 : 경제적 토대 강화
- 관료전 지급 대신 귀족에게 지급
- 녹읍 부활 공복 중세

더 알아보기 ⓘ 장적의 분류

- 정남의 결혼 여부, 해외 임관 유무 등의 수를 기준
- 공부 기준(공연수): 자산(성장호), 가족 수 및 노동력의 기준
- 공부 기준 : 시장 포함 해야 해석(학교동) 등 공부 파악 기준 등에 대한 학설
- 15 파악
- 공부에 16 파악 ↔ 정상의 가치이다
- 상방 정부담기: 종고 가족등이 공동 가계를 이뤄 공부를 말함

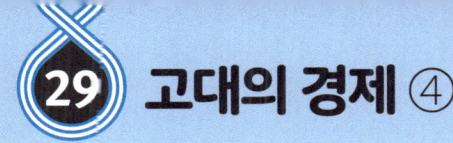

29 고대의 경제 ④

발해의 무역

- 해로 + 육로 무역 전개 → 8C 후반 산둥 반도 덩저우에 [1] 설치
- [수출] 모피, 인삼, 불상, 자기, 말([2])
- [수입] 비단, 약재, 서적(사치품)

당나라
- [3] 상경 — 중경·서경 → 서안평(해로) → 덩저우
- [4] 상경 → 영주(육로)

일본
- [5] 상경 → 동경 — 동해 → 규슈/일본 본토

신라
- [6] 상경 → 동경 → 남경 — 동해 → 경주(금성)

기타
- [7] 상경 — 부여부 → 거란
- [8] 상경 → 중앙 아시아

더 알아보기 — 중국과의 교류를 보여주는 중국 내 시설

[통일 신라 → 당]
- [9] : 당나라의 신라 마을
- [10] : 신라 사신의 여관
- 신라소: 신라방 통제 관청
- 신라원: 신라인들의 절

[발해 → 당]
- [11] : 발해 사신들의 여관

맵핑 핵심 자료

III. 경제사 - 고대

삼국의 수취 제도

• 고구려

세(인두세)는 포목 5필에 곡식 5섬이다. 조(租)는 상호가 1섬이고, 그 다음이 7말이며, 하호는 5말을 낸다.　　　　– 『수서』

• 백제

세는 포목, 명주실과 삼, 쌀을 내었는데, 풍흉에 따라 차등을 두어 받았다.　　　　– 『주서』

2월 한수 북부 사람 가운데 15세 이상된 자를 징발하여 위례성을 수리하였다.　　　　– 『삼국사기』

• 신라

자비 마립간 11년(468) 가을 9월에 하슬라 사람 (가운데) 15세 이상인 자를 징발하여 이하(泥河)에 성을 쌓았다.　　　– 『삼국사기』

시장의 설치

• (소지 마립간 때) 처음으로 서울에 시장을 열어 사방의 물화를 통하게 하였다.　　　　– 『삼국사기』

• 시장에서 물건을 사고파는 것은 모두 부녀(婦女)들이 한다.
　　　　– 『신당서』

순장 금지 · 우경의 보급

지증왕 재위 3년 봄 2월에 명령하여 순장(殉葬)을 금하였다. 전에는 국왕이 죽으면 남녀 각 5명씩 순장하였는데, 이때 이르러 금한 것이다. …… 3월에는 주와 군의 수령에게 명하여 농사를 권장케 하였고, 처음으로 소를 부려서 논밭을 갈았다.　　　　– 『삼국사기』

민정 문서

본 고을 사해점촌은 넓이가 5725보이다. 호수는 모두 11호이다. 사람 수는 모두 147명이다. 이 가운데 옛부터 있었던 사람과 지난 3년 사이에 태어난 사람을 합하면 145명이다. 정은 29명(사내종 1명), 조자 7명(사내종 1명), 추자 12명, 소자 10명이다. 지난 3년 사이에 늘어난 사람은 소자 5명, 제공 1명이다. 정녀는 42명…… 지난 3년 사이에 다른 마을에서 이사 온 사람은 모두 2명인데, 추자 1명, 소자 1명이다.

말은 모두 25마리이다. 옛부터 있었던 것이 22마리이고 지난 3년 사이에 늘어난 말이 3마리이다. 소는 모두 22마리인데, …… 논은 모두 102결이다. 관모답이 4결이고, 내시령답이 4결이다. 백성이 소유하고 있는 논은 94결이다. 이 가운데 촌주가 가진 논이 20결이다. 밭은 모두 62결이다. 모두 백성이 소유하고 있다. 삼밭은 1결이다.

뽕나무는 모두 1004그루이다. 지난 3년 사이에 더 심은 것이 90그루이고, 옛부터 있던 것이 914그루이다 …… 연호의 변동 상황을 보니, 허락을 받고 이사 간 사람이 모두 5명이다. …… 없어진 것이 확실하여 보고된 말이 2마리이다. 죽었다고 보고한 소는 모두 4마리이다.

삼국의 무역

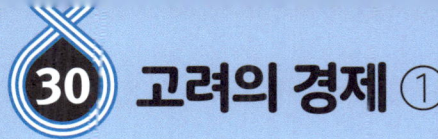

30 고려의 경제 ①

III. 경제사 - 고려

📁 고려의 토지 제도

● 토지의 구분
- _____¹ 기준 ┌ 공전(公田)
           └ 민전(民田)
- _____² 기준 ┌ 공전(公田)
           └ 사전(私田)

📁 토지 제도의 기본 이해

● 기본구조

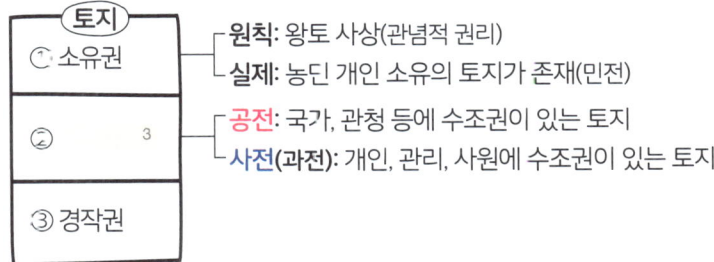

- 원칙: 왕토 사상(관념적 권리)
- 실제: 농민 개인 소유의 토지가 존재(민전)
- 공전: 국가, 관청 등에 수조권이 있는 토지
- 사전(과전): 개인, 관리, 사원에 수조권이 있는 토지

● 수조권의 구조

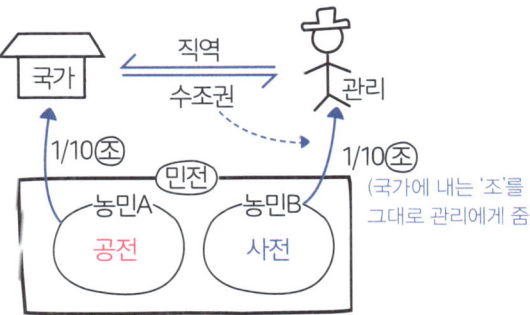

1/10조
(국가에 내는 '조'를 그대로 관리에게 줌)

정답: 1 소유권 2 수조권 3 수조권

30 고려의 경제 ②

III. 경제사 - 고려

📁 고려의 토지 제도 - 전시과 = 전지 + 시지 + 18등급에 따라

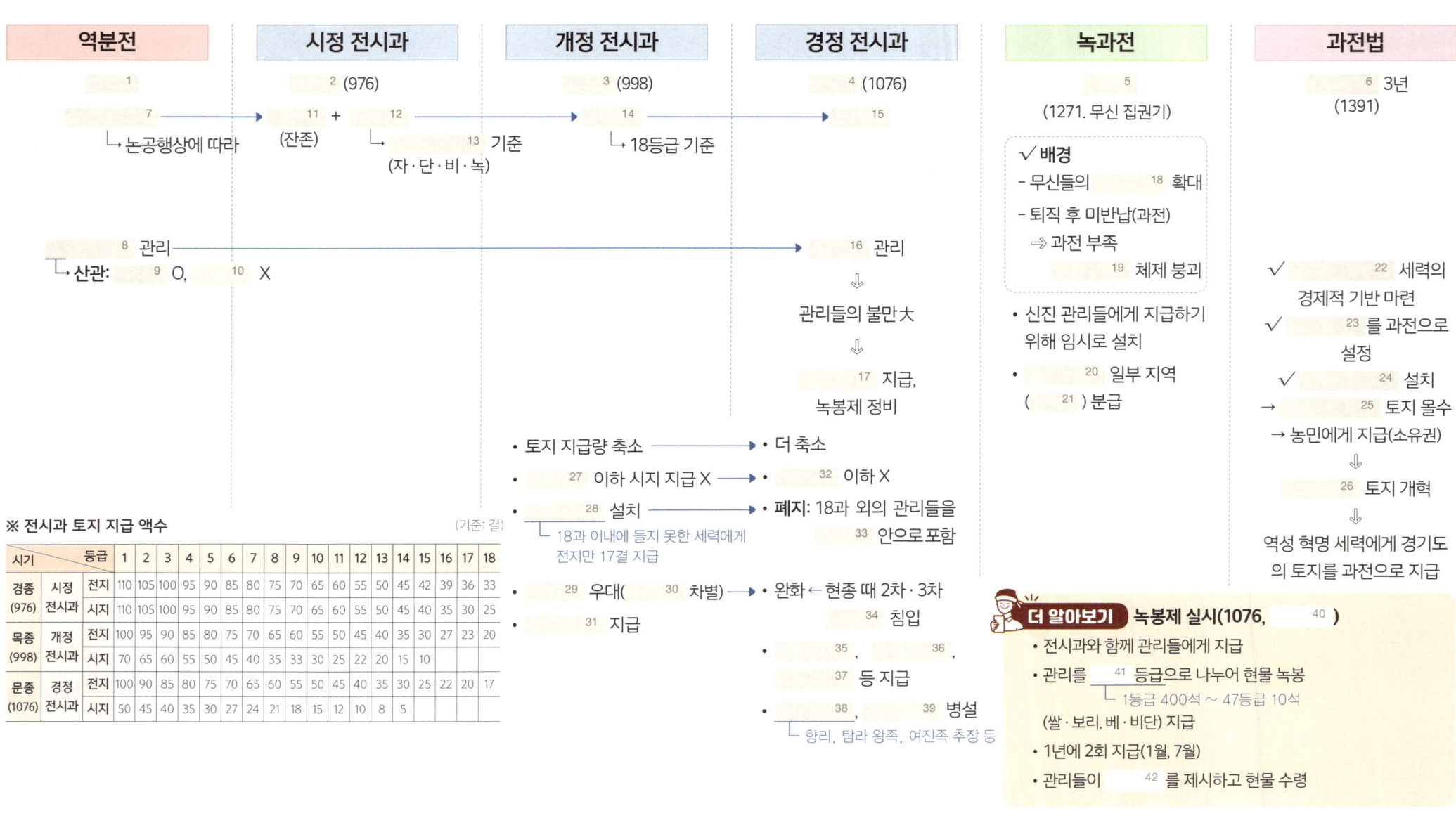

역분전
- ___1___
- ___7___ →
- ↳ 논공행상에 따라
- ___8___ 관리 ——————————————→
- ↳ 산관: ___9___ O, ___10___ X

시정 전시과 ___2___ (976)
- ___11___ (잔존) + ___12___
- ↳ ___13___ 기준 (자·단·비·녹)

개정 전시과 ___3___ (998)
- ___14___
- ↳ 18등급 기준

경정 전시과 ___4___ (1076)
- ___15___
- ___16___ 관리
- ⇩
- 관리들의 불만 大
- ⇩
- ___17___ 지급, 녹봉제 정비

녹과전 ___5___
(1271. 무신 집권기)

✓ 배경
- 무신들의 ___18___ 확대
- 퇴직 후 미반납(과전) ⇒ 과전 부족
- ___19___ 체제 붕괴

- 신진 관리들에게 지급하기 위해 임시로 설치
- ___20___ 일부 지역 (___21___) 분급

과전법 ___6___ 3년 (1391)

✓ ___22___ 세력의 경제적 기반 마련
✓ ___23___ 를 과전으로 설정
✓ ___24___ 설치
→ ___25___ 토지 몰수
→ 농민에게 지급(소유권)
⇩
___26___ 토지 개혁
⇩
역성 혁명 세력에게 경기도의 토지를 과전으로 지급

- 토지 지급량 축소 → • 더 축소
- ___27___ 이하 시지 지급 X → • ___32___ 이하 X
- ___28___ 설치 ↳ 18과 이내에 들지 못한 세력에게 전지만 17결 지급
- 폐지: 18과 외의 관리들을 ___33___ 안으로 포함
- ___29___ 우대(___30___ 차별) → • 완화 ← 현종 때 2차·3차 ___34___ 침입
- ___31___ 지급
- ___35___, ___36___, ___37___ 등 지급
- ___38___, ___39___ 병설 ↳ 향리, 탐라 왕족, 여진족 추장 등

※ 전시과 토지 지급 액수 (기준: 결)

시기	등급		1	2	3	4	5	6	7	8	9	10	11	12	13	14	15	16	17	18
경종 (976)	시정 전시과	전지	110	105	100	95	90	85	80	75	70	65	60	55	50	45	42	39	36	33
		시지	110	105	100	95	90	80	75	70	65	60	55	50	45	40	35	30	25	
목종 (998)	개정 전시과	전지	100	95	90	85	80	75	70	65	60	55	50	45	40	35	30	27	23	20
		시지	70	65	60	55	50	45	42	39	36	33	30	25	22	20	15	10		
문종 (1076)	경정 전시과	전지	100	90	85	80	75	70	65	60	55	50	45	40	35	30	25	22	20	17
		시지	50	45	40	35	30	27	24	21	18	15	12	10	8	5				

🎓 더 알아보기 녹봉제 실시(1076, ___40___)
- 전시과와 함께 관리들에게 지급
- 관리를 ___41___ 등급으로 나누어 현물 녹봉 ↳ 1등급 400석 ~ 47등급 10석 (쌀·보리, 베·비단) 지급
- 1년에 2회 지급(1월, 7월)
- 관리들이 ___42___ 를 제시하고 현물 수령

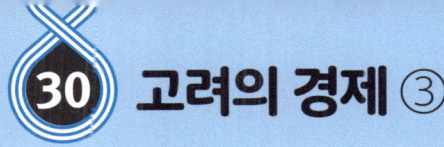

30 고려의 경제 ③

III. 경제사 - 고려

📁 고려의 토지 제도

● 수조권 토지의 종류

공전(公田)
- 1 → 중앙과 지방의 각 2
- 3 → 군대
- 4 → 국·공립 학교 (5 · 6)
- 7 → 왕실 종친, 비빈들
- 8 → 9 경비 충당

사전(私田)
- 10 → 문·무 관리 ◄-------- 상장군, 대장군
- 11 → 12 (2군 6위)
- 13 → 향리 ──┘ → 14 직역의 세습과 함께 전정(田丁)도 세습
- 15 → 16 이하 관리 자제 中 관직이 없는 사람
  ⇒ 17 중심의 사회
- 18 → 19 (하급 관리·군인)
- 20 → 21, 지리업 종사자
- 22 → 절

사전(賜田)
- 23 : 원래는 수조권 ⇒ 소유권의 의미로 변함
  - 24 이상 관리에게 지급
  - 25 의 경제적 기반
- 26 : 공신

📁 고려의 수취 제도

전세
- = 땅세, 생산량의 27 징수
  - 토지의 28 에 따라 29 으로 나누어 부과(차등 징수)
    ⇒ 조세의 형평성 제고
  - 30 에 따라 토지 견적 산출
    └ 수확량을 기준으로 토지 면적 표시 비옥도에 따라 토지 면적 차이,
      31 (좌) 생산 = 32 = 33
  - 지방에서 거둔 조세는 '34'에 보관
    → 35 을 통해 개경의 36 (좌·우창)으로 운반

> **더 알아보기** 조운 제도
> 각 군현 → 조창 → 경창 (좌창·우창)

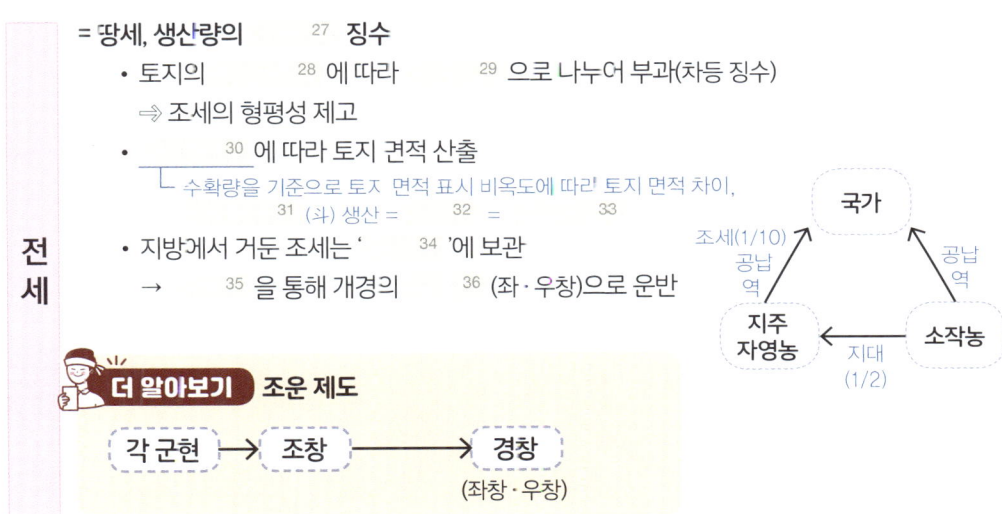

공납
- = 37, 지역 특산물 + 수공업품
  - 38 정도의 차이 원칙 → 실제 고려 X
  - 인정의 다소(多少)에 따라 9등호로 나누어 징수
  - 조세보다 더 부담되는 세금
    ┌ 정기: 39
    └ 부정기: 40, 41 ⇒ 각 군현에 부과: 가구당 42 가 현물을 징수

역
- = 몸세, 16~60세 정남(丁男)
  - 43 의 다소(多少)에 따라 44 로 나누어 징발
  - 45 (부역): 1년마다 20일
  - 46 : 1년마다 2~3개월
  - ✓ [기타] 47 (← 어민), 상세(← 상인)

30 고려의 경제 ④

고려의 수취 제도

조	곡물 수취 →

- **이앙법**: 수확량 증가 이유로 공양왕 대 관료전 지급에 이용
- **결부법**: 녹과전(공·사전)을 지급 외 농사일부가 되어야만 사용
  + 타이밍(공물)의 수취분으로 지급
- 3 **간조**(but. 공양왕 대 이앙법 쓰게)
  └ 진답 X(수등이 조문 조사 가기)

- 4 **상사**: 2결 3결 공작지(조, 중, 하)로 나누어 2결 농사 등급 관리하며 채종 이
  ↑ 사진세 도급 (관리변강) X
  ↑ 고려 후기 ~ 조선 전기 공물의 수취 방식
- 5 **공물**: 농부가 많이 시기를 많이 참여 모두 분담
  ↑ 조사 후기에 드디어 완전히 진돗된 방식
  ↑ 조선 후기에 완전한 완성한 품목 수취

- 6 **납세**: 7 때 8 이 영어가 수확하게 물리를 받아 이자자로 적용
  ↑ 관청의(국왕관 정보) 인 재배해야 식탁자로 봉양 특히
  ↑ 가구에 가지에 국가 경제의 이용으로 정하여지는 후네

- **동사 조공**: 9 때 6 이응이 있어서 → 10 에게 준다는 명명

- 유민 직업 활동: 궁궐 부활을 식탁자

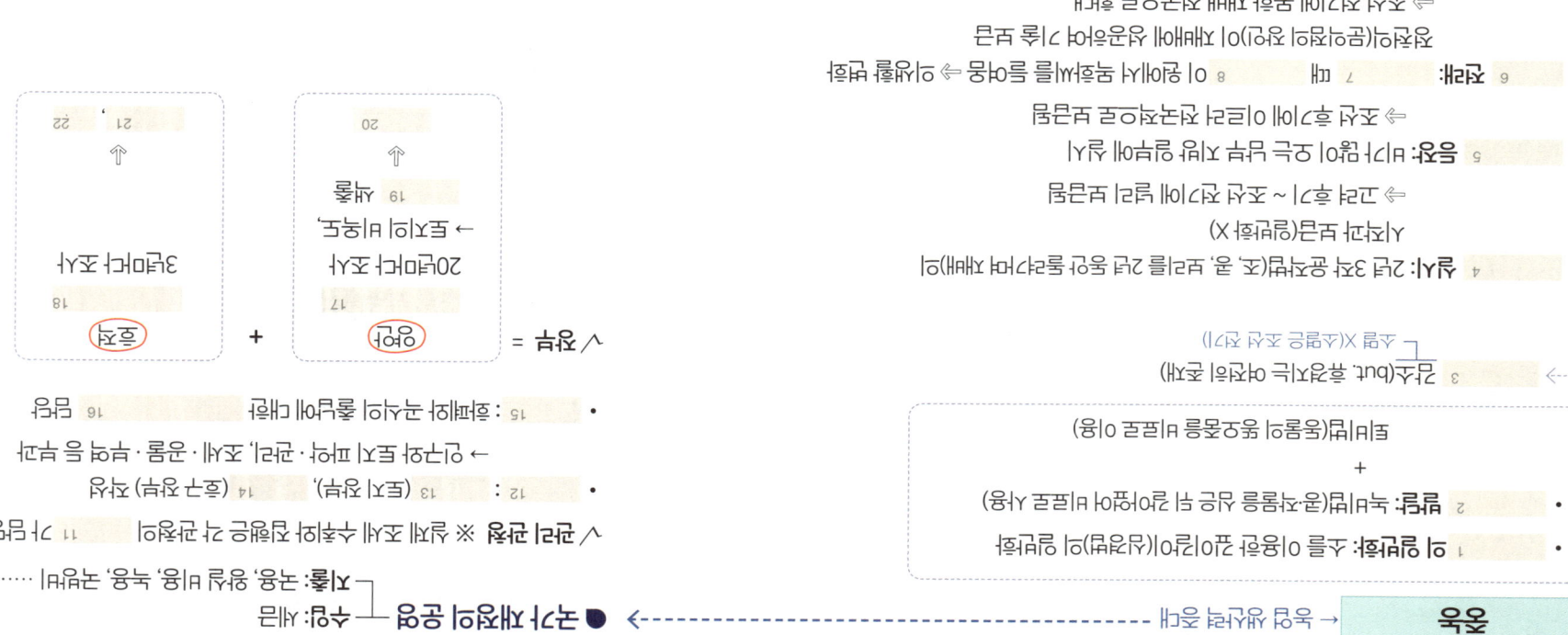

정답 1 심경법 2 시비법 3 휴경지 4 윤작법 5 이앙법 6 목화 7 공민왕 8 문익점 9 충정왕 10 농상집요 11 향리 12 호부 13 양안 14 호적 15 삼사 16 재정과 회계 17 토지 대장 18 호구 장부 19 은결 20 전세 21 공납 22 역

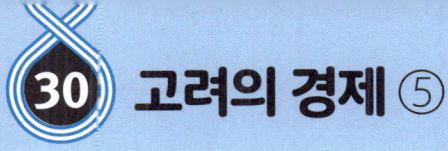

30 고려의 경제 ⑤

고려의 중농 억상

억상

- 상업: ¹   중심 운영 ⇒ 후기 점점 성장

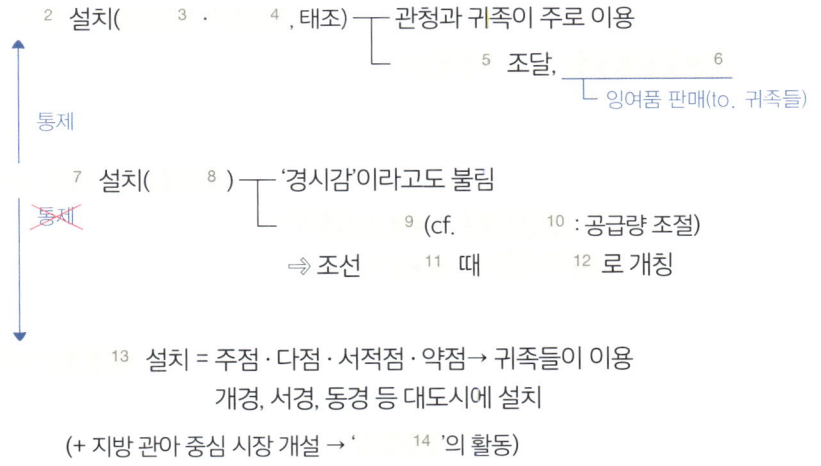

² 설치(³ · ⁴ , 태조) ─ 관청과 귀족이 주로 이용
  └ ⁵ 조달, _____ ⁶
        잉여품 판매(to. 귀족들)

통제

⁷ 설치(⁸) ─ '경시감'이라고도 불림
                  ⁹ (cf. ¹⁰ : 공급량 조절)
           ⇒ 조선 ¹¹ 때 ¹² 로 개칭

¹³ 설치 = 주점·다점·서적점·약점 → 귀족들이 이용
    개경, 서경, 동경 등 대도시에 설치
    (+ 지방 관아 중심 시장 개설 → ' ¹⁴ '의 활동)

- ¹⁵ 중심 - 국제 무역항: ¹⁶ (¹⁷ 하구)
         - 주요 무역 국가: ¹⁸ (덩저우), 남송(밍저우)
                          └ ¹⁹ 때 시작 (962년 이후)
                            조공 무역 형태

Focus 고려의 국제 무역

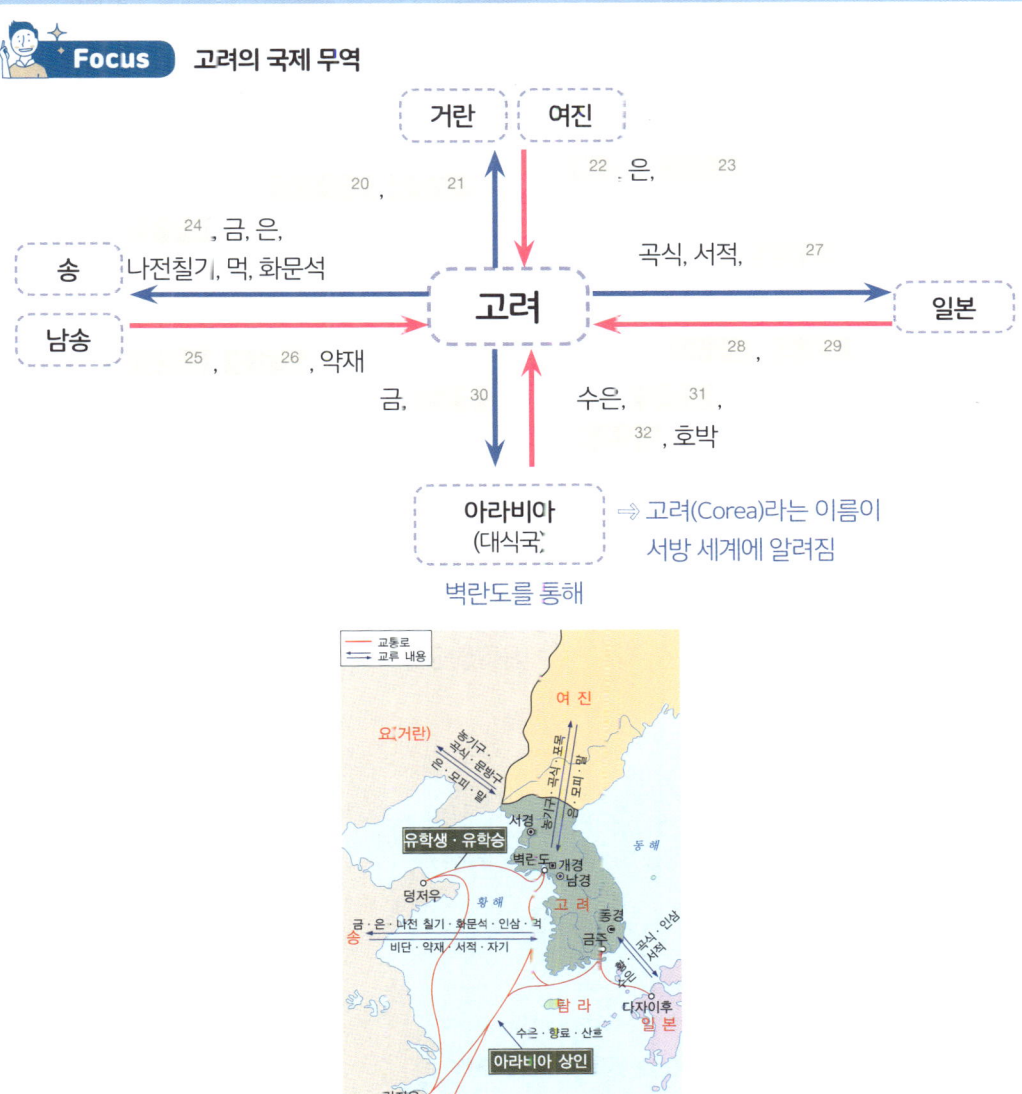

벽란도를 통해 ⇒ 고려(Corea)라는 이름이 서방 세계에 알려짐

정답 1 대도시 2 시전 3 개경 4 시전 5 관수품 6 관허상인 7 경시서 8 문종 9 물가조절 10 상평창 11 세조 12 평시서 13 관영상점 14 행상 15 개경 16 벽란도 17 예성강 18 송 19 광종 20 거란 21 여진 22 은 23 모피 24 비단 25 서적 26 자기 27 인삼 28 수은 29 황·유황 30 수은 31 황 32 향료

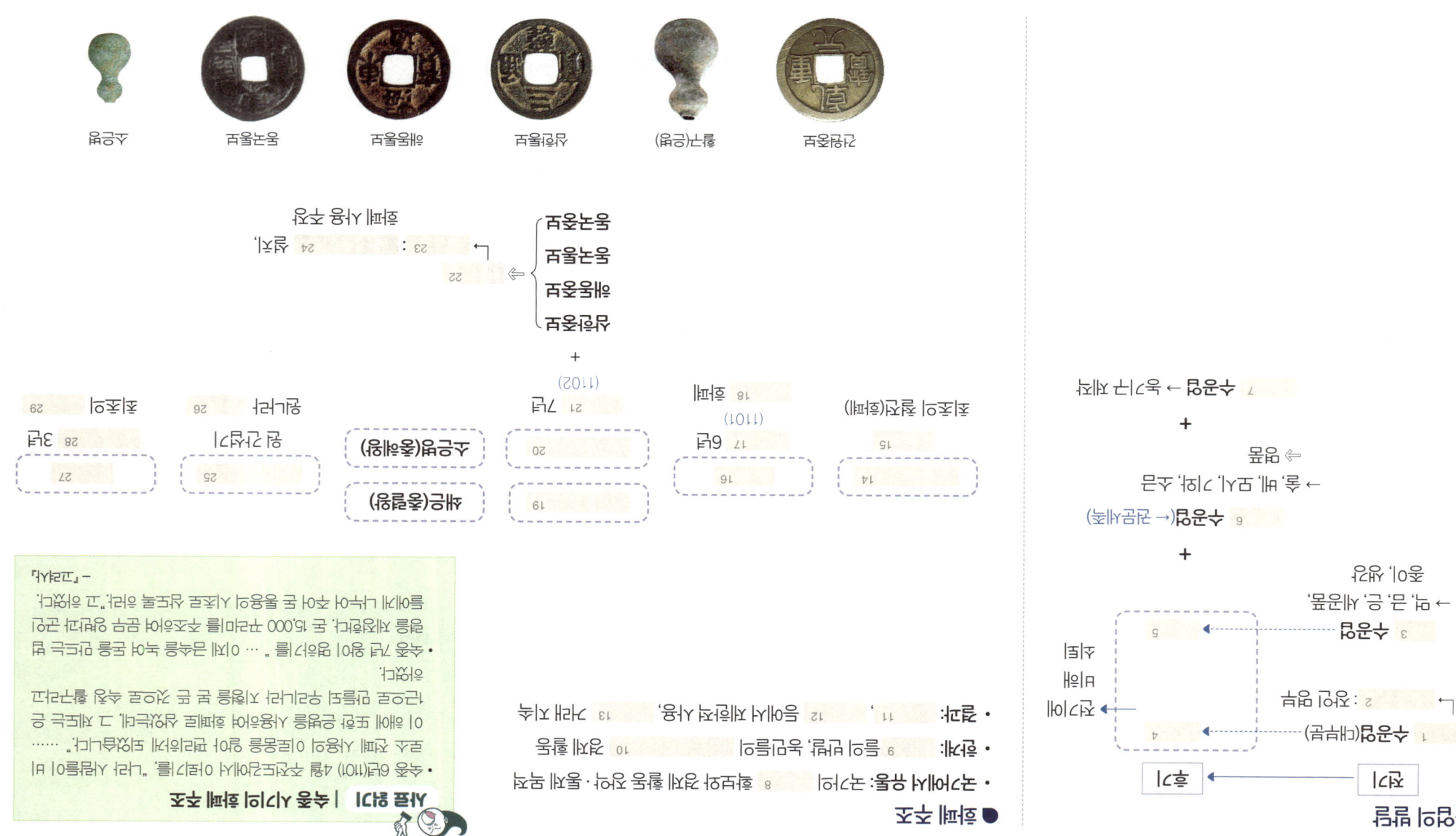

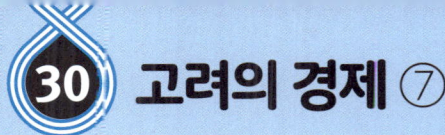

30 고려의 경제 ⑦

III. 경제사 - 고려

고려의 경제 생활

● 고리대의 성행과 보의 발달

- ¹ 의 성행: 고리대는 왕실, 귀족, 사원의 재산 축적 수단으로 활용됨
  → ² 운영: ³ 운영을 위해 둔 일종의 사설 금융 기관 이후
  ⁴ 로 변해 불교계의 타락과 부패 초래

- ⁵ 의 발달: 기금을 조성해서 공적인 사업에 사용, 일종의 ⁶

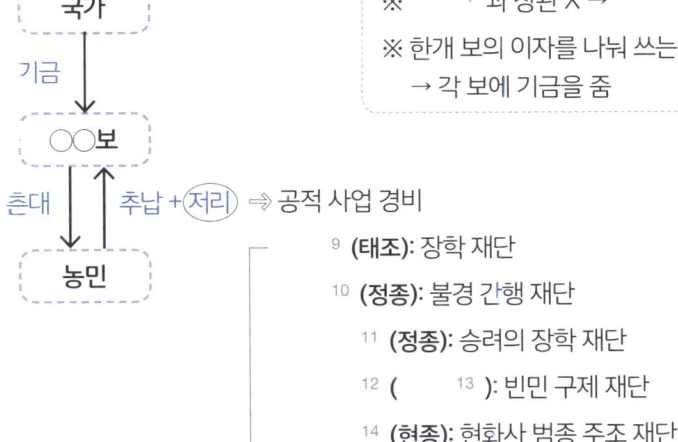

※ ⁷ 과 상관 X → ⁸ 기관
※ 한개 보의 이자를 나눠 쓰는 것 X
→ 각 보에 기금을 줌

- ⁹ (태조): 장학 재단
- ¹⁰ (정종): 불경 간행 재단
- ¹¹ (정종): 승려의 장학 재단
- ¹² (¹³): 빈민 구제 재단
- ¹⁴ (현종): 현화사 범종 주조 재단
- ¹⁵ (문종): 팔관회 경비 재단

⇒ 이후 고리대로 변질

● 귀족들의 경제 생활 → 화려하고 사치스러움

<근로 소득> + <재산 소득>

- ¹⁶
- ¹⁷ - 1년에 2번 곡식 또는 비단으로 받음

- ¹⁸
- ¹⁹ (賜田): ²⁰ , ²¹
- 외거 노비 - ²² 수취
  +
- ²³ 발급
  - 황무지, 진전을 농경지로 개간할 수 있는 허가서
  - 일정 기간 세금 ²⁴

● 농민들의 경제 생활

²⁵ ↓ ⇒ 궁핍함

- 민전 경작, 국·공유지나 다른 사람의 소유지 경작
- 가내 수공업 - 삼베, 모시, 비단 생산
- ²⁶ , ²⁷ : 진전(황폐해진 경작지)이나 황무지 개간 시 일정 기간 소작료·조세를 감면 받음

⇒ 13c 강화 천도 이후에 강화도 ㅈ 방을 중심으로 대규도 간척 사업 전개

- 농민들의 몰락 = ²⁸ 의 토지 약탈 + 귀족의 농장 확대 + 국가의 과도한 세금 수취
  ⇒ ²⁹ , ³⁰ 로 전락

30 고려의 경제

해커스공무원 이중석 맵핑 한국사 올인원 블랭크노트

III. 경제사 - 고려

📖 맵핑 핵심 자료

🏳 고려 시대의 토지 제도

• 태조 23년 처음으로 역분전을 제정하였다. 후삼국을 통일할 때의 신하와 군사에게 관계(官階)를 고려하지 않고, 성품과 행동의 선악·공로의 대소(大小)를 기준으로 차등 지급한 것이다.

• 경종 원년 11월에 비로소 직관, 산관의 각 품(品)의 전시과를 제정하였는데 관품의 높고 낮은 것은 논하지 않고 다만 인품만 가지고 전시과의 등급을 결정하였다.

• 목종 원년 12월. 문무 양반 및 군인의 전시과를 개정하였다.

• 문종 30년 양반에게 지급하는 전시과 규정을 다시 고쳐 정했다.

• 원종 12년 2월에 도병마사가 아뢰기를, "근래 병란이 일어남으로 인해 창고가 비어서 백관의 녹봉을 지급하지 못하여 사인(士人)을 권면할 수 없었습니다. 청컨대 경기 8현을 품등에 따라 녹과전으로 지급하소서."라고 하였다.

• 공양왕이 즉위하자 대사헌 조준 등이 또 상소하여 간언했다. …… 공양왕 3년 5월. 도평의사사에서 올려 과전법의 제정을 다음과 같이 건의하니 허락했다. ─『고려사』

🏳 목화의 전래

태조 7년 6월, 정사 문익점은 원나라에 갔다가 돌아오는 길에 목화를 보았다. 씨 10여 개를 따서 주머니에 넣어 가지고 왔다. ……진주에 와서 절반을 정천익에게 주어 심어서 기르게 하였다. 단 한 개만이 살아남았다. 정천익이 가을에 그 씨를 따니 백여 개나 되었다. ─『태조실록』

🏳 대식국(아라비아) 상인의 방문

• 이달에 대식국(大食國)의 열라자 등 1백 인이 와서 방물을 바쳤다. 대식국은 서역에 있다.

• 11월 병인에 대식국 상인 보나합(保那盍) 등이 와서 수은·용치·점성향·몰약·대소목 등의 물품을 바쳤다. ─『고려사』

🏳 고려 말 토지 제도의 문란

대사헌 조준이 글을 올려 아뢰기를" …… 근년에는(토지를) 겸병하는 일이 더욱 심해져 간사하고 흉악한 무리의 토지가 주(州)에 걸치고 군(郡)을 포괄하며, 산천을 경계로 삼을 정도입니다. 1무(畝)의 주인이 5, 6명이나 되고 1년에 조세를 받는 횟수가 8, 9차에 이릅니다. 위로는 어분전(御分田)부터 종실·공신·조정·문무관의 토지, 외역·진·역·원·관의 토지와 백성들이 여러 대 동안 심은 뽕나무와 지은 집에 이르기까지 모두 빼앗아 차지하니 호소할 곳 없는 불쌍한 백성들이 사방으로 흩어져 떠돌아다닙니다." ─『고려사』

🏳 고려의 수취 체제

• 무릇 토지의 등급은 묵히지 않는 토지를 상(上)으로 하고, 한 해 묵히는 토지를 중(中)으로 하고, 두 해 묵히는 토지를 하(下)로 한다.

• 편성된 호는 인구와 장정이 많고 적음에 따라 9등급으로 나누어 부역을 시킨다. ─『고려사』

🏳 벽란도

조류를 따라 예성항에 이르자, 정사와 부사는 신주(중국 사신이 탄 큰 배)로 옮겨 탔다. 낮 12시쯤 정사와 부사가 …… 1만 명이 되는 고려인들이 병기, 갑옷 입은 말, 깃발, 의장물을 가지고 해안가에 늘어서 있고 구경꾼이 담장같이 둘러섰다. …… 벽란정(碧瀾亭: 벽란도에 있는 정자)으로 들어갔다. 다음날 육로를 따라 왕성(개경)으로 들어갔다. ─『선화봉사고려도경』

🏳 건원중보와 고려 시대의 화폐 사용

왕(목종)이 하교하기를, "선왕(성종)께서 규범에 따라 조서를 반포하여 화폐를 주조하게 하니…… 철전이 화폐로 끊이지 않고 통용되었다. …… 그런데 최근 시중 한언공이 상소하기를, '…… 지금 선왕의 정책을 계승하여 철전을 사용하게 하고 추포(성긴 베)의 사용을 금지시킴으로써 전통적인 유통 양식을 뒤흔들어 놓았으니 결국 나라에 이익을 가져오지 못하고 도리어 백성들의 원망만 불러일으키는 결과가 되었습니다.'라고 하였다. …… 근본에 힘쓰는 마음을 되살려 철전의 사용을 중단시키고자 한다. 차와 술, 음식 등을 파는 점포에서 물건을 사고팔 때는 예전처럼 철전을 사용하게 하고, 그 밖에 백성들이 사사로이 사고팔 때는 토산물을 임의로 사용하게 할 것이다."라고 하였다. ─『고려사』

해커스공무원학원·공무원인강·교재 Q&A gosi.Hackers.com

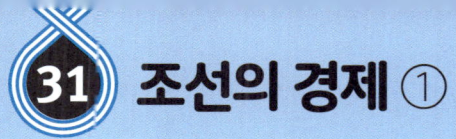

31 조선의 경제 ①

III. 경제사 - 조선

📁 토지 제도 ⭐

✓ 1 설치 ⇨ 권문세족의 2 토지 몰수 ⇨ 농민들에게 '토지' 분배 ⇨ 역성 혁명 세력에게 '수조권' 지급

13 방식의 변화
- 작황을 조사(생산량 파악)
- → 14 을 결정
- 15
- 16 (관리)가 연분 결정
- → 임의적으로 상향 조정

수조 방식의 변화
- • 27
- 관리의 수조권 남용 및 농장 확대 심화

과전법
(1391, 공양왕 3년)

- 국가 재정 확충 목적
- 3 의 경제적 기반 마련 목적
- 경기 지역에 한정해 4 만 지급
- 5 관리를 6 등급으로 나누어 수조권(1/10) 지급
  └ 최고 150결 ~ 최하 10결
- 7 , 8 지급
- 9 지급
- **원칙**: 죽거나 반역 시 10 , 세습 11
  ⇨ but. 세습전 증가로 12 현상 발생

직전법
(1466, 20)

17 (18)이 직접 작황 조사 후 연분 결정

- 토지 부족 현상 보완 목적
- 21 관리 X   22 관리에게만
- 23 , 24 폐지

↕

관리들의 대책
① 관리들의 수조권 남용 ↑
   (→ 세조에게 적발)
② 토지 매입 - 토지 25 현상 ↑
   → 농민들은 26 으로 전락

(1470, 23)
관청(국가)이 직접
농민에게 수조 후
30 에게 주는 방식

⇩

31 는
수조권을 빌미로
농민 수탈 불가능

28 직전법 폐지
(1556, 32)

- 수조권 지급 제도 폐지(과전X)
- 33 만 시행
  (현물 녹봉 지급)
  └ 액수 상향

→ 더욱 심화

34 ⇨ 35

자영 농민 대부분 36 으로 몰락

37 들의 토지 지배력 약화
(= 국가의 토지 지배력 강화)

31 조선의 경제 ②

III. 경제사 - 조선

📖 수취 체제

● 전세(田)의 변천

[1] (1391) → [9] (1444) → [20] (1635, [21])

- 1. [1]
- 2. 경작 유무
- 3. 풍흉 X
- 4. 양전 X,
- 5. 답험손실
- 6. 시험
- 7. [7] 를 10등급으로 나누어 세금 징수
- 8. → 예 따라 수조 등문
- 9.
- 10.
- 11.
- 12. 기준
- 13. 등급으로 나눔
- 14. 수 ~ 최하 수
- 15. 풍흉 정도
- 16. 등분
- 17. 기준
- 18. ~1
- 19. 과 비교
- 20.
- 21.
- 22. 1결당
- 23. →
- 24. 에 관계X
- 25. 정률(=
- 26. 정수)
- 27. =
- 28. ([29] 때 법제화): 마음 단위로 총액 할당
- ex. 공동납, 수설납 등
- 30. ex) 마을 전체 토지 평균 수확 X [30] 두 (세액)
- · 결과
- 31. 농민에게 혜택이 거의 없음: 대부분 토지에 전가
- 가혹에게 여러 가가라지의 조세부 에게 징수

● 공납

· 문제
- 32. 정수 but 이익
- 33. 농민들에게 어려움
- ↔ 가진(양반) 등의 세납 ↑

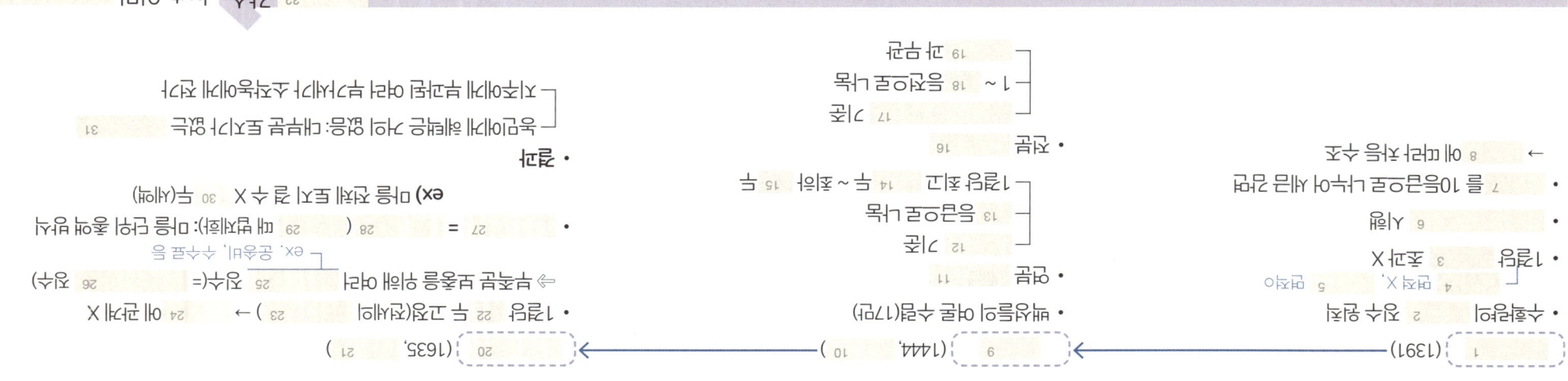

📖 조공 제도

- 공납
- 정공
  - [35] 종류, 할당량 결정
    - 세공: 세공산인, 공물 내역
    - → 시사임, 시사공문
    - → 운송업, 폐단
- 정공 (녹공)
  - 36
- 별공 (구공)
  - 37

가 공단에서 [34] 를 징수
- 공정 도식 정함
- 11월 징
- 2월~5월 조공원
- 조공장
- (서울가, 정사)

🎙 더 알아보기 공물 분배 체제 우리 생활에 사용해 보자

1등급 •
- 1결
- 200두 생산
2등급 •
- 1결
- 200두 생산
- 이것수세
- 38 : 정이 다다나 〒

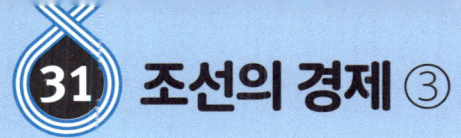

31 조선의 경제 ③

III. 경제사 - 조선

📁 수취 제도★

● 공납(상공)의 변화 ← 가구당 지역 특산물, 수공업품

✓ ___23___ , ___24___ , 유성룡
→ 근본적 대책 지시

___1___ (15C) → ___11___ → ___14___ (16C) → ___25___ → ___28___ (17~18C)

- ___2___ , 가구 당
- ___3___ 가 원칙
- 문제점
  - ___4___ 고려 X
  - ___5___
  - ___6___ 고려 X: 先 ___7___ , 後 ___8___ 작성
    ___9___ 장부 ___10___ 장부
- ⇒ 전세보다 더 큰 부담

- ___12___ 이 공납을
  ___13___
  → 그 대가를 받음
  └ 10배 이상의 차익

- ___15___ + ___16___ 의 결탁
- 납부를 막음 → ___17___ 을 통해서만
  ⇒ 농민 수탈 심화
    농민 유망 가속화
    ↓
    국가 ___20___
    ↔ 정부 대책: ___21___ , ___22___ 강화
    └ 미봉책

- 공납을 '___26___'로 수취 (토지 결당)
- ___27___ 들의 반발
  ⇒ 실패

- 토지 결수에 따라 ___29___ · ___30___ · ___31___ 등 납부
- 토지 1결당 ___32___ 두 납부 ─ 지주 싫어!
  ↓ 100년 걸림   └ 전호 좋아!
- 점진적 시행
  - 경기도 - ___33___ (1608)
  - 강원도 - ___34___
  - 충청도, 전라도 연해 - ___35___
  - 전라도 내륙 - 현종
- 전국 시행 - ___36___ (___37___)

18: ___19___ 등장

공납의 ___38___ (cf. 소작농은 공납을 납부하지 않는다)
└ 39 · ___40___ 은 여전히 납부

● 대동법 시행의 결과

- 부과 기준: ___41___ → ___42___ ⇒ 공납의 전세화
- 경제 구조의 변동

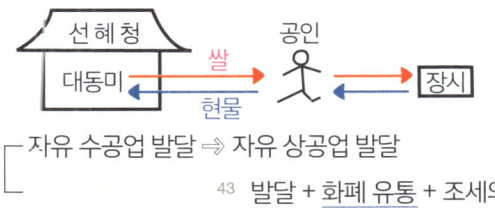

  └ 자유 수공업 발달 ⇒ 자유 상공업 발달
      ___43___ 발달 + 화폐 유통 + 조세의 ___44___
      └ 3차

● 대동법의 한계

- ___47___ 에만 적용, ___48___ · ___49___ 은 존속
- 지방 재정 악화: ___50___ ↑, ___51___ ↓ ⇒ 수령의 농민 수탈 심화
- 시간이 지남에 따라 대동세를 ___52___ 에게 전가
  ⇒ 농민 부담 다시 가중
  └→ ___45___ ⇒ ___46___ 활성화

Focus 상납미와 유치미

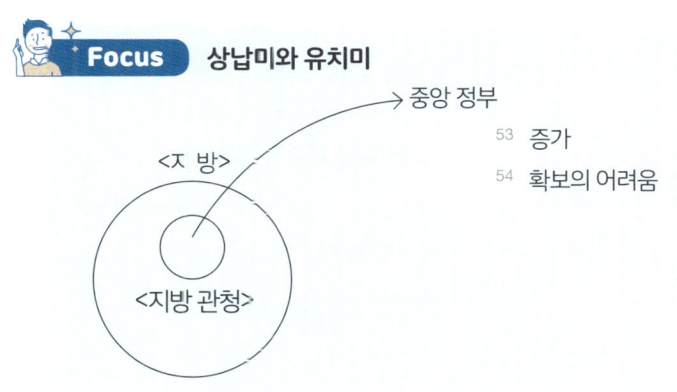

- ___53___ 증가
- ___54___ 확보의 어려움

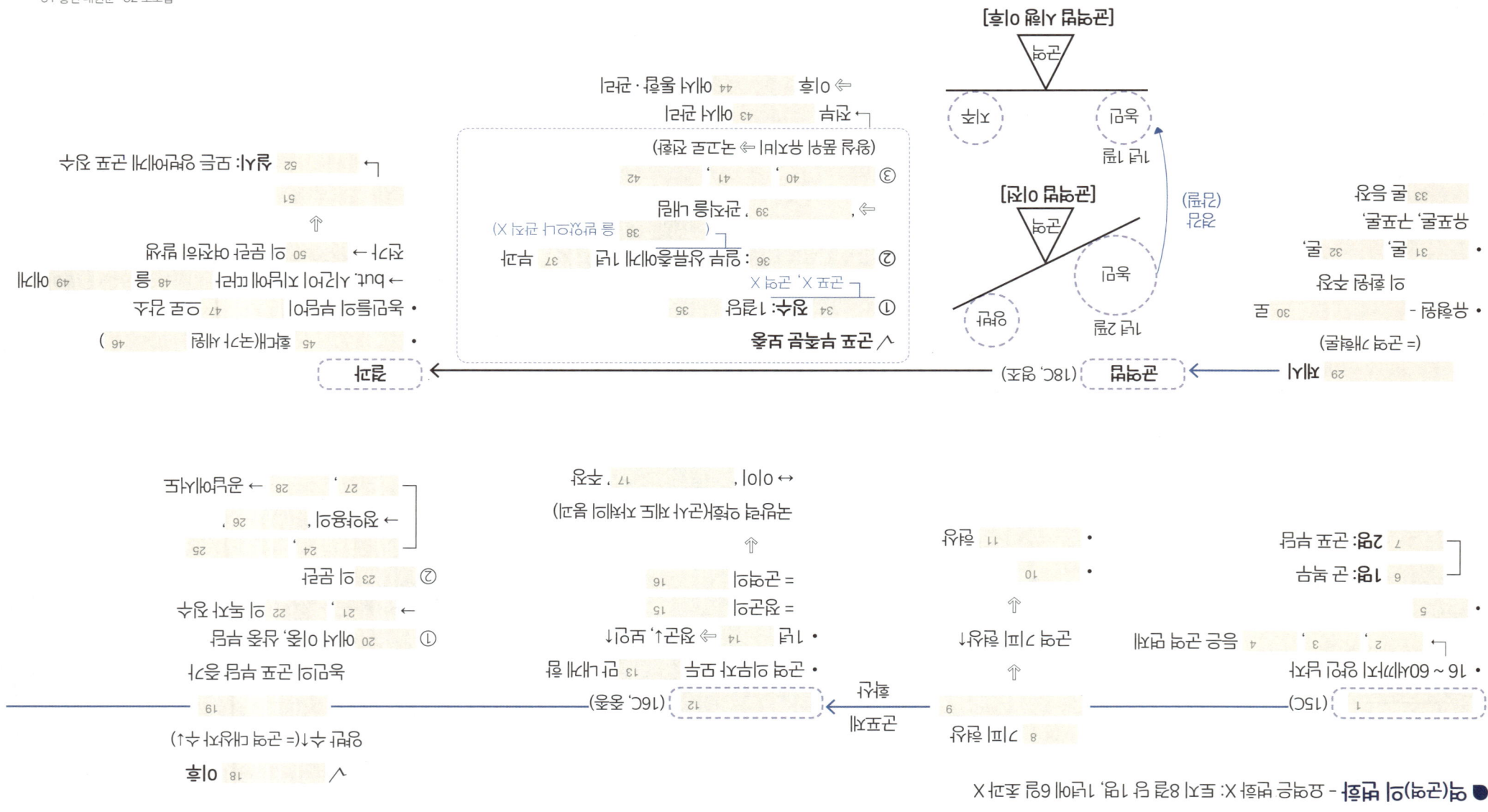

31 조선의 경제

맵핑 핵심 자료

과전법

경기는 사방의 근본이니 마땅히 과전을 설치하여 사대부를 우대한다. 경성에 거주하며 왕실을 시위하는 자는 전·현직 관리를 막론하고 과(科)에 따라 과전을 받는다. 과전을 받은 자가 죽은 후, 그의 아내가 자식이 있고 재가(再嫁)하지 않는 경우에는 남편의 과전 모두를 전수받고, 자식이 없는 채로 재가하지 않는 경우에는 반을 감하여 전해 받으며, 재가하는 경우에는 이에 해당하지 않는다. 부모가 모두 사망하고 자손이 유약한 자는 마땅히 휼양(恤養)하여야 하니 아버지의 과전 모두를 전해 받고, 20세가 되는 해에 본인의 등급에 따라 받는다.

― 『태조실록』

대동법의 실시를 둘러싼 갈등

• 찬성

강원도에서 대동법을 싫어하는 이가 없는데, 충청도, 전라도에는 좋아하는 이와 싫어하는 이가 있습니다. 왜 그렇겠습니까? 강원도에는 토호가 없으나 충청도, 전라도에는 토호가 있기 때문입니다. 특히 전라도에 싫어하는 자가 더 많은데 이는 토호가 더 많은 까닭입니다. 이렇게 볼 때 토호들만 싫어할 뿐, 백성들은 모두 대동법을 보고 기뻐합니다.

― 조익, 『포저집』

• 반대

지방에서 온 사람이 '백성이 모두 한꺼번에 납부하는 것을 고통스럽게 여긴다.'라고 하였습니다. 대체로 먼 지방은 경기와 달라 부자들이 가진 땅이 많습니다. 10결을 소유한 자는 10석을 내고 20결을 소유한 자는 20석을 내야 합니다. …… 대가(大家)와 거족(巨族)이 불편하게 여기며 원망을 한다면, 어지러운 상황에서 심히 걱정스러운 일이라 할 것입니다.

― 『인조실록』

직전법 시행 반대 상소

대사헌 양지가 상소하였다. "과전은 사대부를 기르는 것입니다. 장차 직전을 두려고 한다는데, 조정의 신하는 직전을 받게 되지만 벼슬에서 물러난 신하와 무릇 공경대부의 자손들은 1결의 토지도 가질 수 없게 되니 이는 대대로 국록을 주는 뜻에 어긋납니다. 관리들이 녹봉을 받지 못한다면 서민과 다를 바가 없게 되어 세신이 없게 될 것이니 이를 염려하지 않을 수 없습니다."

― 『세조실록』

대동법의 시행

영의정 이원익이 제의하기를, "각 고을에서 진상하는 공물이 각급 관청의 방납인에 의해 중간에서 막혀 한 물건의 값이 3, 4배 혹은 수십, 수백 배까지 되어 그 폐해가 극심하고, 특히 경기 지방은 더욱 그러합니다. 지금 마땅히 별도로 하나의 청을 설치하여 매년 봄, 가을로 백성에게서 쌀을 거두되 …… 본청은 그때의 물가 시세를 보아 쌀로써 방납인에게 지급하여 물건을 구입하게 하소서.' 하니 임금이 이에 따랐다.

― 『광해군일기』

군역의 폐단

나라의 100여 년에 걸친 고질 병폐로서 가장 심한 것은 양역(良役)이니 호포, 구전, 유포, 결포의 말이 어지러이 번갈아 나왔으나 적절히 따를 바가 없습니다. 백성은 날로 곤란해지고 계책은 날이 갈수록 심해지니 혹 한 집안에 부자 조손(祖孫)이 군적에 한꺼번에 기록되어 있거나 혹은 3~4명의 형제가 한꺼번에 군포를 납부해야 합니다. 또 한 이웃의 이웃이 견책을 당하고(인징), 친척의 친척이 징수를 당하며(족징), 황구(黃口, 어린아이)는 젖 밑에서 군정으로 편성되고(황구첨정), 백골(白骨)은 지하에서 징수를 당하게(백골징포), 한 사람이 도망하면 열 집이 보존되지 못하니, 비록 좋은 재상과 현명한 수령이라도 역시 어찌 할 수 없습니다.

― 『영조실록』

관수 관급제

대비(大妃)께서 하교하시기를, "직전은 사람들이 한결같이 폐단이 있다고 말한다. …… 의논하여 혁파함이 어떠하겠는가." 도승지가 대답하기를, "전에 고전은 아버지가 사망하여 아들이 이어받은 것을 휼양전이라 하고, 남편이 사망하여 아내가 이어받은 것을 수신전이라 하였습니다. 이를 혁파하여 직전으로 삼았는데, 간혹 지나치게 거두어 원망하는 사람들이 있습니다. 만약 관이 직접 직전세를 거두어 전주(田主)에게 준다면 그 폐단이 없어지게 될 것입니다."라고 하였다.

― 『성종실록』

균역법의 실시

• 양역(良役)의 절반을 감하라고 명하였다. 임금이 명정전에 나아가 여러 신하들을 불러 양역의 변통에 대한 대책을 물었다. 임금이 말하기를, "구전(口錢)은 한 집안에서 거두는 것이니 주인과 노비의 명분이 문란하며, 결포(結布)는 이미 정해진 세율이 있으니 결코 더 부과하기가 어렵고, 호포(戶布)가 조금 나을 것 같아 1필을 감하고 호전(戶錢)을 두기로 하였으나 마음은 매우 불편하다. …… 호포나 결포는 모두 문제점이 있다. 이제는 1필로 줄이는 것으로 돌아가야 할 것이니, 1필을 줄였을 때 생기는 세입 감소분을 보완할 대책을 강구하라" 하였다.

― 『영조실록』

• 감면한 것을 계산하여 보면 모두 50여 만 필에 이르는데, 돈으로 계산하면 1백여 만 냥이다. 안으로 각 아문(衙門)과 밖으로 각 영진(營鎭)의 비용을 줄인 것이 50여 만 냥인데, 군수(軍需)의 경비(經費)로서 급대하지 않을 수 없는 것이 아직도 40여 만 냥이나 되기 때문에 …… 어염세와 선무군관에게 받는 것, 은여결에서 받아들이는 것을 모두 합하면 십수 만 냥인데, 이것으로 충당시켰었다.

― 『영조실록』

31 조선의 경제 ⑤

III. 경제사 - 조선

● 이양법의 보급 ★ ← 유물 사관을 통한 접근법

　　　　　__1__ 증대 ⇨ 사회·경제 구조의 변동 ⇨ 정치·문화의 변화

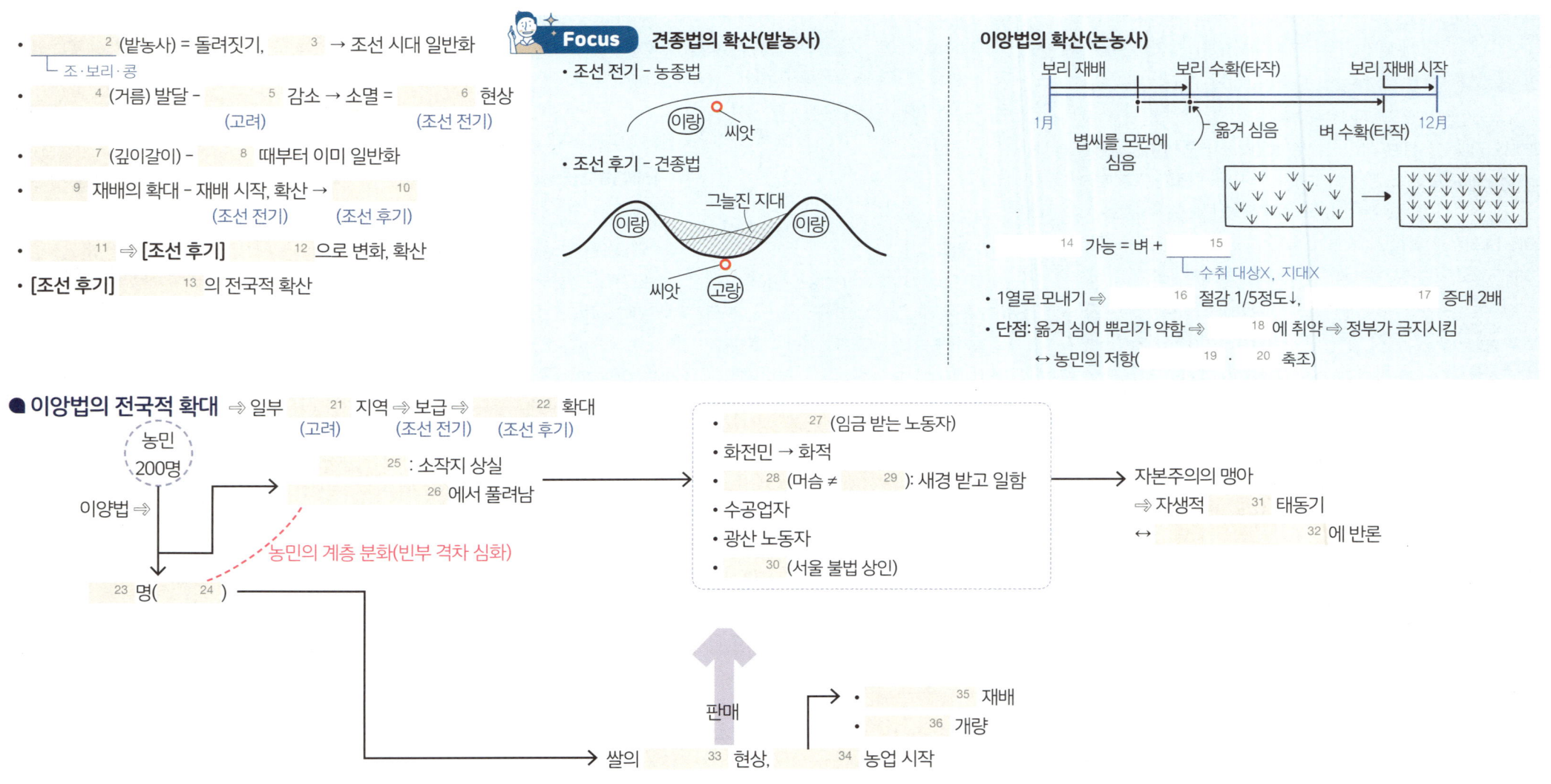

- 　__2__ (밭농사) = 돌려짓기, 　__3__ → 조선 시대 일반화
  └ 조·보리·콩
- 　__4__ (거름) 발달 - 　__5__ 감소 → 소멸 = 　__6__ 현상
  　　　　　　　(고려)　　　　　　　　(조선 전기)
- 　__7__ (깊이갈이) - 　__8__ 때부터 이미 일반화
- 　__9__ 재배의 확대 - 재배 시작, 확산 → 　__10__
  　　　　　(조선 전기)　　　(조선 후기)
- 　__11__ ⇨ [조선 후기] 　__12__ 으로 변화, 확산
- [조선 후기] 　__13__ 의 전국적 확산

● Focus 견종법의 확산(밭농사)

- 조선 전기 - 농종법

  이랑 / 씨앗

- 조선 후기 - 견종법

  이랑 / 그늘진 지대 / 이랑 / 씨앗 / 고랑

이양법의 확산(논농사)

보리 재배 / 보리 수확(타작) / 보리 재배 시작
1월 / 볍씨를 모판에 심음 / 옮겨 심음 / 벼 수확(타작) / 12월

- 　__14__ 가능 = 벼 + 　__15__
  └ 수취 대상X, 지대X
- 1열로 모내기 ⇨ 　__16__ 절감 1/5정도↓, 　__17__ 증대 2배
- 단점: 옮겨 심어 뿌리가 약함 ⇨ 　__18__ 에 취약 ⇨ 정부가 금지시킴
  ↔ 농민의 저항(　__19__ . 　__20__ 축조)

● 이양법의 전국적 확대 ⇨ 일부 　__21__ 지역 ⇨ 보급 ⇨ 　__22__ 확대
　　　　　　　　　　　　　　　(고려)　　　(조선 전기)　　(조선 후기)

농민 200명

이양법 ⇨

　__25__ : 소작지 상실
　__26__ 에서 풀려남

농민의 계층 분화(빈부 격차 심화)

　__23__ 명(　__24__)

- 　__27__ (임금 받는 노동자)
- 화전민 → 화적
- 　__28__ (머슴 ≠ 　__29__): 새경 받고 일함
- 수공업자
- 광산 노동자
- 　__30__ (서울 불법 상인)

자본주의의 맹아
⇨ 자생적 　__31__ 태동기
↔ 　__32__ 에 반론

판매

쌀의 　__33__ 현상, 　__34__ 농업 시작

- 　__35__ 재배
- 　__36__ 개량

정답: 1 농업생산력 2 그루갈이 3 2년 3작 4 시비법 5 휴경지 6 연작상법 7 심경법 8 고려 9 목화 10 전국 11 농종법 12 견종법 13 이양법 14 이모작 15 보리 16 노동력 17 생산량 18 가뭄 19 저수지 20 보 21 남부 22 전국 23 광작 24 부농 25 몰락 농민 26 병작반수 27 임노동자 28 고공 29 노비 30 난전 31 자본주의 32 식민사학 33 상품화 34 상업적 35 인삼 36 품종

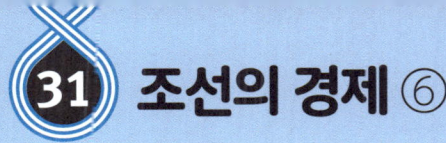

31 조선의 경제 ⑥

III. 경제사 - 조선

📁 경제의 구조적 변동 ← 이앙법

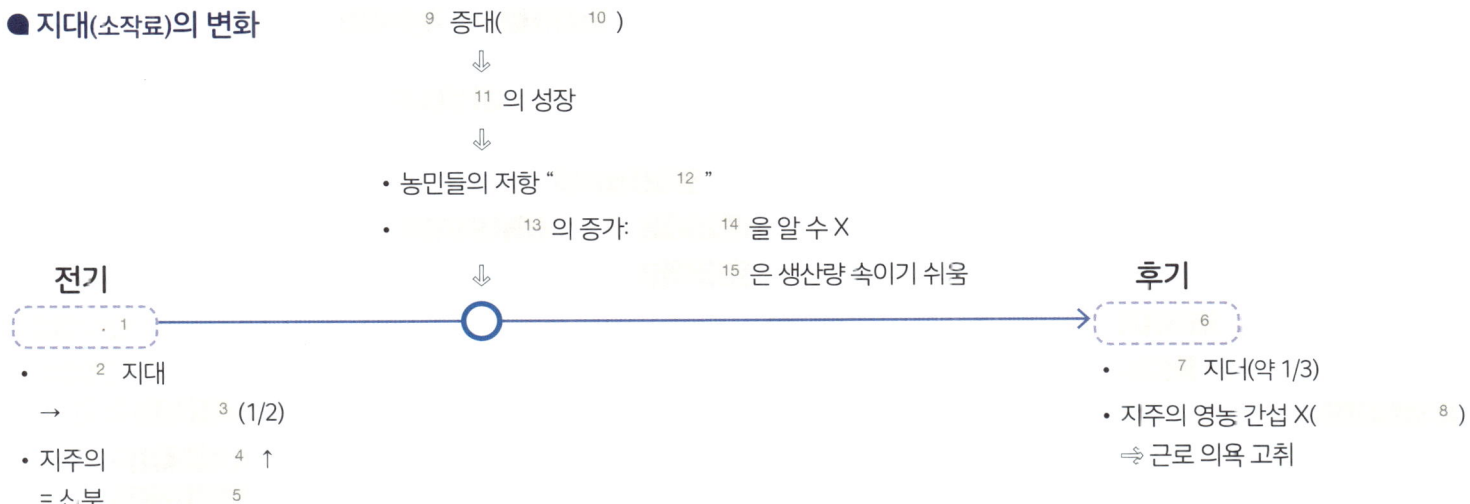

수공업의 변화 ← 도시 인구 증가(← 이앙법, 16)

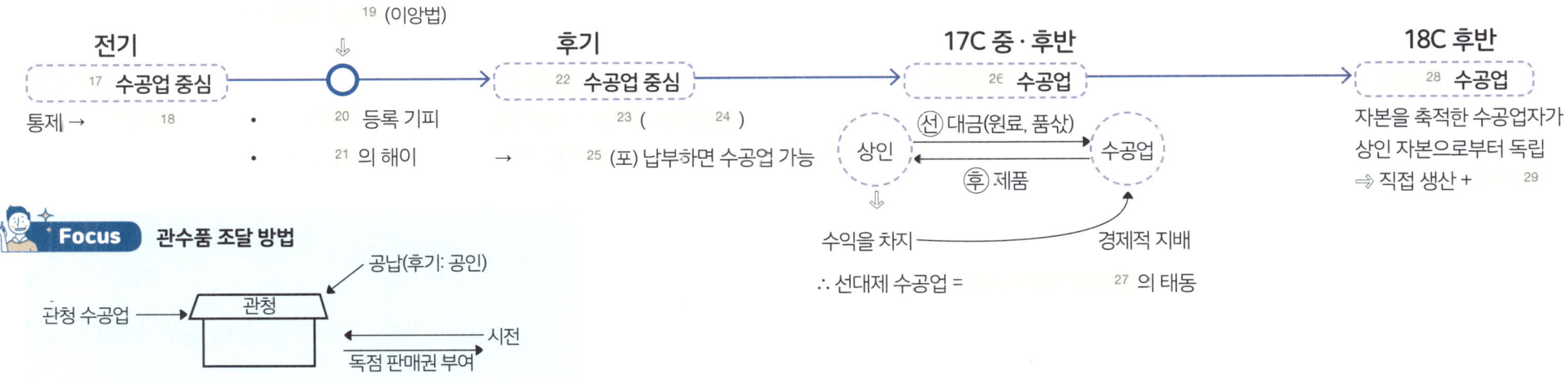

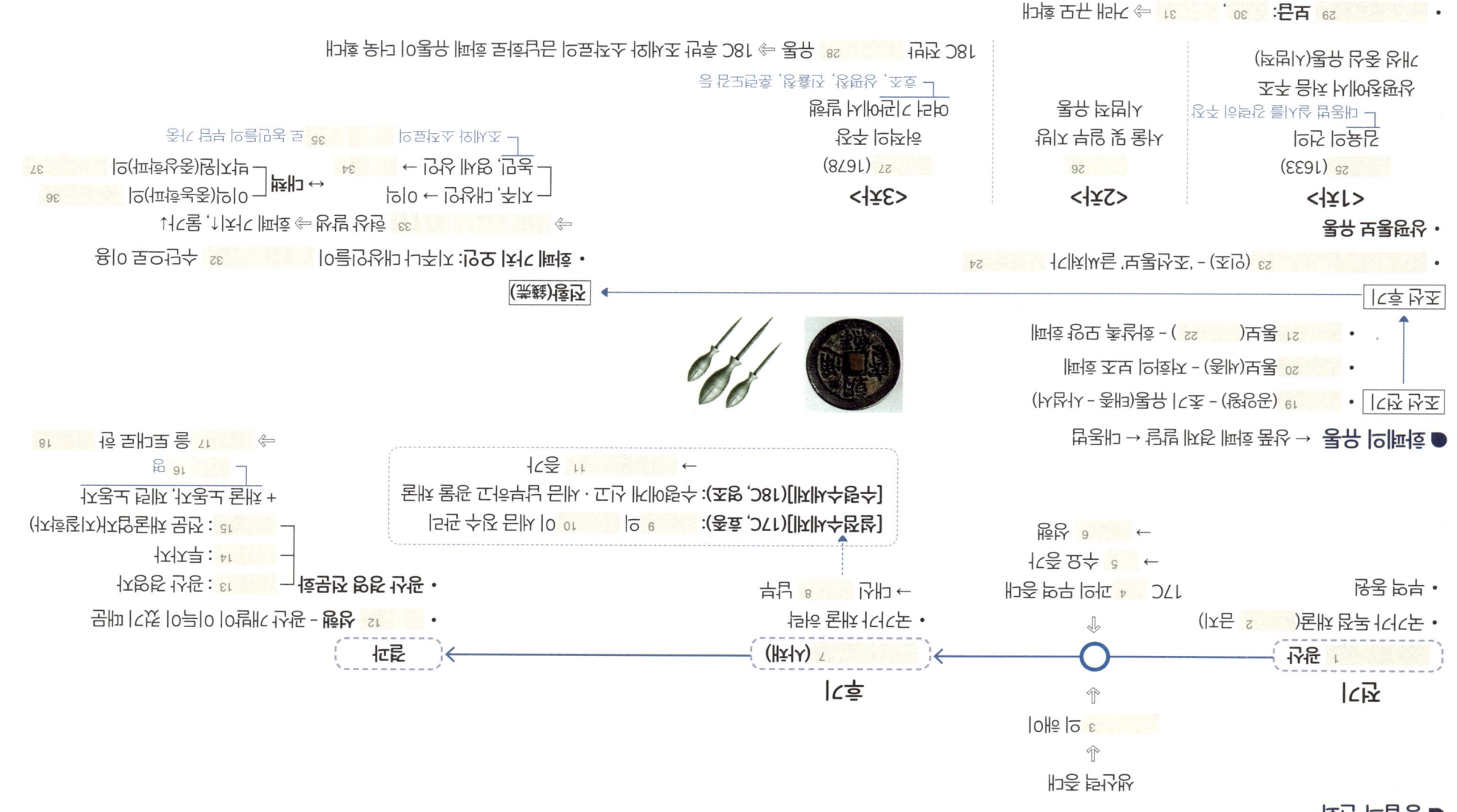

31 조선의 경제 ⑧

III. 경제사 - 조선

📁 상업의 발달 ↔ 통제

● 사상의 등장

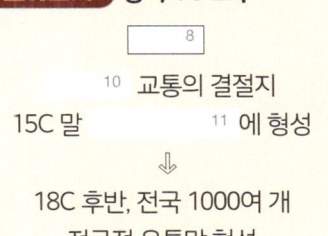
1 상인 ┬ 서울 ┬ 2 : 관수품, 점포세, 상세 납부
        │   └ 3 ← 대동법
        └ 지방 — 4

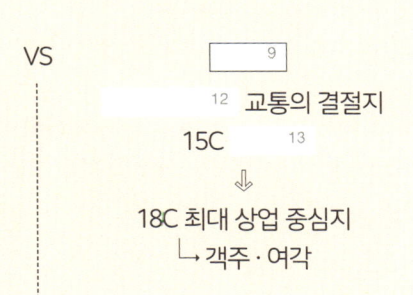
5 상인 ┬ 서울 — 6
        └ 지방 ┬ 7 : 보관, 운반, 숙박, 금융업, 판매 …
                └ 사상 多

더 알아보기 장시 VS 포구

8	VS	9
10 교통의 결절지		12 교통의 결절지
15C 말 11 에 형성		15C 13
⇩		⇩
18C 후반, 전국 1000여 개		18C 최대 상업 중심지
전국적 유통망 형성		↳ 객주 · 여각
↳ 보부상		

● 지방의 사상

- 14 (의주) - 15 무역 담당 • 16 (평양)
- 17 (개성) ┬ 전국에 18 설치 - 19
            ├ 20 재배·판매 - 인삼 상인 " 21 "
            └ 22 중계 무역
- 23 (= 선상, 한강)
  └ 24 + 25, 선박 건조업에도 진출
  └ 26 → 구한말   27 도입
- 28 (부산 동래) - 29 무역 담당

● 대외 무역의 발달

30　　　　　　VS　　　　　31
공무역　　　　　　　　　사무역
32 왕래　　　　　　　　33 왕래
⇨ 조선 후기 무역량 역전
　⇩　　　　　　　　　　　⇩
34 개시　　38 후시　　39 후시
35 개시　　40 후시　　41 후시
36 개시　37 개시　　　42 후시

• **대청 무역**
- 17C 중엽부터 활발 → 결제 수단으로 43 사용
  44 (의주) 주도
- 공무역 + 사무역
  ┌ 45 개시　　┌ 46 후시
  │ 경원 개시　│ 47 후시
  │ 회령 개시　│ 북관 후시
  │ 　　　　　└ 회동관 후시
- **수출품**: 은, 종이, 무명, 인삼
- **수입품**: 비단, 약재, 문방구

• **대일 무역**
- 17C 이후 국교 정상화 → 활발하게 전개
  48 (동래) 주도
- 공무역 + 사무역
  (49 개시)　(50 후시)
- **수출품**: 인삼, 쌀, 무명
- **수입품**: 은, 구리, 황, 후추

● 도고의 등장 → 51 (매점매석)
상업 자본가의 독과점 행위

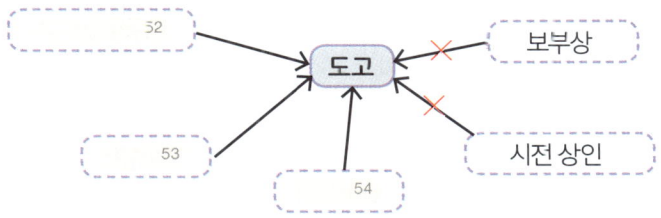

52 → 도고 ← ✕ 보부상
53 → 도고
54 → 도고 ← ✕ 시전 상인

31 조선의 경제

III. 경제사 - 조선

📖 맵핑 핵심 자료

▨ 이앙법

• 본래 이앙을 금지하는 법은 지극히 엄한데, 근래 백성들이 농사를 게을리하고 이익을 탐하여 광작을 하며 그 형세가 매해 늘어나 지금은 여러 도에 두루 퍼져 있으니 모두 금지하기 어렵다.
－『비변사등록』

• 남부 지역에서는 모두 이앙을 한다. 그 노동력이 직파에 비해 4/5가 절약되므로 노비나 고공이 많은 사람들은 경작을 끝없이 하여 토지 없는 자는 조금도 경작할 수가 없다.　－ 이익, 『성호사설』

▨ 상품 작물의 재배

농민들이 밭에 심는 것은 곡물만이 아니다. 모시, 오이, 배추, 도라지 등의 농사도 잘 지으면 그 이익이 헤아릴 수 없이 크다. 도회지 주변에는 파 밭, 마늘 밭, 배추 밭, 오이 밭 등이 많다. 특히 서도 지방의 담배 밭, 북도 지방의 삼 밭, 한산의 모시 밭, 전주의 생강 밭, 강진의 고구마 밭, 황주의 지황 밭에서의 수확은 모두 상상등전(上上等田)의 논에서 나는 수확보다 그 이익이 10배에 이른다.
－ 정약용, 『경세유표』

▨ 민영 광산의 발달

국가에서 은의 생산지에 은점 설치를 허락한다면 부상대고들은 재물을 내어서 일꾼을 모집할 것이며, 토지가 없어 농사를 짓지 못하는 백성들은 점민이 되기를 바랄 것입니다. 그들이 그곳에 모여 살면서 은을 캐어 제련하게 되는데 국가에 세를 바치고 남는 것은 물주의 몫으로 돌아가게 됩니다. 토지가 없는 백성들도 이것에 힘입어서 살아갈 수 있으니 공사(公私)가 모두 유익할 것인데 어찌해서 민폐가 되겠습니까?
－ 우정규, 『경제야언』

▨ 상평통보의 유통

대신과 비변사의 여러 신하를 만나서, 비로소 돈(錢)을 사용하는 일을 논의하여 결정하였다. 돈은 천하에 통행하는 재화인데, 오직 우리나라에서만 조종조(祖宗朝)로부터 여러 차례 행하려고 하였으나 행할 수 없었다. …… 숙종이 그대로 따르고, 호조(戶曹)·상평청(常平廳)·진휼청(賑恤廳)·어영청(御營廳)·사복시(司僕寺)·훈련도감(訓鍊都監)에 명하여 상평통보(常平通寶)를 주조하여 돈 400문(文)을 은 1냥(兩)의 값으로 정하여 시중에 유통시켰다.　－『숙종실록』

▨ 폐전론

대저 우리나라는 지역이 좁은 데다가 물길이 사방으로 통해 있기 때문에 동전이 필요치 않다. …… 지금 동전을 사용한 지 겨우 70년밖에 되지 않았으나, 폐단이 매우 심하다. 동전은 탐관오리에게 편리하고 사치하는 풍속에 편리하며 도둑에게 편리하나, 농민에게는 불편하다. 많은 사람들이 돈꿰미를 차고 저잣거리에 나아가 무수한 돈을 허비하니, 인심이 날로 각박해진다.　－ 이익, 『성호사설』

▨ 전황(錢荒)의 발생

최근에 전황이 심합니다. 신의 생각에 이것은 부상대고(富商大賈)들이 때를 타서 화폐를 숨겨 이익을 노리고자 한 것으로 보입니다.
－『비변사등록』

▨ 시전

시전은 일반 백성이 물건을 사고파는 곳이고, 조정이나 왕실에서 필요한 물품을 조달하는 데 없어서는 안되기 때문에 나라를 다스리는 자가 중히 여기는 것이다. 도성 안에 있는 시전은 앉아서 하는 장사를 위한 것이다. 큰 것이 여섯 개 있다. …… 이것을 육의전이라고 한다.
－ 서영보 등, 『만기요람』

▨ 포구 상업

우리나라는 동·서·남의 3면이 모두 바다이므로, 배가 통하지 않는 곳이 거의 없다. 배에 물건을 싣고 오가면서 장사하는 장사꾼은 반드시 강과 바다가 이어지는 곳에서 이득을 얻는다. 전라도 나주의 영산포·영광의 법성포·흥덕의 사진포·전주의 사탄은 비록 작은 강이나 모두 바닷물이 통하므로 장삿배가 모인다. 충청도 은진의 강경포는 육지와 바다 사이에 위치하여 바닷가 사람들과 내륙 사람들이 모두 여기에서 서로의 물건을 교역한다. 매년 봄, 여름에 생선을 잡고 해초를 뜯을 때에는 비린내가 마을에 넘치고, 큰 배와 작은 배가 밤낮으로 포구에 줄을 서고 있다.
－ 이중환, 『택리지』

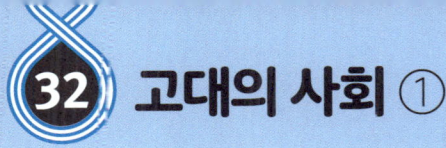

32 고대의 사회 ①

III. 사회사 - 고대

📁 삼국의 신분 제도

초기 철기 국가	삼국 시대
가(加): 부족장	³ + ⁴ → 특권층
¹ : 부유한 평민 ² : 가난한 평민	평민 조세, 공납, 역의 의무
천민(노비)	천민(노비)

▶ 생산 활동은 노비 X, 평민 O
▶ 신분 이동 X, 폐쇄적 사회

📁 고구려 · 백제의 사회

고구려

● **지배층**
- 왕즉인 고씨 + ⁵ 출신 귀족으로 구성
- 지역 세습
- 국정 운영 주도

● **법률** → 엄격, 배상주의
- 반역자는 화형 후 참형 + 가족은 노비로 삼음 ⇒ 연좌제
- 전쟁에서 항복 · 패한 자는 사형
- 도둑질한 자는 훔친 물건의 12배로 배상 ⇒ ⁶

● **혼인 풍습**
- **지배층**: 서옥제
  형사취수혼(전쟁 미망인 보호책) → 노동력을 중시한 사회 모습
- **평민**: 자유로운 교제를 통한 결혼
  남자 집에서 돼지고기와 술을 보냄, 예물×

백제

↳ 일찍부터 중국과 교류 ⇒ 선진 문화 수용 多

● **지배층**
- 왕족인 ⁷ + ⁸ 귀족
- 언어, 풍습, 의복 - 고구려와 비슷(⁹ 기둥)
- 중국 고전과 역사책을 즐겨 읽고 능숙한 한문 구사
- 우수한 관청 실무 능력 보유
- 투호 · 바둑 · 장기 등 오락을 즐김

● **법률** → 엄격, 배상주의 + 실형주의
- 패전 · 반역 · 살인자는 사형
- 간음한 부녀자는 남편 집 노비로 삼음 → 여자만 처벌, 남자 처벌 규정 없음
- 도둑질한 자는 귀양 + ¹⁰ 배로 배상
- 뇌물을 받은 관리는 종신금고형 + ¹¹ 배로 배상

32 고대의 사회 ②

III. 사국사 ~ 고대

📖 신라의 사회

화백 회의

- **성립**: 6부 1) _____ 의 대표자 회의
- **특징**: 만장일치제
  - 회의 참여자의 정치적 지위 = 2) _____
  - 대표자 = 3) _____
- **기능**: 귀족 간의 이익 조정
  - 씨족 사회의 전통
  - 만장일치 합의 도출 ← 4) (ex _____ 등반회)
  - 왕권을 견제하는 기구 ⇔ 상대등
  - 화백 회의 의장 = 상대등, 귀족, 수상격, 왕권견제
  — 상대등 임명

> **시험 출제 포인트** | 화백회의 4성지
>
> 남산 우지암, 청송산, 피전, 오지산, 금강산
> (진덕여왕 때) 업무를 보았는데 대신들이 여기서 모여 국가의 중대한 일을 의논하여 결정하였다. 이를 화백회의라고 하며 한 사람이라도 반대하면 통과되지 못하였다. ...... 사인이라는 네 곳이 있는데 나라에 큰일이 있을 때에는 대신들이 반드시 모여서 의논한 후에 결정하였다.
> — 『신증동국여지승람』

화랑도

- **기원**: 사료 전체 → 원시의 청소년 집단
  - 6) _____ : 사료의 청소년 집단의 기원 → 사료의 전통
  - 7) _____ 사료의 청소년 집단의 전통
- **구성**: 화랑 + 낭도
  - 화랑 1명 = 1명
  - 낭도 ~ 10) _____ 11) _____
- **기능**:
  - 9) _____ 의 변화(미스의 진통)
  - 12) 계층 간 갈등을 조절(왕도 평민 부담 경감)
  - 13) 에서 나타나는 갈등 간 인재 양성
  - 국가 인재 양성기구
  - 진흥왕 이지 기품 - 임원 14) _____
  - **화랑 정신**: 15) _____ (유교)
  - 16) _____ 진흥왕 때 이 화랑도의 행동 규범
  - 17) _____ 이 지은 세속오계는 임신신, 사신이효, 교우이신, 임전무퇴, 살생유택
  = 호국 불교 불교
  — 18) _____ : 화랑들이 유교의 충효사상을 익혔다는 것을 보여주는 대표적 유물
  — 19) _____ 『시』, 『예기』, 『좌전』, 『상서』 등을 공부할 것을 맹세함
  — 삼국 정통 유학 (유 = 孝)

> **시험 출제 포인트** | 신라인의 화랑도
>
> 귀한 가문의 자제로서 얼굴이 아름다운 사람을 뽑아 단장하여 이름을 화랑(花郞)이라 하고 받들게 하니, 따르는 무리가 구름같이 모여들었다. 혹은 도의를 서로 연마하고 혹은 노래와 음악으로 서로 즐기었으며, 명산과 대천을 돌아다니며 즐기는데 멀리 이르지 않은 곳이 없었다. 이로 인하여 사람의 그릇됨과 바름을 알게 되어 그 중의 착한 사람을 가려 뽑아 조정에 천거하였다.
> — 『삼국사기』

정답 1 사로6촌 2 대등 3 상대등 4 왕권 견제 5 진지왕 6 원시 7 씨족 8 진골 9 미륵 10 진골 11 평민 12 진흥왕 13 골품 14 도교적 15 호국적 16 세속 5계 17 원광 18 임신서기석 19 임신서기석

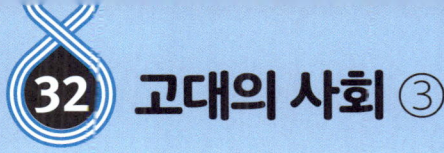

32 고대의 사회 ③

III. 사회사 - 고대

신라의 사회

● 골품 제도 (骨品) → 귀속 지위 > 성취 지위 = ___1___ 사회 구조

- 성립 배경

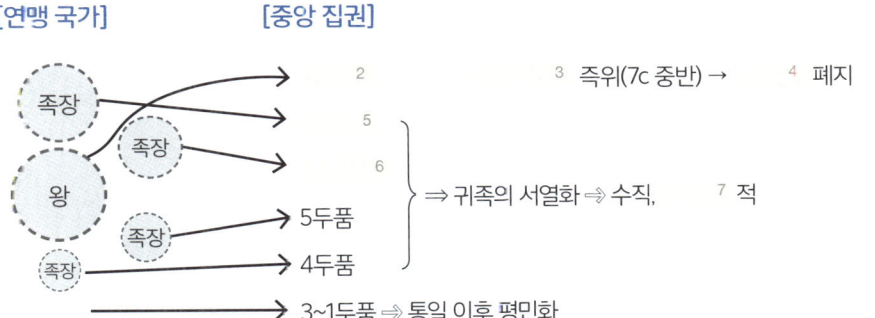

> **더 알아보기** 중위제 실시
> - 중위제: 비진골 출신들의 불만을 무마하기 위한 일종의 특진 제도

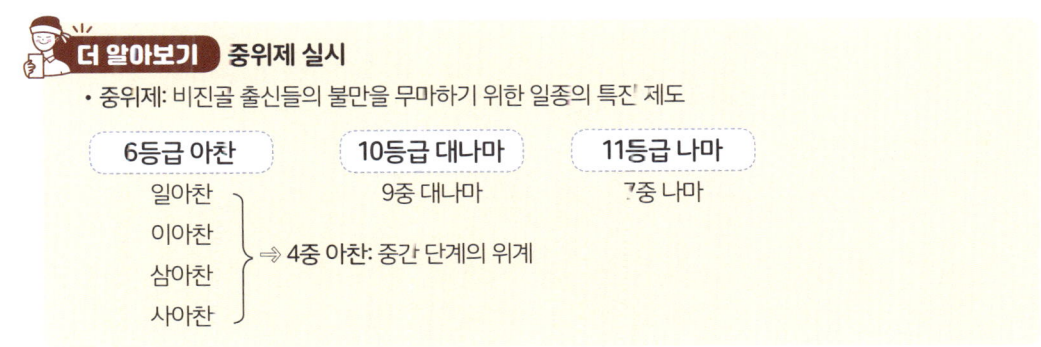

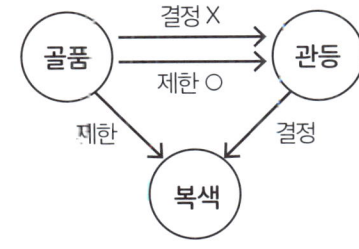

- 골품에 따라 관등 승진의 ___8___ 존재
- 가옥의 규모, 복색, 수레 등 일상 생활까지 규제
- 관등에 따라 ___9___ 차등(___10___ 기준x)

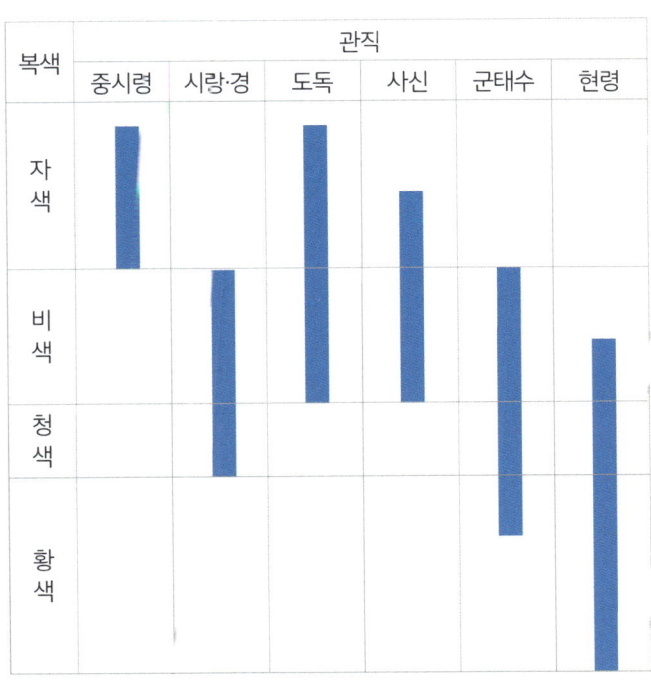

고대의 사회 ④

III. 사회사 - 고대

남북국의 사회

● 통일 신라

통 대
- **신지 융합 노력**: 기층 사회 이용해 (신라토 편입 정책↑)
  (지도층 영입 정책↑)
- 6두품: 득난 학문적 식견과 실무 능력으로 진출 확대, 왕의 정치 조언 → 중앙 관직, 국학 교수 등
  but, 중앙·지방 장관에는 오르지 X
- 골품제 폐쇄: 하급 귀족출신과 평민의 기층이 성자 세분화 폐쇄적임
  3 ~ 1두품 → 평민화

하 대
- 진지 융합 약화: 기층의 강압적 대세지 수조 편파대로 동요 → 6가 재정 악화
- 지방 세력의 성장: 지방에서 1._____ 세력이 성장 → 2._____ 세력이 중앙 세력보다 강대
- 농민 봉기: 정부의 강압적 수조권 수탈, 사치와 같은 폭동 중심
  → 3._____ 의 난(889), 적고적 봉기 등 전국 각지 농민 봉기 발생

● 발해

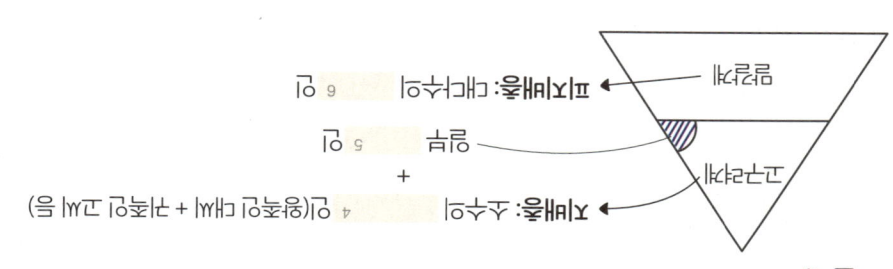

→ 지배총: 소수인 4._____(인구층인 대씨 + 가문인 고씨 등)
+
고구려계 → 일부 5._____ 인
말갈계 → 피지배층: 대다수인 6._____ 인

33 고려의 사회 ①

고려의 신분 제도

계층간 신분 상하 이동 가능 ⇩ 개방적 사회

지배층

귀족
- 왕족 · 공신 + ___1 고위 관료
- ___2 (정치적 특권) + ___3 (경제적 특권) 혜택 보유
- 왕실과 중첩 혼인, 문관 우대, 다양한 가문 존재, 과거를 통해 귀족 가문으로 성장 가능
- **변화:** ___4 (고려 초) → ___5 (문종 이후) → 무신(무신 집권기) → ___6 (원 간섭기) → ___7 (고려 말) ⇨ 관료적 성격 강화

중류층
- 통치 체제의 하부 구조를 맡아 중간층으로 자리 잡음
- ___8 세습 + 국가로부터 토지(___9)를 지급 받음
  - ex. 외역전, 군인전 ⇒ 전정 연립
- **유형**
  - **<하급 관리>**
    - ___10 : 중앙의 하급 관리
    - ___11 : 중앙 관청의 말단 서리
    - ___12 : 지방의 역 관리
  - **<기술 관리>** 역관, 의관 등의 잡과 출신
  - **<실무 관리>**
    - ___13 : 궁중 실무 관리
    - ___14 : 지방 행정 실무 관리
  - **<직업 군인>** ___15 (2군 6위)

더 알아보기 향리
- 상층 향리 → ___16, ___17
  - 호족 출신의 향리(준 귀족)
  - 지방의 실질적 지배층
  - 과거 응시로 중앙 진출
- 하층 향리: 말단 행정직, 행정 실무 담당
  - ___18 구성 - 지방 행정 실무
  - 직역 세습 - 토지(수조권) 지급

피지배층

양민

주로 일반 주 · 부 · 군 · 현에 거주, 농업 · 상공업에 종사
- ___19 (일반 농민) + 상인 + ___20 + 특수 집단민
  - ↳ 조세 · 공납 · 역의 의무 수행, ___21 에 법적 제한 X
- 특수 집단민 → ___22 보다 과중한 세금 부담, ___23 의 자유 X — ___24 (농업 → 국공유지 경작), ___25 (광업 + 수공업)
  - 진촌민(수로 교통 관리), 역촌민(육로 교통 관리)
  - 장민, ___26 : 국공유지에 거주, 왕실 재정 담당

천민

대부분 ___27, ___28 (도살업자), 양수척(가죽 수공업자), ___29 (광대), 진척(뱃사공) → 부역 X, 호적 등재 X
- 성(姓) 소유 불가
- 매매 · 증여 · 상속의 대상(의무 X, 권리 X)
- ___30 (→ 같은 신분끼리 결혼)
- 신분 상승 가능(관직 진출 불가)
- ___31 가 될 수 X

노비세전법(___32) - 부모가 노비이면 소생은 노비
___33 (___34) - 노비 자식은 어머니 소유주에게 귀속
___35 (___36) - 부모 중 어느 한 쪽이 노비이면 그 소생은 무조건 노비

[공노비] (= 관노비)
- ___37 노비
  - 궁중, 관청에 소속 · 급료 받음
  - 정로제(→ 60세 이상 면제)
- ___38 노비
  - 지방에 거주 · 국공유지 경작
  - 관청에 ___39 납부 · 정로제

[사노비]
- ___40 노비
  - 주인집에서 거주 · 잡일 담당
  - 지위가 가장 열악(→ 상승하는 경우X)
- ___41 노비
  - ___42 생활 · 민전 경작
  - 주인에게 ___43 납부 · 재산 축적 O
  - 자유결혼 O ≒ 양민과 비슷

정답 1 5품 이상 2 음서 3 공음전 4 호족 5 문벌 귀족 6 권문세족 7 신진 사대부 8 직역 9 수조권 10 서리 11 잡류 12 역리 13 남반 14 향리 15 군반 16 호장 17 부호장 18 등사 19 백정 20 수공업자 21 과거 응시 22 일반 양민 23 거주지 이전 24 향·부곡민 25 소(所)민 26 처민 27 노비 28 화척 29 재인 30 동색혼 31 승려 32 태조 33 천자수모법 34 정종 35 일천즉천 36 충렬왕 37 입역 38 외거 39 신공 40 솔거 41 외거 42 독립 43 신공

33 고려의 사회 ②

III. 사회사 - 고려

📜 풍습(風俗)

- 1 _____ (風俗): 풍습 등을 이루는 것
- 2 추모를 → 3 (동료 행사), 4
- 5 들의 엄밀한 기록 → 노력 풍습 양속 등
  └ '조선미안', '속대전 엄정' 등

매향비
※ 사천매향비

1387년에 향나무를 묻고 세운 것으로, 내세의 행운과 고려민진을 기원하는 내용 등이 담겨져 있음

🏛 사회 제도

인재 안정책

- 농번기에 장역 동원 금지
- 12 _____ : 재해 시 조·공납·역 감면제
  ├ 40% 손실 − 조 면제
  ├ 60% 손실 − 조·공 면제
  └ 70% 손실 − 조·공·역 면제
- 13 _____ (=자경강상법): 고리대 이자가 원금을 초과할 경우 더 이상 이자를 받지 못하게 X

농민 구휼책

- 흑창: 광덕 때 설치
- 14 _____ ← 15 _____ → 16 _____ : 평상시 곡물 구입하였다가 흉년에 곡물 방출 사업
- 17 _____ (상평): 물가 조절을 담당 기금을 마련하여 그 기금을 물가의 조절에 쓰는 기구

물가 조정 기구

- 18 (상평)
- 19 _____ · 20 _____ · 12 억에 설치
- 21 이곡 형마다 사창에 곡물을 둥기고 22 이발 때 빈민 사창에 단위으로 배급 가장 간편

의료 기관

- 23 (동·) : 에 설치
  ├ 24 에 설치
  ├ 25 설치
- 26 _____ : 백성의 질병 지급 치료와 의약 약 지급
- 28 ( ) · 29 ( )
- 30 (예종 추가): 31 시설

정답 1 매향 2 향나무 3 향마 4 미륵 신앙 5 농민 6 불교 신앙 7 불사 8 농민 공동 9 마을 공동 노역 10 조선 시대 11 상두꾼 12 재면법 13 자모상모 14 태조 15 의창 16 성종 17 제위보 18 상평창 19 개경 20 서경 21 풍년 22 흉년 23 동·서 대비원 24 개경 25 분사 대비원 26 혜민국 27 예종 28 구제도감 29 예종 30 구급도감 31 임시 구호

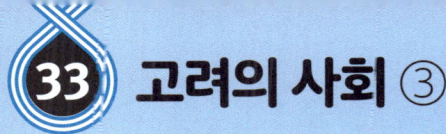

33 고려의 사회 ③

III. 사회사 - 고려

📁 법률과 풍속

● 법률

- 중국 당률 기반 71개조 기본법 시행 → but 임기응변적으로 형률을 제정
  ⇒ ¹ 중시
- 지방관이 ² 행사
- 종류: ³ (매질), ⁴ (곤장), ⁵ (감옥), ⁶ (유배), ⁷ (사형)
  +
  ⁸ (속동): 가벼운 범죄일 경우 돈을 내면 처벌 면제
  ⁹ : 일정 신분 이상의 사람이 죄 지은 경우 ¹⁰ 로 돌려보냄
- ¹¹ 는 중죄로 처벌
- ¹² 받은 자가 부모상 당하면 7일간의 휴가 집행
- 70세 이상 노부모를 두고 봉양할 가족이 없으면 형벌 집행 보류

● 풍속

- 일부일처제, 왕실에서는 ¹³ 성행
  ⇒ 원 간섭기: ¹⁴ 설치(¹⁵ 요구) → ¹⁶ 유행
- 상장제례: 상례·장례·제례 ─ 국가는 유교적 규범에 따라 의례 치를 것 강조
  └ 민간에서는 ¹⁷ + ¹⁸ · ¹⁹ 의식 거행
  └ 장례 - 절에서 화장, 제례 - 불교식 기일재
- 불교 행사 ─ [²⁰] 1월 15일(정월 보름) → 2월 15일
  │ 전국적 불교 행사, 군신이 함께 즐기는 명절
  └ [²¹] 10월 15일(²²), 11월 15일(²³)
     ²⁴ + ²⁵ + ²⁶ → 잡기(雜技)
     국가와 왕실의 태평 기원, 외국 사신 방문 → 국제 무역이 이루어짐

● 여성의 지위

非성리학적 사회

- 상속 ─ 자녀 ²⁷
  └ 남편이 먼저 죽으면 아내가 재산 분배권 행사
- 호주와 호적 ─ 여성 ²⁸ 가능 ─┐
  └ 호적·묘비에 ²⁹ 으로 기록 ─┘⇒ 남녀 차별 X
- 제사 ─ 아들이 없으면 딸이 제사 담당
  │ ³⁰ (제사를 자녀들이 돌아가면서 지냄)
  └ 상복에서 친가와 외가의 차이 X
- 혼인 ─ ³¹ (서류부가혼)
  │ ³² 나 외손자도 음서 혜택 적용
  │ 여성의 ³³ 허용(재가녀 자식의 사회적 차별 X)
  └ 여성이 남성과 대등하게 가정 생활

📖 사료 읽기 | 고려 시대의 사회

• 원 간섭기의 공녀 징발

고려에서는 딸을 낳으면 곧 비밀로 하고, 오로지 소문이 날까 우려하여 비록 이웃이라도 볼 수 없다 합니다. 매번 중국에서 사신이 올 때마다 서로 돌아보면서 얼굴빛을 바꾸고는 "왜 왔을까? 동녀(공녀)를 구하는 것인가? 처첩으로 데려가려 하는가?"라 합니다. 이어 군리(軍吏)가 사방으로 집집마다 수색을 하다가 혹 숨기거나 하면 곧 관련 이웃들을 잡아 두고 그 친족을 밧줄로 매어 채찍질과 몽둥이질을 하여 숨긴 딸을 찾고서야 그만둡니다. - 이곡, 『가정집』

• 고려 시대 여성의 지위

박유가 왕(충렬왕)에게 글을 올려 말하기를 "…… 우리나라는 남자가 적고 여자가 많은데 지금 신분의 높고 낮음을 막론하고 처를 하나 두는 데 그치고 있으며 아들이 없는 자들까지도 감히 첩을 두려고 생각하지 않고 있습니다. …… 그러므로 청컨대 여러 신하, 관료들로 하여금 여러 처를 두게 하되 …… 여러 처에서 낳은 아들들도 역시 본처가 낳은 아들처럼 벼슬을 할 수 있게 하기를 원합니다. ……"라고 하였다. …… 당시 재상들 가운데 그 부인을 무서워하는 자들이 있었기 때문에 그 의견을 정지하고 결국 실행되지 못하였다. - 『고려사』

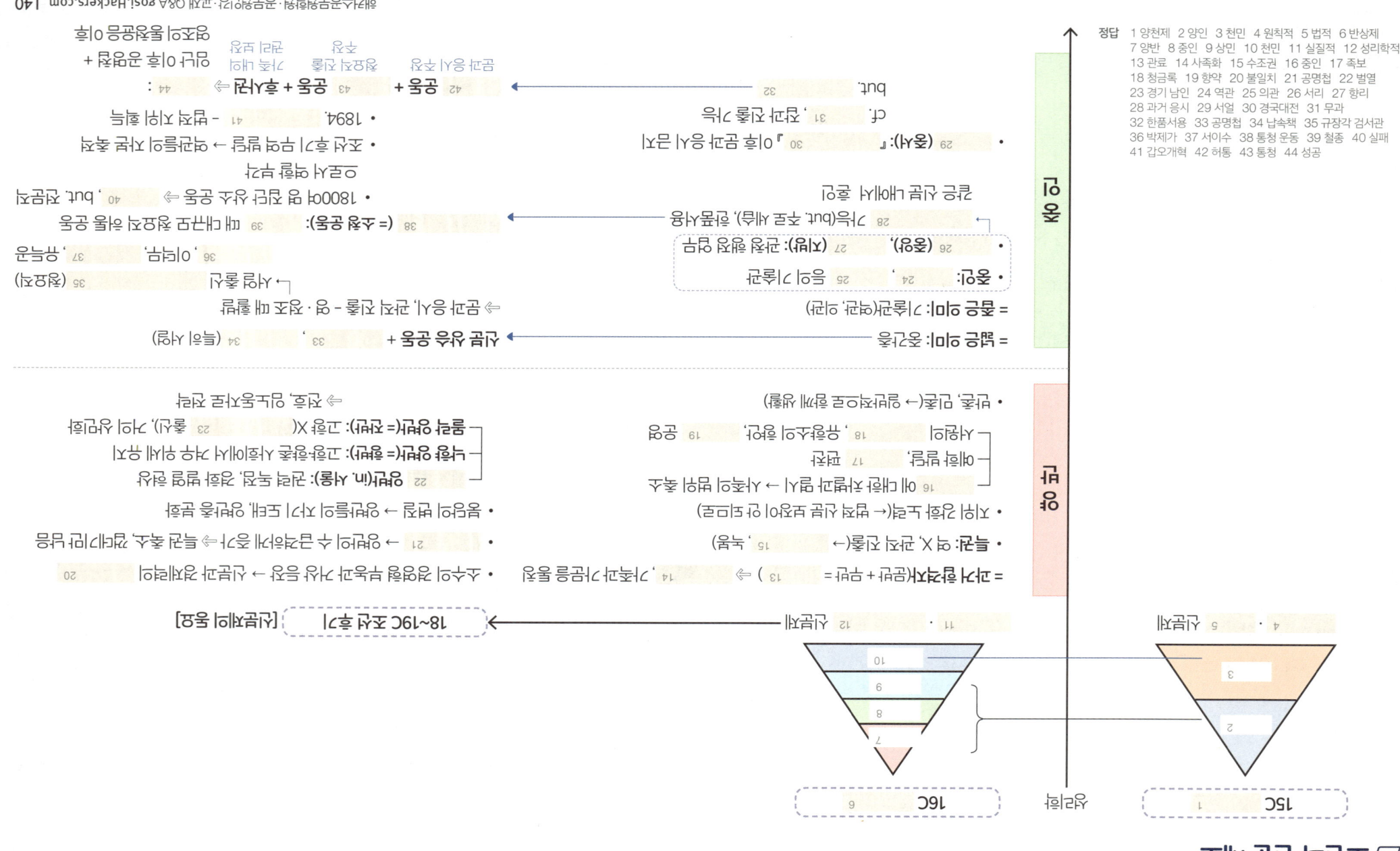

34 조선의 사회 ②

조선의 신분 제도

15C 양천제 — 성리학 — **16C 반상제** ────────→ **18~19C 조선 후기** [신분제의 동요]
원칙적·법적 신분제   실질적·성리학적 신분제

상민
- ¹ (백정 X), 상인, 수공업자,   ² ⇒ ³ 응시 가능
  (농민만)
- ⁴ (= 칠반 천역)
- ⁵ (노꾼), ⁶ (관청 잡역), ⁷ (고을 잡역), 역졸(말 관리),
  조졸(조세 운반), ⁸ (형사), 봉수꾼(봉화 관리) } 세습

급격히 감소 → 국가 재정 ⁹
  └ 공명첩 - 노비화
족보 위조 - ¹⁰ ¹¹

천민
- ¹² (多), 광대, 백정, 창기, 유오 잡직
  → 공노비에 포함, 별도의 잡일, 하급 기술직
- 천자수모법
- 일천즉천

[공노비]
- 급료 지급
- 정로제 ¹³
- 국·공유지 경작
- 농사(신공 납부) ¹⁴
- 정로제
- 유외잡직

[사노비]
- 집안 잡일 ¹⁵
- 자유 결혼 가능
- 재산 축적 가능
- 농사(신공 납부) ¹⁶
  └ 납공 노비

노비 → 상민
  └ 도망↑
- 군공, 납속 → 신분 상승 허용
- **영조**: ¹⁹ ⇒ 소급 적용 ⇒ 해방 노비 多
  (1731)   ²⁰ 파기
- 입역 노비(급료 지급) → ²¹ 노비 (납공)
  납공 노비화
- ²² 1년(1801): ²³ 6만 6천 명 해방
  ⇒ 국가 스스로 신분제 붕괴
  ⇒ 신분제 동요 인정
- **고종**: ²⁴ 폐지(1886) → 공·사 노비 해방(1894)
  → ²⁵ 때 법적으로 신분제 폐지

더 알아보기 — 고려와 조선의 외거 (사)노비 납부 차이
- 고려 민전 경작 → 상전에게 정해진 ¹⁷ 납부
- 조선 민전 경작 → ¹⁸ 의 수확량 전부 납부(신공)

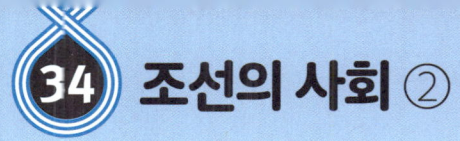

Focus

양반 → 양반 수 증가
중인 ┐
상민 ┤ 수 감소
천민 ┘
↓
상민 수 감소
(= 국가 재정의 악화)
↔ 대비책
  ²⁶ (영조)
  ²⁷ (순조)

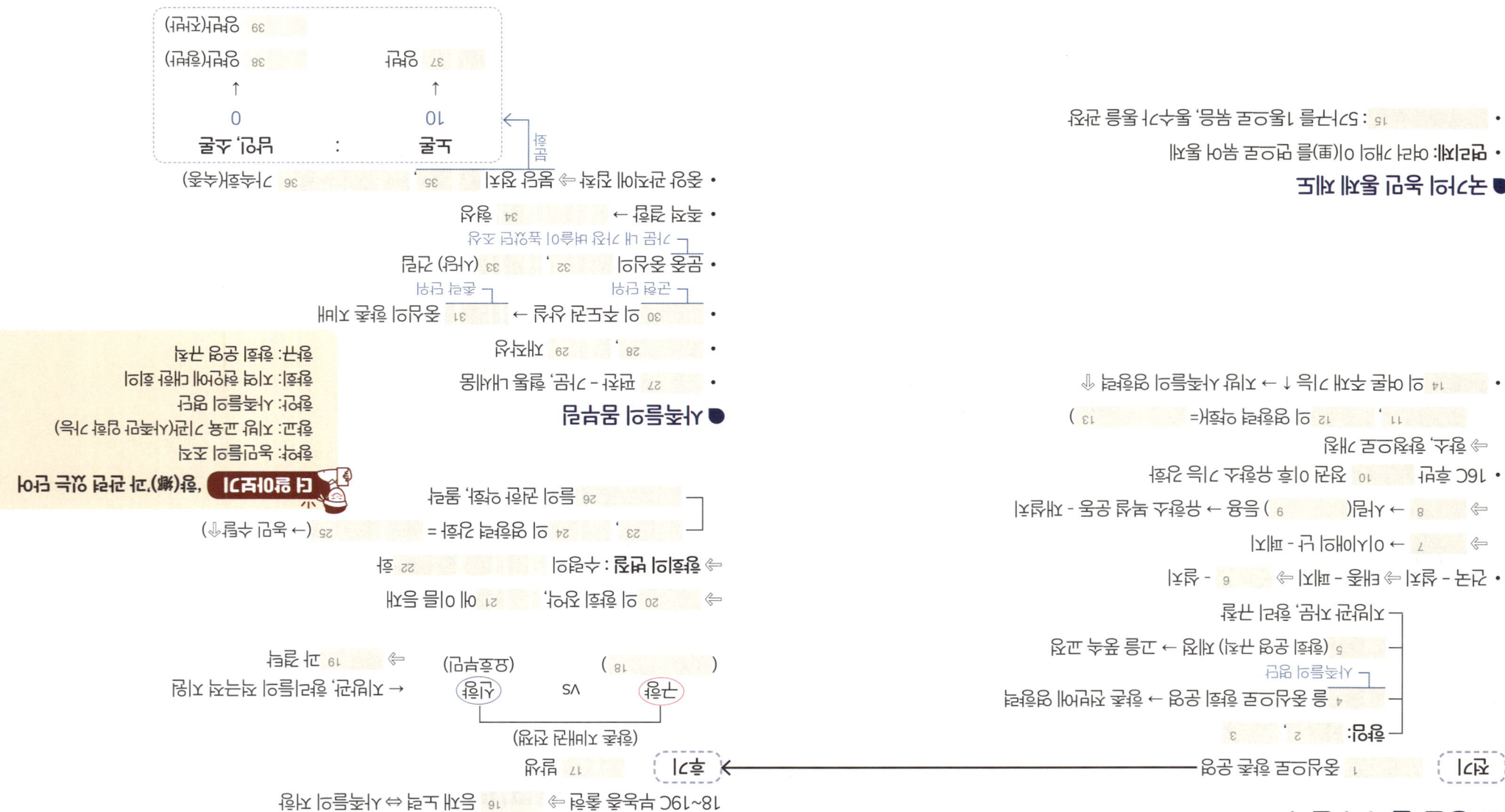

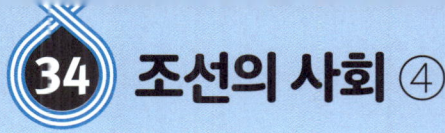

34 조선의 사회 ④

III. 사회사 - 조선

📁 사회 조직의 변화

- 15C: 1_____, 2_____, 3_____ ⇨ 농민들의 자발적 결사체
  └ 마을의 상·장례 주관
    └ 4_____ 의 유래
- 16C: 5_____ ⇨ 재지사족들이 농민들을 통제하기 위한 6_____ 결사체
- 17C: 7_____, 8_____ ⇨ 임난 이후 평민들도 참여
  └ 사족 중심

📁 유교 윤리의 보급

● 예학
- 삼강오륜의 기본 → 종족 내부의 의례
- 신분 질서의 안정 목적, 19_____ 에 의해 보급
- 양 난 이후 김장생, 정구에 의해 발전
  ⇨ 양반들의 신분적 우월성 강조
    사림 간의 정쟁 구실 (cf. 20_____)

● (족)보학
- 16C ~ 사림 집권 이후 족보 편찬 (→ 현존 最古 『 21_____ 』: 성종 때)
- 종족의 종적·횡적 관계 확인
- 사족들의 신분적 우월성 확보 노력
- 종족 결속 + 우월 의식 + 붕당 구별 + 배우자 간택 시 사용
  ⇨ 조선 후기 22_____ 이후 양반 문벌 제도 강화에 기여
    └ 주로 벌열 양반

● 향약
- 9_____ 때 10_____ 에 의해 시행
  └ 승의 '여씨향약' ⇨ 이황의 ' 11_____ '
                    이이의 ' 12_____ '
- 유교적 통제, 향촌 질서 유지, 향촌 자치
- 4대 강목: 13_____ , 예속상교, 과실상규, 14_____
- 여성을 비롯, 양반 ~ 노비까지 가입
- 15_____ , 서원, 유향소에서 16_____ (향약 회의) 운영
- 17_____ (도약정 + 부약정), 18_____ (간사)에 의해 운영

📁 사회 제도

● 환곡 제도 ⇨ 각 아문이 23_____ 을 재정 수입 주요 항목으로 이용
- ⇨ 24_____ 화, 25_____ 화
- 26_____ , 27_____ - 물가 조절 기구 ⇨ 16C 28_____ 기능을 담당 / 후기 동전 주조
- 29_____ : 양반 지주 중심, 향촌 자치적 구휼 제도
  3C 처음 실시 (대구) ⇨ 문종 제도화 ⇨ 성종 폐지 (염묵적 허용) ⇨ 영조 단속 ⇨ 31_____ 부활

● 의료 시설
- 32_____ (→ 33_____): 약재 판매
- 34_____ : 개성, 음식+치료
  ↓
- 35_____ : 한양, 음식+치료
- 36_____ : 서울·지방민의 구호 및 진료 (⇨ 세조(1460) 때 37_____ 에 통합됨)

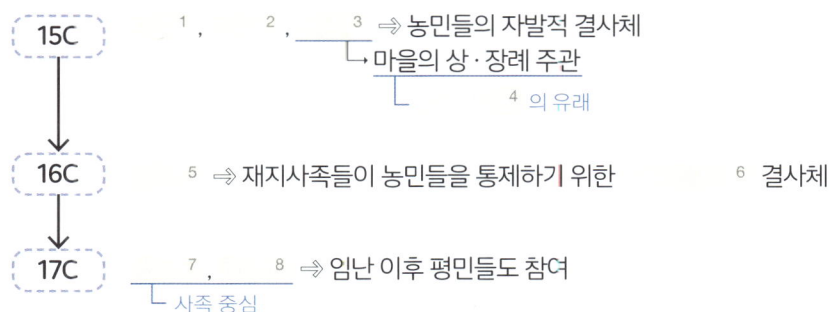

34 조선의 사회 ⑤

III. 사회사 – 조선

📁 법률

『_____¹』 + 『_____²』 + _____³
(세조 ~ 성종)　　(주로 형사)　　(주로 민사)

● 사법 기관

- 중앙 ─── _____⁴ : 중대 범죄(반역죄) · 신문고 담당
　　　　　└ 왕족, 양반
　　　├ _____⁵ 관리 감찰
　　　├ _____⁶ : 사법 감독
　　　├ _____⁷ : 수도의 행정 · 치안, 토지 · 가옥에 관한 부동산 소송
　　　　　→ _____⁸ 으로 사법권 행사
　　　└ _____⁹ (___¹⁰): 노비 소송 문제

- 지방 ─── 사법권 → _____¹¹ , _____¹² 이 재판
　　　　　└ _____¹³ (좌포청 + 우포청)→ 형사 · 민사 사건, 치안 담당

● 재판 제도

- 반역죄와 _____¹⁴ → 중죄로 처벌(연좌제 시행)
- _____¹⁵ · _____¹⁶ · _____¹⁷ · _____¹⁸ · _____¹⁹ → 5형 체제
- _____²⁰ : 재판에 불복 시 다른 관청 혹은 상부 관청에 항소 가능
- **종법**: 재산 · 노비 · 상속 문제에 적용(_____²¹ 가족 질서)
- **민법**: _____²² 에 따라 처리
　　　초기 _____²³ 소송이 주류 ⇨ 16C 이후 _____²⁴ 이 주류
　　　　(장례원)　　　　　　　　　　　　(묫자리 쟁탈전)

📁 가족 제도의 변화⭐

[전기] ───────────────────────────────→ [17C~] → 완전 성리학적 사회

남녀 차별 ___²⁵ , 적서 차별 ___²⁶ ⇒ 약간 성리학적 사회
　　└ 자녀 ___²⁷ , 제사는 _____²⁸ ,
　　　 ___²⁹ 족보 기재, ___³⁰ (= 남귀여가혼, "장가")

- _____³¹ **가족 제도 =** _____³² **질서**
- _____³³ **제도** : 신부 집에서 예식 후 신랑 집으로
- _____³⁴ **제도** : 혼례 뒤에는 신랑 집에서 생활, "시집"
- _____³⁵ (cf. 중기 – 대를 잇는 아들에게 1/5 추가 상속)
- _____³⁶ 제도, 부계 위주의 족보, _____³⁷ 순서
- 과부의 재가 금지, 효자 · 열녀 표창
- 집안에 위패를 모셔 제사(사우 건립)
- _____³⁸ 가 기본 → 축첩 허용

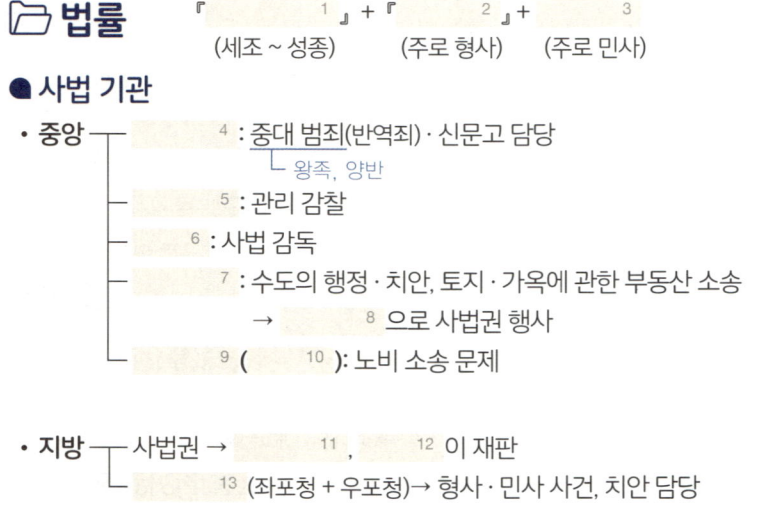

정답 1 경국대전 2 대명률 3 국전속록 4 의금부 5 사헌부 6 형조 7 한성부 8 형조 9 장례원 10 사노 11 수령 12 관찰사 13 포도청 14 강상죄 15 태 16 장 17 도 18 유 19 사 20 상소 21 유교적 22 관습법 23 노비 24 산송 25 X 26 O 27 균분 상속 28 윤회 봉사 29 자녀 균분 30 처가살이 31 가부장적 32 종법적 33 친영 34 친영 35 장자 우대 상속 36 종법 37 선남 후녀 38 일부일처제

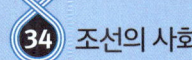

34 조선의 사회

맵핑 핵심 자료

III. 사회사 - 조선

서얼에 대한 차별

죄를 범해 영구히 임용할 수 없게 된 자, 장리(贓吏, 뇌물을 받거나 횡령죄를 범한 벼슬아치)의 아들, 재가하거나 실행(失行)한 부녀의 아들 및 손자, 그리고 서얼은 문과와 생원·진사시에 응시하지 못한다.
— 『경국대전』

노비에 대한 법률

- 무릇 노비의 매매는 관청에 신고하여야 한다. 사사로이 몰래 매매하였을 경우에는 관청에서 그 노비 및 대가로 받은 물건을 모두 몰수한다. 나이 16세 이상 50세 이하는 가격이 저화 4천장이고 15세 이하 50세 이상은 3천장이다.

- 천민의 계보는 어머니의 역을 따른다. 천민이 양인 아내를 맞이하여 낳은 자식은 아버지의 역을 따른다.
— 『경국대전』

조선 후기 신분제의 동요

- 옷차림은 신분의 귀천을 나타내는 것이다. 그런데 어찌 된 까닭인지 근래 이것이 문란해져 상민과 천민이 갓을 쓰고 도포를 입는다. …… 심지어 시전 상인이나 군역을 지는 상민까지도 서로 양반이라 부른다.
— 『일성록』

- 백성에게 납속을 모집하여 상으로 관직을 주었다. 납속의 많고 적음에 따라 벼슬의 높낮이를 정하였다. 금과 옥같이 귀한 벼슬이 천하고 한미한 무리들에게까지 간다.
— 『선조실록』

서얼의 통청 운동

황경헌 등 하삼도의 유생들이 상소하여 아뢰다. "작위의 높고 낮음은 조정에서만 써야 할 것이고 적자와 서자의 구별은 한 집안에서만 통용되어야 할 것입니다. …… 공사천 신분이었다가 면천된 이들은 벼슬을 받기도 하고 아전이었다가 관직을 받은 이들은 높은 자리에 오르기도 하는데 저희들은 한번 낮아진 신분이 대대로 후손에게 이어져 영구히 서족(庶族)이 되어 훌륭한 임금이 다스리는 세상임에도 그저 버려진 사람들이 되어 있습니다."
— 『정조실록』

기술직 중인의 소청 운동

아! 중인들은 본시 모두 사대부였는데 또는 의료직에 들어가고 또는 통역에 들어가 그 역할을 7~8대나 10여 대로 전하니 사람들이 서울 중촌(中村)의 오래된 집안이라고 불렀다. 문장과 대대로 쌓아 내려오는 미덕은 비록 사대부에 비길 수 없으나 유명한 재상, 지체 높고 번창한 집안 외에 이들보다 나은 자는 없다. 비록 나라의 법전에 금지한 바 없으나 자연히 명예롭고 좋은 관직으로의 진출은 막히거나 걸려 수백 년 원한이 쌓여 펴지 못한 한이 있고 이를 호소할 기약조차 없으니 이는 무슨 죄악이며 무슨 업보인가?
— 『상원과방』

향전

- 영덕의 고가와 대족(구향, 舊鄕)은 모두 남인이며, 소위 신향(新鄕)은 모두 향리와 서리의 자식이고 자칭 서인이라고 하는 자들입니다. 근래 서인이 향교를 주관하면서 구향들과 서로 마찰을 빚고 있습니다.
— 『승정원일기』

- 보성군에는 교파와 약파가 있다. 교파는 향교에 다니는 자들이고, 약파는 향약을 주관하는 자들이다. 서로 투쟁이 끊이지 않고 모함하는 일이 갈수록 더하여 갔다. 드디어 풍속이 도에서 가장 나빠졌다.
— 『목민심서』

공노비 해방

하교하기를, "선조(先朝)께서 내노비(內奴婢)와 시노비(寺奴婢)를 일찍이 혁파하고자 하셨으니, 내가 마땅히 이 뜻을 이어받아 지금부터 일체 혁파하려 한다. 그리고 그 급대(給代)는 장용영으로 하여금 거행하게 하겠다." 하고, 문임으로 하여금 윤음(綸音)을 대신 지어 효유케 하였다. 그리고 승지에게 명하여 내사(內司)와 각 궁방(宮房) 및 각 관사(官司)의 노비안을 돈화문(敦化門) 밖에서 불태우고 아뢰도록 하였다.
— 『순조실록』

해주 향약 입약 범례문

무릇 뒤에 향약에 가입하기를 원하는 자에게는 반드시 먼저 규약문을 보여 몇 달 동안 실행할 수 있는가를 스스로 헤아려 본 뒤에 가입하기를 청하게 한다. 가입을 청하는 자는 반드시 단자에 참가하기를 원하는 뜻을 자세히 조어서 모임이 있을 때에 진술하고, 사람을 시켜 약정(約正)에게 바치면 약정은 여러 사람에게 물어서 좋다고 한 다음에야 글로 답하고 다음 모임에 참여하게 한다.
— 이이, 『율곡전서』

족보의 의미

내가 생각하건대 옛날에는 종법이 있어 대수(代數)의 차례가 잡히고, 적자와 서자의 자손이 구별 지어져 영원히 알 수 있었다. 종법이 없어지고는 족보가 생겨났는데, 무릇 족보를 만듦에 있어 반드시 그 근본을 거슬러 어디서부터 나왔는가를 따지고, 그 이유를 자세히 적어 그 계통을 밝히고 친함과 친하지 않음을 구별하게 된다.
— 『안동 권씨 성화보』

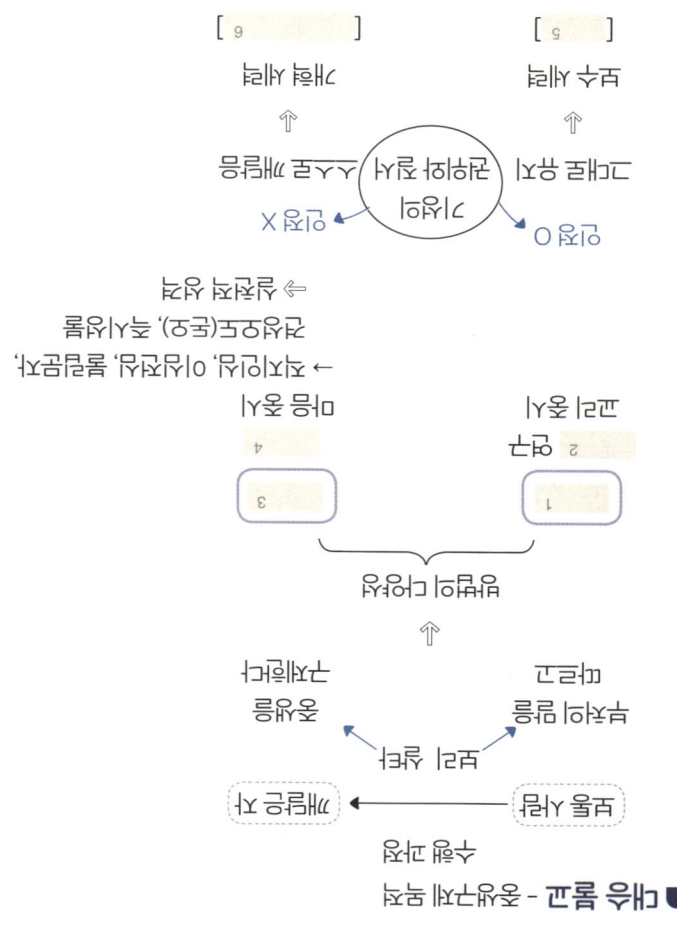

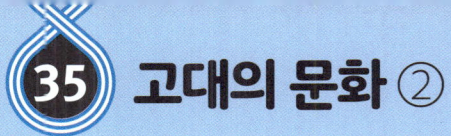

35 고대의 문화 ②

III. 문화사 - 고대

📁 삼국의 불교

- **특징**: 왕실 불교, 귀족 불교, 호국 불교
- **역할**
  - 고대 문화 발전에 기여
  - 철학적 인식의 토대 구축 ➡ 불교를 통해 인간 사회의 갈등·모순 해소
  - _____¹ 와 _____² 강화에 기여

고구려

● 수용·공인
전진의 승려 _____³ (372, _____⁴)

● 발전
- _____⁵ **발전**: 중관 사상 계통의 종파(중론, 백론, 십이문론)
  - [_____⁶] 중국 삼론종의 종주로 삼론학을 집대성
  - [_____⁷ ·도징] 일본에 삼론학 전파
- _____⁸ **발전**: 고구려 말 흥기, 보덕이 열반종을 백제·신라에 전파

백제

● 수용·공인
동진의 승려 _____⁹ (384, _____¹⁰)

● 발전
- _____¹¹ **발전**: 계율 중시, 개인의 소승적 해탈 강조
  - [_____¹²] 성왕 때 인도에서 율종 불경을 들여옴
  - [_____¹³] 성왕 때 일본에 불상·불경 전달
- [관륵] _____¹⁴ 때 일본에 불교·천문지리·역법 등 전파

신라 ★

● 수용·공인
고구려의 승려 묵호자가 불교 전래(457, _____¹⁵)
→ _____¹⁶ 의 순교로 불교 공인(527, _____¹⁷)

● 발전
- **교리**: _____¹⁸ , _____¹⁹ (윤회설), 미륵 신앙
  → 왕권과 밀착, 지배의 정당성, 호국 불교
- **정책**
  - [법흥왕] 불교식 왕명 사용
  - [진흥왕] _____²⁰ , '국통 - 주통 - 군통'으로 교단 조직
    ↳ 승려 _____²¹ 을 국통으로 삼음
  - [진평왕] 진종설 유포, _____²² 의 세속 5계로 화랑들을 교육
  - [선덕 여왕] 대국통 자장이 계율종 개창
    _____²³ 의 건의로 황룡사 9층 목탑 건립

> **사료 읽기 | 법흥왕의 불교 공인**
> 이에 대왕(법흥왕)이 위엄을 갖추고 사방에 무시무시한 형구(形具)를 벌려 놓고 군신을 불러 물었다. "내가 절을 지으려고 하는데 그대들은 일부러 못하게 하는가." …… 대왕이 분노하여 목을 베라고 명하였다. 옥리가 목을 베자 흰 젖이 한 길이나 솟았고, 하늘이 침침하여 햇빛이 흐려지고 땅이 진동하고 하늘에서 꽃이 내려왔다.
> - 『삼국유사』

35 고대의 문화 (3)

III. 문화사 - 고대

📖 통일 신라의 불교

● 불교 사상의 발달

- 불교의 이해 기반 마련: 고구려, 백제에서 전래된 7C 말 원효·의상 등 불교의 중관사상 + 유식 불교의 토대 확립
- 불교의 대중화: 1 원효 2 의상을 중심으로 대중 불교 발전
  - 교종 3 5교: 신라 하대에 유학생 증가에 따라 교종 5교가 9산 선문 개창

● 대표 승려

★ 원효

- 5 두 종파 6 "피차별 수 없다 7 대승기신론소 8 금강삼매경론 "저술
- 9 원효: 10 사상들을 파동으로 정리 귀족 대 대중 → 11 일심 사상
  - 12 모든 것이 마음에서 일어남 → 귀족 대종과 민중 신앙의 공통 대립
- 13 아미타 불교신앙 개창
- 14 아미타 신앙: 누구나 "나무아미타불"만 외우면 극락(정토)에 갈 수 있음(정토 종교)
  - 불교의 대중화에 기여 -

★ 의상

- 15 ○ 당 유학, 16 "귀국 수
- 17 영주 부석사에서 화엄종을 개창, 18 "설법 많음"이 이를고 있다."
  - 19 자술: 20 "화엄(華嚴 多母一)→일즉다 다즉일" 화엄의 진수를 강조 + 원용사상, 만물이 모두 하나 → 아미타 신앙을 대변하여 받음들임 (사 교세력)   (민중세력)
- 21 원용화상 + 22 신앙 → 아미타 신앙 많은 사람들에게 전파
- ● 화엄일승법계도

혜초

- 당·인도·중앙아시아 순례
- 26 " 27 (기행문) 저술: 중국 둔황 석굴사원에서 발견 현재 파리 국립 도서관에 보관

교류

- 원측: 『해심밀경소』 저술
- ● 이 밖에
  - 22 이 (유식학) 교통(交通)의 대가 해인의 대가
  - 23 이 (유식) 경주 해인사의 대가
  - 이 하시에 "중국 인식(唯識), 사차, 동식)이다."
  - 24 원측: 25 이 영향을 제자들이 신라사상계 장약
  - 『인왕경소』, 『해심밀경소』 저술

정답 1 원효 2 의상 3 5교 4 9산 선문 5 6두품 6 × 7 대승기신론소 8 금강삼매경론 9 십문화쟁론 10 일심 11 화쟁 12 일체유심조 13 분황사 14 아미타 신앙 15 ○ 16 문무왕 17 양양 낙산사 18 화엄 사상 19 화엄일승법계도 20 일즉다 다즉일 21 관음 22 현장 23 유식학 24 서명학파 25 티벳 불교 26 왕오천축국전 27 인도

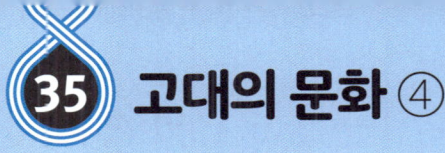

35 고대의 문화 ④

III. 문화사 - 고대

통일 신라의 불교

선종의 확산
- 통일 전후(신라 중대)에 법랑(선덕 여왕 때 승려), 신행(혜공왕 때 승려) 등을 통해 전라
  → 신라 하대 귀족 사회의 분열과 지방 세력의 성장으로 지방에 널리 확산
- 실천적 성격(구체적인 실천 수행 강조), 좌선·참선 중시(마음속에 내재된 깨달음을 얻는 것을 강조)
  → 개혁적 성격, 호족과 연계
- ___¹ 의 후원으로 선종 9산(___²) 성립
- ___³ 과 탑비 유행 → 지방 문화 활성화에 기여, 조형 미술이 침체
- 고려 왕조 개창의 사상적 기반 마련

발해의 불교
- 왕실과 귀족 중심으로 불교 성행 → ___⁴ : "불교적 성왕"이라 자칭
  └ 다흥보력효감 금륜성법 대왕(전륜성왕)
- 상경에 10여 개의 절터와 불상 발견
- **대표 승려**: 석정소, 석인정 등
- 관음 신앙, 법화 신앙
  └ "참회"

풍수지리 사상
- 신라 하대 선종 승려인 ___⁵ 에 의해 당으로부터 전래
- 지형과 지세에 따라 도읍·주택·묘지 등 선정 → 국토의 효율적 이용과 관련하여 활용됨
- 도참 신앙과 결부되어 산수의 생김새로 미래 예측
- 지방 ___⁶ 들의 신봉을 받음 → 지방 중심의 국토 재편성, ___⁷ 의 사상적 배경이 됨

 **사료 읽기** | 고려 건국과 관련된 풍수지리 사상

도선과 왕건의 부친이 함께 구령에 올라 산수의 맥을 살펴보았다. ' …… 水의 큰 숫자를 따라서 집을 36간으로 지으면 하늘과 땅의 큰 수에 응할 것입니다. 만일 이 비결대로 하면 반드시 성자(聖者)가 태어날 것이니, 마땅히 이름을 왕건이라고 하소서' 하고, 편지 한 통을 몰래 봉해 주었다. 그 겉봉에 '도선은 삼가 글월을 받들어 백 번 절하고, 미래 삼한을 통합할 임금 대원군자(大原君子)님께 드립니다.' …… 왕건 아버지는 곧 이 비결에 따라 집을 짓고 살았다.
— 『고려사』

정답 | 1 호족 2 9산 선문 3 승탑 4 문왕 5 도선 6 호족 7 묘청의 난

35 고대의 문화

해커스공무원 이중석 맵핑 한국사 올인원 블랭크노트

III. 문화사 - 고대

📖 맵핑 핵심 자료

▨ 원광의 세속 5계

이 때 원광법사가 수나라에 갔다가 돌아와서 가실사에 머물며 존경을 받고 있다는 말을 듣고 두 사람이 찾아가서 말했다. "저희들은 어리석어 아는 바가 없습니다. 부디 한 말씀 내리시어 평생 동안 잠언으로 삼도록 해 주십시오." 법사가 말씀하셨다. "불교에는 10가지 보살계가 있다. 그대들은 남의 신하와 자식 된 몸이니 지킬 수 없을 것이다. 지금 세속에 5계가 있다. 첫째는 충성으로 임금을 섬기는 일이요, 둘째는 효도로써 어버이를 섬기는 일이요, 셋째는 믿음으로 벗을 사귀는 일이요, 넷째는 싸움에서 물러서지 않는 일이요, 다섯째는 산 것을 죽이되 가려서 하라는 것이다. 그대들은 가볍게 여기지 말고 반드시 실천하라."

– 『삼국사기』

▨ 황룡사 9층 목탑의 건립(자장)

선덕왕 즉위 5년에 자장 법사가 서쪽으로 유학하였다. …… "그대 나라에 어떤 어려운 일이 있소?" 자장이 대답하였다. "우리나라는 북쪽으로 말갈에 이어졌고, 남으로는 왜국이 가까이 있습니다. 또 고구려, 백제 두 나라가 변경을 차례로 침범하는 등 외국의 노략질이 심합니다. 이것이 백성들의 걱정입니다." …… 신인이 말하였다. "황룡사 호법룡은 내 맏아들이오. 범왕의 명령으로 절을 보호하고 있소. 본국에 돌아가서 그 절에 9층 목탑을 세우면, 이웃 나라들이 항복하여 오고 주변 아홉 나라[九韓]가 와서 조공하여 왕업이 길이 태평할 것이오. 탑을 세운 후에 팔관회를 베풀고 죄인을 놓아주면 외적이 침범하지 못할 것이오."

– 『삼국유사』

▨ 원효의 화쟁 사상

열면 헬 수 없고 가없는 뜻이 대종(大宗)이 되고, 합하면 이문(二門) 일심(一心)의 법이 그 요체가 되어 있다. 그 이문 속에 만 가지 뜻이 다 포용되어 조금도 혼란 됨이 없으며, 가없는 뜻이 일심과 하나가 되어 혼용된다. 이런 까닭에 전개, 통합이 자재하고 수립, 타파가 걸림이 없다. 펼친다고 번거로운 것이 아니고 합친다고 좁아지는 것도 아니다. 그리하여 수립하되 얻음이 없고 타파하되 잃음이 없다.

– 『대승기신론소』

▨ 불교 대중화(원효)

원효가 이미 계를 범한 이후 속인의 복장으로 갈아입고, 스스로 소성거사라 불렀다. …… 화엄경의 "모든 것에 거침없는 사람은 한 가지 길로 나서 죽는다."는 대목을 가지고 무애라 이름짓고, 노래를 지어 세상에 유행시켰다. 일찍이 이것을 지니고 모든 마을, 모든 부락을 돌며 노래하고 춤추면서 다녔는데, 노래로 불교에 귀의하게 하기를 뽕나무 농사 짓는 늙은이며 독 짓는 옹기장이에다 원숭이 무리들까지 모두 부처님의 이름을 알고 나무아미타불을 외우게 되었으니, 원효의 교화가 크다.

– 『삼국유사』

▨ 문무왕과 의상

문무왕이 경주에 성곽을 쌓아 모습을 새롭게 하려 하였다. 의상이 "비록 초야 모옥에 있더라도 바른 길만 행하면 복된 일이 오랠 것이나, 만일 그렇지 못하면 훌륭한 성을 쌓을지라도 아무 이익이 없을 것입니다."하자, 왕이 성 쌓는 일을 그만두었다.

– 『삼국사기』

▨ 의상의 화엄 사상

하나가 곧 일체이며, 한 작은 티끌 속에 시방이 있는 것이요, 한 찰나가 곧 영원이다. 양에 있어서 셀 수 없는 많은 것이 있지만 그것은 실은 하나이며, 공간은 시방으로 너르게 되어 있지만 그것이 한 작은 티끌 속에 포함되어 있으며, 시간에 있어서 영원한 것도 한 찰나이다.

– 『화엄일승법계도』

▨ 신라 하대 선종의 유행

도의가 중국에 건너가 서당 지장으로부터 '심인(心印)'을 얻어 돌아왔다. 처음으로 선을 말하니 (선을 모르는 사람들은) 원숭이처럼 조급한 마음에 사로잡혀 북쪽으로 달아났고, 메추리가 제 날개를 자랑하며 붕(鵬)새가 남쪽 바다로 떠나려는 높은 뜻을 비난하였다. 이미 배운 것에 흠뻑 젖어 헛된 말이라고 비웃으니, 빛을 행랑채 아래에 감추고 자취를 항아리 속에 넣었다. 법을 전할 생각을 그만두고 북산(설악산)에 은둔하였다. …… 그러나 겨울 산봉우리에 빼어나고 고요한 숲 속에서 꽃다우매 덕을 사모하여 모여든 사람들이 산에 가득하고 나쁜 마음을 바로잡은 사람이 골짜기에 넘치게 되었다. 진리는 없어지지 않고 때가 되면 저절로 행해지는 것이다.

– 『고운선생문집』

35 고대의 문화 ⑤

III. 문화사 - 고대

📁 도교

- 민간 신앙 + 산천 숭배 + 신선 사상
- 노자 · 장자의 사상 (¹   사상)
- 현세구복 + 불로장생, 귀족 사회의 환영을 받음

고구려

- 영류왕 때 당으로부터 유입
  → ²   의 도교 장려 정책 (왕실 견제 목적)
- 강서 고분(강서대묘)의   ³   : 도교의 방위신 그림
- 을지 문덕의 오언시: 『도덕경』의 내용 반영

📍 사신도(현무도)

백제

- ⁴   - 산수문전, 자연과 더불어 살고자 하는 백제인의 생각 표현
- ⁵   - 신선들이 사는 이상 세계 형상화
- ⁶   비문 - 사택지적이 불당을 세운 내력 기록
  4 · 6변려체 문장 사용
  └『도덕경』문체
- 무령왕릉 지석(매지권)에 토지신 제사를 지낸 기록
- 막그해 장군(근초고왕 때 귀족)이 『도덕경』의 내용을 인용해 고구려 진격 만류

📍 산수무늬 벽돌

📍 백제 금동 대향로

신라

- ⁷   를 '국선도·풍류도·풍월도'라는 도교적 명칭으로 지칭

통일 신라

- 지배층의 퇴폐적, 향락적 풍조에 반발 ⇒ 은둔 생활
- 최치원의 4산·비문·   ⁸   : 유교 + 도교 + 불교 사상을 복합적으로 표현
- 무덤 주위에 12지 신상 조각: 불교와 도교의 결합
  └ 김유신 묘(굴식 돌방무덤)

📍 12지 신(김유신 묘)

발해

- 정효 공주 묘지에 불로장생 사상이 나타남
- 정혜 공주, 정효 공주 묘비에 4 · 6변려체 사용

35 고대의 공부 ⑨

III. 문화사 - 고대

📖 유학의 발달

■ 유학의 보급
- 초기: 율령 시대 → 경당 유학의 뚜렷한 발전
- 발달 : 학생과 통일의 귀족층이 유교적 소양 중시
  - 유교: 문화의 주류로 이두 ↔ 통일, 정치적 금자

■ 교육기관과 학자의 발달

고구려
- 교육 기관:
  - 1_____: 소수림왕 때 설립, 최초의 교육 기관
    - 가정 자제들에게 유교경전과 역사서 교육
  - 2_____: 장수왕 때 설립, 지방 교육 기관
    - 평민 자제들에게 한학과 무술 교육
- 발달 : 유교적 대응들이 국가상력으로 발전 관리에 중용될 수 있는 기본 기능

백제
- 교육 기관: 5경사·이사사·역사사 등 교육 담당 기구 출현
  - 기록× → 문화 발전과 기술 기반에 기여 「」
  - 백제의 개인명이 일본에 숨기지 않도록 공동 유명 전달
- 발달 : 미술 - 4·6 변려체형과 간두문송을 세련되게 기록

신라
- 교육 기관:
  - 3_____ 노동제자들에게 상호 군영 및 고문 교육
    - 집단의 유교가 보급
- 발달 : 유교 경전 통합 능력 기능 기구
  - 임신서기석 - 유교 경전 학습 다짐 기록

통일 신라

- 교육 기관:
  - 4_____ 신문왕 때 설립, 유학 교육 기관 → 『논어』, 『효경』 등 교육
    ↑
  - 5_____ (경덕왕) - 박사와 조교를 두어 유학 교육
    ↑
  - 6_____ (혜공왕)
  - 『논어』, 『효경』 등을 교육
- 관리 등용:
  - 7_____ (원성왕)
  → 유교 경전의 이해 정도에 따라 시험등급을 배문·목을·하용·특품으로 구분
  → 기존 골문제도로 인해 제대로 목하이 이루어지지 못함

    Focus 독서
    - 입학: 12등급 이하 대사 이상의 관등이 없는 귀족의 자제들(15~30세)
    - 필수 과목: 『논어』, 『효경』
    - 수업 기간: 9년 (승진/제한 가능)

발해
- 교육 기관: 8_____ - 유학, 가족 자제를 대상으로 유학 경전과 한문학 등 교육
- 발달 : 유학의 발달로 · 정혜공주·정효공주의 묘지 등에 유교 경전 인용 가능
  - 귀족문화 5경 등의 교육을 미술에 재정

정답 1 태학 2 경당 3 화랑도 4 국학 5 태학 6 국학 7 독서삼품과 8 주자감

35 고대의 문화 ⑦

III. 문화사 - 고대

📁 학문의 발달

● 역사 편찬

- **목적**: 국가의 정통성 확보, 왕실의 권위 과시, 백성들의 충성심 결집

[고구려] 『유기』 100권(연대·작자 미상)
　↓ 간추림
　『___1___』 5권: ___2___ 때 이문진

[백제] 『___3___』: ___4___ 때 고흥

[신라] 『___5___』: ___6___ 때 거칠부

[통일 신라]
김대문: 진골 귀족 출신, 설화적인 역사 서술을 극복하고 객관적인 사실을 기록하기 위해 노력
- 『___7___』: 화랑들의 전기
- 『고승전』: 유명한 승려들의 전기
- 『한산기』: 한산주 지방의 지리지
- 『___8___』: 신라에 관한 이야기
- 『악본』: 음악서

● 유학의 보급

[신라 중대]
- **강수**: 외교 문서 작성에 능함, 「___9___」·「___10___」 저술, 불교를 '세외교'라 비판
- **설총**: 유교 경전에 조예가 깊음, ___11___ 정리
　「___12___」 저술 → 신문왕에게 유교 정치를 시행 주장

[신라 하대]
- ___13___ ★: 당의 ___14___ 급제 → 「___15___」
　___16___ 에게 ___17___ (개혁안) 건의
　→ 은둔 생활 - 『___18___』·『___19___』·『___20___』·『___21___』
　·『___22___』 저술, 「허인사묘길상탑기」, 「난랑비서」를 지음
- 4산비문 작성 ┬ 쌍계사 진감선사비, 봉암사 지증대사비
　　　　　　　└ 성주사 낭혜화상비, 숭복사비

[발해]
- 도당 유학생 파견(8C 후반)해 일찍부터 학문 발달
- 유고식 6부 명칭 사용(충·인·의·지·예·신)
- 압자와(글자가 새겨진 기와) - 독자적 문자
  but, 공식 기록·외교 문서에는 한자 사용

📖 사료 읽기 | 최치원의 저술

- 「토황소격문」: 제도도통검교태위 모(某)는 황소에게 고한다. …… 그런즉 백 년의 인생 동안 생사는 기약할 수가 없는 것이나, 옳고 그른 것은 분별할 줄 알아야 한다. …… 너는 모름지기 진퇴(進退)를 참작하고 잘된 일인가 못된 일인가 분별하라.

- 「해인사묘길상탑기」: 당나라 19대 황제가 중흥을 이루었을 때 전쟁과 흉년의 두 재앙이 서쪽에서 멈추어 동쪽에 와서 …… 굶어 죽고 싸우다 죽은 시체가 들판에 즐비하였다. 억울하게 죽은 영혼을 구하는 제사를 지내서 복을 받음이 영원히 그치지 않고 이어 있도록 함이다.

35 고대의 문화 ⑧

고대의 고분

고구려 고분

● **돌무지 무덤** 만주 지안 지역
- 장수왕릉으로 추정
- 1. _____ 사용 → 돌무지 무덤

★ 초기

● **굴식 돌방무덤(강서)** 사용 → 2. _____ 고분

백제

● **돌무덤**
- 배수로, 도굴 용이

★ 백제

신라

● **돌무지덧널무덤(적석)**
- 도굴 어려움 - 껴묻거리 보존
- 3. 천마도 - 천마총
- 4. _____ - 금관 출토

사용총, 금관대총 - 굴식 돌방

고대의 고분

고구려 [초기]	[5~6c]	[초기]
돌무지무덤 → 백제 전파 중, 만주 지안, 평안도 용강, 황해도 안악(1~9호분)		

● **고구려 돌방무덤**
  - 벽화 : 운주(중) 돌무지 고분
  - 6호분 : 벽화 O
  - 7호분 : 1971년에 발굴
  - 각저(씨름) 수산리 고분
★ 대표

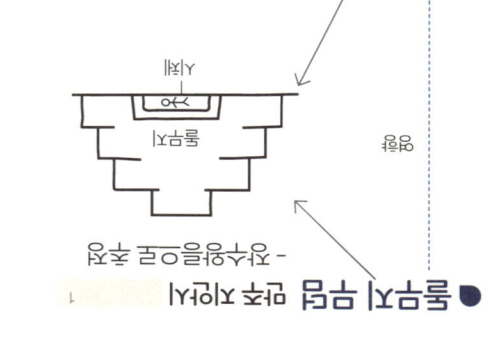

무령왕릉(송산리 7호분) Focus

- 벽돌무덤(중국 남조의 영향)
- 4,600여 점의 유물 발굴
- 공주 지석 발견 → 축조 6. _____

신라 [돌무지ㆍ흙]
- 돌무지 덧널 12기 신라 조기
- 목곽상, 적석(돌무지), 봉토
- 해동성 공주 - 대릉원(돌무지)

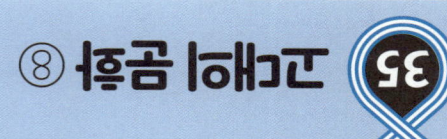

35 고대의 문화 ⑨

III. 문화사 - 고대

📁 고대의 고분

가야

- 널무덤(목관묘), 덧널무덤(목곽묘) → 돌덧널무덤: 석곽묘, 벽화 X
- 대표 고분 - 김해 ___¹___ 고분군: 철갑옷, 청동솥, 벽화×
  └ 금관가야
  - 고령 ___²___ 고분군: 금관, 벽화×
  └ 대가야

발해

- 정혜 공주 묘(돈화현 육정산 고분군) - 고구려의 양식 계승
  └ 벽화 X   - 모줄임 천장 구조
                                   - 돌사자상 발굴
- 정효 공주 묘(화룡현 용두산 고분군) - 당과 고구려 양식 결합
  └ 벽화 O   - 벽돌무덤
                                   - 인물 벽화

📍돌사자상

Focus 발해의 고분

정 **혜** 공주 묘 - **모**줄임 천장

정 **효** 공주 묘 - **벽**돌무덤

📁 고대의 건축

고구려 - 평양 ___³___ 궁궐터: 장수왕이 평양 천도 O 후 거처한 궁궐
                      규모가 큼, 남진 정책의 상징성 반영

백제
- 부여 왕흥사지
- 익산 ___⁴___ : 무왕 대 건립, 백제 중흥 목적으로 건립

신라
- 황룡사: ___⁵___ 때 건립
- 분황사: 선덕 여왕 때 건립

통일 신라
- ___⁶___ - 경덕왕 때 건립, 불국토의 이상 표현
  - 정문 돌계단 청운교·백운교 → 직선과 곡선의 조화
- ___⁷___ : 경덕왕 때 건립, 인공 석굴 사원
  아름다운 비례·균형의 조형미
- ___⁸___ (월지): 문무왕 때 건립, 인공섬
  임해전(연회 장소) 건립

발해
- 상경 용천부 도시 구조: 당의 장안성 모방한
  ___⁹___ 방식
- 고구려 온돌 장치

📍청운교·백운교

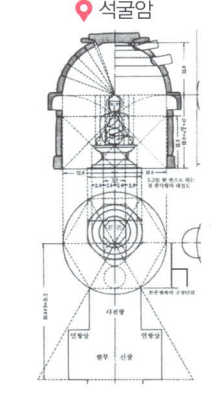
📍석굴암

📍안압지

35 고대의 문화 - 고대의 고분

III. 문화사 - 고대

📖 맵핑 핵심 자료

▨ 장군총(고구려)

▨ 서울 석촌동 고분(백제)

▨ 천마총(신라)

- 천마총
- 천마도

▨ 고구려 고분 벽화

- 안악 3호분
- 안악 3호분

묘주도

부엌

▨ 통일 신라의 고분

- 김유신묘
- 대왕암(문무왕릉)

- 무용총
- 무용총
- 각저총

무용도

수렵도

씨름도

▨ 발해 정효 공주 묘

- 묘비
- 인물 벽화

35 고대의 문화 ⑩

III. 문화사 - 고대

📁 고대의 석탑

● 삼국 시대의 석탑

고구려 주로 목탑 양식이 발전(현존×)

백제

- 익산 미륵사지 석탑

현존하는 最古 석탑, __1__ 양식
→ 금제 사리 봉안기 발견

- 부여 정림사지 5층 석탑

- 미륵사지 석탑 계승, __2__ 양식
- 조화미·균형미
→ 일본 탑 양식에 영향을 줌

신라 선덕 여왕 때 건립

- 황룡사 9층 목탑
  - __3__ 의 건의, 백제 아비지의 도움으로 건립
  - 호국적 불교
- 고려 몽골 침입 때 소실됨

- 분황사 모전 석탑

- 전탑을 모방한 석탑(전탑 ×)
  └ 벽돌을 쌓아서 제작한 탑
- 현존하는 신라 最古 석탑
- 현재 3층까지만 남아 있음

● 남북국 시대의 석탑

통일 신라(중대)

상륜부
탑신부 ─ 3층 / 2층 / 1층
기단부 ─ 사리 봉안

- 이중 기단 위 3층 석탑 양식 유행(안정감 중요시)
- 설계 목적: __4__
- 기본 구조: 3층 석탑
- 대표적인 탑: 불국사 3층 석탑(석가탑)

- __5__ 3층 석탑

__6__ 때 건립
상륜부가 피뢰침 모양

- 다보탑

일반 석탑과는 다른 형태
높은 예술성·건축 기술 보여줌

- 불국사 3층 석탑(__7__)

전형적인 통일 신라의 석탑
『 __8__ 』 발견

- 화엄사 4사자 3층 석탑

네 마리의 사자가 탑을 이고 있는 형태

35 고대의 문화 (1)

III. 문화사 - 고대

고대의 사탑

삼국 시대의 사탑

불상 신라(통일신라)

- 감은사지 3층 석탑: 기단과 탑신에 1_____ 로 통일신라 석탑 양식

• 석탑 - 2_____ 의 영향, 주심이 강인 석탑 - 3_____ 이 기단 양식

태안사 적인선사 승탑   쌍봉사 철감선사 승탑

- 통일신라 말기부상(불교 확산 중심)
- 8 4_____ 이 양식을 발해

- 탑신이 기단부와 상륜부의 영향을 발해
- 동으로 된 비례를 꿇고 있는 탑
- 영광탑 발해 5_____

발해

고대의 예술

불상

고구려 금동 연가 7년명 여래 입상

- 6 _____
- 광배 뒷면 금과가 새겨진 이유
- 평해 미에 큰 광배
- 강한 북방적 (매음) 불상 앙식

신라 경주 배동(배리) 석불 입상
- 푸근한 자태
- 토착적 조형의 양상을 보여줌

통일 신라 석굴암 본존불 + 11면 관음 보살상

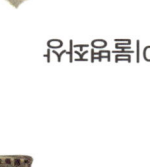

- 석글 양이 조각 발달
- 한국적 미의 세계 정립

발해 - 고구려 양식 계승

공예

백제 금동 대향로
- 부여 능산리에서 발굴
- 도교, 불교적 요소

신라 금관 금동 미륵보살 반가사유상
- 무르익은 자세와 신비로운 미소

발해 이불병좌상
- 7_____ 양식 계승
- 동경 용원부에서 발굴

정답 1 부조 2 선종 3 8각 원당형 4 영광탑 5 전탑 6 북조 7 고구려

35 고대의 문화 ⑫

III. 문화사 - 고대

고대의 예술

글씨
- **고구려** 광개토 대왕릉비의 비문: 웅건한 서체로 쓰여짐
- **백제** 무령왕릉 매지권: 화려한 필체 구사
- **통일 신라** 예서체(김인문)
  왕희지체(김생)
  구양순체(요극일)

그림
신라
- ___1___ : 경주 천마총에서 출토, 벽화 ×

- 황룡사 벽화: 솔거가 그린 소나무 그림, 현존 ×

통일 신라
- 화엄경 변상도: 화엄경 교리 내용을 표현한 목판화

음악
고구려 왕산악 - ___2___ 제작, 악곡을 지어 연주

신라
- ___3___ : 거문고 명인, 방아 타령(가난한 아내를 위로)
- ___4___ (대가야人)이 제작한 가야금이 전래됨

통일 신라
- 고구려·백제의 향악 수용(3죽·3현)
- 당나라 악이 수용되어 귀족 계층에 정착

발해
- 발해악: 일본에 전파
- 발해 악기: 송나라 악기 제작에 영향을 줌

조각
통일 신라
- 무열왕릉비 받침돌
- ___5___ 쌍사자 석등
- 불국사 석등

발해
- 벽돌과 기와무늬 ← ___6___ 의 영향
- 석등: ___7___ 에서 발굴됨

범종
통일 신라
- ___8___ (성덕왕)
  현존하는 最古의 동종
- ___9___ (경덕왕~혜공왕)
  성덕왕의 공덕을 기리기 위해 제작

문학
통일 신라
- 향가 유행: 모죽지랑가, ___10___ (경덕왕, 월명사), ___11___ (경덕왕, 충담사)
  → ___12___ 때 『삼대목』(향가집) 편찬

자기 공예
발해 당시 중국에서 수입해 갔을 정도로 우수한 제작 기술 보유

35 고대의 문화 ⑬

III. 문화사 - 고대

📁 고대의 과학 기술

● 천문학

- 왕도학, 군주학: 왕과 하늘을 연결시켜 학문적 연구 시행
- 천체 관측을 중심으로 발달
- _____[1] 과 밀접한 관계

고구려
- 천문도 → 조선 태조 때 _____[2] (석각)
- 고분 벽화의 별자리 그림 : _____[3]

신라
- _____[4] - 7C 선덕 여왕 때 건립
  - 동양에 현존하는 가장 오래된 천문대
- 『삼국사기』에 천문 현상 관측 기록이 남아 있음
  └ 일식·월식, 혜성의 출현, 기상 이변 등

통일 신라
- 김암: 천문학에 조예가 깊음
- 물시계 제작 담당 관청인 누각전 설치(_____[5])

● 수학 → 수학 지식을 활용하여 조형물 제작

삼국
- 고구려 - 모줄임 천장 구조
- 백제 - 정림사지 5층 석탑
- 신라 - 황룡사 9층 목탑

통일 신라
- 석굴암의 석굴 구조
- 불국사 3층 석탑(석가탑)
- 다보탑

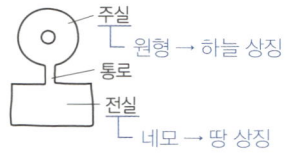

주실
└ 원형 → 하늘 상징
통로
전실
└ 네모 → 땅 상징

● 금속 기술

고구려　제철 기술 발달 : 고분 속 벽화에 철 단련 모습, 수레바퀴 제작 모습이 있음

백제
- _____[6] - 4C 후반, _____[7] 이 일본 왕에게 하사
  - 강철 위에 金 상감 글씨가 새겨져 있음
- _____[8] : 정교한 금속 공예 기술을 보여줌

신라　금 세공 기술 발달 → 순금 금관 및 도금 금관 제작

통일 신라　_____[9] (=에밀레종)
- 12만근 구리로 제작
- 신비한 종소리로 유명함

● 목판 인쇄술

- 불교 문화가 발달 → 불경 대량 인쇄 기술 필요
- 『_____[10]』

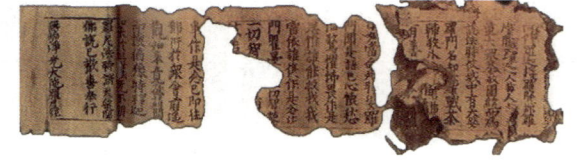

- 불국사 3층 석탑(석가탑)에서 발견됨(1966)
- 현존하는 세계 最古의 목판 인쇄물(8C 초 제작)
- 닥나무로 만든 신라산 종이 이용

35 고대의 문화 ⑭

삼국의 문화 전파

→ 6C 일본의 야마토 정권의 성립
　7C 일본의 아스카 문화의 형성에 기여

백제

→ 삼국 중 일본과 가장 밀접한 관계 유지 및 문화 전수에 기여

4C
1. 일본 도도 태자의 스승, 태자에게 한자를 가르침(근초고왕)
2. 『천자문』, 『논어』, 경사 등을 전하고 가르침(근초고왕)

6C
3. · 4. 5경박사, 유학 전파(무령왕)
5. 불경과 불상을 최초로 전달(성왕)
6. 계율종 전파(위덕왕)
7. 위덕왕 子, 쇼토쿠 태자의 초상을 그림(위덕왕)

7C
8. 천문·역법·지리에 관한 책 전달(무왕)

- **불상**: 일본 고류사(목조) 미륵보살 반가사유상, 호류사 백제 관음상 제작에 영향을 줌

- 5경박사, 의박사, 역박사와 천문 박사, 채약사, 화가와 공예 기술자들이 일본에 건너감
  → 백제 가람 양식이 형성됨
  └ 사원 건축 양식

고구려

7C
9. 쇼토쿠 태자의 스승(영양왕)
10. 역학, 천문 지리학 전파(영양왕)
11. - 유교의 5경과 그림을 가르침(영양왕)
    - 종이·먹 제조법 전달
    - 호류사 금당 벽화 제작
12. 삼론종 개조(불교 전파, 영류왕)
13. 삼론종 전파(영류왕)
14. 『일본세기』 저술(보장왕)

- 15. 고분 벽화 ┐
- 무용총 벽화   ┘→ 일본 16. 고분 벽화에 영향

📍 호류사 금당 벽화

📍 다카마쓰 고분 벽화

신라

조선술과 축제술을 일본에 전달
→ '한인의 연못'이라는 이름까지 생김

가야

일본 17. 토기에 영향을 줌

가야 토기　　📍 스에키 토기

35 고대의 문화

III. 문화사 - 고대

💡 흐름 잡기! 문화의 진화

불교의 웨이브(?)로 수놓은 후 찬란한 꽃으로 피어나기 **고대 문화**

- 불교 사상을 통해 왕권의 문화 전개
  └ 불상, 기념 매치, 탑, 풍경과 장치 제도 등
- 왕권·장수·국왕 발전시기부터 불교 문화 번영
  └ 불교의 인도적 문화 발달
- 삼국(아시카) 시대: 불교 사상 전파(도래인)
  └ 일본 열도에 불교문화 발달 됨

💡 **알 28** 일본은 웨이브로 잡고 후 찬란 꽃을 피운 꽃다발

더 들여다보기 — 우리 민족의 영향으로 일본에 형성된 문화

- 신석기 → 조몬 토기 문화
- 청동기 → 야요이 문화
- 가야 토기 → **2**
- 담징 → **3**
- 혜자 담자 → **4**
- 조식 초기 이주 → 쇼토쿠의 아스카 마을

정답 1 하쿠호 2 스에키 토기 3 아스카 문화 4 하쿠호 문화

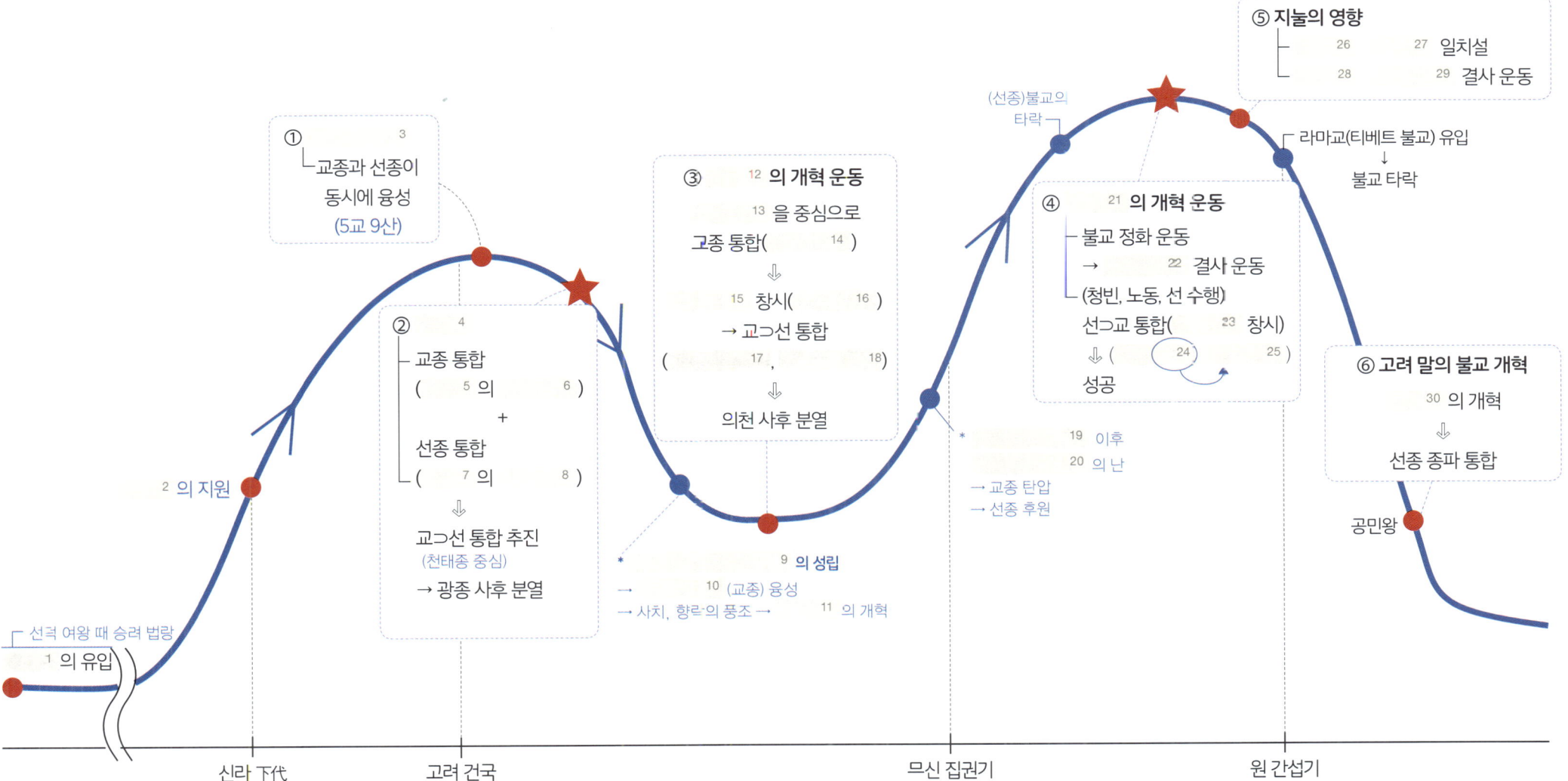

정답 1 혼요 10조 2 비보사찰령 3 승과 4 승록사 5 승계 6 국사 7 왕사 8 폐지 9 부활 10 현화사 11 현화사7층 석탑 12 화엄종 13 균여 14 귀법사 15 화엄종 16 법상종 17 성상융회 18 균여전 19 법안종 20 혜거 21 법안종 22 선종 23 제관 24 천태사교의 25 의통 26 천태종 27 천태학 28 천태종

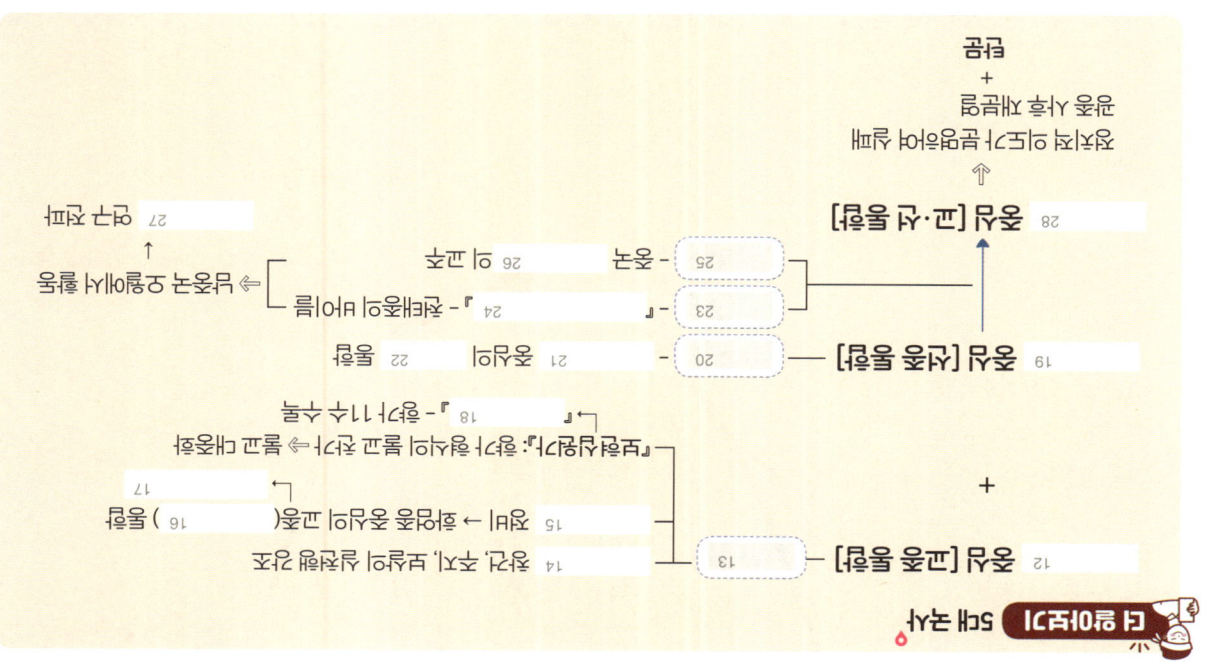

36 고려의 문화 ③

III. 문화사 - 고려

중세의 불교

중기

● 문종 숭불 정책
- 문벌 귀족 사회 성립 →
- 왕실 → 화엄종 지원·융성
- ___2___ 지급

1 융성 ⇒ 타락

의천의 개혁 운동
- 3 ___ 건립 ─ 4 ___ 중심의 5 ___ 통합 운동
  - 6 ___ 설치 - 송·요·왜의 불서(주석서) 수집 ⇒ 『 7 ___ 』(불서 목록) 편찬
  - 『 8 ___ 』(속장경) 조판
  - → 초조대장경 속편
- 9 ___ 건립 - 교 ⊃ 선 통합 운동
  - ⇒ 10 창시: 투쟁 X, 조화의 상태 " 11 ___ "
  - ⇒ 성공 out, 의천 사후 재분열 다시 12 ___ 중심

(원효의 13 ___ 사상)

무신 집권기

● 무신 집권기
- 무신 정변 후 反무신의 난
  - → 교종 승려들의 반란 ┬ 14 ___ 의 난
  - └ 15 ___ 의 난
- ⇒ 진압, 지배층의 선종 불교 후원 ⇒ 타락

지눌의 개혁 운동
- 16 ___ 건립
  - 17 결사 운동 → '산에서 모임을 맺자'
  - 불교 정화 운동
  - 『 18 ___ 』: 청빈, 노동, 선수행, 예불독경
  - 지배층(19 ___)의 후원
- 선 ⊃ 교 통합 운동 ← 원효의 20 ___
  - ⇒ 21 ___ 창시
  - 22 ___ → 23 ___
  - 간화선 "자문자답"

요세의 24 ___ 운동 (25 ___ 집권기)
- 26 ___ 의 승려
- 전남 27 ___ 에서 전개
- 원효의 28 ___ 수용 → '정토왕생'
- 29 ___ 중시
  - 자신의 행동에 대한 진정한 30 ___ 강조
- 지방·민들의 호응 ↑(지방 토호·일반 민중)
- 예불 중시 → 31 ___ 개설

혜심의 32 ___ 일치설 (33 ___ 집권기)
- 34 ___ 의 제자
- 인간의 심성 도야 강조
  - ⇒ 35 ___ 수용의 사상적 토대 마련
- 최씨 무신 정권과 밀착
  - 대몽 항쟁에 기여
  - 최우·최항이 송광사에 입사
  - ⇒ 36 ___ 에 송광사 분사 설치

말기

● 원 간섭기
- 불교계의 타락 - 불교가 귀족 세력과 연결되어 세속화
- 결사 운동의 쇠퇴 ┬ 백련사가 왕실의 원찰인 37 ___ 와 밀착
  - └ 수선사가 원의 탄압으로 쇠퇴
- 38 ___ (티벳 불교)의 유입

보우의 개혁 운동
- 39 ___ 때 왕사 → 40 ___ 때 국사
- 불교 종파(9산 선문)의 통합을 통한 불교 개혁 운동
  - ⇒ 41 ___ 의 반발로 실패
- 42 ___ 으로부터 43 ___ 도입(충목왕)
  - → 조선 시대 44 ___ 불교의 주류로 발전

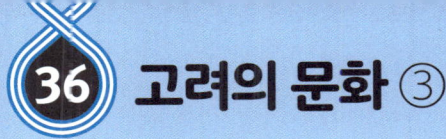

36 고려의 문화 - 중세의 불교

해커스공무원 이중석 맵핑 한국사 올인원 블랭크노트

📖 맵핑 핵심 자료

Ⅲ. 문화사 - 고려

▨ 의천의 사상

진리는 말이나 형상이 없지만 말과 형상을 떠나 있는 것도 아니다. 말과 형상을 떠나면 미혹에 빠지고 말과 형상에 집착하면 진실을 미혹케 한다. …… 교리를 배우는 이는 내적(마음)인 것을 버리고 외적인 것을 구하는 일이 많고, 참선하는 사람은 밖의 인연을 잊고 내적으로 밝히기를 좋아한다. 둘 다 편벽된 집착이고 양극단에 치우친 것이다.

－『대각국사문집』

진수 대법사가 말하였다. "관(觀)을 배우지 않고 경(經)만 배우면 비록 오주(五周)의 인과(因果)를 들었더라도 삼중(三重)의 성덕(性德)에는 통하지 못한다. 경을 배우지 않고 관만 배우면 비록 삼중의 성덕을 깨쳤으나 오주의 인과를 분별하지 못한다. 따라서 관도 배우지 않을 수 없고 경도 배우지 않을 수 없다" 내가 이 말에 감복하였다.

－『대각국사문집』

▨ 지눌의 수선사 결사

지금의 불교계를 보면 아침저녁으로 행하는 일들이 비록 부처의 법에 의지하였다고 하나 자신을 내세우고 이익을 구하는 데 열중하며 세속의 일에 골몰한다. 도덕을 닦지 않고 옷과 밥만 허비하니 비록 출가하였다고 하나 무슨 덕이 있겠는가. 하루는 같이 공부하는 사람 10여 인과 약속하였다. 마땅히 명예와 이익을 버리고 산림에 은둔하여 같은 모임을 맺자. 항상 선을 익히고 지혜를 고르는 데 힘쓰고, 예불하고 경전을 읽으며 힘들여 일하는 것에 이르기까지 각자 맡은 바 임무에 따라 경영한다. 인연에 따라 성품을 수양하고 평생을 호방하게 고귀한 이들의 드높은 행동을 좇아 따른다면 어찌 통쾌하지 않겠는가. － 『권수정혜결사문』

▨ 지눌의 사상

보통 사람이 깨치지 못하였을 때에는 자신이 바로 참된 부처인 줄을 모른다. 자기의 영지(靈知: 거울처럼 밝고 맑아 영묘하게 앎)가 곧 참된 부처인 줄을 몰라 마음 밖에서 부처를 찾아 헤매다가 문득 선지식의 지시를 받아 번뜩 자신의 본성을 보게 된다. 본성에는 원래 번뇌가 없고 완전한 지성이 스스로 갖추어져 부처와 조금도 다르지 않음을 깨닫게 되는 것이다(돈오). 이렇게 깨달은 다음에는 그것을 점차 닦아 나가는 종교적 실천이 뒤따라야 한다(점수). 비록 돈오하였다 하더라도 오랜 동안에 걸쳐 젖어 온 습관이 모두 제거된 것은 아니기 때문이다. 망념에 흔들림이 없이 부처, 곧 성인의 위치로까지 나아가기 위해서는 꾸준한 수행이 있어야 한다.

그렇다면 깨달은 후에 행하는 점수는 어떻게 해야 하나? 그것이 바로 선정(禪定)과 지혜(知慧)를 같이 닦아야 하는 정혜쌍수이다. 우리의 본래 마음 상태는 공적(空寂: 허공처럼 비어서 고요함)과 영지(靈知)이다. 공적하려면 정을 닦아야 하며, 영지를 발하려면 혜를 닦아야 한다. 이와 같이 정과 혜는 체(體:본체)·용(用:작용)의 관계에 있어서 서로 떨어질 수가 없다.

－『수심결』

▨ 요세의 활동

그(요세)는 『묘종초』를 설법하기 좋아하여 언변과 지혜가 막힘이 없었고, 대중에게 참회를 닦기를 권하였다. …… 대중의 청을 받아 교화시키고 인연을 맺은 지 30년이며, 결사에 들어온 자들이 3백여 명이 되었다.

－『동문선』

▨ 혜심의 유불 일치설

나는 옛날 공의 문하에 있었고 공은 지금 우리 수선사에 들어왔으니, 공은 불교의 유생이요, 나는 유교의 불자이다. …… 『기세계경』에서 말하였다. "부처님이 말씀하시기를 나는 두 성인을 중국에 보내어 교화를 펴리라 하셨다. 한 사람은 노자로, 그는 가섭보살이요, 또 한 사람은 공자로 그는 유동(儒童)보살이다." 이 말에 의하면 유(儒)와 도(道)의 종(宗)은 부처님의 법에서 흘러나온 것이다. 방편은 다르나 진실은 같은 것이다. 공자는 "삼(參)아, 내 도는 하나로 꿰었다." 하였고, 또 "아침에 도를 들으면 저녁에 죽어도 좋다." 하였다.

－ 진각 국사 혜심 어록

36 고려의 문화 ④

III. 문화사 - 고려

📁 고려 유학의 발달

초기	중기	무신 집권기	원 간섭기

초기
자주적, 주체적

- **태조**: 최언위, 최응, 최지몽 등
  → 1   계통 유학자들이 활동
- **광종**: 과거 제도를 실시
  → 유학에 능숙한 사람을 관료로 등용
- **성종**: 유교 정치 사상 정비
  ├ 최승로의 2
  └ 김심언의 봉사 2조
  - 중앙: 3   설치 · 정비
  - 지방: 4   (향학) 설치

중기
보수적

- 5   (문종 때)
  - '   6   '라 칭송
  - 사립 교육 기관으로 7   (문헌공도) 설립
  - 고려의 훈고학적 유학에 철학적 경향을 첨가
- 8   (인종 때)
  - 9   10   성격의 유학을 대표하는 인물
  - 『   11   』편찬

무신 집권기
침체

무신 정변 이후
문벌 귀족 세력이 몰락
⇩
유학 침체

원 간섭기
성리학의 전래 ⇐ 불교의 타락
- 신진 사대부 성장
- 고려의 유학 수준 향상

- ●**수용** 12   때 13   이 원에서 『주자전서』를 도입 → 김문정(공자 화상 도입)
- ●**전수** 백이정이 원에서 성리학을 연구
  → 14   · 박충좌에게 전수
- ●**전파** · 15   이 원의 연경(베이징)에 16   설치
  · 17   이 만권당에서 원의 학자들과 교류
  → 성리학에 대한 이해 심화
- ●**확산** 공민왕 때 성균관 대사성 18   이
  19   (포은) · 20   (양촌) ·
  └ 동방이학의 조(祖)
  21   (삼봉) 등을 가르침
  → 성리학 확산
- ●**영향**
  · 개혁적 · 실천적 기능 강조
  · 훈고학적 유학 ⇒ 철학적 유학
  · 『   22   』, 『   23   』중시
  · 불교, 권문세족 비판
  → 성리학이 새로운 국가 이념으로 등장
  └ 24   개창

📖 사료 읽기 | 고려 시대 성리학의 수용과 발전

- 안향이 학교가 날로 쇠퇴함을 근심하여 양부와 의논하기를 "…… 지금 양현고가 완전히 탕진되어 선비들을 양성할 비용이 없으니 …… 그 본전을 남겨 두고 이식만을 가져다 쓰도록 하되 이름을 섬학전이라고 하기를 바란다." …… 만년에는 항상 회암 선생(주자)의 초상화를 걸어 놓고 경모하였으므로 드디어 호를 회헌이라 하였다.
- 충숙왕 1년에 (원)황제가 (충선)왕을 연경에 머물도록 명을 내리니 (충선)왕이 연경에 있는 사택 안에 만권당을 짓고 당시의 저명한 학자들인 염복 · 요수 · 조맹부 · 우집 등을 초청하여 교유하며 학문을 연구하는 것으로 즐거움을 삼았다.
- 공민왕 16년, 성균관을 다시 짓고 이색을 판개성부사 겸 성균관 대사성으로 삼았다. 이색이 다시 학칙을 정하고 매일 명륜당에 앉아 경(經)을 나누어 수업하고 강의를 마치면 서로 더불어 논란하여 권태를 잊게 하였다. 이에 학자들이 많이 모여 함께 눈으로 보고 마음으로 느끼는 가운데 주자 성리학이 비로소 흥기하게 되었다.

36 고려의 문화 ⑤

III. 문화사 - 고려

📁 고려의 역사서

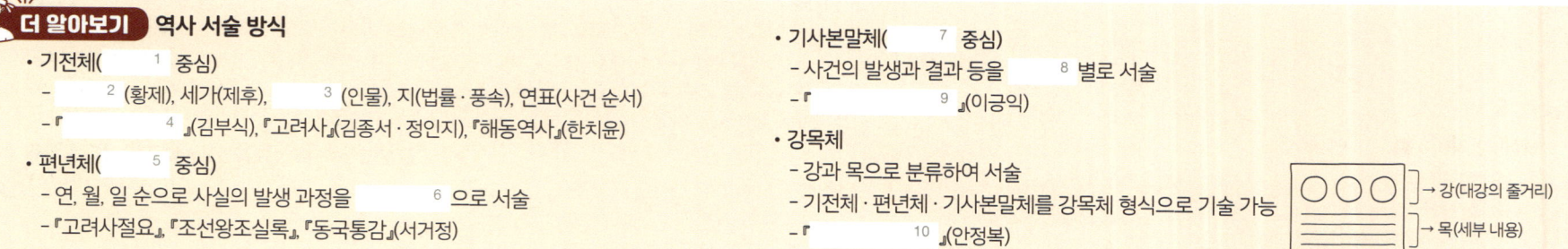

더 알아보기 — 역사 서술 방식

- **기전체(___1___ 중심)**
  - ___2___(황제), 세가(제후), ___3___(인물), 지(법률·풍속), 연표(사건 순서)
  - 『___4___』(김부식), 『고려사』(김종서·정인지), 『해동역사』(한치윤)
- **편년체(___5___ 중심)**
  - 연, 월, 일 순으로 사실의 발생 과정을 ___6___으로 서술
  - 『고려사절요』, 『조선왕조실록』, 『동국통감』(서거정)
- **기사본말체(___7___ 중심)**
  - 사건의 발생과 결과 등을 ___8___별로 서술
  - 『___9___』(이긍익)
- **강목체**
  - 강과 목으로 분류하여 서술
  - 기전체·편년체·기사본말체를 강목체 형식으로 기술 가능
  - 『___10___』(안정복)
  - → 강(대강의 줄거리)
  - → 목(세부 내용)

초기	중기	무신 집권기	원 간섭기	말기
자주성, 고구려 계승	**보수성, 신라 계승**	**전통 사관, 고구려 계승**	**전통 사관, 고조선 계승**	**성리학적 사관, 중국 중심 역사관**

초기 (자주성, 고구려 계승)

『___11___』
- 태조 ~ 목종
- 최항이 편찬
- → ___12___ 침입으로 소실
- → 황주량이 다시 편찬
- → 덕종 때 완성
- → 임진왜란 때 소실

※ 『고려왕조실록』
- 『7대실록』 ~ 『공양왕실록』으로 구성
- ___13___ 때 소실

『구삼국사』
- 고려 초기에 편찬된 삼국 시대 역사서
- 『삼국사기』 편찬 시 주요 자료로 인용

중기 (보수성, 신라 계승)

『고금록』 – 현존 X
- 문종 때 박인량이 편찬, 편년체

『___14___』 – 현존 X
- 문종 때 편찬, 금관가야의 역사 기록
- 일부 내용이 『삼국유사』에 전함

『속편년통재』 – 현존 X : 예종 때 홍관이 편찬

『___15___』 ★ – 현존 最古 역사서
- 인종 때 ___16___이 편찬(1145)
- ___17___ 서술 방식
- 『___18___』를 토대로 서술
- 신라에 대해 유리하게 서술
  - ⇒ 고조선·삼한·고구려·발해에 대해서는 소홀하게 서술
- 유교적 합리주의 사관에 기초
  - ⇒ 불교 관련 내용·민간 설화·신이한 내용에 대해 기록 X
  - ___19___ 기록 X

『편년통록』 – 의종 때 김관의가 편찬, 현존 X

무신 집권기 (전통 사관, 고구려 계승)

『___20___』 ★
- 명종 때 ___21___가 편찬(1193)
- 고구려 동명왕의 업적을 칭송한 영웅 서사시(詩)
- 사실 기록면에서 미약
  - → 체계성 미흡

『___22___』 – 일부만
- 고종 때 ___23___이 현존 편찬(1215)
- 삼국 시대 이래의 승려들의 전기를 기록(현존 : 삼국 시대 승려 30여 명에 대한 기록)
- 화엄종(교종) 중심으로 불교사 정리

원 간섭기 (전통 사관, 고조선 계승)

『___24___』 ★
- 충렬왕 때 ___25___이 편찬(1281)
- 이야기식 유사체
- ___26___(신화·설화)·흥법(불교사) 등으로 분류
- 고대의 민간 설화나 전래 기록을 수록(신빙성↓)
- 우리 고유의 문화와 전통 중시
- 신이(神異) 사관 반영
  - → ___27___ 최초 기록
  - 14수의 신라 향가 수록

『___28___』 ★
- 충렬왕 때 ___29___가 편찬(1287)
- ___30___부터 고려 충렬왕까지의 역사를 노래 형식으로 정리 → 운율시(詩)
- 발해사를 우리의 역사로 최초 기록
- 우리나라 역사를 중국 역사와 대등하게 파악
  - 하권, 5언시 ／ 상권, 7언시

말기 (성리학적 사관, 중국 중심 역사관)

- 정통 의식, 대의명분 강조

『___31___』
- 충숙왕 때 ___32___가 편찬(1317)
- 최초의 ___33___ 역사서
- 태조의 3대조부터 고종까지 고려 왕조 기록
- 충목왕 때 이제현·이곡·안축이 다시 중수, 편찬

『___34___』
- 현재 『사략』의 사론(사찬)만 현존
- 공민왕 때 ___35___·백문보·이달충이 편찬(1357)
- 태조 ~ 숙종까지 임금의 치적을 정리
- 유교적 왕도 정치 이념을 반영

36 고려의 문화 - 역사서

맵핑 핵심 자료

김부식의 『삼국사기』

신 부식은 아뢰옵니다. …… 해동의 삼국도 지나온 세월이 장구하니, 마땅히 그 사실이 책으로 기록되어야 하므로 폐하께서 이 늙은 신하에게 명하시어 편집하셨습니다. …… 폐하께서 이르기를 "신라·고구려·백제가 나라를 세우고 중국과 통교하였으므로, 범엽의 『한서』나 송기의 『당서』에 모두 열전을 두었으나, 삼국의 역사는 상세히 실리지 않았다. 또 삼국에 관한 옛 기록은 문체가 거칠고 졸렬하며 빠진 부분이 많으므로, …… 후세에 권장하거나 경계할 바를 보이지 못하고 있다. 이에 마땅히 삼장(三長)을 갖춘 인재를 구하여 일관된 역사를 완성하고 만대에 물려주어 해와 별처럼 빛나도록 해야 하겠다"라고 하셨습니다.
― 「진삼국사기표」

일연의 『삼국유사』

- 대체로 성인은 예악으로써 나라를 일으키고, 인의로써 가르침을 베푸는데 괴이하고 신비한 것은 말하지 않는 것이었다. 그러나 제왕이 장차 일어날 때에는 천명과 비기록을 받게 되므로 반드시 남보다 다른 일이 있었다. 그래야만 능히 큰 변화를 타서 대기를 잡고 큰일을 이룰 수 있는 것이다. …… 그렇다면 삼국의 시조가 모두 신비스러운 데서 탄생하였다는 것이 무엇이 괴이하랴. 이것이 신이(神異)로써 이 책 앞 머리를 삼은 까닭이다.

- 『가락국기』는 문종 때인 대강(大康) 연간에 금관지주사 문인이 지은 것이다. 여기 간략하게 싣는다. …… 그들이 살았던 북쪽 구지봉에서 누군가를 부르는 것 같은 이상한 소리가 났다. …… 왕후는 조용히 왕에게 말하였다. "저는 아유타국의 공주입니다. 성은 허기고 이름은 황옥이며, 나이는 16세입니다."

이규보의 『동명왕편』

『구삼국사』를 얻어서 동명왕 본기를 보니, 그 신이한 사적이 세상에서 이야기되고 있던 것보다 더 자세하였다. 그러나 역시 처음에는 그를 믿지 못하였으니 …… 여러 번 음미하면서 탐독하여 근원을 찾아가니, 환(幻)이 아니라 성(聖)이며, 귀(鬼)가 아니고 신(神)이었다. …… 동명왕의 사적은 변화, 신이하여 사람의 눈을 현혹시키는 것이 아니라, 실로 나라를 창시하신 신의 자취인 것이다. 이런 까닭에 시를 지어 기록하여 천하 사람들로 하여금 우리나라의 근본이 성인의 나라임을 알게 하려 할 뿐이다.
― 「동국이상국집」

이승휴의 『제왕운기』

요동에 또 하나의 천하가 있으니 중국의 왕조와 뚜렷이 구분된다. 큰 파도가 출렁이며 3면을 둘러쌌고, 북으로는 대륙으로 면면히 이어졌다. 가운데 사방 천 리 땅 여기가 조선이니, 강산의 형성은 천하에 이름났도다.

『사략』

이제현은 일찍이 『국사』가 갖춰지지 못한 것을 근심하여 백문보, 이달충과 함께 기년과 열전, 지를 편찬하기로 하였다. 이제현이 태조 때부터 숙종까지, 백둔보와 이달충이 예종 이하를 맡기로 하였는데, …… 남쪽으로 피난할 때 원고들이 모두 없어졌고 오직 이제현이 편찬한 『태조기년』이 남아 있다.
― 「고려사」

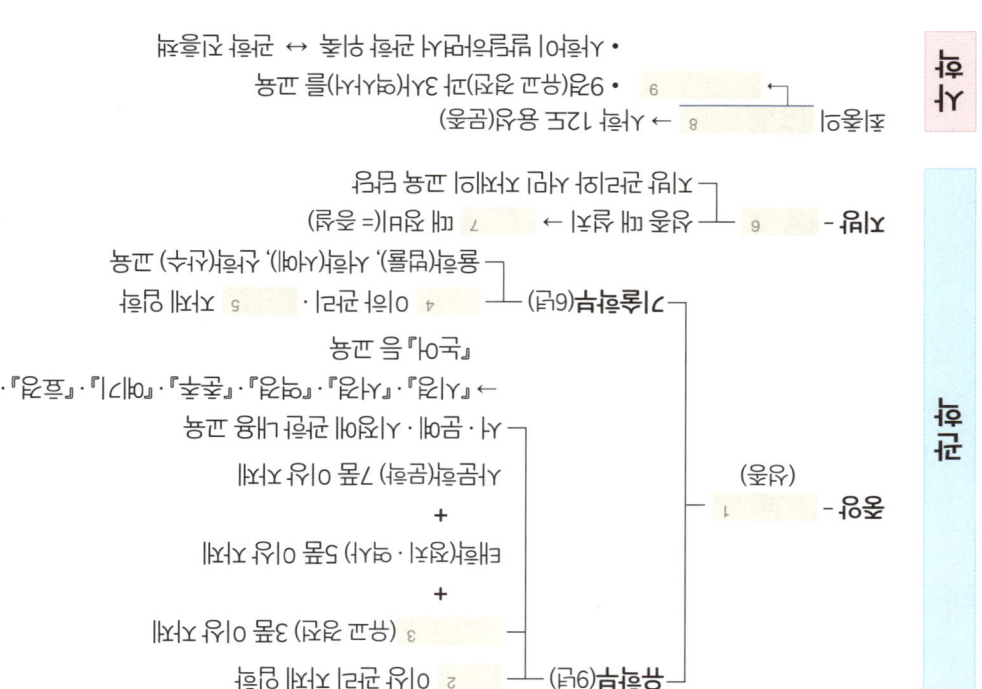
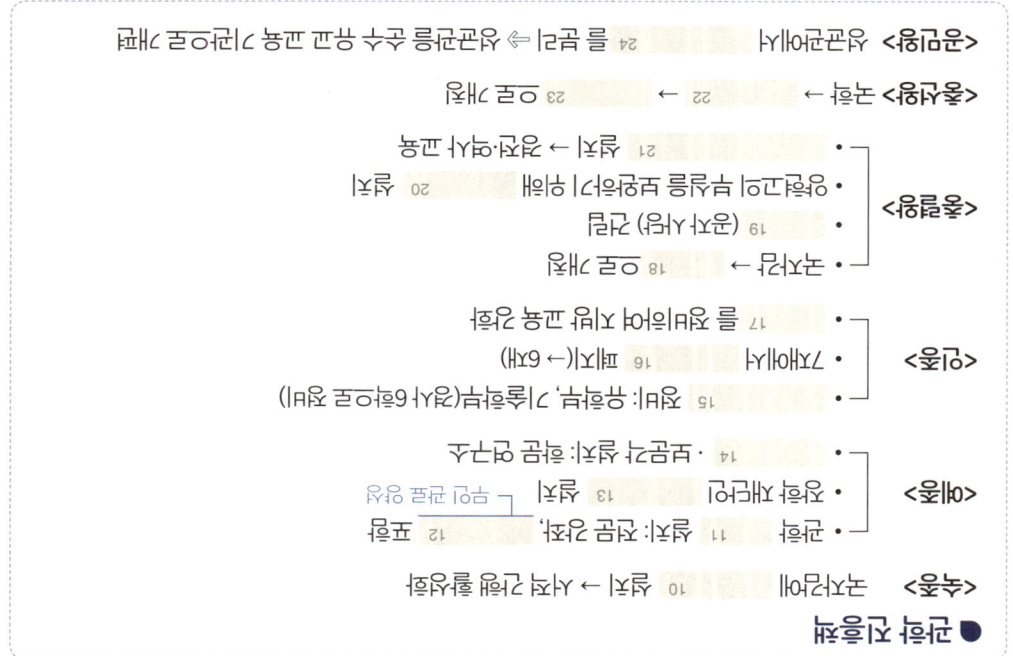

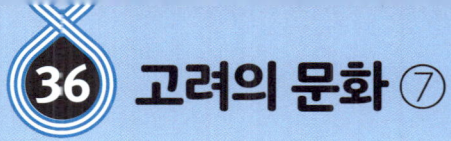

36 고려의 문화 ⑦

III. 문화사 - 고려

📁 과학 기술의 발달 - 인쇄술

● 인쇄 기구
문종: 서적점
↓
공양왕   1   (출판소) 설치

● 목판 인쇄의 발전   한 종류의 책 →   2   인쇄
- 세계 최초『   3   』
  - 통일 신라 때 제작
  - 석가탑에서 발견(1966)
- 고려   4   간행 ⇒ 발전

● 금속 활자의 등장   여러 종류의 책 →   5   인쇄
- 『   6   』(1234,   7   )
  - 의례서(12C 인종, 최윤의)
  - 현존 X, 『동국이상국집』에 기록
  - 그텐베르크 활자보다 200여 년 빠름
- 『   8   』(1377,   9   )
  - 청주   10   에서 조판
  - 현존 최고(最古) 금속 활자본 → 세계 기록유산
  - 현재 프랑스 국립 도서관에 보관

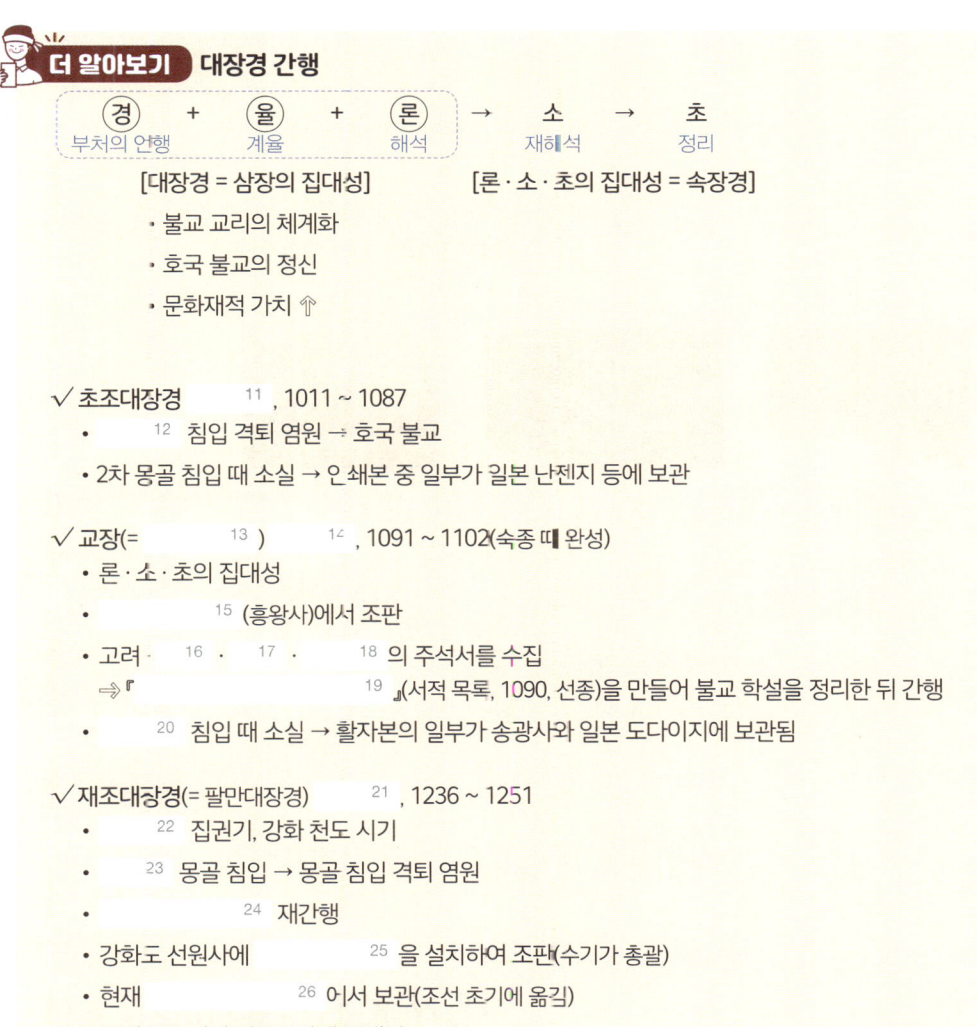

더 알아보기 대장경 간행

경 + 율 + 론 → 소 → 초
부처의 언행 계율 해석   재해석 정리

[대장경 = 삼장의 집대성]   [론·소·초의 집대성 = 속장경]

- 불교 교리의 체계화
- 호국 불교의 정신
- 문화재적 가치 ⇑

✓ 초조대장경   11   , 1011 ~ 1087
- 　12　 침입 격퇴 염원 → 호국 불교
- 2차 몽골 침입 때 소실 → 인쇄본 중 일부가 일본 난젠지 등에 보관

✓ 교장(=   13   )   14   , 1091 ~ 1102(숙종 때 완성)
- 론·소·초의 집대성
- 　15　 (흥왕사)에서 조판
- 고려   16 · 17 · 18   의 주석서를 수집
  ⇒『   19   』(서적 목록, 1090, 선종)을 만들어 불교 학설을 정리한 뒤 간행
- 　20　 침입 때 소실 → 활자본의 일부가 송광사와 일본 도다이지에 보관됨

✓ 재조대장경(= 팔만대장경)   21   , 1236 ~ 1251
- 　22　 집권기, 강화 천도 시기
- 　23　 몽골 침입 → 몽골 침입 격퇴 염원
- 　24　 재간행
- 강화도 선원사에   25   을 설치하여 조판(수기가 총괄)
- 현재   26   어서 보관(조선 초기에 옮김)
- 유네스코 세계 기록유산에 등재됨

36 고려의 문화 ⑧

III. 문화사 - 고려

📁 과학 기술의 발달 - 천문학 ~ 조선술

● **천문학** = 왕도학 → 농업에 활용

· **관측 천문학 발달** ┌ _____ 1 (서운관) 설치
　　　　　　　　　└ 개성 첨성대에서 관측 업무 수행

　　⇨ 일식, 혜성, 흑점 등의 관측 내용을 풍부하게 기록

· **역법**

＜초기＞	→	＜충선왕＞	→	＜공민왕＞
당의 ____ 2		원의 ____ 3 + 아라비아 ____ 4		명의 ____ 5

개성 첨성대

● **의학**

· _____ 6 에서 의학 교육, 의원을 선발하는 의과 실시

· 『_____ 7』(고종/최우 집권기) – 현존하는 最古 의서
　- 대장도감에서 편찬
　- 각종 질병에 대한 처방과 국산 약재 180여 종 소개

📁 귀족 문화의 발달 - 궁궐, 사찰

● **궁궐**

· 개성 ____ 8 궁궐터

(평지) 　←계단식 ⇨ 웅장한 느낌

● **사찰** ⇨ 귀족적 불교 문화, 지붕 大

[_____ 9] ____ 10 에 유행, 현존 X ⇨ 13C 이후 일부 건물이 현존

공포

　· 안동 _____ 11 (最古)(____ 12 지붕 + 배흘림 기둥)
　· 영주 _____ 13 (____ 14 지붕 + 배흘림 기둥)
　· 예산 _____ 15 (____ 16 지붕 + 배흘림 기둥)

봉정사 극락전

부석사 무량수전

수덕사 대웅전

[_____ 17] ____ 18 에 유행, 원의 영향을 받음

공포

　· 사리원 _____ 19 (맞배 지붕 + 배흘림 기둥)

성불사 응진전

36 고려의 문화 ⑨

📁 귀족 문화의 발달 - 석탑, 승탑, 불상

● 석탑

- _____ ¹ 유행
- 안정감 부족
- 지역에 따라 _____ ² 의 전통을 계승한 석탑 조성

✓ **전기**
- _____ ³ 영향 - 개성 _____ ⁴ 석탑
- _____ ⁵ 영향 - 부여 _____ ⁶ 석탑
  익산 _____ ⁷ 석탑
- _____ ⁸ 영향 - 개성 _____ ⁹ 석탑

✓ **중기** 다각 다층탑을 대표
- _____ ¹⁰ 의 영향 - _____ ¹¹

✓ **후기**
- _____ ¹² 의 영향
  - _____ ¹³
  ⇨ 조선 세조 _____ ¹⁴ 에 영향

불일사 5층 석탑

월정사 8각 9층 석탑

현화사 7층 석탑

경천사지 10층 석탑

● 승탑
- _____ ¹⁵ 원종 대사 혜진탑 - 신라의 팔각 원당형 계승
- _____ ¹⁶ 보제존자 석종 - 석종형 승탑 계승
  ⇨ 조선 시대 승탑으로 연결

● 불상

- _____ ¹⁷ (호족의 취향)
- 인체 비례 X
- _____ ¹⁸ 다양

✓ **대형 철불**

_____ ¹⁹ (광주 춘궁리 철불)
└ 신라 양식 계승

✓ **대형 석불**

²⁰ ────→ 인체 비례 X , 균형미 부족

²¹

→ 길목에 조성, ²² 특색

✓ **소조 불상**
영주 _____ ²³

→ _____ ²⁴ 양식 계승, 균형미

36 고려의 문화 ⑩

III. 문화사 - 고려

📂 예술 문화의 발달

● 공예

✓ 자기 공예

초기(10c) 신라와 발해의 전통 기술 + 송의 자기 기술 수용

중기 ┌ _____¹ (11C)
　　　　│ • 독자적 발전, 고상한 무늬가 특징
　　　　│ • 송나라 서긍의 『_____²』 - 고려 청자 극찬
　　　　└ _____³ (12C 중반 ~ 13C 중반)
　　　　　• _____⁴ **개발**: 자기 표면을 파내고 그 자리를 백토나
　　　　　　흑토 등으로 메워 무늬를 내는 방법
　　　　　• 강진, 부안의 소(所)에서 생산(순수 청자 + 상감 청자)

후기(원 간섭기)
　　　　_____⁵ (13C 중반 ~ 15C)
　　　　• 청자에 백색 분토를 뿌림
　　　　• 원의 가마 기술이 도입 ⇒ 청자의 빛깔 퇴조

청자 참외모양 병

청자 상감운학문 매병

분청사기 음각어문 편병

✓ 금속 공예

• _____⁶ **기술 발달**: 청동기 표면을 파내어 실처럼 만든 _____⁷ 을 채워 무늬를 만드는 기술
• **대표작**: 청동 은입사 포류수금문 정병

✓ _____⁸

• 옻칠한 바탕에 자개를 붙여 무늬를 나타냄
• **대표작**: 경함(불경 보관함), 문방구

● 글씨

• **신품사현**: 유신, 탄연, 최우 + 신라 김생

<전기> ——————————→ <후기>
- _____⁹　　　　　　- _____¹¹ (조맹부체)
- _____¹⁰　　　　　　└ 유려한 글씨체
└ 굳세고 힘찬 글씨체

● 그림

<전기> ——————————→ <후기>

예성강도(이령, 현존 X)　　• **문인화 유행** / '_____¹³' (공민왕)
└ 벽란도 그림　　　　　　　　　시화 일치론
이령 子 _____¹²　　　　• **불화**: '조사당 벽화'(in.부석사)
　　　　　　　　　　　　　• **사경화 유행**: '양류관음도' (혜허)
　　　　　　　　　　　　　　└ 일본에 보관

천산대렵도 　　조사당 벽화 　　양류관음도

● 음악

• _____¹⁴ **(궁중 음악)**: 송에서 전래된 대성악이 궁중 음악으로 발전(예종 때 정비)
• _____¹⁵ **(속악)**: 당의 영향을 받아 발전 → 동동·한림별곡·대동강·정과정·오관산 등이 유명
• **가면극과 산대극**: 부도덕한 지배층과 타락한 승려를 풍자

● 문학

전기	후기
- 향가 　(균여, 『균여전』 11수 등) - 당·송의 영향을 받은 　한문학 유행 　(박인량, 정지상)	• **국문학** ┌ _____¹⁶ ─ 신진 사대부들이 향가 형식을 계승하여 창작 │　　└ **대표작**: 한림별곡, 관동별곡, 죽계별곡 └ _____¹⁷ ─ 일반 백성 사이에서 유행한 작자 미상의 민요풍 가요 　(장가, 속요)　└ **대표작**: _____¹⁸, 가시리, 쌍화점 등 • **한문학** ┌ _____¹⁹ **문학** ─ 민간 구전을 한문으로 기록 │　　　└ **대표작**: 『백운소설』(이규보), │　　　　　　『역옹패설』(이제현) 등 └ _____²⁰ **문학** ─ 사물을 의인화하여 일대기를 구성 　　　　└ **대표작**: 『국순전』(임춘), 『국선생전』(이규보), 　　　　　　『죽부인전』(이곡) 등

정답 1 순청자 2 고려도경 3 상감청자 4 상감기법 5 분청사기 6 은입사 7 은실 8 나전칠기 9 구양순체 10 안진경체 11 송설체 12 이광필 13 천산대렵도 14 아악 15 향악 16 경기체가 17 속요 18 청산별곡 19 패관 20 가전체

36 고려의 문화

맵핑 핵심 자료

예종의 복원궁 건립

대관(大觀) 경인년에 천자께서 저 먼 변방에서 신묘한 도(道)를 듣고자 함을 돌보시어 신사(信使)를 보내시고 우류(羽流) 2인을 딸려 보내어 교법에 통달한 자를 골라 훈도하게 하였다. 왕(예종)은 신앙이 돈독하여 정화(政和) 연간에 비로소 복원관(福源觀)을 세워 도가 높은 참된 도사 10여 인을 받들었다. 그러나 그 도사들은 낮에는 재궁(齋宮)에 있다가 밤에는 집으로 돌아가고는 하였다. 그래서 후에 간관이 지적, 비판하여 다소간 법으로 금하는 조치를 취하게 되었다. 간혹 듣기로는, 왕이 나라를 다스렸을 때는 늘 도가의 도록을 보급하는 데 뜻을 두어 기어코 도교로 호교(胡敎)를 바꿔 버릴 생각을 하고 있었으나 그 뜻을 이루지 못해 무엇인가를 기다리는 것이 있는 듯하였다고 한다.
— 『고려도경』

『상정고금예문』

평장사(平章事) 최윤의(崔允儀) 등 17명의 신하에게 명하여 옛날과 지금의 서로 다른 예문을 모아 참작하고 절충하여 50권의 책으로 만들고, 이것을 『상정예문』이라고 명명하였다. …… 나의 선공(先公)이 이를 보충하여 두 본(本)을 만들어 한 본은 예관(禮官)에게 보내고 한 본은 집에 간수하였다. …… 28본을 인출한 후 여러 관청에 나누어 보내 간수하게 했다.
— 『동국이상국집』

재조대장경 조판

현종 2년에 거란 왕이 크게 군사를 일으켜 쳐들어와 현종은 남쪽으로 피난하였습니다. 거란 군사가 송악에 주둔하면서 물러가지 않자 현종은 여러 신하들과 함께 대장경을 완성할 것을 맹세하였습니다. 이 간절한 소원이 이루어지자 거란 군사는 스스로 물러갔습니다. 그때나 지금이나 같은 대장경을 판각하였으며 간절한 소원도 다르지 않습니다. 그런데, 거란 군사는 스스로 물러갔는데 달단(몽골)은 그렇지 않은 까닭은 무엇입니까? 여러 부처님과 신들이 얼마나 보살펴 주시느냐에 달려있는 것입니다. …… 엎드려 바라옵니다. 여러 부처님과 성현 및 모든 신들은 이 간절한 소원을 깊이 헤아려 신통한 힘을 빌려주십시오. 완강하고 추한 오랑캐가 멀리 도망가서 다시는 우리 땅을 밟지 못하게 하여 주십시오. …… 우리들은 온갖 정성과 혼을 다하여 법문을 보호하고 부처님이 주신 은혜를 만분의 일이라도 갚으려고 합니다. 간절히 비는 이 마음을 밝게 살펴 주시기를 엎드려 바랍니다.
— 『동국이상국집』

고려의 역법

고려 때는 따로 역서를 만들지 않고 당나라 선명력(宣明曆)을 사용하였다. 이 역은 만든 지 100년이 넘었기 때문에 이미 낡아서 실제와 차이가 많았다. 당나라에서는 이미 역법을 22차례나 개정하였지만 고려에서는 그대로 사용하다가 충선왕 때에 비로소 원나라 수시력(授時曆)을 사용하게 되었다.
— 『고려사』

『향약구급방』

향약구급방은 효과가 좋고 신기한 효험이 있어 우리나라 백성에게 이로움이 크다. 수록한 약은 모두 우리나라 백성들이 쉽게 알고 얻을 수 있는 것이다. 약을 먹는 방법도 이미 잘 알려져 있다. 만약 서울같은 도시라면 의사라도 있지만 궁벽한 시골에서는 매우 급한 병이 나더라도 의사를 부르기 힘들다. 이 때 이 책이 있다면 편작이나 의완(춘추 전국 시대 명의)을 기다리지 않아도 치료할 수 있을 것이다. 이는 일은 쉽고 공은 배가 되는 것이니 그 혜택이 이것보다 큰 것이 없다.
— 『향약구급방 발문』

서긍의 『고려도경』(고려 청자)

도자기의 빛깔이 푸른 것을 고려 사람들은 비색(翡色)이라 부른다. 근년에 와서 만드는 솜씨가 교묘하고 빛깔도 더욱 예뻐졌다. 술그릇의 모양은 오이같은데, 위에 작은 뚜껑이 있어서 연꽃에 엎드린 오리모양을 하고 있다. …… 여러 그릇들 가운데 이 물건이 가장 정밀하고 뛰어나다.

37 포인트 공부 ①

포인트 문항

III. 운문 - 고시가

📖 **돋을 정리** = 「1 (2)」, 인조 운동회의 꽃

● 배경
- 문자 없는 시대: 한자, 이두 또는 한문 사용 → 문자의 필요성 대두
- 피지배층의 문자 교육: 양반 중심 사회에서 일반민의 유자들 학습 욕구
- 주인의 사대적 사상: 이사대주의 표출이 주가

● 창작

창작	← 한국인의 문자 창제		발표
(1443)			(1446)

- 인쇄 유형의 기반 설정
- 고유 문자의 간편 풍부
- 사상의 모국어 생활 기록

● 문학 사적 의미

「」- 한국의 조선적 문자 창제
「 4 」- 한국의 조선적 문자 창제
「 5 」- 최초의 한글 문학 기록
「훈민정음」- 한자 음운사, 문자 음운의 표준발 음문 정리
「 6 」- 한국어 대비의 가가 이 여분 없음
「 7 」- 세조, 「월인천강지곡」+「석보상절」
「 8 」- 훈몽 대 자의 기록

● 발달 후대에 미치는 영향 → 9   후대의 시 조선가 영향

□ **돋을 찾기** | 세종 대왕의 한글 창제

- **세종어제 훈민정음**
- 「훈민정음」 언해본, 「세종어제」

나라의 말이 중국과 달라 한자와 서로 통하지 아니하므로, 이런 까닭에 어리석은 백성이 말하고자 할 바가 있어도 마침내 제 뜻을 능히 펴지 못하는 사람이 많으니라. 내가 이를 위하여 가엾이 여겨 새로 28자(字)를 만드노니, 사람마다 하여금 쉽게 익혀 날로 씀에 편안케 하고자 할 따름이니라.

- **용비어천가**

해동(海東) 여섯 용이 나시어, 그 행동하신 일마다 하늘의 복이시니, 옛날 성인(聖人)과 꼭 맞으시니 / 뿌리 깊은 나무는 바람에 흔들리지 아니하므로, 꽃이 좋고 열매가 많이 열리니 / 샘이 깊은 물은 가뭄에 그치지 않으므로, 내가 이루어져 바다에 이르느니라.

정답 1 훈민정음 2 세종 3 정음청 4 용비어천가 5 월인천강지곡 6 석보상절 7 월인석보 8 훈몽자회 9 서리

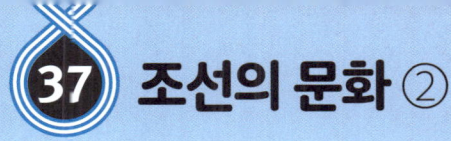

37 조선의 문화 ②

III. 문화사 - 조선

📁 교육 기관

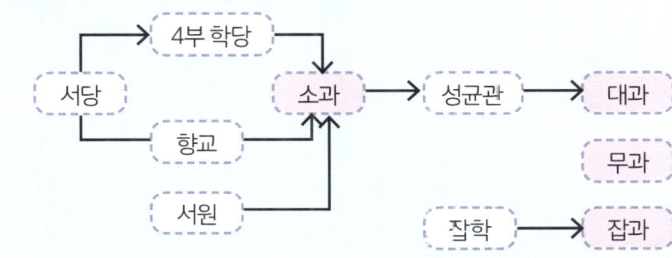

Focus 문과(과거제)와 유기적인 관계

초등 교육 기관

● **서당**
- ___1___ 교육 기관
- 8세 ~ 15세 선비와 평민 자제 입학
- 『___2___』, 『___3___』, 『격몽요결』, 『명심보감』 교육

중등 교육 기관 ★

● **4부 학당** - 동·서·남·중학
- ___4___ 교육 기관(___5___)
- 8세 이상의 양인 남성 입학
- ___6___, ___7___ → 『소학』, 4서 5경 등을 교육
- 기숙사(___8___, ___9___) 존재
- 문묘(공자 사당) ___10___ → 제사 기능 X
- ___11___ 실시 → pass ___12___ 면제,
  성균관 ___13___ 으로 입학

● **향교**
- ___14___ 교육 기관(___15___)
- 8세 이상의 양인 남성 입학
- 부·목·군·현에 각각 설립
- 중앙에서 ___16___·___17___ 파견
- 지방민의 교화, 유생들의 교육 담당
- 문묘 ___18___ (→ 제사 기능 O)
- **구조**: 대성전, 동무·서무, 명륜당, 동재·서재
- 매년 2회 시험 실시 ┬ 성적 우수자 - ___19___ 면제
                    └ 성적 미달자 - ___20___ 수행

● **서원**
- ___21___ 교육 기관(지방)
- ___22___ 이 시초(주세붕, 1543)
- ___23___ 연구, 봄·가을에 ___24___ 주관, 향촌 사회 교화 담당
- ___25___ (선대의 훌륭한 유학자들) 제사, 문묘 ___26___
- 강당, 동재·서재, 사당으로 구성

고등 교육 기관

● **성균관**
- ___27___ 교육 기관, 최고 학부 기관(9년)
- 15세 이상의 ___28___·___29___ (소과 합격자) 입학
- ___30___ (등교 거부), ___31___ (단식 투쟁), 집단 상소 등의 활동 보장
- 성적 우수자 → ___32___ 면제
- ___33___ 실시: 문과(무과도 실시)
- **구조**: ___34___ (문묘), 동무·서무(성현 제사), ___35___ (강의실), ___36___·___37___ (기숙사),
         ___38___ (도서관), ___39___ (과거 시험장)

- 200명 정원 → 후에 100명으로 감소
- 대과 준비, 300일 이상 기숙하며 공부

더 알아보기 잡학 교육 → 해당 관청에서 교육

- 의학 - 전의감
- 역학 - ___40___
- 천문학·지리학 - ___41___ } 잡과 응시
- 율학 - 형조

- 산학 - 호조
- 도교 - 소격서 } 취재 응시
- 회화 - 도화서
- 악학 - 장악원

37 조선의 문화 ③

III. 문화사 – 조선

📁 성리학의 융성 ⭐

= 성즉리(性卽理) → 우주 만물의 이치·질서
└ 고정성, 차별성

귀(貴)	vs	천(賤)
理		氣

임금	신하	⇨ ___3
양반	상민	⇨ 실제 신분제 ⇔ ___4
남자	여자	⇔ ___5
적자	서자	⇔ 『홍길동전』
장남	차남	⇨ ___6
___1 (명)	___2 (청)	⇨ 외교

더 알아보기 | 사단칠정 논쟁

(주理론) vs (주氣론)

1차 사단칠정 논쟁
• 퇴계 ___46
___48
• 고봉 ___47
↓ 최초 주장
___49
___50

서인이지만 이황 지지

→ 성리학 이해의 탄력성

2차 사단칠정 논쟁
• 우계 ___51
• 율곡 ___52

⇓ 소론   ⇓ 노론

주理론
___7, 이상적, 내면적
___9
(___10, ___11, ___12, ___13)
理만 중요

[회재] 이언적
선구자
• "이는 기가 존재할 수 있는 근거, 운동 법칙이다"
→ 理를 중심으로 세계를 인식
⇨ ___15
• ___16 에게 「___17」를 바침

[퇴계] 이황
집대성
• 형이상학, ___22 계승
• ___23
• ___24 - 이발이기수지 기발이이승지
• ___25
• ___26 에 영향
• 「___27」 「___28」
• 성학 군주론: 「___29」 - 군주 스스로

⇓

동인
(영남학파)
• ___39 학파
• ___40 학파
• ___41 학파

• [남명] 조식
- ___42 에 포용적
- 학문의 ___43 강조
- 절의와 기개 중시

주氣론
___8, 현실적, 외향적
___14
(희 · 노 · 애 · 구 · 애 · 오 · 욕)
氣도 중요

[화담] 서경덕
• "기가 스스로 작용하여 만물을 존재하게 한다"
• ___18 → ___19
→ 이이의 일원론적 이기이원론에 영향
• ___20 와 ___21 에 개방적

[율곡] 이이
• 형이하학, ___30 (경장론)
___31
└ 이기일원론
___32
• ___33
• 「___34」, 「___35」, 「___36」, 「___37」
• 성학 군주론: 「___38」 - 현명한 신하의 도움으로

⇓

서인
(기호학파)
• ___44 학파
• ___45 학파

붕당

37 조선의 문화 ④

III. 문화사 - 조선

📁 성리학의 변화와 새로운 사상의 등장

Focus

정여립 모반사건 (선조)
- (2) 6 → 몰락
- (3 학파)
- (1)
- (4)
  - → 7 남인 정계 참여 9 → 11 : 6경과 제자백가서 중심 학습 (원문)
    - 다양한 학문적 해석, 실질적 북벌 주장
- (5 학파)
  - → 8 남인 정계 참여 10 → 향촌에서 학문(성리학)의 본격적 연구 - 정통 퇴계 학파

갑술환국 (17C 말) → 정계 축출 → 18C 전반 (12) 형성 = 실학의 등장

- 성리학에 대한 반성과 비판 + 집권 체제 공격
  - 남인: 21 『 22 』
  - 소론: 23 『 24 』
  ↕
  25 으로 비판 받음

경신환국 (숙종)
- (13)
- (14) 성리학의 18 (19) by 20 →
- (15 학파) → 서인과 성리학의 모순 상쇄 목적

호락논쟁 (18세기 전반)
- → 인물성 43 → 호(서 노)론 → 47 사상
  - '기'의 차별성 강조(주기론)
  - 인물성 동·이론
  - 44 노론 (권상하, 한원진, 윤봉구)
- 인물성 40 vs 41 (42)
- → 인물성 45 → 낙(하 노)론 → 18세기 후반 48 형성 (북학파) → 19세기 후반 49
  - 'ㄹ'의 보편성 강조(주리론)
  - 46 노론 (이간, 이재, 김창협)

- (16) 27 수용 → 28 으로 계승 → 29 30 형성 → 구한말 37 의 ' 38 '
- (17 학파) 성리학 중심의 유교 → 39 중심의 유교
  - 성리학 연구의 26
  - 양명학 본격적 연구: 31 , 32 , 33
  - 『 34 』, 『 35 』 『만물일체설』
  - 36 을 도덕 실천의 주체로 인정
  - 양반 신분제의 폐지를 주장
  ⇒ 실천성 강조

정답 1 동인 2 북인 3 조식 4 서인 5 이황 6 이이 7 북인 8 남인 9 0 X 10 인조 11 공론 12 실학 13 사인 -4 이이 15 이이 16 이이 17 윤증 18 붕당 19 노론실록 20 성리학 21 윤휴 22 중용주해 23 박세당 24 사변록 25 송시열 26 심화 27 양명학 28 강화학파 29 정제두 30 강화학파 31 정제두 32 정인보 33 이건창 34 학변 35 존언 36 일반민 37 박은식 38 유교구신론 39 양명학 40 동론 41 이론 42 호론 43 이 44 충청도 45 동 46 서울 47 위정척사 48 북학사상 49 개화 사상

필수 해제 사전

43 조만식의 <민들레꽃과 달팽이> - 민들레, 달팽이와 조화

Ⅲ. 문학사 - 조선

▣ 이별의 사사

• 완당이 묵는 절로 가려고 그곳에서 머무는 사람들이 짐을 꾸리고 있다. 흙 묻은 이(虀)와, 구른 풀 등 모든 게 그대로 있는데 이들을 두고 가려 하니 사뭇 미안한 기분이 든다. 완당이 다른 곳으로 떠나지만 인연이 있는 것들은 여전히 완당의 기억 속에 남아있을 것이다. 김정기, 7경은 완당이 정진하지 못한 4경인 '...... 4경이 아니라 기간에 여운을 주기에 충분하다. 7경은 이별의 아쉬움이 느껴지는 풍경일 것이다.

- 「기전」

▣ 이일의 사사

• 완당이 묵는 절은 그 곁에 서 있는 것이 드물고 몸도 작은 사람이 이(虀)가 대나무를 친구 삼아 그 아래 있는 모습을 보고 연상한 것이다. 이가 대나무 아래 있음은 무엇인가와 함께 있는 모습이다. 완당이 이별 속에서도 이가 대나무와 함께 있음을 인식하는 모습에서 홀로인 자신과 대조되어 더욱 외로움을 느낀다는 것을 알 수 있다...... 이는 기도 하는 사람의 모습이다.

- 「완당집」

▣ 이이이 사상정신론(중시기)

• 예로부터 다양한 사상이 중국(中華)에 중심이 있었으나 지금은 밀려나가시피 한 정신적 상태다. 그래서 중국이 밀려나가 떨어지고 우리 선조에 가까운 공간이 될 수 있다. 화이론에 바탕을 둔 것이기는 하나, 이미 이곳이 중심이 될 수 있는 시대는 2000년 전후로 예견된다.

- 「동문선」

▣ 이이의 사천정신론(중시기)

• 이(虀)가 아무리 기(氣)가 크고 크다 해도 이미 아무리 크다고 해도 이가 기와 합쳐지지 않으면, 즉 재로 쓰임이 아무런 동작도 취하지 아니한, 놓인 대로 아무런 존재하지 아니한다...... 이가 기는 분리되어 있을 수 없으며, 이는 그 작용에 있어 기와 동반한 공존의 관계로 있다.

- 「완당집」

동물에 투영된 정서의 해설

• 시에 있는 곳에서는 정당하고 곧은 정신으로 그 자신이 붙일 곳이 없을 때도 있다. 특히 신(辰)...... 때는 조선 시대에 들어서 더욱 두드러진다. 시가 그러한 정서를 반영한 존재일 때, 여기에서 '용당'은 시가 갖추지 못한 '용감'이라 나오는 사실과 바로 이는 시간 속에서 자연과의 화합을 통하여 자 드러낸다.

- 조만식, 「민들레와꽃」

사상감정을 동물로 부각시킴

• 화자는 동물 이 시(辰)이라 할 수 있다. 동물은 사람의 화자처럼 일반적으로 한 화자로 등장하고, '용'이 동물과 구별된다. 즉 '용'을 나타내려는 화자 본인을 그리고 있다. '용'은 이러한 조선의 상상동물 속에서 반복되어 동원되는 이 시간이 있음도 그 때문이다...... 사상으로서의 정서를 표현한 것이라, 라고 할 수 있다.

- 완당시, 「송강집」

완당의 사비도의 해설

• 화자는 자비 도의 방향으로 시원한 경계를 깨뜨리고 가려 하고 있다. 이때...... 등불인 시비 도가 화자의 말길을 차단하고 한 번 그 자리를 지키고 있다. '그곳 화자의 발이지만, 그 위험함, 현실적인 시각을 보여주고 있는 것이다...... 각성의 정신을 보여주는 사람이다.

- 「완당」

이별·이이의 성실한 교조론

• 화자는 완당의 글들에서는 그 경이이 되는 정신적 소리를 바꾸어 놓고 없어진 이 가장 자리에서, 세상 감정이 이 소리라는 것을 내부에서 들을 수 있는 시절이라 서리해, 만년에는 누구나 다 같이 가 있음을 같은 체험한 것이다. 이름을 이이 이 소리를 들으려 하는 사상과 같은 것, 그 정신이 오롯이 그 세계로 녹아 있는 시도를 뜰에서 볼 수 있다.

- 「송강집」

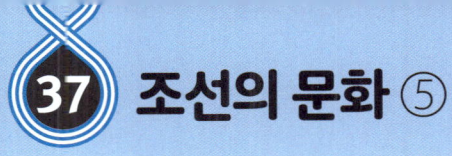

37 조선의 문화 ⑤

III. 문화사 - 조선

📁 실학의 등장 = ___1___ + 청의 ___2___ - 서양의 과학기술
- 옛 것을 증명하고 연구
- 안정복, 김정희 등 역사 연구에 영향
- 세도 정치기 실학 발달에 영향
  but. 학문 연구에 치우쳐 현실 개혁 X

- ___3___ 의 학문, ___4___ ⇒ 현실 문제에 대한 학문
- 성리학을 통한 사회·경제적 모순 해결 불가능 ⇒ ___5___ 에 대한 반성과 비판
- 성격: ___6___, ___7___, ___8___
  ⇒ 19C 후반 ___9___ 으로 연결
- 한계: 재야 학자 중심의 연구 ⇒ 실제 정책에 반영 X

● 선구자

- ___10___
  - 『___11___』(광해군): 여러 영역을 항목별로 백과사전식 서술
  - 『___12___』 소개: 우리나라 최초로 천주교를 "___13___"으로 소개

- ___14___
  - 『___15___』: 역사 지리서, 역사 지리학 창시, 그대 지명 연구
    → 고구려 발생지가 ___16___ 임을 최초 고증
                        ___7___ 의 태동
  - 6경의 독자적 해석 → 윤휴, 박세당에 영향

- 허균 - 호민 혁명론

- ___18___ 『___19___』 저술
  - 왕과 6조 중심의 통치(→ 붕당 정치 비판)
  - ___20___ 폐지 ⇒ ___21___ 으제
  - ___22___ 제도 완화 ⇒ 농촌의 자급자족적 경제 지향
  - ___23___ 반대

> **사료 읽기** | 허균의 저술
>
> • 하늘이 재능을 균등하게 부여하는데 관리의 자격을 대대로 벼슬하던 집안과 과거 출신으로만 한정하고 있으니 항상 인재가 모자라 애태우는 것은 당연한 일이다. 어느 시대, 어느 나라에서 노비나 서얼이어서 어진 인재를 버려두고, 죄머니가 개가 했으므로 재능을 쓰지 않는다는 것은 듣지 못했다. – 「유재론」
>
> • 길동이 점점 자라 8세가 되자, 총명하기가 보통이 넘어 하나를 들으면 백 가지를 알 정도였다. 그래서 공은 더욱 귀여워하면서도 출생이 천해, 길동이 늘 아버지니 형이니 하고 부르면 즉시 꾸짖어 그렇게 부르지 못하게 하였다. 길동이 열 살이 넘도록 감히 부형을 부르지 못하고, 종들로부터 천대받는 것을 뼈에 사무치게 한탄하면서 마음 둘 바를 몰랐다. – 「홍길동전」

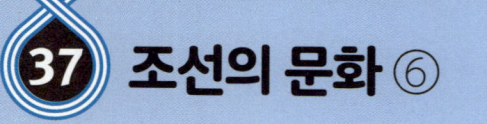

37 조선의 문화 ⑥

해커스공무원 이중석 맵핑 한국사 올인원 블랭크노트
III. 문화사 - 조선

📁 중농학파

- _____ [1] 중심
- _____ [2] 중심 개혁, _____ [3] 혁파 주장, 토지 제도의 개혁 중시
  └ 농민에게 토지 분배 → _____ [4] 육성 목적(분배 강조)

● 반계 유형원

- 『_____ [5]』 - 토지 개혁론으로 _____ [6] 주장

士(양반)		士		
농민	농민	농민	농민	농민 · 농민 · 농민 · 농민

→ _____ [7] 실시(토지 _____ [8])
→ 국가가 _____ [9] 에 따라 차등 있게 토지 재분배

- 양반 문벌 제도·과거 제도·노비 제도 모순 지적(cf. 신분제 혁파 주장 X)
- 병농 일치제·사농일치 교육 제도 주장
- 결부법(수확량 단위) → _____ [10] (면적 단위) 사용 주장

● 다산 정약용

- 『_____ [24]』: 개혁 논설문(1934년 정약용 저서를 총 정리한 문집)
  └ 조선학 운동 과정에서
- 「_____ [25]」: 민본적 왕도 정치
- 「_____ [26]」: 이상적인 지방관상 제시
- 「_____ [27]」: 토지 제도 개혁론 → _____ [28] 주장

A	A	A
A	Ⓑ	A
A	A	A

마을 단위 _____ [29] → 여장의 통제 아래
_____ [30] 에 따라 수확물 차등 분배
but. _____ [31] 의 비리 가능 ⇒ 정전제로 수정

● 성호 이익

- 『_____ [11]』 - 백과사전식으로 조선과 중국 문화 소개
  ├ 천지·만물·경사·인사·시문의 5개 부문으로 구분
  ├ _____ [12], 고증 ⇧, 출처·내용 방대
  ├ 역사 연구에서 실증적·_____ [13] 태도 강조
  └ 역사 서술: _____ [14] → _____ [15] → _____ [16]
- 『_____ [17]』 - 개혁서, 토지 개혁론으로 _____ [18] 제시

나머지 땅 (매매 가능)
< _____ [19] >
생계 유지를 위한 최소한의 토지 매매 금지 ← 국가가 보장
영업전(매매 불가)

- _____ [20] 의 폐단 지적 - _____ [21] 제도·과거제도·양반 문벌 제도·미신과 사치·_____ [22]·게으름
  ⇒ 과거제 정비, 선비의 농업 종사 제안
- 성호 학파 형성 - 학문 연구·제자 육성
- _____ [23] 주장 - 화폐의 폐단 지적

- 『_____ [32]』 - 중앙 통치 체제 개혁, 정전론 제시
- 『_____ [33]』 - 지방 행정 조직 개혁, 목민관의 자세 제시
- 『_____ [34]』 - 형옥 관련 법률서, 고의성 유무 강조
- 『_____ [35]』 - 홍역 연구, _____ [36] 소개(『종두방서』)
- 『_____ [37]』 - 역사지리서 → 만주까지 시야 확대
- '_____ [38]' 제시 - 인물성이론에 대한 견해 "인간은 도구를 쓸 수 있다."
- '_____ [39]' - 후천적 환경, 선천적 자유 의지 → 性이 결정
- 과학 기술에 대한 관심(←『_____ [40]』영향) - 거중기 제작, _____ [41] (배다리) 설치

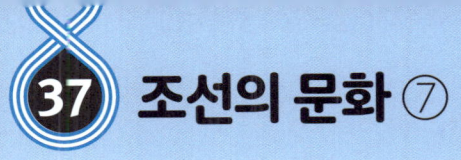

37 조선의 문화 ⑦

III. 문화사 - 조선

📁 중상학파 (북학파)

- 서울의 일부 __1__ 출신 중심
- 토지 생산성 증대 + __2__ 활성화 주장 (효율성 강조)
- __3__ 문물 적극 수용

● 농암 유수원 북학 사상의 선구자, __4__ 출신

- 『__5__』: 정치, 경제, 사회, 사상에 대한 개혁서
  ↓ 신분제 폐지
  - __6__ 진흥, 기술 혁신
  - 상인 + 상인 ⇒ __7__ 의 원칙
  - 상인의 생산자 고용 ⇒ __8__ 개혁, 생산과 판매의 결합
  - 물자 낭비와 가격 조절을 국가가 통제
  - 사농공상의 __9__ 와 전문화 강조

● 담헌 홍대용

- 『__10__』┬ 선비들의 생산 활동 종사를 주장
         ├ 성인 남성에게 __11__ 씩 토지 분배
         ├ 병농 일치제 주장
         └ 부국강병을 위한 기술 혁신과 문벌 제도 철폐 주장
- 『__12__』┬ 실옹과 허자의 문답식 대화집
         └ __13__ : 세계의 중심은 중국이 X → 중국 중심의 세계관 극복
           ↓
  ┌─────────────────────────────────────┐
  │   " __14__ "   │
  │   __15__ → 홍대용 → __17__ → 개화 사상의 시작 │
  │   『__16__』   『__18__』   │
  │   『지구전요』   │
  └─────────────────────────────────────┘

● 연암 박지원 노론 명문가 출신

- 『__19__』┬ 청 기행문
         ├ 청과의 통상 호대
         └ __20__ __21__ 이용 장려
                  └ __22__ 주장: 화폐의 필요성
- 『__23__』- 농업 생산력 증대 방안 제시 ⇨ 영농 방법 혁신, 농기구 개량
                                  ↓ 부록
- 『__24__』- 토지 개혁사, __25__ 설명
                         └ 토지 __26__ ⇨ 남한의 농지 개혁에 영향
- 한문 소설 - 「양반전」, 「허생전」, 「호질」⇨ 양반 둔벌 제도의 비생산성 비판

● 초정 박제가 __27__ 출신, __28__ 의 제자
  └ 규장각 검서관으로 등용

- 『__29__』┬ __30__ 과의 통상 강화 → __31__ 파견
         ├ 수레와 선박의 이용 주장 → 도로에 __32__ 사용 ⇒ 유통 구조 혁신
         ├ 신분 차별 타파
         └ '__33__' 주장: 생산과 소비의 관계를 __34__ 에 비유
                    ⇒ __35__, 소득에 맞는 __36__ 권장
- 서양 문물 · 기술 수용 주장
- 『__37__』- 정약용과 함께 __38__ 연구, 『마과회통』의 부록
- 백동수와 『__39__』 편찬

● 풍석 서유구

- 북학 사상을 __40__ 에서 __41__ 생활로 변화
- 『__42__』: 농촌 생활 백과사전

맵핑 핵심 자료

Ⅲ. 문화사 - 조선

유형원의 균전론

토지 경영이 바로잡히면 모든 일이 제대로 될 것이다. 백성은 일정한 직업을 갖게 되고, 군사 행정에는 도피자를 찾는 폐단이 없어지며 귀천상하가 모두 자기 직책을 갖게 될 것이므로 민심이 안정되고 풍속이 도타워질 것이다. …… 농부 한 사람마다 1경(頃)을 받아 점유한다. 법에 의거하여 조세를 거둬들인다. 4경마다 군인 1명을 뽑는다. 유생으로서 처음 입학한 자는 2경, 내사에 들어간 자는 4경과 병역을 면제한다. 현직 관리로서 9품 이상부터 7품까지는 6경, 관품이 높아질수록 더하여 정2품에 이르면 곧 12경이고, 모두 병역을 면제한다. …… 토지를 받은 자가 죽으면 반납한다.
— 『반계수록』

이익의 한전론

국가는 마땅히 한 집의 생활에 맞추어 재산을 계산해서 토지 몇 부(負)를 한 호의 영업전으로 한다. 그러나 땅이 많은 자는 빼앗아 줄이지 않고 미치지 못하는 자도 더 주지 않으며, 돈이 있어 사고자 하는 자는 비록 천백 결이라도 허락해 주고, 땅이 많아서 팔고자 하는 자는 다만 영업전 몇 부 이외에는 허락한다.
— 『곽우록』

정약용의 여전론

이제 농사짓는 사람은 토지를 가지게 하고, 농사짓지 않는 사람은 토지를 가지지 못하게 하려면 여전제를 실시해야 한다. …… 1여마다 여장(閭長)을 두며 무릇 1여의 인민이 공동으로 경작하도록 한다. …… 여민이 농경하는 경우, 여장은 매일 개개인의 노동량을 장부에 기록하여 두었다가 가을이 되면 오곡의 수확물을 모두 여장의 집에 가져온 다음에 분배한다. 이때, 국가에 바칠 세와 여장의 봉급을 제하며, 그 나머지를 가지고 노동 일수에 따라 여민(閭民)에게 분배한다.

정약용의 저서

- 대저 천자란 어찌하여 존재하게 되었는가? …… 다섯 가구가 1인(一隣)이 되므로 다섯 가구에서 추대된 사람이 인장(隣長)이 되고, 다섯 인이 1리(里)가 되어 추대된 사람이 이장(里長)이 되고, …… 여러 현장의 공동 추대를 받은 사람이 제후가 되고, 제후들이 추대한 사람이 곧 천자(天子)이다. 그러므로 천자란 군중의 추대에 의해서 이루어진 것이다.
— 『탕론(湯論)』

- 오늘날 백성을 다스리는 자는 백성에게서 걷어들이는 데만 급급하고 백성을 부양하는 방법은 알지 못한다. …… '심서(心書)'라고 이름 붙인 까닭은 무엇인가? 백성을 다스릴 마음은 있지만 몸소 실행할 수 없기 때문에 그렇게 이름 붙인 것이다.
— 『목민심서』

유수원의 상공업 진흥론

상공업을 두고 천한 직업이라 하지만 본래 부정하거나 비루한 일은 아니다. 그것은 스스로 재간 없고 덕망 없음을 안 사람이 관직에 나가지 않고 스스로의 노력으로 물품 교역에 종사하면서 남에게서 얻지 않고 자기 힘으로 먹고 사는 것이다. 어찌 천하거나 더러운 일이겠는가.
— 『우서』

홍대용의 저서

- 천체가 운행하는 것이나 지구가 자전하는 것은 그 세가 동일하니, 분리해서 설명할 필요가 없다. 생각건대 9만 리의 둘레를 한 바퀴 도는 데 이처럼 빠르며, 저 별들과 지구와의 거리는 겨우 반경(半徑)밖에 되지 않는데도 오히려 몇 천만 억의 별들이 있는지 알 수가 없다.
— 『담헌서』

- 중국인은 중국을 중심으로 삼고 서양을 변두리로 삼으며, 서양인은 서양을 중심으로 삼고 중국을 변두리로 삼는다. 그러나 실제는 하늘을 이고 땅을 밟는 사람은 땅에 따라서 모두 그러한 것이니 중심도 변두리도 없이 모두가 중심이다.
— 『의산문답』

홍대용의 토지 개혁론

아홉 도의 전답(田畓)을 고루 나누어 3분의 1을 취해서 아내가 있는 남자에 한해서는 각각 2결(結)을 받도록 한다. …… 전원(田園) 울타리 밑에 뽕나무와 삼(麻)을 심도록 하며, 심지 않는 자에게는 벌로 베(布)를 받는데 부인이 3명이면 베 1필, 부인이 5명이면 명주 1필을 상례(常例)로 정한다.

박제가의 소비관(우물론)

대체로 재물은 비유하건대 샘과 같은 것이다. 퍼내면 차고 버려 두면 말라 버린다. 그러므로 비단 옷을 입지 않아서 나라에 비단을 짜는 사람이 없게 되면 기예가 망하게 되며, 농사가 황폐해져서 그 법을 잃게 되므로 사·농·공·상의 4민이 모두 곤궁하여 서로 구제할 수 없게 된다.
— 『북학의』

박지원의 한전론

진정 한제(限制)를 만들어서 모년 모월 이후 이 한제 이상으로 많은 자는 더 이상 사들이지 못하게 하고, 법령 공포 이전에 사들인 것은 비록 산천을 경계로 할 정도로 광점하더라도 불문에 붙인다. …… 법령 공포 후에 한제를 넘어서 가점(加占)하는 자는 백성들이 적발하면 백성에게 주고, 관에서 적발하면 몰수한다.

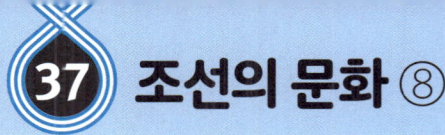

37 조선의 문화 ⑧

III. 문화사 - 조선

📁 조선 후기 국학 연구 실학의 발달 → 민족의 전통과 현실에 관심↑ → 국학 연구 발달★

● 역사 연구

| 18세기 | 18세기 후반 ~ 19세기 |

18세기

- 『   1   』 2
  - **역사를 움직이는 동력:** 3 (時勢) → 4 → 5
    ⇨ 역사가는 시세를 정확하게 파악하는 것이 중요
  - 실증적·비판적인 역사 서술 제시
      +
  - 기존의 성리학적   6 비판
    ⇨   7 중심의 역사관 탈피 ⇨ 우리 역사의 체계화 주장
                민족에 대한 주체적 자각 고취

  │ 영향
  ▼

- 『   8   9
  - 이익의 역사 의식 계승
  - 10 ~ 11 까지의 역사를 12 통사 + 13 서술
  - 독자적인   14 제시
          15   → 기자 조선 → 16 ┌ 통일 신라 → 고려
          └ 성리학적 화이사관 부정   └ 삼국 시대는 무통으로 처리
  - 17 의 토대 마련
  - 발해사 기록(but. 말갈 역사로 봄)

18세기 후반 ~ 19세기

- 『   18   』 19
  - 고대사 연구의 시야를   20 까지 확대
  - 최초로   21 용어 사용

- 『동사』   22 (cf. 『동사』, 허목: 중화주의 역사 콜피)
  - 고조선과 삼한, 부여 ·   23 →   24 로 서술
  - 고대사 연구의 시야를   25 지방까지 확대
  -       26 를 고구려를 계승한 나라로 봄(고구려사 강조)

- 『   27   28
  - 400여 종의 야사 참고 ⇨ 조선 시대를 객관적·실증적으로 서술한 야사 총서
  - 기사본말체로 서술

- 『   29   』 30
  - 고조선 ~ 고려 말까지의 통사
  -       31 로 서술
  - 540여 종의 중국·일본 자료 참고 ⇨ 민족사 인식의 독 확대에 기여

- 『   32   』 33
  -       34 연구
  - 북한산비가 무학대사비가 아닌   35 김을 고증(+ 황초령비)

37 조선의 문화 ⑥

조선의 문화 ⑥

III. 근세 사 - 조선

해커스공무원 단원별 기출문제집 한국사 이명호

📖 조선 초기 문화 연구

⭐ 지리 연구

지리서

- 1. 『혼일강리역대국도지도』
  - 지리서
- 2. 지리지
  - 국가 체제 정비에 필요한 지리적 정보 수집
- 3. 지리지
  - 국가 통치를 위한 자료 확보와 국방력 강화의 목적
- 4. 지리지
- 5. 지리지
  - 백제의 수도가 공주이고 통일신라의 중심부가 경주임을 알 수 있음
- 6. 『고려사』
  - 국방과 행정상의 필요에 따라 각 지방의 연혁・지리・풍속 등을 조사하여 기록
- 7. (정종)
  - 인문 지리서
- 8. (사람이 많은 종류 중 수도인 한양이 제일)
- 9. (성종)
- 10. (성종)
- 11. 『사용』 → 정치적이고 군사적인 지도 제작에 중점
- 12. 『13 (성종)』
  - 10리 마다 눈금 표시
- 14. 를 이용하여 산맥・하천・포구・도로망의 정밀한 표시
  - 목판 지도
- 22점으로 된 분첩절첩식 지도 → 휴대가 편리함

지도

📖 더 알아보기 조선 전기의 지도 연구

- 19 (태종): 김사형・이회・이무 제작(1402)
  - 아라비아 영향을 받아 당시 세계 지도 중 가장 정확・원본이 일본에 있음
- 20 (태종): 이회 제작(1402), 최초의 조선 지도 X
  → 세종 때에 이 지도를 축으로 팔도의 지도(도별)로 모아 지도 완성
- 21 ( ): 양성지 제작, 최초의 실측 지도, 압록강 이북까지 표시
- 23 (성종): 『팔도지리지』 내용 세 표시, 인문지리적 표시
- 24 ・성종
- 『세종실록』(동문)・『동국(여지)승람』 속 인문 지리 정보의 문헌에 있음 기록
- 26 (성종): 수도・유성・연혁 표기 X
- 27 : 정치적・경제적・인문적 지리서 기록
- 지리
  - 관청의 연혁, 행정・지리・물산・풍속 등을 자세히 기록
  - 인문 지리서
- 29 [ ] 30 : 조선 후기 편찬된 인문 지리서・정치 풍속 수록

정답 1 동국지리지 2 역사 3 아방강역고 4 정약용 5 역사 6 택리지 7 이중환 8 가거지 9 동국지도 10 정상기 11 100리척 12 대동여지도 13 김정호 14 범례 15 훈민정음 16 훈민정음언해 17 언문지 18 고금석림 19 혼일강리역대국도지도 20 팔도도 21 동국지도 22 세조 23 조선방역지도 24 신찬팔도지리지 25 세종 26 팔도지리지 27 동국여지승람 28 성종 29 신증동국여지승람 30 중종

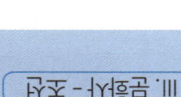

맵핑 핵심 자료

안정복의 『동사강목』

삼국사에서 신라를 으뜸으로 한 것은 신라가 가장 먼저 건국되었고, 뒤에 고구려와 백제를 통합하였으며, 고려는 신라를 계승하였으므로 편찬한 것이 모두 신라의 남은 문적을 근거로 하였기 때문이다. …… 고구려의 강대하고 현저함은 백제에 비할 바가 아니며, 신라가 자처한 땅의 일부는 남쪽에 불과할 뿐이다. 그러므로 김씨는 신라사에 쓰여진 고구려 땅을 근거로 했을 뿐이다.

이긍익의 『연려실기술』

이 책은 남의 귀나 눈에 익은 이야기들을 모아 분류대로 편집한 것이요, 하나도 나의 사견으로 논평한 것이 없는데, 만일 숨기고 전하지 않는다면 남들이 눈으로는 보지 못하고 구로만 이 책이 있다고 듣고서 도리어 새로운 말이나 있는가를 의심한다면, 오히려 위태롭고 두려운 일이 아니겠는가?

유득공의 『발해고』

부여씨가 망하고 고씨가 망하자 김씨가 그 남쪽을 영유하였고, 대씨가 그 북쪽을 영유하여 발해라 하였다. 이것이 남북국이라 부르는 것으로, 마땅히 남북국사가 있어야 했음에도 고려가 이를 편찬하지 않은 것은 잘못된 일이다. 무릇 대씨가 누구인가? 바로 고구려 사람이다. 그가 소유한 땅은 누구의 땅인가? 바로 고구려 땅이다.

김정희의 금석문 연구

이 비는 아무도 아는 사람이 없어 요승 무학이 여기에 이르렀다는 비라고 잘못 칭해 왔다. …… 내가 승가사에서 지나가다 비를 보게 되었다. …… 어렴풋이 획을 찾아서 시험 삼아 종이를 대고 탁본을 해내었다. 탁본을 한 결과 비의 형태는 황초령비와 서로 흡사하였고, 제1행 진흥(眞興)의 진(眞) 자는 약간 마멸되었으나 여러 차례 탁본을 해서 보니, 진(眞) 자임에 의심할 여지가 없었다. 그래서 마침내 이를 진흥왕 순수비로 단정하여 …… 무학비라고 하는 황당무계한 설이 혁파되었다.

혼일강리역대국도지도

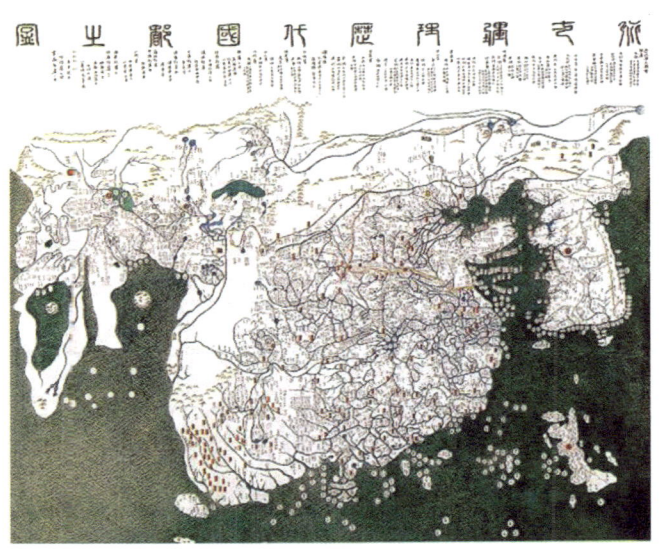

조선방역지도

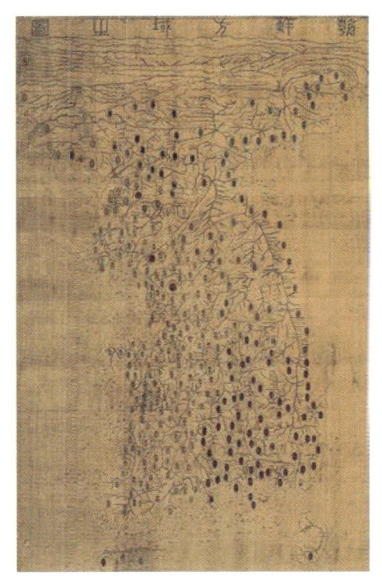

대동여지도

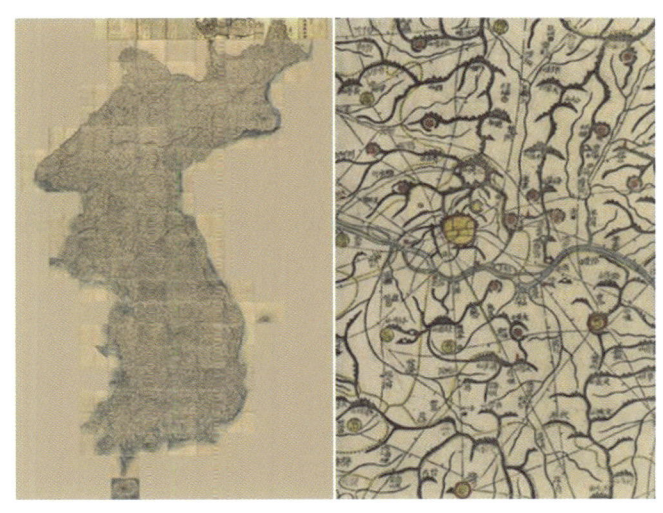

37 조선의 문화 ⑩

III. 문화사 - 조선

📁 조선의 여러 사상

● 불교 [억불 정책 vs 불교 명맥 유지]

- ___1___ - ___2___ 실시 ⇒ 승려의 수 제한
  - └ 승려 신분증
- 태종 - 사원의 토지·노비 몰수
- ___3___ - 교단 정리, 선·교 합하여 36개의 사찰만 인정, ___4___ 설치
- ___5___ - ___6___ 설치, 불교 경전을 한글로 번역하여 간행(『월인석보』)
  원각사지 10층 석탑 건립
- 성종 - ___7___ · ___8___ 폐지
- 중종 - 승과 폐지
- ___9___ - 승려 보우 중용, 승과 부활

● 도교

- 강화도 ___10___ 에서 초제 거행
- ___11___ 설치(초제를 주관하는 관청)
  - 중종 때 ___12___ 가 혁파 주장
- ___13___ 설치 - 왕권 강화 수단, ___14___ 거행
  - └ 제천 행사

● 풍수지리설

- 조선 초기 이래로 매우 중시
- ___15___ 에 반영
- 양반 사대부들의 ___16___ 에 영향 → ___17___ 발생의 원인

정답: 1 태조 2 도첩제 3 세종 4 선교양종 5 세조 6 간경도감 7 선종 8 교종 9 명종 10 마니산 11 소격서 12 조광조 13 소격서 14 초제 15 한양 천도 16 묘지 17 산송

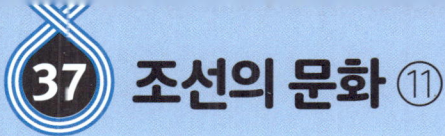

37 조선의 문화 ⑪

III. 문화사 - 조선

📁 역사서

●『조선왕조실록』

- 『___1___』 - 관청 업무 일지, 『의정부등록』·『비변사등록』 중요
  ⇩ 재정리
- 『___2___』 - ___3___ 에서 『등록』의 중요 내용을 모아 정기적으로 편찬
- 『___4___』 - 승정원에서 왕의 언행 기록
  유네스코 ___5___ 등재
- ___6___ - 예문관의 사관이 기록
- 『___7___』 - 정조부터 편찬된 왕의 일기, 유네스코 기록 유산 등재

✓『실록』의 편찬

- 국왕 승하 ⇒ ___8___ 내에 ___9___ (임시)에서 편찬
- 『시정기』 + 『승정원일기』 + 사초 + 조보 (관청 소식지)
  + 『의정부등록』(or 『비변사등록』) + 『일성록』
- ___10___ ~ ___11___ 까지 편년체로 서술
- 25대 국왕의 472년간의 기록   왜곡⇧, 역사적 가치 X
- 『___12___ 실록』은 일제 강점기에 이왕직에서 편찬
- 연산군, 광해군 → 『연산군일기』, 『광해군일기』로 폄하
- 국왕의 실록 열람 x → 후대 왕들에게 본보기로 남겨주기 위해 『___13___』 편찬
- 내용: 왕의 업적 + 자연 재해 + 기상 이변
- 붕당 정치기 → 수정실록 편찬 ⇧
- 1997년 유네스코 기록 유산 등재

●『의궤』

- 왕실 행사 ___14___ + 참가 인원, 식순, 복제, 비용
- ___15___『의궤』 1권 + ___16___『의궤』 10여 권
- ___17___ 이전의『의궤』 소실
- 1866. ___18___ - 프랑스군이 ___19___ 약탈
  └ 어람용『의궤』 약탈
  ⇒ 2011. 박병선 박사의 노력으로 5년 단위 갱신 방법으로 반환
  (cf. 직지심체요절은 X)
- 유네스코 기록 유산에 등재

💡 더 알아보기 | 실록의 보관

- 세종 때부터 ___20___ 에 4부관
  춘추관·성주·충주·전주 사고
- ___21___ 때 소실(전주 사고본 제외)
  ⇩
- ___22___ 때 5대 사고로 옮김
  춘추관·묘향산·태백산·오대산·마니산 사고
  ⇩
- 인조 때 재정비
  춘추관·오대산·태백산·정족산·적상산 사고

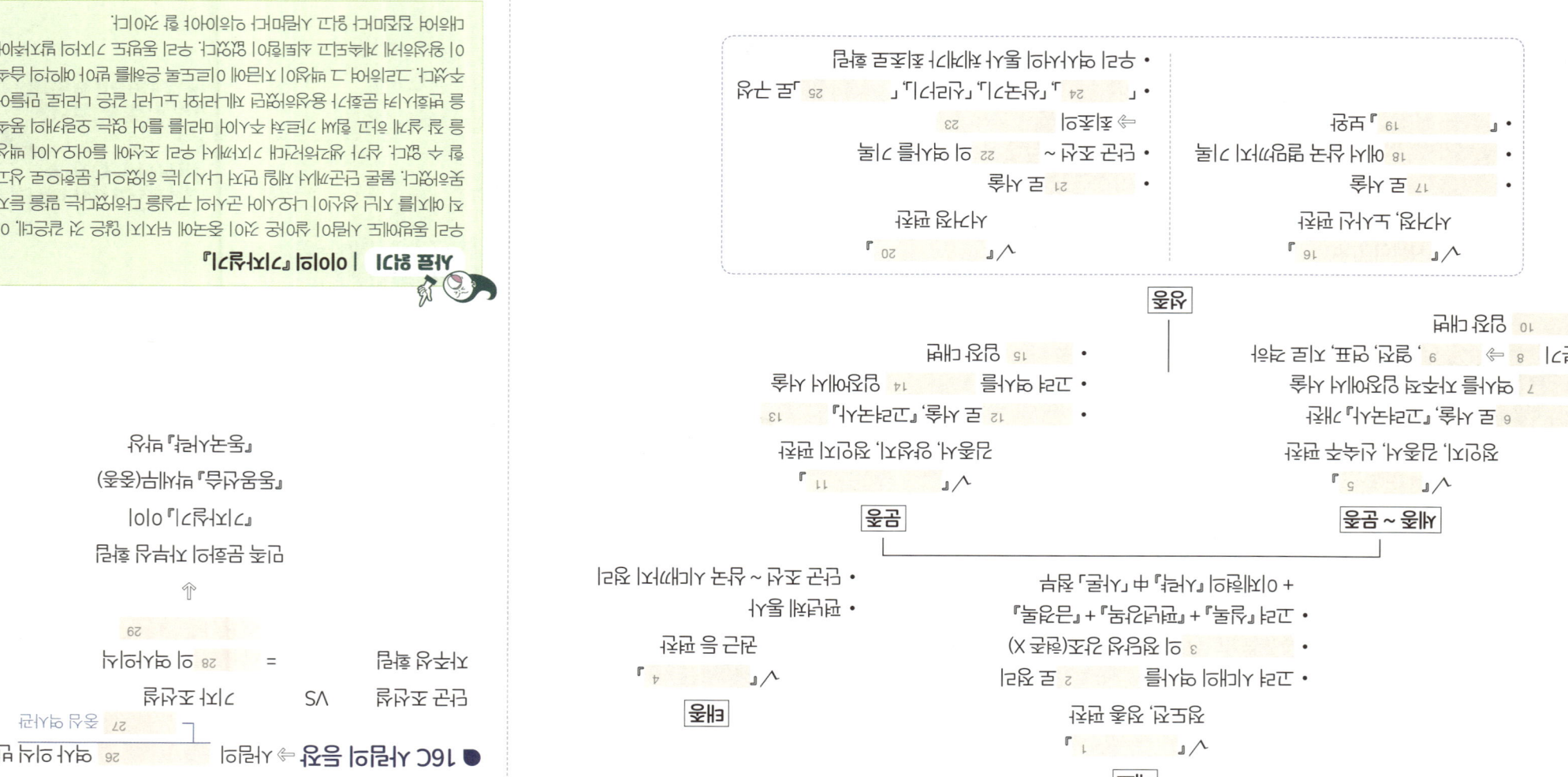

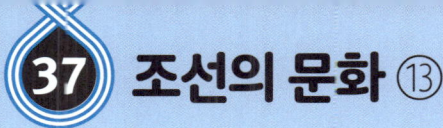

37 조선의 문화 ⑬

III. 문화사 - 조선

📁 역사서

● 17~18C 실학의 발달
- 『　　¹　』 이익(영조)
- 『　　²　』 안정복(정조) → 　　³　 비판
  『천학문답』『천학고』
  +
  양명학에도 부정적
- 『　　⁴　』 유득공(정조)
- 『　⁵　』 이종휘(순조)
- 『　　⁶　』 이긍익(영조~순조 때 인물)
- 『　⁷　』 한치윤(순조)
- 『　⁸　』 김정희(철종)

📁 백과사전 편찬 ← 실학의 발달, 문화 인식의 폭 확장

- 『　　⁹　』 이수광(　¹⁰　)
  - 백과사전류의 효시
  - 마테오 리치의 『천주실의』 소개
  - 문화 인식의 폭 확대

- 『　　¹¹　』 홍봉한(영조)
  - 역대 우리나라의 문물을 총 정리한 　¹²　
  - 영조의 명으로 관청에서 편찬
  ↓
  ┌ · 『　　　　¹³　』(정조)
  └ · 『　　　　¹⁴　』(1908, 순종)

- 『　　　¹⁵　』 이익(영조)
  - 천지·만물·경사·인사·시문의 5개 부문으로 정리
  → 우리나라와 중국 문화에 대해 백과사전식으로 소개

- 『　　　¹⁶　』 이덕무(　¹⁷　)
  - 시문전집
  - 중국의 역사·인물·사상 등 소개

- 『　　　¹⁸　』 서유구(　¹⁹　) - 농촌 생활 백과사전

- 『　　　²⁰　』 이규경(　²¹　)
  중국과 우리나라 고금의 사물 1,400여 항목을 고증적 방법으로 설명

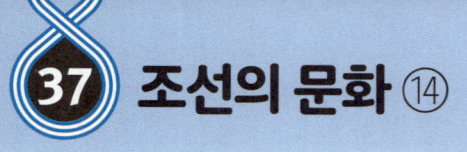

37 조선의 문화 ⑭

해커스공무원 이중석 맵핑 한국사 올인원 블랭크노트

III. 문화사 - 조선

📁 윤리 · 의례서와 법전 ⇒ 유교적 질서 확립
유교적 통치 규범의 성문화 목적

● 윤리·의례서

15C

- 『_____¹』(세종)
  - 모범이 될 만한 충신 · 효자 · 열녀 등의 행적
  - ____² + 설명 기록

- 『_____³』 신숙주 · 정척 등(____⁴)
  - 국가의 여러 행사에 필요한 의례 정비
  - 길례, 가례, 빈례, 군례, 흉례

16C

- 『_____⁵』 김안국(중종)
  - 연장자와 연소자(____⁶) · 친구 사이(____⁷)에서 지켜야 할 윤리 강조

- 『_____⁸』 주자 저술 → 사림이 편찬한 아동 의례서

📖 사료 읽기 | 15세기의 의례서

•『삼강행실도』 서문

천하의 떳떳한 다섯 가지가 있는데 삼강이 그 수위에 있으니, 실로 삼강은 경륜의 큰 법이요 일만 가지 교화의 근본이며 원천입니다. …… 우리 주상 전하가 근신(近臣)에게 명하기를, "삼대의 정치는 모두 인륜을 밝혔는데 후세에는 교화가 차츰 해이해져서 백성이 서로 화목하지 못하니 군신 · 부자 · 부부의 큰 인륜이 모두 본연의 성품과 위배되어 항상 박(薄)한 데에 흘렀다. 그러나 간혹 탁월한 행실과 높은 절개가 습속에 휩쓸리지 아니하여 보고 듣는 사람을 깨우쳐 일으키는 자도 많았다. 내가 그 특이한 것을 뽑아서 그림을 그리고 찬을 지어서 안팎에 반포하고자 하니, 거의 어리석은 남자나 무식한 여자도 모두 보고 느껴 흥기할 것이니, 또한 백성을 교화하고 풍속을 이룩하는 한 가지 방도이다."

•『국조오례의』

갑오년 여름이 지나 비로소 능히 책이 완성되어 본뜨고 인쇄하여 장차 발행하고자 하였다. 신이 가만히 살펴보건대, 예를 기술한 것이 3300가지의 글이 있기는 하나 그 요점은 길 · 흉 · 군 · 빈 · 가(吉凶軍賓嘉)라고 말하는 5가지에 불과할 뿐이다.

● 법전

- 『_____⁹』『_____¹⁰』 → 정도전이 저술(태조)
  6전 체제   정치 체제 초안

- 『_____¹¹』 최초의 공적인 법전 → ____¹² 이 저술(태조)

- 『_____¹³』: 『____¹⁴』의 속편 → 하륜이 저술(____¹⁵)

- 『_____¹⁶』(세조~____¹⁷)
  - ____¹⁸ 으로 구성 → 일종의 행정법
  - 유교적 통치 질서 완성

- 『_____¹⁹』(____²⁰)

- 『_____²¹』(____²²)

- 『_____²³』『육전조례』(____²⁴ 때 흥선 대원군이 편찬)

📖 사료 읽기 | 『경국대전』 서문

(세조께서 말씀하시길) "우리 조종의 심후하신 덕과 크고 아름다운 규범이 훌륭한 전장에 퍼져 있으니 이는 『경제육전(經齊六典)』의 원전(元典), 속전(續典)과 등록(謄錄)이며, 또 여러 번 내린 교지가 있어 법이 아름답지 않은 것이 아니지만 …… 법의 과목이 너무 호번(넓고 크며 번거롭게 많음)하고 앞뒤가 서로 모순되어 하나로 크게 정해지지 않았기 때문이다. …… 책이 완성되어 여섯 권으로 만들어 바치니, 『경국대전(經國大典)』이라는 이름을 내리셨다. 「형전(刑典)」과 「호전(戶典)」은 이미 반포되어 시행하고 있으나 나머지 네 법전은 미처 교정을 마치지 못했는데, 세조께서 갑자기 승하하시니 지금 임금께서 선대왕의 뜻을 받들어 마침내 하던 일을 끝마치게 하시어 나라 안에 반포하셨다.

정답 1 삼강행실도 2 그림 3 국조오례의 4 성종 5 이륜행실도 6 장유유서 7 붕우유신 8 소학집주 9 조선경국전 10 경제문감 11 경제육전 12 조준 13 속육전 14 경제육전 15 태종 16 경국대전 17 성종 18 육전 19 속대전 20 영조 21 대전통편 22 정조 23 대전회통 24 고종

해커스공무원학원 · 공무원인강 · 교재 Q&A gosi.Hackers.com   192

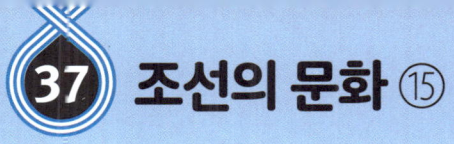

37 조선의 문화 ⑮

III. 문화사 - 조선

📁 과학 기술의 발달

15세기	16 ~ 17세기	조선 후기
¹ 집권	² 집권	성리학 탈피
성리학 + 도교, 불교, 과학 기술	only ³	풍자, 해학
낭만적, 진취적	지조, 절개	• ⁶ 수용
• 중앙 집권 → 건축	• ⁴	• ⁷ 발달
• 부국강병 →『총통등록』	• ⁵ → 서원 건축	
• 민생 안정 → 한글 창제		

천문학

- **천체 관측 기구**: 혼의·간의 제작, _____⁸ 설치 + ⁹ 설치
  └ 천문대(경복궁 경회루)
- **시간 측정 기구**: ¹⁰ ┌ 물시계
  ├ 자동 시보 장치 탑재
  ├ 노비 출신 ¹¹ 이 제작
  └ 보루각 위치
  ¹² · 현주일구 · 천평일구 - 해시계
- **강수량 측정 기구**: ¹³ (1441, 세계 최초), 수표
- **토지 측량 기구**: ¹⁴ · ¹⁵ - 세조 때 제작, 지도 제작에 활용
- **천문도 제작**: ¹⁶ - ¹⁷ 때 제작
  └ 고구려의 천문도를 석각

- 이익이 서양 천문학에 큰 관심을 가지고 연구
  ↓
  ¹⁸ : 우리나라 최초로 ¹⁹ 주장,『 ²⁰ 』저술
  ⇩
- **홍대용** : 지전설 발전 → ²¹ 전개,『 ²² 』저술
  ⇩
  → 중화 사상에 입각한 성리학적 세계관 비판
- ²³ : 서양 과학 이론 적극 소개
  『 ²⁴ 』- 코페르니쿠스의 지구 지전설과 공전설 소개
  『 ²⁵ 』- 최한기의 과학 총서, 만유인력설 소개

역법

- 『 ²⁶ 』(세종)
  -「내편」(원의 ²⁷ + 명의 ²⁸) +「외편」(아라비아의 ²⁹)
  - 우리나라 역사상 최초로 ³⁰ 을 기준 → ³¹ 역법서
  - 오늘날의 달력과 거의 비슷하게 설명

- ³² **도입**: 김육의 노력으로 청나라에서 활동한 서양 선교사 ³³ 이 제작한 시헌력 도입 → ³⁴ 때 채택
- ³⁵ **간행**: 역법 연구 심화 → ³⁶ 대 우리나라 사정에 맞는 천세력을 간행

37 조선의 문화 ⑯

Ⅲ. 문화사 - 조선

📁 과학 기술의 발달

	15세기	16 ~ 17세기	조선 후기
수학			• 『　　　1　　』 도입: 마테오 리치가 유클리드의 『기하학서』를 한문으로 번역 • 『구수략』(최석정) • 『이수신편』(황윤석): 전통 수학을 집대성 • 『　　2　　』(　　3　　): 우리나라 · 중국 · 서양 수학의 연구 성과 정리
지도			4　　 전래 ┌ 과학적이고 정밀한 세계 지도 ├ 　　5　　 때 이광정이 들여옴 └ 조선인의 세계관 확대에 기여
의학	• 『향약집성방』(세종): 중국의 의서 참고 + 전통 의약법 종합 　　　　　　우리나라 풍토에 맞는 약재와 치료 방법을 개발 · 정리 • 『의방유취』(세종): 동양 의학 집대성 　　　　　　중국과 우리나라의 의서를 총망라한 　　　6 ✓ 조선 초기의 의서		• 『　　　7　　』(허준, 17C 초　　8　）┌ 우리나라 전통 한의학을 체계적으로 정리 　　　　　　├ 중국 · 일본에서도 번역되어 간행 　　　　　　└ 유네스코 세계 기록 유산에 등재 • 『　　9　　』(　　10　　): 침구술 집대성 • 『　　11　　』(　　12　）┌ 마진(홍역)에 대한 연구 　　　　　　부록: 『　　　13　　』(정약용 · 박제가) 　　　　　　→ 제너의 우두종두법을 최초로 소개 • 『　　14　　』(황도연 ·　　15　）┌ 한의학의 한약 처방을 사용하기 쉽고 간략하게 기술 　　　　　　└ 한글로 약재 소개 → 한의학의 대중화에 기여 • 『　　16　　』(이제마, 　17　）┌ 　　18　　 체계 확립 　　　　　　├ 태양인 · 태음인 · 소양인 · 소음인으로 구분 　　　　　　└ 현재까지 한의학계에서 통용됨

✓ 조선 초기의 의서

편찬 시기	의학서
태조	『향약제생집성방』
세종	『향약채취월령』
	『향약집성방』
	『의방유취』
	『태산요록』
	『신주무원록』

정답 1 기하원본 2 주해수용 3 홍대용 4 곤여만국전도 5 선조 6 의학 백과사전 7 동의보감 8 광해군 9 침구경험방 10 허임 11 마과회통 12 정약용 13 종두방서 14 의방활투 15 이이두 16 동의수세보원 17 고종 18 사상 의학

37 조선의 문화 ⑰

III. 문화사 - 조선

📁 과학 기술의 발달

	15세기	16 ~ 17세기	조선 후기

활판인쇄술
- 금속 활자 개량: 태종 때 주자소 설치하고 ①   주조
  → 세종 때 ②   · ③   ·병진자 주조
- 인쇄 기술 발전: ④   때 밀랍 대신 식자판 조립 방법 창안
  → 2배 정도 인쇄 능률 향상

제지술
⑤
- 태종 때   ⑥   로 설치됨
- 세종(세조) 때 조지서로 개칭되어 설치됨
- 종이를 전문적으로 생산하는 관청
- 다양한 종이를 대량으로 생산

★농서
- 『   ⑦   』(정초,   ⑧   )
  - 우리나라 최초의 농서
  - 우리 실정에 맞는   ⑨   인 농법 정리
  - 농민들이 실제 경험한 농법을 종합하여 간행
- 『   ⑩   』(강희안, 세조): 화초 재배법과 이용법 소개
- 『   ⑪   』(강희맹,   ⑫   )
  - 금양(경기 시흥) 지역의 농법 소개
  - 소농 경제 안정에 비중을 둠

- 『   ⑬   』(⑭   ,   ⑮   )
  - 벼농사 중심의 농법 소개
  - 이앙법의 보급에 공헌
  - 『   ⑯   』-『   ⑰   』+『사시찬요초』+『   ⑱   』집대성
- 『   ⑲   』(박세당, 숙종)
- 『   ⑳   』(홍만선, 숙종): 농촌 생활 백서
- 『   ㉑   』(서호수, 정조): 중국의 농서 참고하여 남북의 농법 종합
- 『   ㉒   』(서유구): 농촌 생활 백과사전
- 『의상경계책』(서유구): 둔전 설치 주장

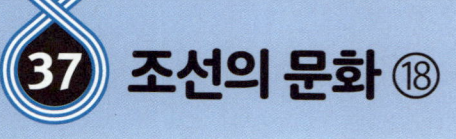

37 조선의 문화 ⑱

해커스공무원 이중석 맵핑 한국사 올인원 블랭크노트
III. 문화사 - 조선

📁 과학 기술의 발달

15세기	16 ~ 17세기	조선 후기

병서

- 『   1   』(2   , 태조)
  - └   3   을 위해 편찬
  - └ 독특한 전술과 부대 편성 방법 정리
- 『   4   』(5   ): 화약 무기의 제조법 · 사용법 정리
- 『   6   』(7   ): 고조선 ~ 고려 말 전쟁 전략 정리
- 『   8   』(김종서,   9   ): 고조선 ~ 고려 말   10   정리
- 『   11   』(성종): 군사 훈련 지침 교본

무기 · 병선 제조

무기 제조
- **화약 무기 제조:** 태종 때   12 이 큰 활약
- 화포 · 화차(13   )제작(문종)

병선 제조
태종 때 거북선 · 비거도선 제작 → 수군의 전투력 향상

Focus 서양인의 표류

-                 14
  - 인조 대에 제주에 표류, 조선에 귀화(박연)한 후 무과 급제
  - 훈련도감에 소속: 서양식 대포 제작
-                 15
  - 효종 대에 제주에 표류, 15년간 조선에 억류(훈련도감에 소속)
  - 네덜란드로 돌아간 후 『하멜표류기』 저술

기술 개발

사료 읽기 | 정약용의 기예론

"짐승들이 날카로운 발톱과 이빨, 단단한 발굽과 뿔을 가지고 자신을 보호하듯이, 인간은 지혜로운 생각과 교묘한 연구로써 기예를 익혀서 살아가게 태어났다. …… 기예는 한 사람의 성인보다 뭇 사람들의 경험과 의견이 중요하다. …… 오랑캐의 기예라도 우수한 것이 있으면 받아들여야 한다."

- 『   16   』(정약용)
  - 인간이 동물보다 뛰어난 것은 기예(기술) 때문이라는 것을 강조
  - 『   17   』참고해 거중기 제작, 수원 화성 건설에 공헌
  - 배다리(18   )설치
  - 선박의 건조, 총포와 병차의 제조 등 새로운 지식 보급에 기여

배다리

해커스공무원학원 · 공무원인강 · 교재 Q&A gosi.Hackers.com 196

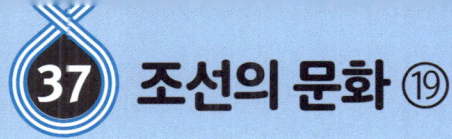

37 조선의 문화 ⑲

III. 문화사 - 조선

📁 문화의 새 경향 - 문학

15세기
격식을 존중, 질서와 조화를 추구하는 경향
- **악장**: 「용비어천가」(정인지), 「월인천강지곡」(세종)
- **한문학**: 「____1____」(서거정, ____2____)
  - 삼국 시대 ~ 조선 초까지 시와 산문 중 뛰어난 작품을 선별하여 편찬
  - 우리나라 글에 대한 ____3____ 표명
- **설화 문학**: 「____4____」(서거정) - 고대부터 전하는 일화 수록
- **한문 소설**: 「____5____」(김시습)
- **시조**: 김종서와 남이의 시, 길재와 원천석의 시조

16세기
사림 문학이 주류, 흥취와 정신을 중시
- **시조**: 순수한 인간 본연의 감정 표현
  - ____6____ 의 시조
  - ____7____ 의 시조: 「오우가」, 「어부사시사」
- **가사**: 「____8____」, 「사미인곡」, 「속미인곡」(____9____), 「면앙정가」(송순), 「누항사」(박인로)
- **풍자 문학**: 서얼 출소 어숙권의 『패관잡기』
- **여류 문인의 등장**: 신사임당, 허난설헌

조선 후기
- **한글 소설**: 「____18____」(허균), 「춘향전」, 「토끼전」 등
- ____19____: 서민의 감정을 솔직하게 표현
  - 남녀 간의 사랑이나 현실에 대한 비판
  - 몰락 양반·서리·기생들이 저술
- **한문학**: 양반층 중심, 부조리한 현실을 비판
  - ____20____ **한문 소설**: 「양반전」·「허생전」·「호질」 등
  - **정약용의 한시**: 애절양
- ____21____ **조직**: 중인층과 서민층의 시인 모임
  - 천수경의 옥계 시사, 최경흠의 직하 시사 등
  - 활발한 문예 활동 전개, 시인들의 시를 모아 시집 간행
- ____22____ ⇒ 조선 후기 서민 문화의 중심으로 성장
  - 창 + 사설 + 추임새로 구성
  - 감정 표현이 직접적이고 솔직함
  - ____23____ 가 판소리 사설을 창작하고 정리
  → 판소리 여섯 마당을 확립
    but. 다섯 마당만 전래됨: 「춘향가」·「심청가」·「흥보가」·「적벽가」·「수궁가」
    세계 무형 유산
- **탈놀이**: 마을 굿의 일부
  사회적 모순에 대한 해학적 폭로와 풍자
- **산대놀이**: 가면극이 민중 오락으로 정착
  도시의 상인·중간층의 지원으로 성행

더 알아보기: 서민 문화의 발달
- **배경**
  - ____10____ 발달 + ____11____ 증대 ⇒ 서민의 경제적·신분적 지위 향상
  - ____12____ 교육의 보급 → 서민의 의식 성장
  - ____13____ 의 활성화
  - 문화 향유 계층의 확대 詩 사대부 ⇒ 중인 - ____14____ 조직
    ⇒ 서민 - ____15____ 등장
- **특징**
  - 인간의 감정을 적나라하게 표현
  - 양반의 위선 ____16____, 사회의 부정과 비리 ____17____

37 조선의 문화 ② 궁궐

문화유산 속 궁궐 - 궁궐

15세기	16세기	조선 후기

15세기
- 궁궐·종묘·사직·학교 등의 주요시설 정비
- 풍수지리에 입각하여 유교 예법에 맞는 궁궐 건축 조성

- 종묘 궁궐
  - 궁궐: 1_____, 2_____, 3_____
  - 종묘
  - 사직
  - 고려 양식 계승: 4_____ (경기 개성)
  - 태조
  - 고려 양식과 다른 건축기술 사용: 6_____
  - 공간
  - 사원 건축
    - 정문: 7_____ (한양 남쪽)
    - 궐: 8_____ : 9_____
    - 보물: 10_____
- 제례

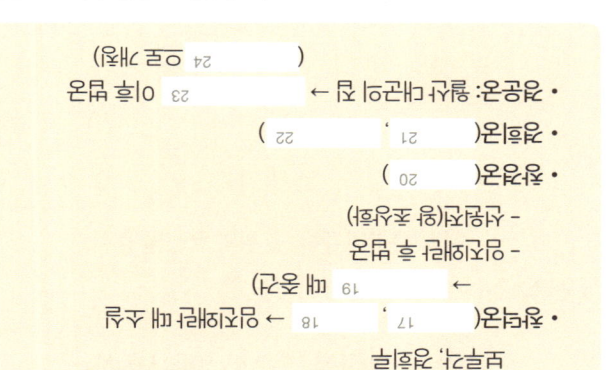

16세기
- 사림의 진출에 영향을 받아 사원 건축 이외에 서원 건축 발달
- 서원: 주택 (사당) + 25_____ + 26_____ 양식 + 장식 양식 조화

- 옥산서원 27_____
- 안동서원 28_____

조선 후기
■ 17C
- 양난 이후 경제성장과 함께 불교 번성
- 29_____ 권문세가의 후원을 받아 동원 건축 조성
- 거대 규모
- 불교의 사회적 지위 반영: 30_____, 31_____

■ 18C
- 부농·상인의 지원을 받은 장식 장식물 조성
- 32_____, 33_____ 각황전 쌍계사

■ 19C
- 왕실의 근정전, 경복궁
  → 흥선 대원군이 왕실 권위 회복을 위해 재건

- 수원 화성 (정조)

조선 시대 5대 궁

- 경복궁 : 태조 11_____ 때 중건
  - 조선시대 12_____ 때 주권
  - 13_____ 때 소실 - 14_____ 15_____ 광해군, 거주지
  - 16_____ , 사정전, 강녕전
  - 17_____ → 임진왜란 때 소실
  - 18_____ → 임진왜란 때 주궁
  - 경운궁: 광해군 후 명칭
    - 인조반정 후 궁명
    - 신정왕후 (흥 조대비)
  - 경희궁 (19_____)
  - 경덕궁 (20_____)
- 경운궁: 광해군 대원군의 집 → 이후 대궁
  - 21_____ (22_____ 개명)
  - 24_____

종묘 시설
좌묘 우사
시전, 종묘, 사직, 운종가 (설치 X)

정답 1 경복궁 2 창덕궁 3 창경궁 4 개성 남대문 5 평양 보통문 6 한양 숭례문 7 무위사 극락전 8 해인사 장경판전 9 팔만대장경 10 문화유산 11 북궐 12 임진왜란 13 흥선 대원군 14 법궁 15 강녕전 16 근정전 17 동궐 18 태종 19 광해군 20 성종 21 서궐 22 광해군 23 아관파천 24 덕수궁 25 가람 26 주택 27 옥산 서원 28 도산 서원 29 다층 30 금산사 미륵전 31 법주사 팔상전 32 화엄사 각황전 33 논산 쌍계사

37 조선의 문화 ㉑

III. 문화사 - 조선

📁 문화의 새 경향 - 그림

15세기

- 유형 - ¹ (도화서에 소속된 화원의 그림)
  문인화(관료이자 문인인 선비의 그림)
- 독자적 화풍 → 일본 무로마치 시대의 미술에 영향을 줌
- 인물·산수화 중심
- ² (³): ⁴ 이 꿈꾼 내용을 그림
  현재 일본 덴리 대학 도서관에 소장

- ⁵ (강희안)
  - 간결하고 과감한 필치로 인물의 내면 세계 표현
  - 현재 국립 중앙 박물관에 소장

16세기

- 다양한 화풍 발달 → ⁶ · ⁷ 유행
- ⁸ (⁹)

- ¹⁰ (신사임당)

- 모견도(이암)
- 시·서·화에 능한 3절: 이정, 황집중, 어몽룡
  (대나무) (포도) (매화)

묵죽도(이정)

조선 후기

- ¹¹ : 우리의 자연을 사실적으로 표현
  - ¹² , ¹³ (정선)

- ¹⁴ : 당시 사람들의 생활과 일상을 생동감 있게 표현
  - ¹⁵ : 서민의 생활을 소탈하고 익살스럽게 묘사
  - ¹⁶ : 양반·부녀자의 생활, 남녀 사이의 애정 등을 해학적으로 묘사

무동(김홍도)   단오풍정(신윤복)

- 민화 - ¹⁷ , ¹⁸ 등을 소재로 삼아 그림
  - 민중의 미적 감각 표현
  - 기복적 염원
  - 서민 문화의 수준이 급진적으로 발전함을 보여줌
- 기타 - ¹⁹ : 서양화 기법(²⁰)을 동양화에 접목
  - ²¹ : 강렬한 필법과 채색법 사용

영통동구도(강세황)   군마도(장승업)

조선의 문화

공통어 시 정리

15세기
- 컨퍼런트 사대부들이 많이 나타남
- 독자적인 사내 많음
- 4대 시대가
  - 안평 대군: 송설체 + 독자적인 사체
  - 강구: 인수체
  - 양사언: 초서에 능통
  - 한호: 서풍이 왕희지 · 안진경 교유 굳건 기상

16세기
- 단체에의 고향에 분위기
- 을 유려한 컨퍼런트 확렬
- 금양에 밀려남

조선 후기
- 운동력을 근대시 중 · 시 · 서 · 화
  - 서체 유행 영향
- 추이 기가들이 컴퓨터 · 산과 · 길잡 · 근럽
  - 서체 유행 영향
- 3 (이광사)
- 1 (2)

음악
- 음악을 백성의 교화 수단으로 활용
- 국가: 의 전례악 필요
- 세종 때: 9 이 체계화됨 → 10 궁중 음악으로 발전
- 세종: 11 직접 작곡, 「 12 」창안
  - 13 성종 때: 14 이 편찬됨 음악의
  - 이론서
  → 궁중 음악 유지 · 발전에 기여

운동
- 분청사기의 독특한 분위기 서정성이 많다
- 연령이 그 위에 유약을 발라 구움
- 16세기 운동
  - 담백하고 고결한 분위기
  - 등 유교적 취향의 활달
- 기타: 옷가지 생활(장독, 제기, 문방구, 악기, 아동, 음룡 등)
  - 백자가 민간에까지 보급 사용
  - 왕실에서 백자를 전용
  - 사내들의 중화 응기 사용

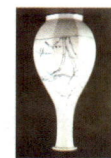
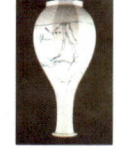

정답 1 추사체 2 김정희 3 동국진체 4 분청사기 5 순수백자 6 선비 7 청화백자 8 의례 9 박연 10 아악 11 여민락 12 정간보 13 악학궤범 14 성현

PART 02 근현대사

해커스공무원 이중석 맵핑 한국사 **올인원 블랭크노트**

IV 근대
V 일제 강점기
VI 현대

38 근대史의 시작 ①

IV. 근대

근대史의 개괄

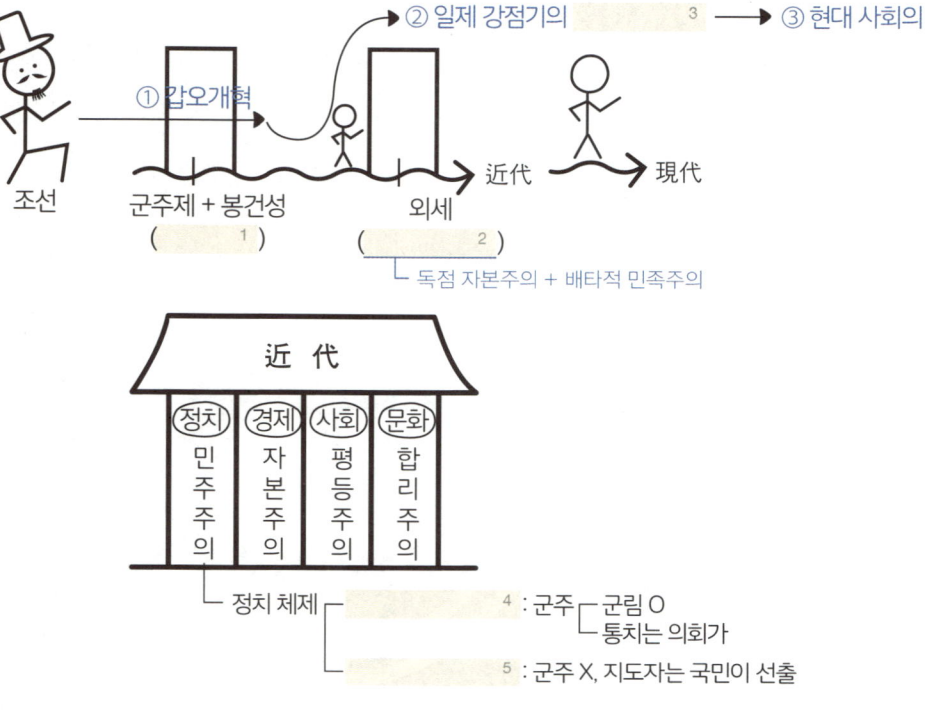

② 일제 강점기의 ___3___ → ③ 현대 사회의 발전

① 갑오개혁

조선 → 군주제 + 봉건성 (___1___) 외세 (___2___) → 近代 → 現代

└ 독점 자본주의 + 배타적 민족주의

近 代
| 정치 | 경제 | 사회 | 문화 |
| 민주주의 | 자본주의 | 평등주의 | 합리주의 |

└ 정치 체제 ___4___ : 군주 ┌ 군림 O
└ 통치는 의회가

___5___ : 군주 X, 지도자는 국민이 선출

Focus 조선 근대의 정책 기조

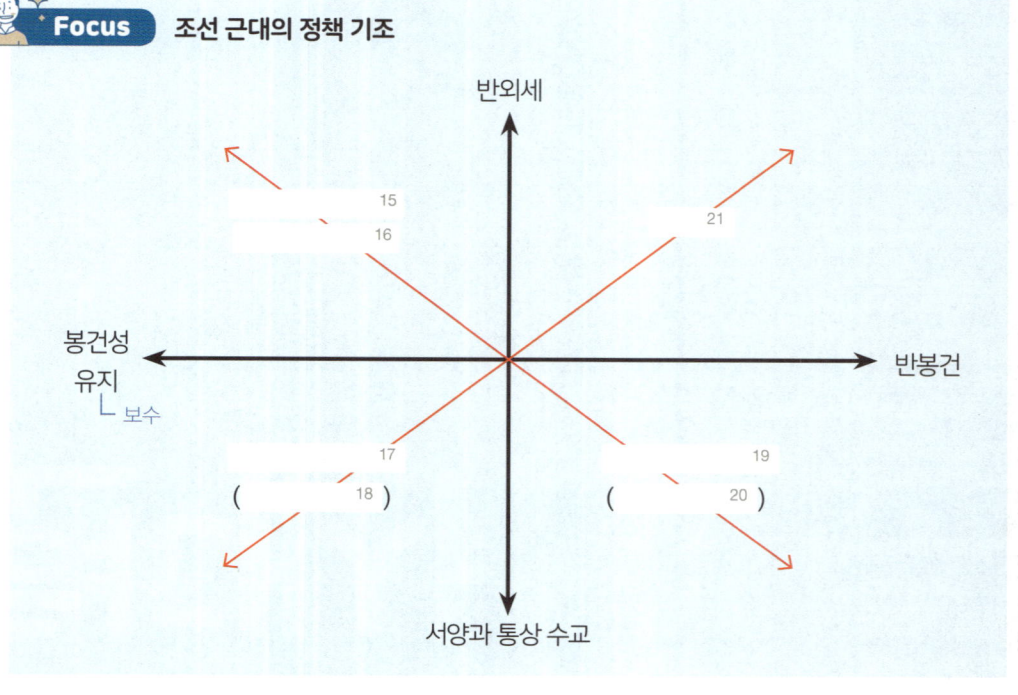

반외세

___15___
___16___   ___21___

봉건성 유지 ←――――――――――――→ 반봉건
└ 보수

___17___   ___19___
(___18___)   (___20___)

서양과 통상 수교

● 중국

- ___6___ . 베이징 함락 ← 영 · 프 연합군
  ⇒ ___7___ : ___8___ - ___9___ 획득
- ___10___ 의 위기 최고조
  ↔ ___11___ 의 창시(1860)

● 일본

- 1854. 미 · 일 화친 조약
  + 후쿠자와 유키치의 ' ___12___ '
- 1858. 미 · 일 수호 통상 조약 체결
- 1868. ___13___ ⇒ 일본의 ___14___ 추진

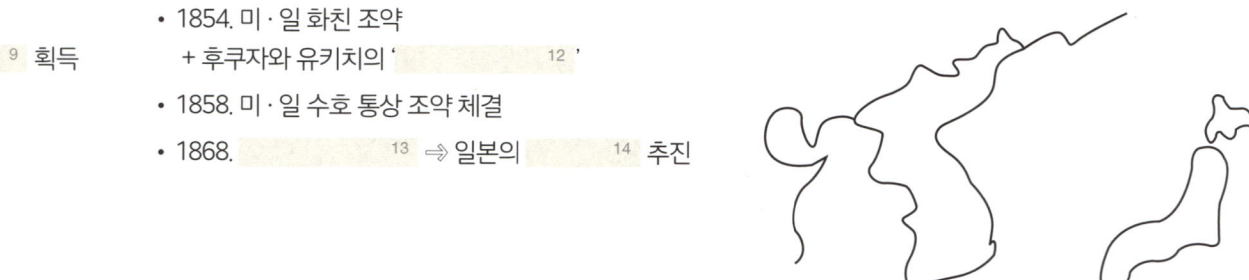

정답 1 전근대적 2 제국주의 3 해외동포 4 입헌군주제 5 민주공화제 6 1860 7 베이징 조약 8 우수리강 9 연해주 10 청왕조 11 태평천국 12 탈아론 13 메이지 유신 14 근대화 15 위정척사 16 통상 반대론 17 개화파 18 통상 개항론 19 동학 20 반봉건 반외세 21 의병

38 근대史의 시작 ②

IV. 근대

흥선 대원군의 섭정(1863 ~ 1873)

19c 후반의 정세
- 국내 - 세도 정치
  - ___1___ 의 정권 장악, ___2___ 성행
  → 왕권 약화, 통치 질서 붕괴 ↔ 왕권 강화책
  - ___3___ 의 문란(민생 파탄) → 농민 봉기
  ↔ 삼정의 개혁
- 국외
  - ___4___ 의 잦은 출몰 + ___5___ 의 확산
  + 서양의 ___6___ 요구
  ↔ 통상 수교 거부 정책

사료 읽기 | 흥선 대원군

- **대원군의 인재 등용**
대원군이 집권한 후 어느 회의 석상에서 음성을 높여 여러 대신들에게 말하기를 "나는 천리(千里)를 끌어다 지척(咫尺)을 삼겠으며, 태산을 깎아내려 평지를 만들고, 또한 남대문을 3층으로 높이려고 하는데, 여러분들은 어떻게 생각하오?"라고 물었다.
— 황현, 『매천야록』

- **흥선 대원군의 경복궁 중건**
에—에헤이야 얼널널 거리고 방에 흥애로다
을축년 4월 초 3일에 경복궁 새 대궐 짓는데 헛방아 찧는 소리다
조선의 여덟도 좋다는 나무는 경복궁 짓노라 다 들어간다
도편수란 놈의 거동 보소 먹통 메고 갈팡질팡한다
......
남문 열고 바라 둥당 치니 계명 산천에 달이 살짝 밝았네
경복궁 역사가 언제나 끝나 그리던 가족을 만나 볼까
— 「경복궁 타령」

왕권 강화책
- 세도 가문(___7___) 세력 축출 - 능력에 따른 인재 등용 추구
- ___8___ 축소·폐지 ┬ 정무 → ___9___
                    └ 군무 → ___10___
- 법전 편찬 - 『 ___11___ 』, 『 ___12___ 』
- ___13___ 중건 사업(1865 ~ 1868)
  - 양반들의 불만 ┬ ___14___ 징수: 강제 기부금
                  ├ 양반들의 ___15___ 벌목
                  └ ___16___ 부과 - 1결당 1백문 추가 징수
  - 백성들의 불만 ┬ ___17___ 발행: 상평통보 100배 ___18___
                  │ → 실제 유통 가치: 상평통보 5배
                  │ ⇒ 화폐 가치 ___19___ , 물가 ___20___ ⇒ 서민 경제 악화
                  └ 백성들을 강제 부역 동원
              + ___21___ 유통, ___22___ 통행세 징수
              └ 당백전 발행 중단 이후 청나라
                동전을 수입하여 유통

민생 안정책
- 삼정의 문란 시정
  ┬ 전정: ___23___ 사업 실시(→ ___24___ 색출), 양반의 ___25___ 금지
  ├ 군정: ___26___ (동포제) 실시 - ___27___ 과 ___28___ 이 균등하게 군역(군포) 부담
  └ 환곡: ___29___ , ___30___ 폐지
          사창만 남김 ⇒ ___31___ 실시(경쟁↑, 이자↓)
                      └ 지역민이 자치적으로 운영

- 서원 철폐: 600여 개 → 47개(사액 서원 빼고 다 철폐)
  ┬ 화양 서원의 ___32___ 철폐 → but. ___33___ · ___34___ 등의 상소로 다시 부활
  ├ ___35___ 발행 금지: 화양 서원의 ___36___ 가 악명↑
  └ ___37___ 의 노비와 토지를 국가가 몰수 ⇒ 민생 안정 + 국가 재정 확충

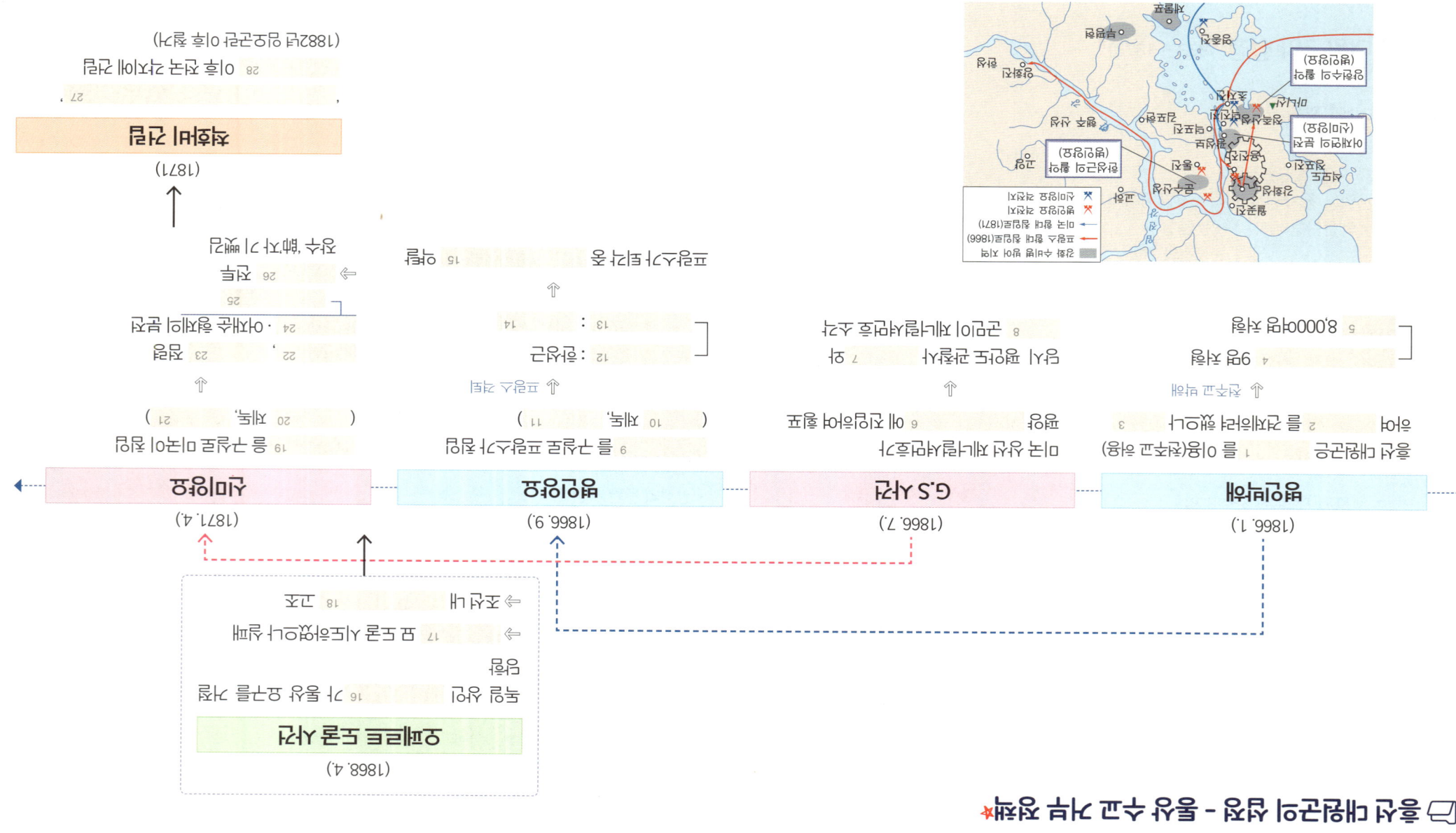

39 개항과 위정척사 운동 ①

개항과 개화의 이해

- 청 - ____1____
- 일본 - ____2____ (후쿠자와 유키치)

● 통상 개화론 ← 18c 후반 ____8____ 사상 ← ____9____ (박지원)
└ (____10____)

- 초기 개화파
- ____3____, ____4____, ____5____
- 『 ____6____ 』(위원)
- 『 ____7____ 』(서계여)

메이지 유신 직후 ____11____ 사건 → " ____12____ " 대두

● ____13____
운요호의 강화 해역 침입
⇒ 국지전 발생

근대화의 서막
거항
강화도 조약
(1876)

____21____ 의 알선
- 조선에 대한 종주권 유지
- 러·일 견제 목적

● 서양 각국과 수교
- 미국 (____22____): 『 ____23____ 』의 영향
- 영국·독일 (____24____)
- ____25____ (____26____): 독자적으로 교섭
- ____27____ (____28____): 천주교 포교 활동 인정

● 개화 정책 추진
- ____14____ **설치** : 개화 정책 추진 기구 → 그 아래 ____16____ 설치 (____15____ 과 일반 정치 총괄)
- ____17____ **개편** : 신식 군대 ____18____ 창설 → 구식 군대 5군영 축소 (1881, 日의 지원) ⇒ ____19____ · ____20____ (2영)

Focus 황쭌셴의 『조선책략』 유포(1880)
└ 방러책: 친중, 결일, 연미
⊕ ____29____ (1882) → 보빙사 파견(1883)
⊖ ____30____ (1881)

더 알아보기 사절단 파견★

√ 일본

- ____31____ 파견 (└ 공식적)
  - 1차(____32____): ____33____ - 일왕을 만나고 일본 시찰, 『 ____34____ 』 저술
  - 2차(____35____): ____36____ - 황쭌셴의 『 ____37____ 』 유포
  - 3차(____38____): ____39____ - 『사화기략』 저술, ____40____ 게양, ____41____ 동행
- ____42____ 파견(신사 유람단, ____43____ . 4.) - ____44____, ____45____ 등 파견 (└ 비공식적)
  - ┌『문견사건』 저술
  - 일본 산업 시찰을 위해 비밀리에 파견

√ 청

- ____46____ (____47____ . 9.) - ____48____, ____49____ 시찰 + 유학생 파견
  - → 재정난으로 조기 귀국
  - → ____50____ 설치(____51____): 최초의 근대식 무기 제조창

√ 미국

- ____52____ (____53____) - ____54____, ____55____, ____56____ 파견
  - 유길준의 『 ____57____ 』(1895)
  - → 귀국 후 ____58____ 개설(1884)

정답 1 양무 운동 2 메이지 유신 3 박규수 4 오경석 5 유홍기 6 해국도지 7 영환지략 8 북학 9 낙론 10 인물성동론 11 서계 반환 12 정한론 13 운요호 사건 14 통리기무아문 15 군국 기밀 16 12사 17 군제 18 별기군 19 무위영 20 장어영 21 청 22 1882 23 조선책략 24 1883 25 러시아 26 1884 27 프랑스 28 1886 29 조·미 수호 통상 조약 30 이만손의 영남 만인소 사건 31 수신사 32 1876 33 김기수 34 일동기유 35 1880 36 김홍집 37 조선책략 38 1882 39 박영효 40 태극기 41 김옥균 42 조사 시찰단 43 1881 44 박정양 45 홍영식 46 영선사 47 1881 48 김윤식 49 톈진 기기국 50 기기창 51 1883 52 보빙사 53 1883 54 민영익 55 홍영식 56 서광범 57 서유견문 58 농무 목축 시험장

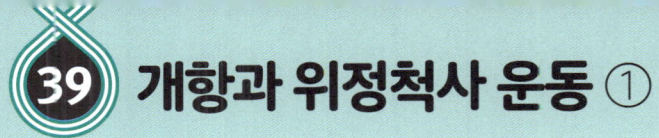

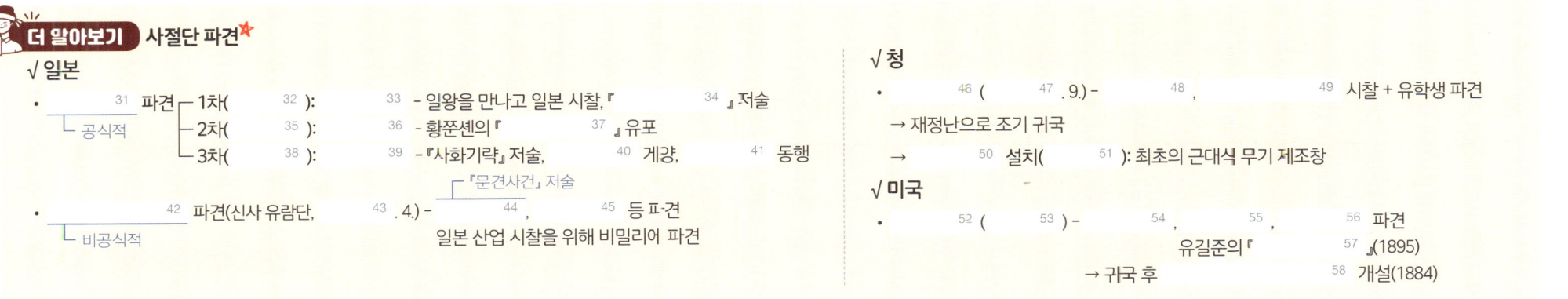

39 개항기 외국세력 침투 ②

IV. 근대

해커스공무원 이중석 멈춤 없는 한국사 연결 고리 노트

📖 **외국세력 침투의 흐름**

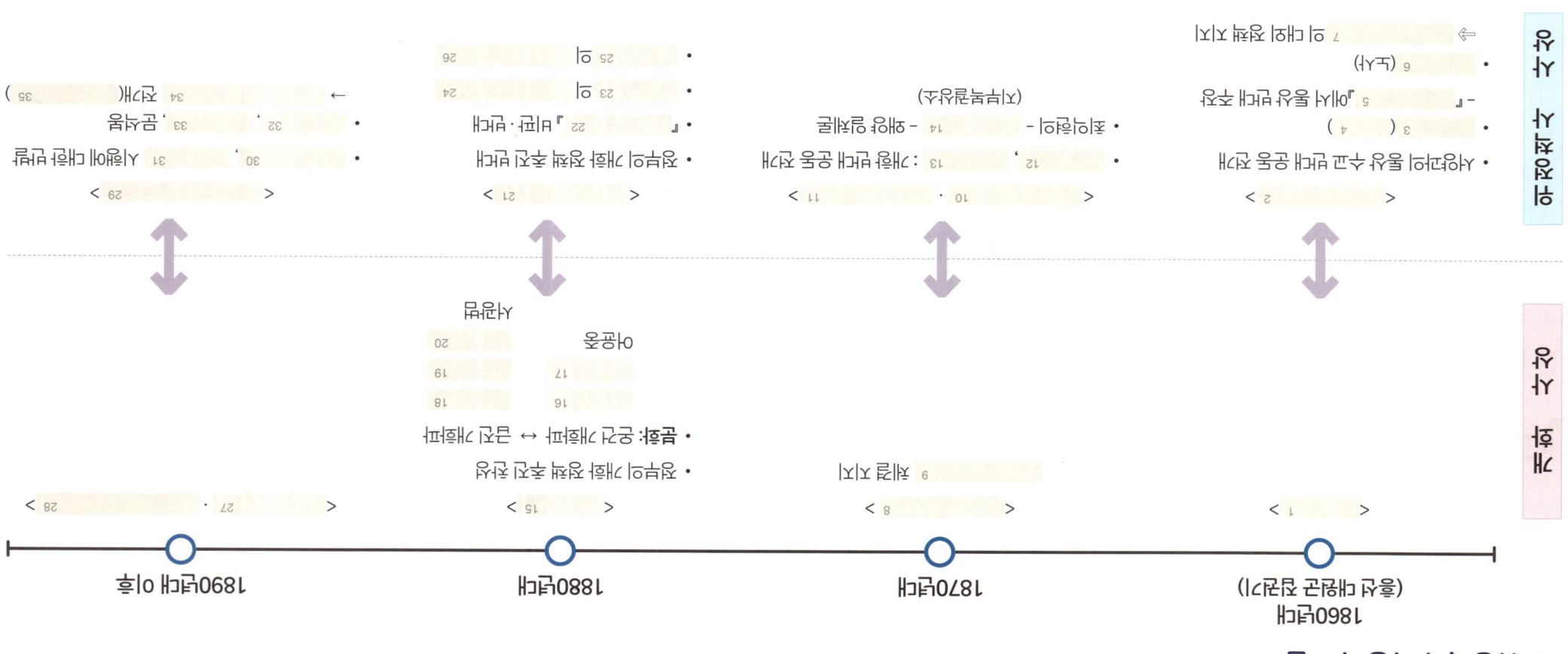

정답 1 주화론 2 척화 주전론 3 이항로 4 화서 5 화서아언 6 기정진 7 흥선 대원군 8 통상 개화론 9 강화도 조약 10 개항 불가론 11 왜양 일체론 12 최익현 13 유인석 14 5불가소 15 개화론 16 김홍집 17 김윤식 18 박영효 19 김옥균 20 홍영식 21 개화 반대론 22 조선책략 23 이만손 24 영남 만인소 25 홍재학 26 만언 척사소 27 독립 협회 28 애국 계몽 운동 29 항일 의병 운동 30 을미사변 31 단발령 32 유인석 33 이소응 34 항일 의병 운동 35 을미의병

39 개항과 위정척사 운동

맵핑 핵심 자료

『조선책략』

조선 땅은 실로 아시아의 요충을 차지하고 있어 열강들이 서로 차지하려고 할 것이다. 조선이 위태로우면 중국도 위급해진다. 러시아가 영토를 넓히려고 한다면 반드시 조선이 첫 번째 대상이 될 것이다. …… 그렇다면 오늘날 조선이 세워야 할 책략으로 러시아를 막는 것보다 더 급한 일이 없다. 이를 막는 책략은 무엇인가? 중국과 친하고, 일본과 맺고, 미국과 이어짐으로써 자강을 도모할 뿐이다.

- 황쭌셴, 『조선책략』

온건 개화파 - 동도 서기론

- 저들의 종교는 사악하다. …… 하지만 저들의 기술은 이롭다. 잘 이용하여 백성들을 잘 살게 할 수 있다면 농업, 양잠, 의약, 병기, 수레에 대한 기술을 꺼릴 이유가 없다. 종교는 배척하되 기술을 본받는 것은 함께 할 수 있다.

- 『고종실록』

- 동서고금을 막론하고 바뀔 수 없는 것은 도(道)이고 자주 변화하여 고정될 수 없는 것은 기(器)이다. 삼강, 오상(五常)과 효제충신을 도라 한다. 요순, 주공의 도는 해와 별처럼 빛나서 비록 오랑캐 지방에 가더라도 버릴 수 없다. 무엇을 기라 하는가? 예악, 형정, 복식, 기용을 기라 한다. …… 진실로 때에 맞고 백성에 이롭다면 비록 오랑캐 법일지라도 행할 수 있다.

- 곽기락, 『신기선전집』

급진 개화파 - 문명개화론

- 문명에는 밖으로 드러나는 사물과 그 안에 담겨 있는 정신의 구별이 있는데, 밖으로 드러나는 문명은 취하기 쉽고, 그 안에 담겨 있는 문명은 찾아내기 어렵다. 나라의 문명화를 꾀함에 있어서는 어려운 쪽을 먼저하고 쉬운 쪽을 나중에 해야 한다.

- 후쿠자와 유키치, 『문명개화론』

- 모든 일에는 시운이 있어서 힘으로 해결할 수는 없습니다. 그러므로 무릇 종교는 국민들이 자유롭게 믿게 하고 정부에서 간섭해서는 안 됩니다. …… 따라서 진실로 나라를 부강하게 하여 서양과 맞서려면 군권을 줄여 국민들에게 응분의 자유를 누리게 하고 보국의 책임을 다하게 해야 합니다. 그러한 뒤에야 문명이 발달하고 국민이 평안해지며 나라가 무사해질 것입니다.

- 박영효

통상 반대 운동(1860년대)

지금 국론이 두 가지 설로 서로 다투고 있습니다. 양적과 화친할 수 없다는 것은 내 나라 사람의 주장(國邊人)이고 양적과 화친하자는 것은 적국 쪽 사람(賊邊人)의 말입니다. 전자를 따르면 옛 문물 제도를 보전할 수 있지만 후자를 따르면 금수(禽獸)의 나라가 될 것이니, 이것이 대강의 구분입니다.

- 이항로, 『화서집』

지부복궐척화의소(1870년대)

일단 강화를 맺고 나면, 저들의 욕심은 물화를 교역하는 데 있습니다. 저들의 물화는 대부분 수공 생산품이라 그 양이 무궁한 데 반하여, 우리의 물화는 대부분 백성들의 생명이 달린 것이고, 땅에서 나는 것으로 한정이 있는 것입니다. …… 저들이 비록 왜인이라고 하나 실은 양적(洋賊)입니다.

- 최익현, 『면암집』

영남 만인소(1880년대)

청은 우리가 신하로서 섬기는 바이며 신의와 절도를 지키고 속방의 직분을 충실히 지킨 지 벌써 2백년이나 되었습니다. …… 일본은 이미 우리의 수륙 요충 지대를 점거하고 있어 우리의 허술함을 알고 충돌을 자행할 경우 이를 제지할 길이 없습니다. 미국을 끌어들일 경우 만약 그들이 재물을 요구하고 우리의 약점을 알아차려 어려운 청을 하거나 과도한 경우를 떠맡긴다면 거기에 응하지 않을 도리가 없습니다. 러시아는 우리와 혐의가 없는 바, 이제 공연히 남의 말만 들어 틈이 생긴다면 우리의 위신이 손상될 뿐만 아니라 이를 구실로 침략해 온다면 구제할 길이 없습니다.

을미의병

원통함을 어찌하리. 국모의 원수를 생각하며 이를 갈았는데, 참혹함이 더욱 심해져 임금께서 또 머리를 깎으시는 지경에 이르렀다. …… 우리 부모에게 받은 몸을 금수로 만드니 이 무슨 일이며, 우리 부모에게 받은 머리털을 풀 베듯이 베어버리니 이 무슨 변고란 말인가.

- 유인석, 『의암집』

40 임오군란과 갑신정변 ①

해커스공무원 이중석 맵핑 한국사 올인원 블랭크노트

IV. 근대

📁 임오군란(1882. 6月)⭐

● 배경

- **군제 개혁(1881)**: 5군영 → [1], [2] 창설
    - ⇨ 실직 군인 + 차별 대우 + 훈련 교관 [3]의 악행
- **구식 군인** [4]
    - ⇩ [5] 당상관 [6] 하인의 삥땅
    - 이후 쌀, 겨, 모래로 지급
- **개항 이후 일본에 쌀 유출 증가**
    - ⇨ [7], 영세 농민, 도시 빈민층의 불만 고조
- [8]의 근대화 추진 ↔ 근대화에 대한 불만
- "[9]" : 군인들이 고종의 이복형을 왕으로 추대

● 전개

○ **구식 군인들의 봉기**
  - 선혜청 창고 [10], [11] 자택, [12] 습격
  - [13] 훈련 교관 살해
  - 하층민도 합세하여 궁궐 습격 → [14] 점령
  - [15] 축출 → 민비 [16] 로 피신

○ [17]**의 일시적 재집권(← 고종의 권유)**
  - [18] 폐지 → 개화 정책 전부 중단
  - 2영 → [19] 부활 ————— [20]
  - [22]의 국장 선포(가짜 장례식)   [21] 폐지

○ **청의 개입**
  - 민씨 정권이 [23]에 지원 요청
  - 청이 군대 파견 → 군란 진압, [24]을 청으로 압송

○ **민씨 세력의 재집권**
  - ⇨ [25] 수립
    - (친청 내각 수립 → 친청 정책 실시)

● 결과

- **with. 일본**
    - [26] 체결(1882) ─ 일본 정부에 [27] 지불
      - 일본 공사관에 [28] 허용
      - 공사관 습격 책임자 처벌
    - [29] 체결(1882)

- **with. 청**
    - 청의 내정 간섭 심화
      - [30]의 군대 주둔(3,000여 명)
      - 내정 고문([31]) · 외교 고문([32])을 조선에 파견
    - [33] 체결([34])

해커스공무원학원·공무원인강·교재 Q&A gosi.Hackers.com **208**

40 임오군란과 갑신정변 ②

IV. 근대

📁 갑신정변(1884. 10月)

Focus: 개화파의 분화

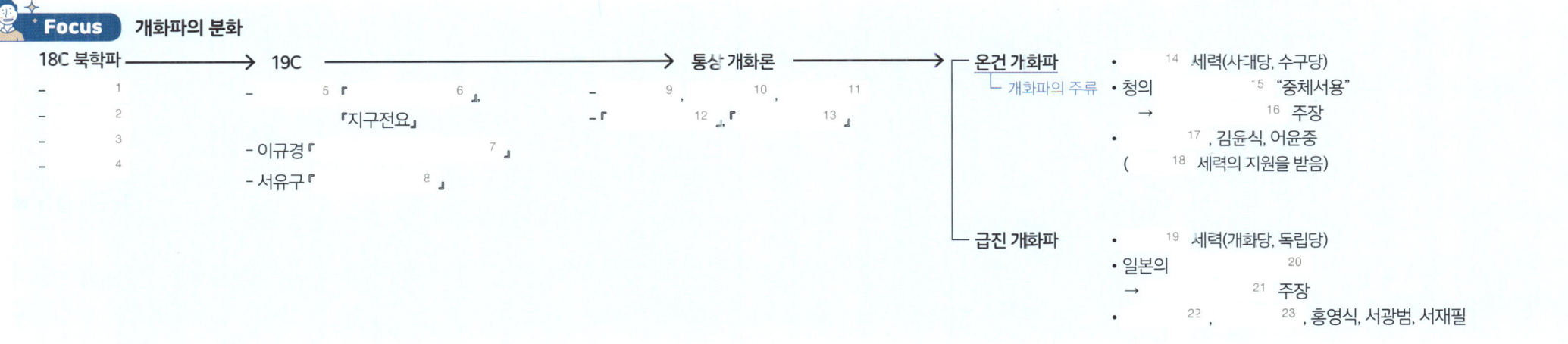

● 배경

- **국내**
  - ____24____ 이후 ____25____의 내정 간섭 심화, ____26____이 ____27____ 개화파 탄압
    → 개화 정책 ____28____ → 급진 개화파의 불만 고조
  - ____29____이 ____30____과의 ____31____ 실패로 급진 개화파의 입지가 위축됨

- **국외**
  - 청·프 전쟁으로 조선 내 ____32____의 군대가 일부 철수
  - ____33____가 정변 단행 시 ____34____ 및 ____35____ 지원 약속

● 전개

- ____36____ 개화파가 ____37____(개국 축하연)에서 정변 단행
- 민씨 정권 고관 살해
- ____38____이 고종·명성 황후를 ____39____에서 ____40____으로 옮기고 정권 장악
- ____41____ 수립

● 결과

- ____42____이 정변 세력 진압(____43____)
  → ____44____ 피살, ____45____·____46____ 등 일본으로 망명
- 청(____47____)의 내정 간섭 심화
- 개화 운동이 단절됨(____48____ 개화파가 몰락하였기 때문)
- 조약 체결 ┌ ____49____(____50____. 11. 조선 - 일본)
            └ ____51____(____52____. 3. 청 - 일본)

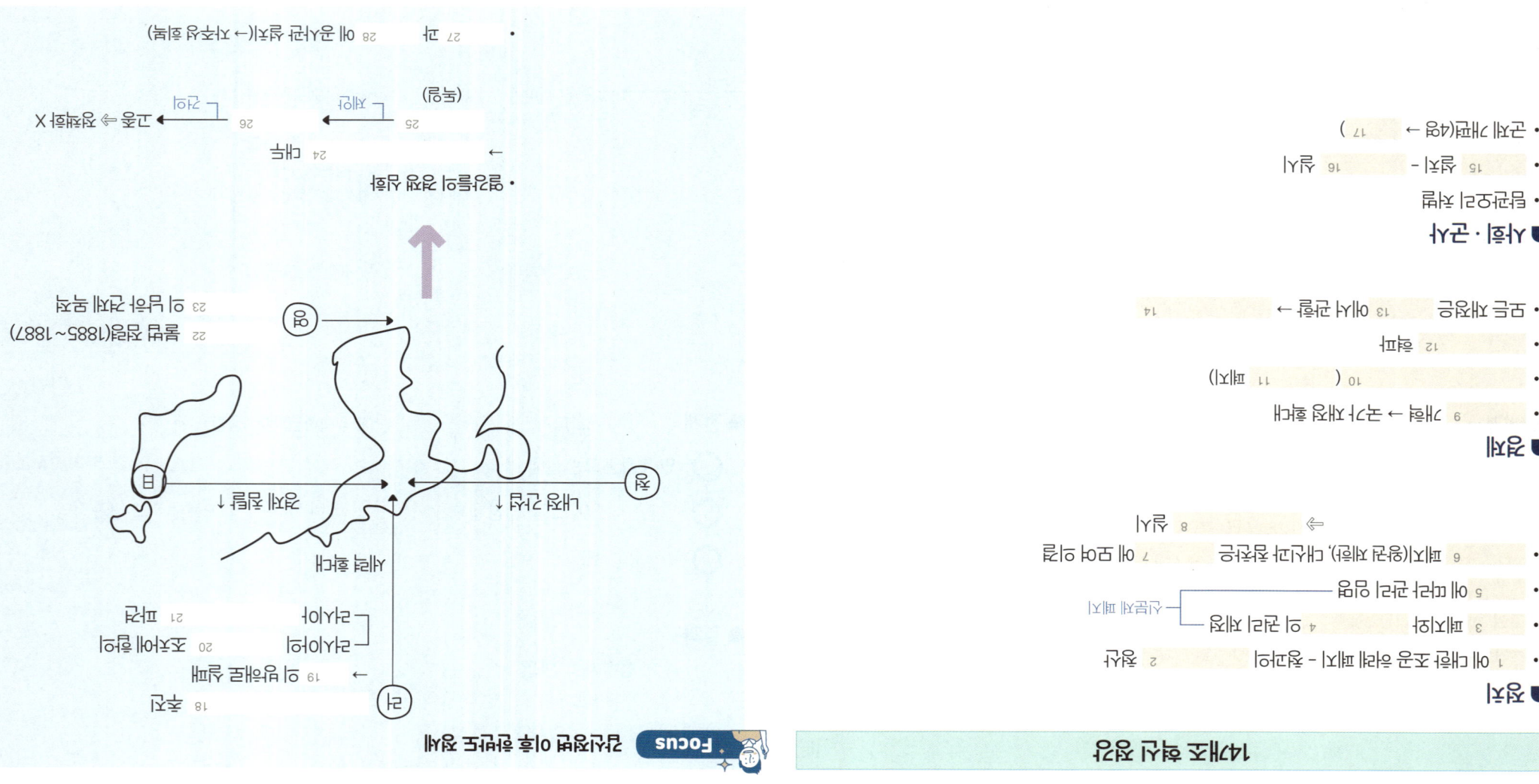

40 임오군란과 갑신정변

맵핑 핵심 자료

임오군란

임오년(1882년) 6월 9일, 경영군(京營軍)에 큰 소란이 벌어졌다. 갑술년(1874년) 이래 대궐에서 쓰이는 비용이 끝이 없었다. 호조, 선혜청에 저축해온 것은 모두 비어서 관리의 월급도 주지 못하였으며, 5영 군사들의 급료를 주지 못하였다. 5영을 없애고 2영을 세우니 노약자는 쫓겨나 갈 곳이 없었다. 그래서 난을 일으킬 생각을 하게 되었다. 이때 급료를 지급하지 않은 지 이미 반년이 되었는데 마침 호남에서 들어온 세미로 밀린 급료를 지급하였다. 선혜청 당상 민겸호의 하인이 선혜청 창고지기가 되어 지출을 담당하였다. 그가 겨를 섞어 미곡을 지급하며 사사로이 많은 이익을 보았다는 것을 안 여러 사람들은 크게 노하여 그를 구타하였다. 민겸호가 주모자를 잡아 포도청에 가두고 죽이려고 하니 여러 사람들이 더욱 원통하고 분함을 참지 못해 드디어 들고일어나 민겸호의 집으로 달려갔다. 순식간에 집을 점령하니 진귀한 물건이 가득 차 있었다. 여러 사람이 악을 쓰며 '1전이라도 집어가는 자는 죽인다'하고 뜰에 모아 놓고 불을 질렀다. 비단, 주옥, 패물이 타는 불꽃이 오색으로 피어나고 인삼, 녹용, 사향노루 등이 타는 냄새는 몇 리 밖에서도 맡을 수 있었다. 민겸호는 담장을 넘어 대궐 안에 숨었다. …… 금년 봄 장정들을 모집하여 일본식 군사 훈련을 시키며 별기대라 하였다. 일본 군인 호리모토 레이조가 교련을 가르쳤으며 남산 밑에 훈련장을 신축하였다. 총을 메고 행군하며 날린 먼지가 공중을 덮으니 장안 사람들은 처음 보는 일이라 놀라지 않는 사람이 없었다. 또한 개화 이래 이해를 분간함이 없이 일본이라는 말만 들어도 어금니를 갈며 죽이려 하였으니 일반 백성들은 더욱 심하였다. 이때 난을 일으킨 병사들이 들고일어나 그를 추격하였다. 호리모토는 훈련장에서 구리재로 도망가다 돌에 맞아 죽었다. 또 다른 일본 사람으로 성내에 들어왔다 죽은 사람이 모두 7명이나 되었다. 난민들은 천연정을 포위하고 손을 휘두르며 모두 죽여버리겠다고 외쳤다. (일본 공사) 하나부사 요시타다와 그 휘하에 있던 일본인들은 대오를 편성하여 도망쳤으나 포를 쏘고 칼을 휘둘러 가까이 다라잡지 못했다. …… 6월 10일 난병들이 대궐을 침범하였다. 중궁(왕비)은 밖으로 도망치고 이최응, 민 겸호, 김보현이 살해되었다. 고종은 변이 일어났다는 말을 듣고 급히 대원군을 불렀으며 대원군은 난병을 따라 들어갔다. 난병들이 궁전에 올라가다 민겸호를 만나 총칼로 난타하니 시체를 난도질한 것 같았다. …… 대원군에게 군국 사무를 처분하라는 명이 떨어졌다. 대원군은 궁궐 안에 있으면서 (통리)기무아문과 무위, 장어영을 폐지시키고 5위의 군제를 복구하였다. 군인의 급료를 지급하게 하고 난병을 물러가게 하였다.

― 황현, 『매천야록』

14개조 혁신 정강

구분	내용	의미
정치	1. 대원군을 돌아오게 하며 청에 대한 조공 허례를 폐지한다.	• 자주 독립 • 청에 대한 사대 관계 폐지
	2. 문벌은 폐지하고, 인민 평등의 권리를 세워 능력에 따라 관리를 임명한다.	양반 문벌 제도 폐지
	4. 내시부를 없애고, 그 중에 우수한 인재를 등용한다.	• 전근대적 내시 제도 폐지 • 국왕 보좌 기관 폐지
	7. 규장각을 폐지한다.	세도 정치의 기반으로 변질되어 폐지
	13. 대신과 참찬은 의정소에 모여 정령을 의결하고 반포한다.	입헌 군주제 실시
	14. 의정부, 6조 외의 모든 불필요한 기관을 없앤다.	내각 제도 수립
경제	3. 지조법을 개혁하여 관리의 부정을 막고 백성을 보호하며 재정을 넉넉히 한다.	지세 등 조세 개혁
	6. 각 도의 환상미를 영구히 받지 않는다.	환곡제 폐지
	9. 혜상공국을 혁파한다.	특권적 상업 체제 폐지
	12. 모든 재정은 호조에서 관할한다.	국가 재정 일원화
사회	5. 부정한 관리 중 그 죄가 심한 자는 치죄한다.	탐관오리 처벌
	8. 급히 순사를 두어 도둑을 방지한다.	경찰 제도 실시
	10. 귀양살이를 하는 자와 옥에 갇혀 있는 자는 그 정상을 참작하여 적당히 형을 감한다.	형사 정책 개혁
군사	11. 4영을 합하여 1영으로 하되, 영중에서 장정을 선발하여 근위대를 급히 설치한다.	군사 제도 개혁

41 근대적 조약

IV. 근대

1876년

★ ● 조·일 수호 조규

- 최초의 [1]_____ 조약, [2]_____ 조약
- "조선은 자주국이다." → [3]_____ 부인
- 개항(1876) → 경제적 침략
  └ 추가 개항(1883) → [4]_____ 침략
                    [5]_____ (1880)
                    [6]_____ 침략
- [7]_____ 항
- 일본 (양사 재판권) 인정
- [8]_____ → 10리 이내
- [9]_____ 인정
- 일본 의교관의
- [10]_____ 용

● 조·일 수호 조규 부록

- 조계 설정 교역 = 조·일 무역 규칙
  [11]_____ x
  [12]_____ x   3無
  [13]_____ x

1883년

● 조·일 통상 장정 개정

(+) [14]_____ [15]_____ 규정
(-) [16]_____

1882년

★ ● 조·미 수호 통상 조약

- [17]_____ (양사 재판권 인정)
- 인정: 타국의 압박을 받을 경우 상호 원조할 수 있도록 규정
- 최초: 미국에 [18]_____ 관세 부과
- 조공: 양곡 유출 금지 규정, 거중조정 중 국가 간 분쟁 해결 의뢰 규정 등

● 임오군란 이후

● 조·청 상민 수륙 무역 장정
- 근본 [19]_____ 인정
- [20]_____ (10리) → [21]_____ (+) [22]_____ [23]_____
- [24]_____ 인정
- 외교관 및 상인의 [25]_____ 이내 여행 가능

★ ● 조·일 상민 수륙 무역 장정

- 조선의 내지 통상권 침범
- 최혜국 대우 인정, [26]_____ 인정
- 양곡의 무제한 대출 허용 → [27]_____ 로 [28]_____ 일본

1884년

임오군란 이후

● 조일 조약(조청 일본)
- 청의 안에 [29]_____
- 일본 의교관의 여행 허용
- [30]_____ 청국

● 조일 조약(조·일·청)
- 일본군 주재
- [31]_____
- 일본 공사관 이내 [32]_____ 시
- [33]_____

정답 1 근대적 2 불평등 3 청의 종주권 4 부산 5 원산 6 인천 7 해안 측량권 8 치외법권 9 간행이정 10 거류지 11 내지 여행 12 일본 화폐 13 항세 14 상품 관세 15 양곡 유출 16 치외 법권 17 최혜국 대우 18 관세 협정 19 거중조정 20 배상금 21 일본 경비병 22 거류지 23 50리 24 양화진 25 종로 26 수행원 및 가족 27 속방 28 종주권 29 실질적 30 협정 31 방곡령 32 최혜국 대우 33 일본 공사관 34 배상금 35 청·일 양군 36 파병 37 동등한 조선 파병권

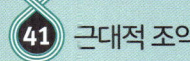

근대적 조약

맵핑 핵심 자료

조·일 수호 조규

제1관 조선국은 자주국이며 일본국과 평등한 권리를 가진다.
제2관 일본국 정부는 지금부터 15개월 후 수시로 사신을 조선국 서울에 파견(교환)한다.
제4관 조선 정부는 부산 외에 2개 항구를 개항하고 일본인이 와서 통상하는 것을 허가한다.
제5관 경기·충청·전라·경상·함경 5도 연해 중에서 통상에 편리한 항구 두 곳을 택하여 지정한다.
제7관 조선국 연해의 섬과 암초는 극히 위험하므로 일본국의 항해자가 해안을 자유롭게 측량하도록 허가한다.
제9관 양국 관리는 양국 인민의 자유로운 무역 활동에 일체 간섭하지 않는다.
제10관 일본국 인민이 조선국이 지정한 각 항구에 머무르는 동안 죄를 범한 것이 조선국 국민에게 관계되는 사건일 때는 모두 일본 관원이 심판한다.
제12관 위에서 의정된 11관의 조약은 이 날부터 준수한다. 양국 정부는 이를 변혁할 수 없으며, 영원히 신의를 가지고 준수하여 화의를 돈독히 한다.

조·일 수호 조규 부록

제1관 차후 각 항구에 주류하는 일본국 관리관은 위급할 때에 지방관에게 고하고 조선의 연로(沿路)를 통과할 수 있다.
제3관 일본국 인민이 조선의 지기(地基)를 조차(租借)하여 거주할 수 있다.
제4관 이후 부산 항구에서 일본국 인민이 통행할 수 있는 도로의 이정(里程)은 부두로부터 기산(起算)하여 동서남북 각 조선의 이법(里法)상 직경 10리로 정한다.
제7관 일본국 인민은 일본국의 현행 여러 화폐로 조선국 인민이 소유한 물품과 교환할 수 있으며, 조선국 인민은 그 교환한 일본국의 여러 화폐로 일본국에서 생산한 여러 가지 상품을 살 수 있다.

조·일 무역 규칙

제6칙 이후 조선국 항구에 거주하는 일본 인민은 양미와 잡곡을 수출·수입할 수 있다.
제7칙 일본국 정부에 소속된 모든 선박은 항세를 납부하지 않는다.

조·일 통상 장정 개정(방곡령 규정)

조선국에서 가뭄과 홍수, 전쟁 등의 일로 인해 국내에 양식이 결핍할 것을 우려하여 일시 쌀 수출을 금지하려고 할 때에는 1개월 전에 지방관이 일본 영사관에게 통지하여 미리 그 기간을 일본 상인들에게 전달하여 …… 한다.

조·미 수호 통상 조약

제1관 이제부터 조선 국왕, 미국 대통령, 그리고 각 인민은 모두 평화와 우호를 영원히 한다. 만약, 타국이 불미 스러운 사건을 일으키면 즉각 통지하여 반드시 서로 돕고, 적절한 조치를 취하여 우의의 간절함을 표시한다.
제4관 미합중국 국민이 조선국에서 조선인을 때리거나 자산을 훼손하면 미합중국 영사나 그 권한을 가진 관리만이 미합중국 법률에 따라 처벌한다.
제5관 무역을 목적으로 조선국에 오는 미합중국 상인 및 상선은 모두 수출입 상품에 대하여 관세를 지불해야 한다.
제14관 이후 조선 국왕이 타국이나 그 국가의 상인 또는 시민에게 항해, 통상 무역, 교통, 기타에 관련된 혜택을 부여한다면 이것들이 종래 균점되지 않았다든가 또는 이 조약에 없다하더라도 미국의 관민에게 허용하여 일체가 균점되도록 한다.

제물포 조약

제3조 조선국은 5만원을 내어 해를 당한 일본 관리들의 유족 및 부상자에게 주도록 한다.
제4조 흉도들의 포악한 행동으로 인하여 일본국이 입은 손해와 공사를 호위한 해군과 육군의 군비 중에서 50만 원을 조선국에서 보충한다.
제5조 일본 공사관에 군사 몇 명을 두어 경비를 서게 한다. 병영을 설치하고 수리하는 것은 조선국이 맡아 한다. 만약 조선의 군사와 백성들이 규약을 지켜 1년이 지난 뒤에 일본 공사가 직접 경비가 필요하지 않다고 할 때에는 군사를 철수해도 무방하다.
제6조 조선국은 사신을 특파하여 국서를 가지고 일본국에 사과한다.

청과 일본의 톈진 조약

제1조 청국은 조선에 주둔한 군대를 철수하고, 일본국은 공사관 호위를 위해 조선에 주재한 병력을 철수한다.
제2조 청국과 일본국은 조선국 군대를 훈련시키기 위하여 외국 무관 1인 내지 수인을 채용하고 두 나라(청·일)의 무관은 파견하지 않는다.
제3조 앞으로 조선에 변란이나 중대 사건이 일어나 청·일 두 나라나 어떤 한 국가가 파병을 하려고 할 때에는 마땅히 그에 앞서 쌍방이 문서로써 알려야 한다. 그 사건이 진정된 뒤에는 즉시 병력을 철수시키며 잔류시키지 못한다.

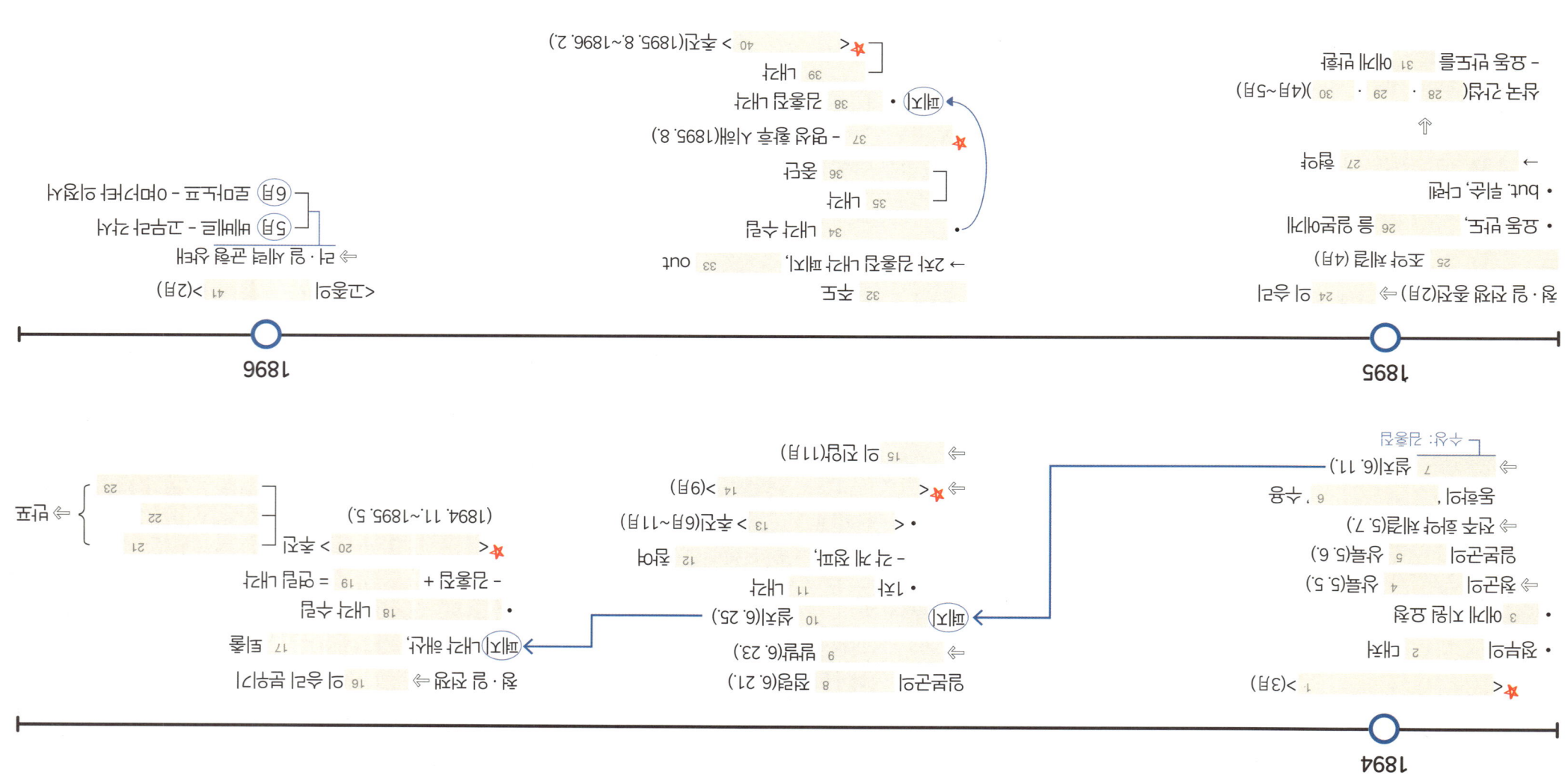

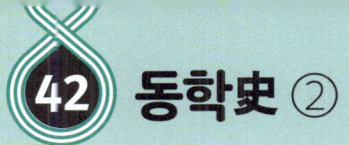

42 동학史 ②

IV. 근대

📁 동학 농민 운동 ⭐

동학의 등장

● **창시**
- 1860년 철종, ①　　 잔반　 ② 　　가 창시
  (최초 포교: 경상도, but 본격적 포교: 전라도)
- ③　　 반대, ④　　 성격

● **탄압** 1864년, 대구 감영에서 ⑤ 　　처형 "혹세무민의 죄"

● **교리** 유·불·도 + ⑥　　 의 ⑦　　 + ⑧　　 (부적)

● **사상** ⑨　　 → ⑩　　 → ⑪　　. ⑫

동학의 포교·교단 정비

→ 2대 교주 ⑬

● **교리 정리**
- 『 ⑭ 』: 동학의 경전, ⑮ 집필
  → ⑯　 , ⑰　 , ⑱ , 불연기연
- 『 ⑲ 』: 포교 가사집, ⑳ 집필
  → ㉑ , ㉒

● **교단 정비**
포접제 ┬ 북접 = ㉓ 동학: ㉔
         └ 남접 = ㉕ 동학: ㉖

교조 신원 운동 전개(1892~1893)

1892   **1893**
㉗ 집회   ㉘ 운동
상소문 작성

㉙ 집회(충청도) ┐
㉚ 집회(전라도) ├ 삼남 집회
㉛ 집회(경상도) ┘

1893. 11.
㉜
㉝

{ 종교적 성격 }   { 정치적 성격
                      "후천개벽, 제폭구민, 보국안민, 척왜양창의" }

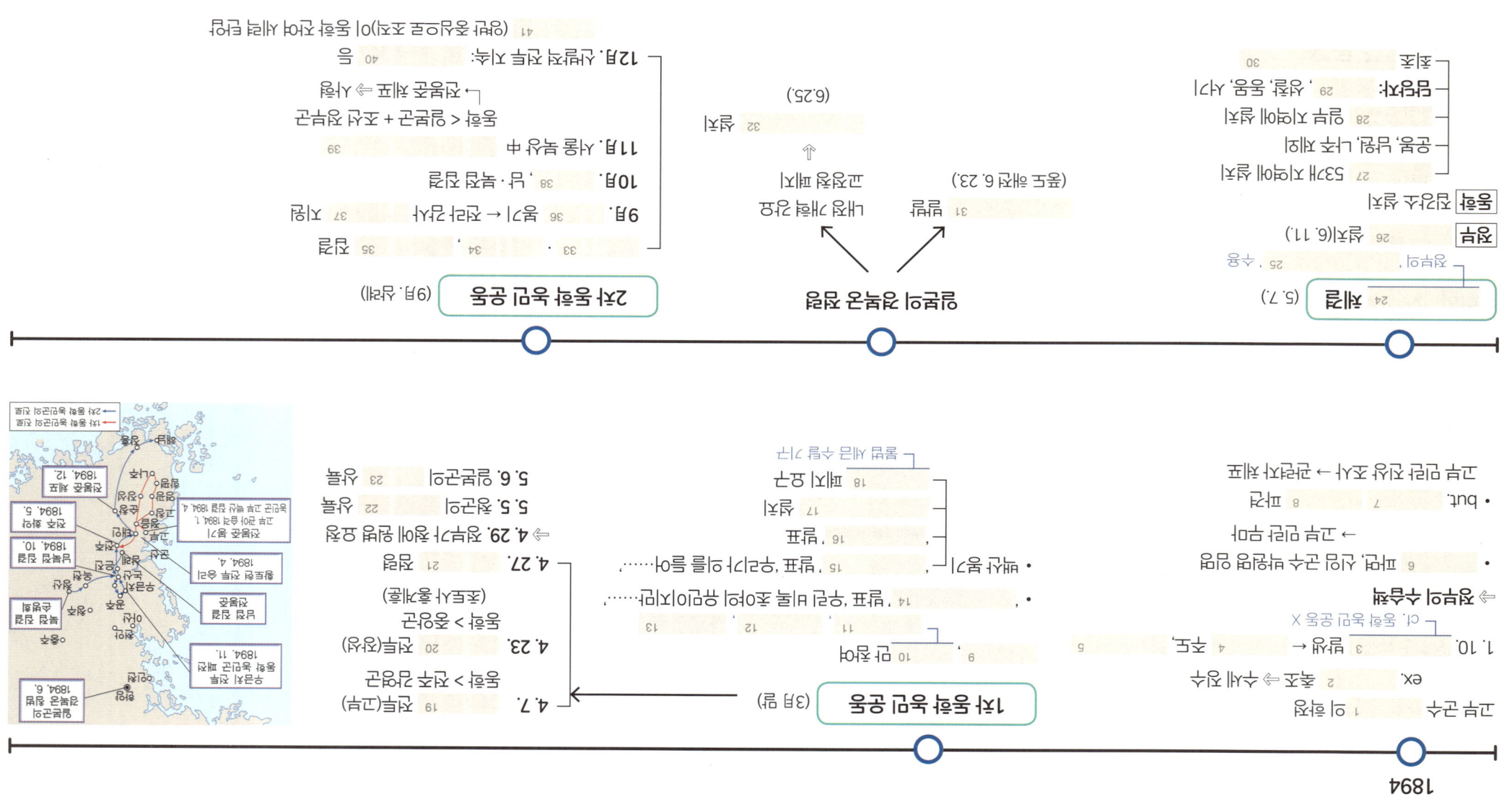

42 동학史 ④

📁 동학 농민 운동(1894)의 흐름

● 폐정 개혁안 내용
- ¹   엄징
- 불량한 유림, 양반배 징계
- ²   소각
- 칠반천인 대우 개선, 백정의 ³   금지
- 청상과부의 ⁴
- 토지의 ⁵
- ⁶   기왕의 것은 무효
- ⁷   폐지
- 관리 채용에 지벌 타파·인재 등용
- 왜와 통하는 자 엄징

● 동학 농민 운동의 의의
- 반봉건 - ⁸   에 영향
- 반외세 - 항일 무장 투쟁에 영향
  - ⁹ : 부호 재물 빼앗아 빈민에게 분배
  - ¹⁰ (강령) 발표(1900)
  - ¹¹ (서학당): 영국의 종교로 위장해 활동
  - ¹² : 제주도에서 활동

📖 사료 읽기 | 동학 농민 운동

• 무장 창의문
우리는 비록 초야의 유민이지만 임금의 토지를 부쳐 먹고 임금의 옷을 입고 사니 어찌 국가의 존망을 앉아서 보겠는가. 원컨대 각 읍의 여러 군자는 한 목소리로 의를 떨쳐 일어나 나라를 해치는 적을 제거하여 위로는 나라의 종사를 보전하고 아래로는 백성들을 편안케 하자.

• 백산 격문
우리가 의(義)를 들어 여기에 이르렀음은 그 본의가 결코 다른 데 있지 아니하고 창생을 도탄 중에서 건지고 국가를 반석 위에다 두고자 함이라. 안으로는 탐학한 관리의 머리를 베고 밖으로는 횡포한 강적의 무리를 쫓아 내몰고자 함이라. 양반과 부호의 앞에서 고통을 받는 민중들과 굴욕을 받는 소리(小吏)들은 우리와 같이 원한이 깊은 자이라. 조금도 주저하지 말고 이 시각으로 일어서라. 만일 기회를 잃으면 후회하여도 돌이키지 못하리라.

• 동학 농민군 4대 강령
① 사람을 죽이지 말고 가축을 잡아먹지 말 것
② 충효를 다하여 세상을 구하고 백성을 평안하게 할 것
③ 일본 오랑캐를 몰아내고 나라의 정치를 깨끗하게 할 것
④ 군대를 이끌고 서울로 들어가 권세가와 귀족을 모두 없앨 것

• 집강소의 설치
동학도들은 각 읍에 할거하여 공해에 집강소를 세우고 서기와 성찰, 집사, 동몽 등을 두니 완연한 하나의 관청으로 되었다. …… 전봉준은 수천 명의 군중을 끼고 금구 원평에 틀고 앉아 (전라)우도에 호령하였으며 김개남은 수만 명의 군중을 거느리고 남원성을 타고 앉아 (전라)좌도를 통솔하였고 그 밖의 김덕명, 손화중, 최경선 등은 각기 한 지방씩 할거하여 탐학불법을 일삼으니 개남이 가장 심하였다. 전봉준과 같은 사람은 동학도들에 의거하여 혁명을 꾀하고 있었다.
— 「갑오약력」

• 전봉준 공초
문: 작년(1894) 3월 고부 등지에서 무슨 사연으로 민중을 크게 모았는가?
답: 그때 고부 군수(조병갑)가 정해진 액수 외의 가렴주구가 몇 만 냥에 이르렀으므로 수탈에 원망이 심하여 의거하였다.
……
문: 작년 전주 화약 이후 다시 군대를 일으킨 이유가 무엇이냐?
답: 그 후에 들은즉 일본이 개화를 구실로 군대를 동원하여 왕궁을 공격하고 임금을 놀라게 했으니, 의병을 일으켜 일본과 싸워 그 책임을 묻고자 함이다.

정답: 1 탐관오리 2 수리 문서 3 차별 대우 4 재가 허용 5 평균 분작 6 공사채 7 노비문서 8 갑오개혁 9 활빈당 10 대한사민논설 11 영학당 12 방성칠의 난

43 갑오·을미개혁의 내용 분석 ①

IV. 근대

1차 갑오개혁*

→ 군국기무처(1차 김홍집 내각), 1894. 6.~1894. 11.

● 정치
- ___1___ 사용 ⇨ 청의 연호 X, 조선 건국 연호
- 왕실 (→ ___2___ 설치)과 정부 사무(→ ___3___ 기능 강화) 분리 ⇨ 왕이 정치 X
- 6조 ⇨ ___4___, ___5___ 와 함께 기능 강화
- ___6___ 폐지 ⇨ 근대식 관리 선발 제도 도입
- ___7___ 와 언론 기관 폐지
- 관리 감찰 기구 ___8___ 설치(이듬해 폐지)
- 경찰 업무 담당 ___9___ ⇨ ___10___ 설치
  └ 근대적 경찰 제도

● 경제
- 왕실 재정 분리
- ___11___ 으로 재정 일원화(선혜청 폐지)
- 경제 제도 개혁 ┬ 조세의 ___12___
  │ 일본 화폐로 조세 납부 허용
  ├ ___13___ 제도
  ├ ___14___ 제정
  └ ___15___ 통일(척관법)

● 사회
- 신분 제도 폐지 ⇨ ___16___ 혁파, ___17___ 금지
- 악습 폐지 - ___18___, ___19___, ___20___ 폐지
- ___21___ 허용

2차 갑오개혁*

→ 2차 김홍집 내각(박영효와 연립 내각), 1894. 11.~1895. 5.

독립서고문

홍범14조
- 1조항, ___22___ 에 의존하지 않고 ___23___ 의 기초를 세운다
- 왕실 사무와 정부 사무 혼동 X
- 조세의 징수와 경비 지출은 모두 ___24___ 의 관할에 속한다
- 교육을 장려한다 → 구체화 교육 입국 조서

● 정치
- 일본식 내각 수립: 8아문 ⇨ ___25___ + ___26___ (ex. 탁지부)
- 지방 행정 구역 정비: 8도 ⇨ ___27___
- 군제 개혁 - ___28___, ___29___, ___30___ 설치
  └ 형식적 설치, 개혁 소홀(식민지 침략 목적)
- 장교 교육·징병제 실시 시도
- 지방관의 권한 축소 - 행정권, 군사권, 사법권
  └ 재판소 설치

● 경제
- 탁지부 산하 ___31___, ___32___ 설치
- 왕실 재정을 담당하는 ___33___ 설치

● 사회
- 재판소 설치 ⇨ 사법권의 독립
  ┌ ___34___ 재판소
  └ ___35___ 재판소 → ___36___ 재판소
- 교육 조서 반포 " ___37___ 의 함양"
  ⇨ 근대식 관립 학교 설립
  ___38___, ___39___ 설립

8아문		7부
내무아문		내부
외무아문		외부
탁지아문		탁지부
군무아문	⇨	군부
법무아문		법부
학무아문		학부
공무아문		농공상부
농상아문		

정답 1 개국 기원 2 궁내부 3 의정부 4 아문 5 8아문 6 과거제 7 사간원 8 도찰원 9 좌·우포도청 10 경무청 11 탁지아문 12 금납화 13 은 본위 14 신식 화폐 발행 장정 15 도량형 16 신분제 17 공·사 노비제 18 연좌제 19 조혼 20 과부 재가 금지 21 재가 22 타국 23 자주 독립 24 탁지아문 25 7부 26 대신·협판 27 23부 28 훈련대 29 시위대 30 신설대 31 관세사 32 징세서 33 궁내부 34 지방 35 개항장 36 순회 37 덕·체·지 38 한성 사범 학교 39 외국어 학교

218

43 갑오·을미개혁의 내용 분석 ②

IV. 근대

을미개혁
→ 4차 김홍집 내각, 1895. 8.~1896. 2.

● 정치
- '___1___' 연호 사용
- ___2___ (중앙군), ___3___ (지방군) 설치
  └ 지방관의 군사권 완전히 X

● 사회
- ___4___ 선포
- ___5___ 반포 ⇒ 근대식 소학교 설립
- ___6___ 사용
- ___7___ 설치(← ___8___ 으로 우정국 개국 실패)
- ___9___ 시행
  └ 일종의 예방 주사

사료 읽기 | 갑오·을미개혁

• 제1차 갑오개혁 법령
군국기무처에서 올린 의안이 다음과 같았다.
1. 이제부터는 국내외의 공문서 및 사문서에 개국 기년을 쓴다.
1. 죄인 자신 이외의 일체의 연좌율을 폐지한다.
1. 과부의 재혼은 귀천을 막론하고 자유에 맡긴다.
1. 문벌, 양반과 상민들의 등급을 없애고 귀천에 관계없이 인재를 선발하여 등용한다.
1. 공노비와 사노비에 관한 법을 일체 폐지하고 사람을 사고파는 일을 금지한다.

• 홍범 14조
제1조 청에 의존하는 생각을 버리고 자주 독립의 기초를 세운다.
제2조 왕실 전범을 제정하여 왕위 계승의 법칙 및 종친과 외척과의 구별을 명확히 한다.
제3조 임금은 각 대신과 의논하여 정사를 행하고 종실, 외척의 내정 간섭을 용납하지 않는다.
제4조 왕실 사무와 국정 사무를 나누어 혼동하지 않는다.
제5조 의정부 및 각 아문의 직무, 권한을 명백히 규정한다.
제7조 조세의 징수와 경비 지출은 모두 탁지아문의 관할에 속한다.
제9조 왕실과 관부의 1년 회계를 예정하여 재정의 기초를 확립한다.
제10조 지방 제도를 가정하여 지방 관리의 직권을 제한한다.
제12조 장교를 교육하고 징병을 실시하여 군제의 근본을 확립한다.
제14조 문벌을 가리지 않고 인재 등용의 길을 넓힌다.

• 교육 입국 조서
세계 형세를 보면 부강하고 독립하여 발전하는 나라는 인민의 지식이 개명하였다. 지식의 개명은 교육의 선미로써 되었으니, 교육은 실로 국가를 보존하는 근본이라 할 수 있다. …… 이제 내가 강령을 보이어 허명은 버리고 실용을 쓰도록 하겠다.

• 단발령
대군주 폐하께서 "짐이 신민(臣民)에 앞서 머리카락을 자르니, 짐의 뜻을 잘 본받아 만국과 나란히 서는 대업(大業)을 이루라"라고 하시었으니, …… 무릇 우리 대조선국 신민인 자가 누가 감동하여 나아가지 아니하리오. …… 개국 504년 11월 15일
― 「관보」

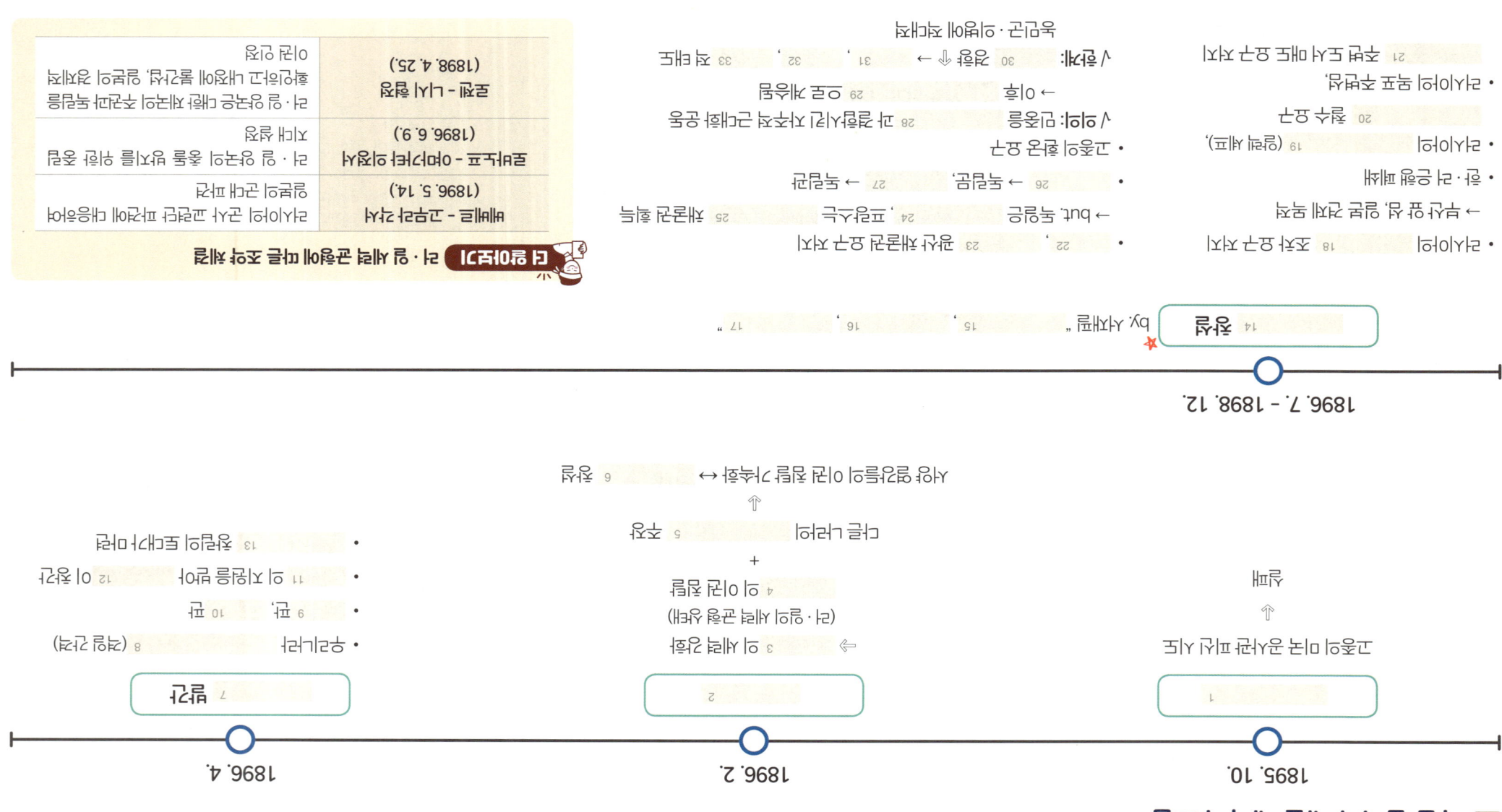

44. 독립 협회와 대한 제국 ②

IV. 근대

1897

- 고종의 환궁(2月) → ¹ 으로 (現 ², 외국 공사관 밀집 지역)
  - ³ 설치(3月): 만국공법(국제법 연구) (→ 1899. 법규교정소로 개칭)
  - ⁴ 설치(6月): 역사와 예법 연구
  - ⁵ 선포 + ⁶ 단행(10月)
    "옛 것을 본받고(⁷ 지키고) 새 것을 참고한다(⁸ , ⁹ , ¹⁰)"
    ⇒ ¹¹
    - **국호**: 조선 → ¹²
    - **연호**: 건양 → ¹³
    - **호칭**: 왕 → ¹⁴ (즉위식: ¹⁵ = 환구단)
      ⇒ ¹⁶ 의 영향력 추락

1898. 3. ~ 10.

- ¹⁷ 개최 ← 독립 협회 (회장: ¹⁸)
  - ¹⁹
  - 3월 ~ 10월 여러 번
  - ²⁰ 비판
    ⇒ ²¹ 의 ²² 수립
- 1898. 10. < ²³ 개최> ⟶ ²⁷ 채택
  - ²⁴ + ²⁵ → 고종의 재가
  - 10월 딱 한 번 ' ²⁸ 반포'
  - 최초 연설자 - ²⁶ 박성춘   관선 25 + 민선 25

사료 읽기 | 헌의 6조

1. 외국인에게 의지하지 말고 전제황권을 견고히 할 것
2. 외국과의 이권에 관한 조약은 각 대신과 중추원 의장이 합동 날인하여 시행할 것
3. 국가 재정은 탁지부에서 전관하고, 예산과 결산을 국민에게 공포할 것
4. 중대 범죄를 공판하되, 피고의 인권을 존중할 것
5. 칙임관을 임명할 때에는 정부에 그 뜻을 물어서 중의에 따를 것
6. 정해진 규정을 실천할 것

44 독립 협회와 대한 제국 ③

IV. 근대

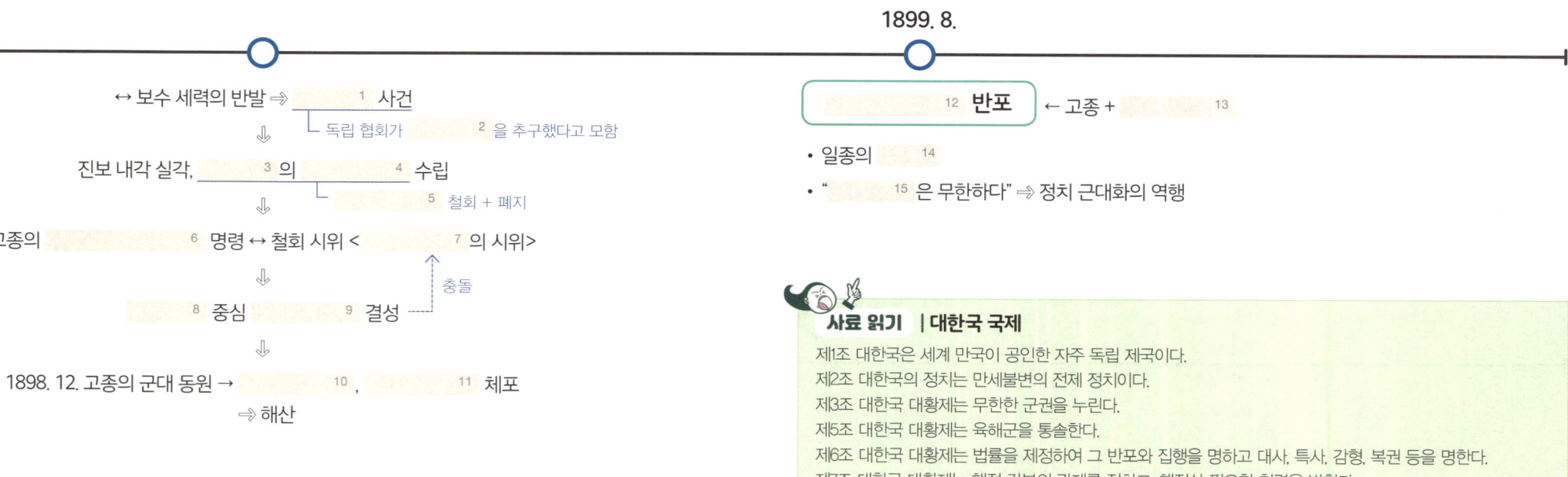

1899. 8.

↔ 보수 세력의 반발 ⇒ ___1 사건
└ 독립 협회가 ___2 을 추구했다고 모함

진보 내각 실각, ___3 의 ___4 수립
└ ___5 철회 + 폐지

고종의 ___6 명령 ↔ 철회 시위 < ___7 의 시위>
⇓
___8 중심 ___9 결성 ┄┄ 충돌

1898. 12. 고종의 군대 동원 → ___10 , ___11 체포
⇒ 해산

___12 **반포** ← 고종 + ___13

• 일종의 ___14

• " ___15 은 무한하다" ⇒ 정치 근대화의 역행

사료 읽기 | 대한국 국제

제1조 대한국은 세계 만국이 공인한 자주 독립 제국이다.
제2조 대한국의 정치는 만세불변의 전제 정치이다.
제3조 대한국 대황제는 무한한 군권을 누린다.
제5조 대한국 대황제는 육해군을 통솔한다.
제6조 대한국 대황제는 법률을 제정하여 그 반포와 집행을 명하고 대사, 특사, 감형, 복권 등을 명한다.
제7조 대한국 대황제는 행정 각부의 관제를 정하고, 행정상 필요한 칙령을 발한다.
제9조 대한국 대황제는 각 조약 체결 국가에 사신을 파견하고 선전, 강화 및 조규를 체결한다.

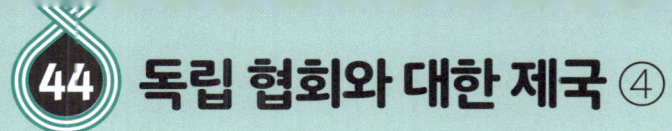

44 독립 협회와 대한 제국 ④

IV. 근대

📁 광무 개혁의 내용 분석(1897)

● 정치
- ⟨___¹⟩ 반포(___². 8.)
- **지방 행정 구역 개편:** 23부 337군 ⇒ ___³
- 평양을 ___⁴ 으로 격상(___⁵ 건설)

● 경제
- ___⁶ 실시 → ___⁷ 발급
  - └ 토지 소유권 인증서
  - 1901 ~ 1904. ___⁸ 으로 중단
  - ___⁹ 설치(1898) → 양전 사업 실시
  - ___¹⁰ 설치(1901) → 지계 발급 (전국적 X, 일부 지역)
  - ⇒ ___¹¹ 제도 확립
  - 일제 ___¹² 명분에 대한 반론 제기
- ___¹³ 정책 "생산량을 늘리고, 산업을 부흥시킨다"
  - ⇒ 각종 근대식 회사·공장 설립(섬유, 운송 등)
- ___¹⁴ 통일 - ___¹⁵ 설치
- ___¹⁶ 제도 시도(⇒ 실패)
- **황실 재정 확대** ___¹⁷ 의 기능 강화
  - ___¹⁸ , ___¹⁹ 전매
    - └ 연초 공장 설치
  - ___²⁰ 사업 실시 → ___²¹ 설치
  - ___²² 설치(1900) - ___²³ 철도 공사 시도 ⇒ 실패
  - ___²⁴ 조직 - 보부상 지원 단체(1899)

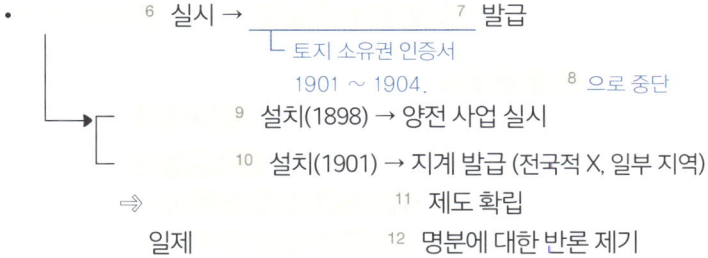

● 사회
- 실업 학교, 상업·공업 학교 설립 ⇒ ___²⁵ , ___²⁶
  - cf. 교육 입국 조서 취지 X
- 고등 재판소 ⇒ ___²⁷ 으로 개칭
- ___²⁸ 추가 설치

● 군사
- **실질적 군사 개혁** - ___²⁹ 설치 ⇒ 군 최고 ___³⁰ 장악
  - └ 황제 = 국가·원수
- ___³¹ , ___³² 의 군사력 증강
- ___³³ 설립

● 외교
- **대외적 개혁** ─ 1899. ___³⁴ 체결 - 청과 동등한 무역
  - ⇒ ___³⁵ 파기
  - 1900. 독도 - (대한 제국) ___³⁶ 반포
    - 울릉도 ⇒ ___³⁷ , 관할 도서로 독도 명시
  - 1903. 간도 - 북변 ___³⁸ ___³⁹ 임명
    - 연해주 - ___⁴⁰ 설치(1900)
      - └ in. 블라디보스토크
    - ___⁴¹ 에 대도 파견(1900)

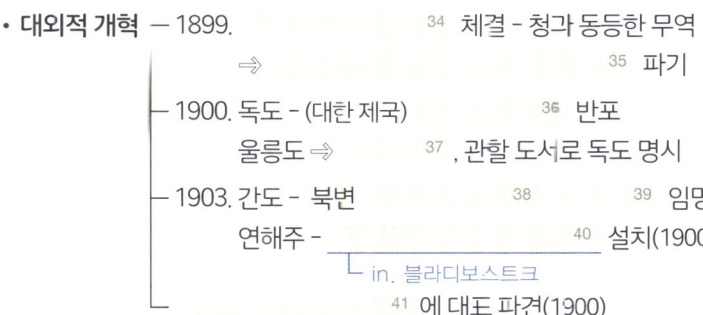

45 국권 피탈 과정 ↔ 의병과 애국 계몽 운동 ①

IV. 근대

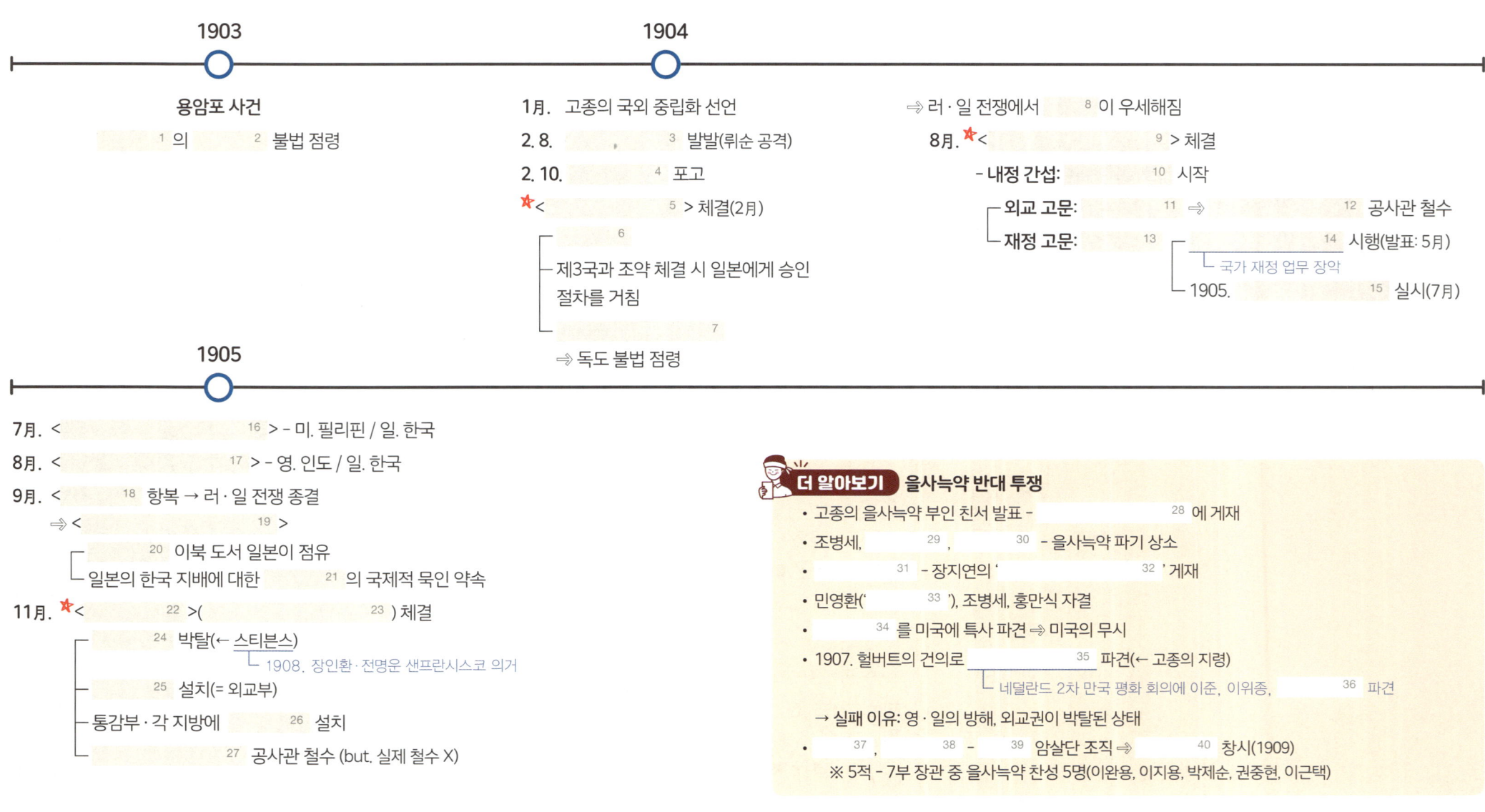

1903

용암포 사건
[1] 의 [2] 불법 점령

1904

1月. 고종의 국외 중립화 선언
2. 8. [3] 발발(뤼순 공격)
2. 10. [4] 포고
★< [5] > 체결(2月)
 [6]
 ─ 제3국과 조약 체결 시 일본에게 승인
  절차를 거침
 [7]
 ⇒ 독도 불법 점령

⇒ 러·일 전쟁에서 [8] 이 우세해짐
8月. ★< [9] > 체결
 - 내정 간섭: [10] 시작
 ┌ 외교 고문: [11] ⇒ [12] 공사관 철수
 └ 재정 고문: [13] ┌ [14] 시행(발표: 5月)
       │ └ 국가 재정 업무 장악
       └ 1905. [15] 실시(7月)

1905

7月. < [16] > - 미. 필리핀 / 일. 한국
8月. < [17] > - 영. 인도 / 일. 한국
9月. < [18] 항복 → 러·일 전쟁 종결
 ⇒ < [19] >
  ┌ [20] 이북 도서 일본이 점유
  └ 일본의 한국 지배에 대한 [21] 의 국제적 묵인 약속
11月. ★< [22] >([23]) 체결
 ┌ [24] 박탈(← 스티븐스)
 │ └ 1908. 장인환·전명운 샌프란시스코 의거
 ├ [25] 설치(= 외교부)
 ├ 통감부·각 지방에 [26] 설치
 └ [27] 공사관 철수 (but. 실제 철수 X)

더 알아보기 — 을사늑약 반대 투쟁

- 고종의 을사늑약 부인 친서 발표 - [28] 에 게재
- 조병세, [29], [30] - 을사늑약 파기 상소
- [31] - 장지연의 ' [32] ' 게재
- 민영환(' [33] '), 조병세, 홍만식 자결
- [34] 를 미국에 특사 파견 ⇒ 미국의 무시
- 1907. 헐버트의 건의로 _____ [35] 파견(← 고종의 지령)
  └ 네덜란드 2차 만국 평화 회의에 이준, 이위종, [36] 파견
 → 실패 이유: 영·일의 방해, 외교권이 박탈된 상태
- [37], [38] - [39] 암살단 조직 ⇒ [40] 창시(1909)
※ 5적 - 7부 장관 중 을사늑약 찬성 5명(이완용, 이지용, 박제순, 권중현, 이근택)

45 국권 피탈 과정 ↔ 의병과 애국 계몽 운동 ②

IV. 근대

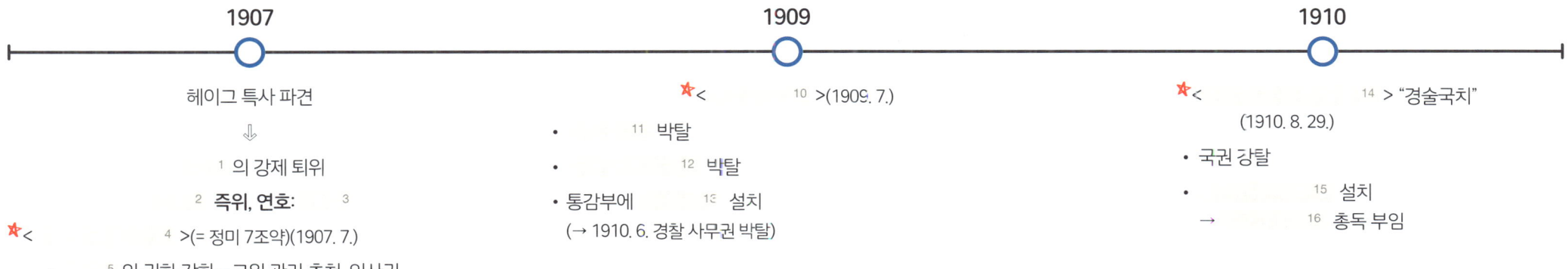

명품 해설 사료

IV. 근대

45 국권 피탈 과정 ↔ 이해하고 애국 계몽 운동

을사늑약 체결에 대한 대한 제국의 대응

• 가쓰라·태프트 밀약(1905. 7.)

첫째, 필리핀은 미국과 같은 친미적인 나라가 통치하는 것이 일본에게 유익하며, 일본은 필리핀을 침공할 의도가 없음을 밝힌다.

둘째, 극동의 전반적 평화를 유지하는 데는 일본, 영국, 미국 등 3국 정부의 상호 양해를 달성하는 것이 최선의 길이며, 사실상 동맹 관계가 유지되는 것으로 믿는다.

셋째, 미국은 일본이 대한 제국의 보호권을 확립하는 것이 러·일 전쟁의 논리적 귀결이며, 극동 평화에 직접 이바지할 것으로 인정한다.

• 제2차 영·일 동맹(1905. 8.)

제1조 일본은 한국에 있어서 정치상, 군사상 및 경제상의 탁월한 이익을 옹호 증진하기 위하여 정당하고 또 필요하다고 인정하는 지도, 감리 및 보호의 조치를 한국에서 집행할 권리를 갖는다. 단, 이 조치는 항상 열국의 상공업에 대한 기회 균등주의에 위반하지 아니할 것을 요한다.

• 포츠머스 조약(1905. 9.)

제2조 러시아 제국 정부는 일본이 한국에서 정치·군사·경제상의 특별한 이익을 갖는다는 것을 승인하고, 일본 정부가 한국에서 필요하다고 인정하는 지도, 보호 및 감리의 조치를 취함에 있어 이를 저지하거나 간섭하지 않을 것을 약속한다.

을사늑약의 불법성

제1조 대한 제국의 대외 관계 및 사무를 지금 이후부터 일본국 외무성에서 감독, 지휘하고, 일본국의 외교 대표자 및 영사가 외국에 있는 대한 제국의 국민과 이익을 보호한다.

을사늑약(제2차 한·일 협약) [을사 5조약]

제2조 일본국 정부는 대한 제국과 타국 사이에 현존하는 조약의 이행을 완수할 임무를 맡고, 대한 제국 정부는 지금 이후부터 일본국 정부의 중개를 거치지 않고서 어떠한 국제적 조약이나 약속도 하지 않기로 상호 약속한다.

을사늑약(한·일 신협약)

1. 한국 정부는 시정 개선에 관하여 통감의 지도를 받을 것
2. 한국 정부의 법령 제정 및 중요한 행정상의 처분은 미리 통감의 승인을 거칠 것
3. 한국의 사법 사무는 보통 행정 사무와 이를 구분할 것

을·일 신협약(정미 7조약)

제2조 한국 정부의 법령 제정 및 중요한 행정상의 처분은 통감의 승인을 거친다.

제4조 한국 고등 관리의 임면은 통감의 동의로 이를 행한다.

제5조 한국 정부는 통감이 추천한 일본인을 한국 관리에 임명한다.

45. 국권 피탈 과정 ↔ 의병과 애국 계몽 운동 ③

📁 항일 의병史 → 위정척사 운동의 영향

━━━━━[1]━━━[16]━━━━━━━━━▶

- ─ 2 , 3 반대   ─ 17 반대
                                                      ┌ 홍주성 점령
- 양반 4 들 중심: 5 (6), 7 (8), 기우만, 허위   • 유생: ──── 18 , 민종식 + 평민 의병장: ─── 19
  + 9 잔여 세력(10) 가담   체포·대마도 유배 ⇒ 아사   "태백산 호랑이"
- 지방 관아 습격   경북 평해, 울진 활동
            11 처단 ⇒ 12 사살   • 최초의 평민 의병장 출현
  └ 을미개혁 주동자들   • 20 활발히 전개
- 고종 - 단발령 철회, 의병 해산 권고 " 13 "
  ⇒ 자진 해산
  but. 농민들 해산 거부 → 14 조직(1900~1904)
       강령: 15 (1900)

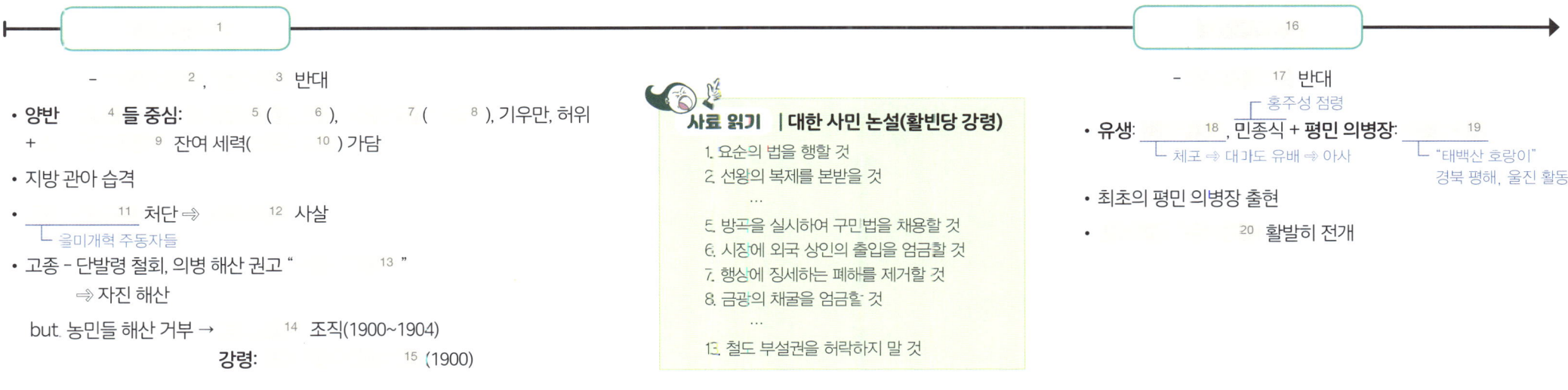

━━━━━[21]━━━━━━━━━━━━━━━━━━━━━━━━━━━━━━━━━

= 22 - 23 강제 퇴위, 24 반대 ⇒ 시위대 대대장 25 자결

- 유생: 26 + 평민 의병장: 27 (포수) + 해산 군인들 참여   • 의병 투쟁의 의의와 한계
  허위   안규홍(천민), 신돌석   • 의의: 구한말 38 무장 투쟁
- 28 결성(1907) = 13도 의병 연합 부대   • 한계: 39 의식 탈피 X
       └ 총대장: 이인영, 군사장: 허위   ┌ 40 주축
  ⇒ 1908. 29 : 30 점령 → 31 까지 진격 ⇒ 실패   │   41 의 자진 해산
  32 에 교전 단체 승인 요청 = 33   ─ 정미의병 ─┤   42 제외(서울 진공 작전에서)
- 1909. 이후 호남 지역에 모여 활동 ⇒ 34   │ ─ 의병들 사이   43 잔존
  ↔ 일본의 35 작전 전개 ⇒ 성공 ┌ 36 의병화   └   44 의 부친상 → 진공 작전 불참
                                 └ 37 독립군

45 국권 피탈 과정 ↔ 의병과 애국 계몽 운동 ④

애국 계몽 운동 ⇐ ___1___ 활동
⇒ ___2___ 운동

근대 교육
└ ___3___ 설립 ⇒ ___4___ 설립
언론 활동 ⇒ ___5___ 발간

근대 산업 육성
└ ___6___ 설립

- **이론적 배경:** ___7___ (약육강식, 적자생존, 우승열패)
⇒ ___8___ 결성

___9___ (___10___, 보국 안민회)
- **조직:** ___11___, ___12___ 등의 유생 + 관료 출신 중심으로 조직
- **활동:** 일본의 ___13___ 요구 철회 운동
  ⇒ 성공 - 자주적 ___14___ 위해 ___15___ 설립
  ↔ ___16___. 일제가 ___17___ 설립
- 일본의 압력으로 해산

↓

___18___ (___19___)
- **조직:** ___20___, ___21___
- **활동**
  - ___22___ 주장(독립 협회 계승)
    - └ ___23___
  - ___24___ 친일 행위 규탄
    - └ 대표적 친일 단체(1904)
      ___25___, 민원식, ___26___ 등
- 일제에 의해 해산

↓

___27___ (___28___)
- **조직:** ___29___, ___30___
- 전국 25개 ___31___ 설치
- ___32___, ___33___, ___34___ 간행, 산업 부흥
- 1907. 고종의 ___35___ ⇒ 해산

↓

___36___ (___37___)
- **조직:** ___38___
- ___39___ 전개(교육의 보급 · 산업 개발 · 민권 신장)
- ___40___ 이후 일제의 탄압⇑
  → 지도부가 온건적 인사로 교체
  → 일진회와 연합 추진 ⇒ ___41___, 변질

정답 1 독립 협회 2 실력 양성 3 흥학회 4 학교 5 신문 6 회사 7 사회 진화론 8 애국 계몽 운동 단체 9 보안회 10 1904 11 송수만 12 원세성 13 황무지 개간권 14 황무지(진전) 개간 15 농광회사 16 1908 17 동양 척식 주식회사 18 헌정 연구회 19 1905 20 이준 21 윤효정 22 의회 정치 23 입헌 군주정 24 일진회 25 송병준 26 이용구 27 대한 자강회 28 1906 29 윤효정 30 장지연 31 지회 32 강연회 33 토론회 34 월보 35 강제 퇴위 반대 운동 36 대한 협회 37 1907 38 오세창 39 애국 계몽 운동 40 한 · 일 신협약 41 친일화

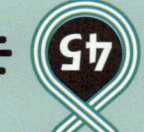

45. 국권 피탈 과정 ↔ 의병과 애국 계몽 운동 ⑤

📁 애국 계몽 운동

★ ⌐ ¹   (² ~ ³) 회장   ⁴ 부회장   ⁵

- 조조: ⁶ , ⁷ , ⁸ 이회영, 이동휘, ⁹ , ¹⁰ 등
- ¹¹
- ¹² 최초 주장(근대 국민 국가 건설)
- 활동 - ¹³ = 애국 계몽 + 항일 무장 투쟁
  ⇒ ¹⁴ 설립(¹⁵)

● 교육
- ¹⁶ (1907. 정주) - ¹⁷
- ¹⁸ (1908. 평양) - ¹⁹
- ²⁰ 에서 활동

● 근대 산업
- 평양 - ²¹
- 평양·대구 - ²²
- ²³ , ²⁴ 설립
  ⇒ 독립 운동 자금 자체 조달

● 문화 사업
- ²⁵ 후원
- ²⁶ 발간 - ²⁷ 기관지 역할
  └ 창간은 1904
- 『 ²⁸ 』 잡지 발간 - 최남선의 ' ²⁹ '

• 해체 ┌ 1909. ³⁰ - 이토 히로부미 암살
       └ 1910. ³¹ 조작
              └ 안명근 – 데라우치 암살 미수 사건
              ³² . ³³ ⇒ 신민회 해체

사료 읽기 | 애국 계몽 운동

• **대한 자강회 취지문**
무릇 우리나라의 독립은 자강(自强)에 있음이라. 오늘날 우리 한국은 3,000리 강토와 2,000만 동포가 있으니, 힘써 자강하여 단체가 합하면 앞으로 부강한 전도를 바랄 수 있고 국권을 능히 회복할 수 있을 것이다. 자강의 방법으로는 교육을 진작하고 산업을 일으켜 응하게 하면 되는 것이다. 무릇 교육이 일지 못하면 민지(民智)가 열리지 못하고, 산업이 늘지 못하면 국가가 부강할 수 없다. 그런즉, 민지를 개발하고 국력을 기르는 길은 무엇보다도 교육과 산업을 발달시키는 데 있지 않겠느냐?

• **신민회 결성 취지문**
신민회는 무엇을 위하여 일어났는가? 백성의 풍습이 무지 하고 부패하니 새로운 사상이 급하고 백성이 우매하니 신교육이 시급하도다. …… 도덕의 타락으로 신윤리가 시급하고 문화의 쇠퇴로 신학술이 시급하며, 실업이 취약함으로 신모범이 시급하고 정치의 부패로 신개혁이 시급함이라. …… 이것이 신민회가 발원하는 바이고, 신민회가 품은 뜻이며, 간단히 말해 오직 새로운 정신을 환기시키고 새로운 단체를 조직하여 신국가를 건설하는 것뿐이다.

• **신민회 4대 강령**
1. 국민에게 민족의식과 독립 사상 고취
2. 동지를 발견하고 단합하여 국민 운동 역량 축적
3. 상공업 기관 건설로 국민의 부력(富力) 증진
4. 교육 기관 설립으로 청소년 교육 진흥

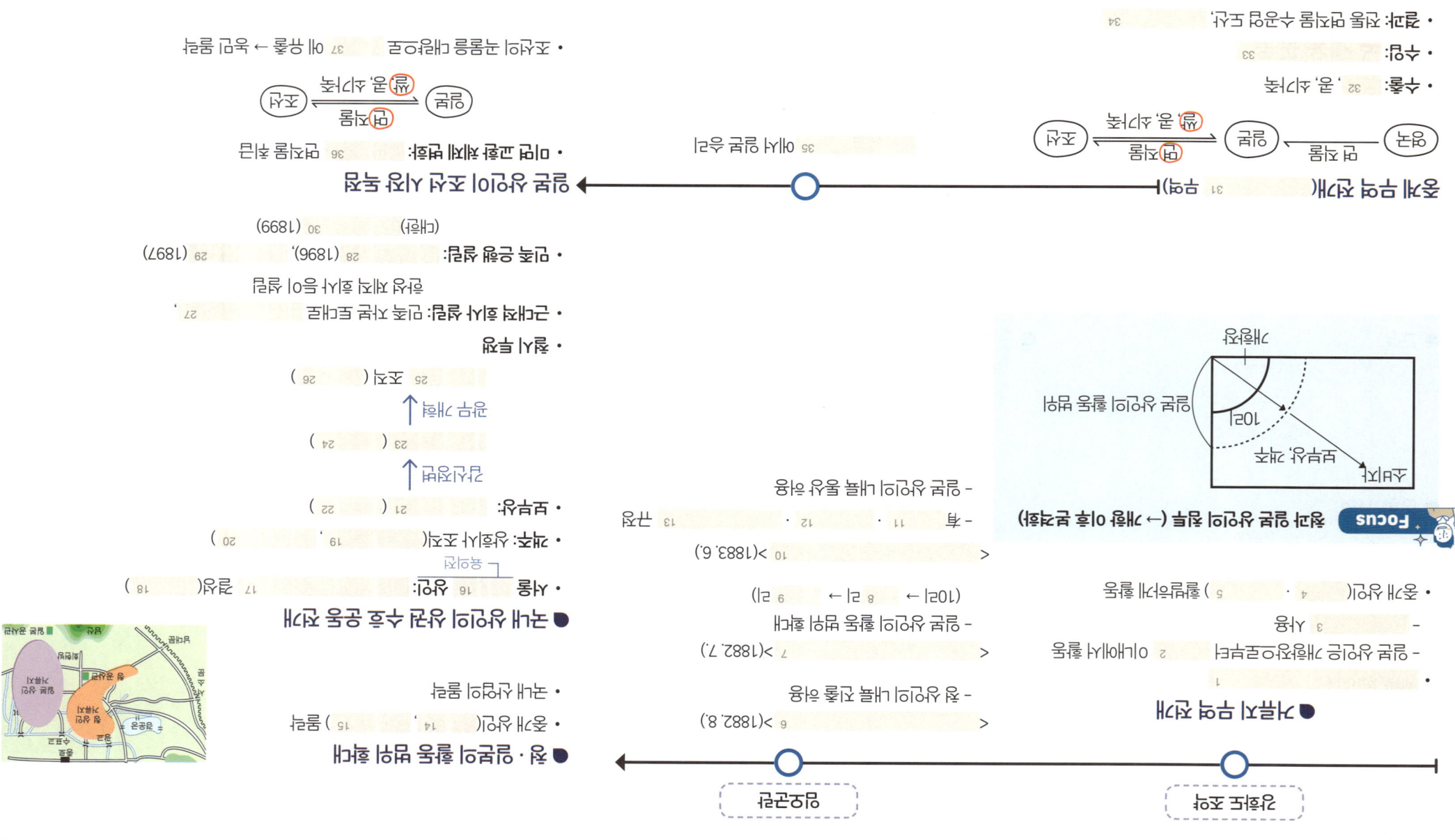

46 근대 경제史 - 열강의 경제 침탈과 경제적 구국 운동 ②

📁 열강의 이권 침탈 (아관파천 이후 본격화)

● 러시아
- ___1___, ___2___, ___3___ (1896)
- 경원·종성 광산 채굴권(1896)

● 미국
- ___4___ (평안도) 광산 채굴권(1896)
  └ 노다지의 유래
- 수도·전기·전차 부설권
- ___5___ (1896) → ___6___ 에 양도(1897)

● 프랑스
- ___7___ (1896) - 재정 부족으로 포기 → ___8___ 에 양도(1904)
- 창성(평안도) 광산 채굴권(1901)

● 일본
- ___9___ (충청도) 광산 채굴권(1900)
- ___10___ 부설권(1898)
- ___11___ 부설권(1904)

● 독일
- ___12___ (강원도) 광산 채굴권(1897)

● 영국
- ___13___ (평안도) 광산 채굴권(1900)

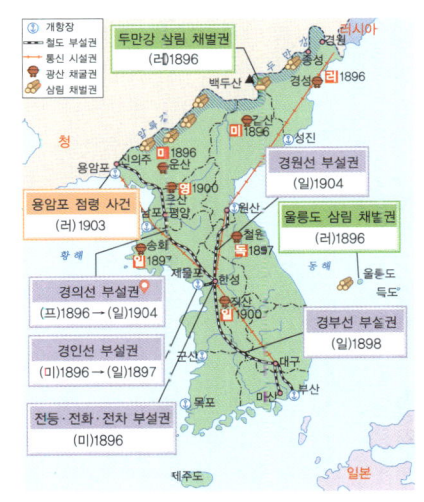

※ 철도에 집착한 일본
- ___14___ 통치 기반 목적
- 대륙 침략, ___15___ 목적
- ___16___ 목적

📁 일본의 토지 약탈 (러·일 전쟁 이후 본격화)

개항 초기 ___17___ 를 통해 불법적 토지 소유 확대
⇩
청·일 전쟁 이후 전라도 일대(___18___, ___19___, ___20___)에 대농장 경영
⇩
러·일 전쟁 이후 토지 약탈 본격화(한·일 의정서)
- ___21___ 약탈, ___22___ 약탈 ⇒ ___23___ 확보 목적
- ___24___ 요구 → ___25___ 가 저지
  └ 명목: 철도 정거장 건설 부지
- ___26___ (___27___): 일본인의 토지 소유 합법화
- ___28___ 설립(___29___)하여 토지 수탈 자행

46 근대 경제史 – 열강의 경제 침탈과 경제적 구국 운동 ③

IV. 근대

📁 일본의 금융 · 재정 장악 ⇨ 메가타의 경제 정책

⭐ _____ 1 (1905 ~ 1909)

● 배경

- _____ 2 남발로 인한 물가 상승
- _____ 3 _____ 4 → 재정 고문: _____ 5
  - ┌ 징세 기구 개편 = 정치권 장악
  - ├ _____ 6 폐지, 황실 재정 해체
  - ├ 일본 _____ 7 의 성장 ↔ 국내 민족 은행 설립
  - │   (___ 8 · ___ 9 · ___ 10 은행)
  - └ _____ 11 폐지(1904)
  -     └ 화폐 주조 담당

● 실시

- 재정 고문 _____ 12 의 주도
- 백동화를 일본 _____ 13 화폐(본위 화폐)로 교환 ⇨ 대한 제국 _____ 14 박탈
  - └ 일본 화폐 아님

- **교환 기준** – 갑종: 2전 5리 / 을종: 1전 / 병종: 교환 X → 교환 과정에서 백동화 _____ 15

● 결과

- 국내 상인 도산, 국가 재정 악화
  → 1907. 일본의 _____ 16 제공: 누적 차관 _____ 17
- 조선 민족 은행(_____ 18, _____ 19)의 몰락
  → 일본 은행에 예속화, 완벽한 금융 장악
- 어음 · 대부업의 _____ 20 로 _____ 21 발생 → 일시적 경제 공황
  - └ 유통 화폐 부족 현상
- 제일은행권의 _____ 22
- _____ 23 실시

🗣️ 사료 읽기 | 화폐 정리 사업

- 상태가 매우 양호한 갑종 백동화는 개당 2전 5리의 가격으로 새 돈과 교환하여 주고, 상태가 좋지 않은 을종 백동화는 개당 1전의 가격으로 정부에서 매수하며, …… 단, 형질이 조악하여 화폐로서 인정하기 어려운 백동화는 매수하지 않는다.
  – 탁지부령 제1호(1905. 6.)

- 아무런 예고도 해주지 않고 돌연히 이와 같은 발표를 하고 바로 실시함은 실로 배우지 못한 백성을 죽이는 것으로 어떤 근거를 찾을 수 없다. 특히 한국은 아직 문화 정도가 유치하고 민간에 배부되는 소위 관보가 겨우 30부에 불과하며 신문지와 같은 것도 3천 부 정도 발행하는 데 불과한 상황이다. 그럼에도 불구하고 발표와 동시에 시행이라니 이 조치를 무엇이라 평할 것인가?   – 경성 상업 회의소 의원이 일본 정부에 제출한 청원서

- 현재 경제가 공황을 맞아 금융이 막히고 상행위가 끊어져 최근 몇 달 내에 대상인들로 파산한 자가 수십 명이고 그 밖에 도산한 자가 나날이 늘어나 장차 무고한 인민을 멸망시킬 것이라. 그 원인을 살펴보니 …… 셋째, 소위 교환의 수납 방법이 불완전하고 우리나라 상업상 관습으로 순환 융통하는 법을 무시하여 한국 상인 손에는 금융을 불통하게 함이오, 넷째, 신 · 구화 교환의 명령이 갑자기 나와 일반 인민이 모두 모르는 상태에서 오로지 강압적 수단으로 독촉하여 수납함이라.
  – 황성신문, 1905. 11. 13.

제일 은행권
일본 제일은행이 한국의 재정을 장악할 목적으로 발행하여 유통시킨 지폐로, 1엔권, 5엔권, 10엔권 3종으로 되어 있었다.

해커스공무원학원 · 공무원인강 · 교재 Q&A gosi.Hackers.com

46 근대 경제史 - 열강의 경제 침탈과 경제적 구국 운동 ④

IV. 근대

📁 경제적 구국 운동

- ● ____1____ 시행(1889~1894, 곡물 유출 금지령)
  - 배경: 일본의 곡물 유출, 조선 내 식량 부족
  - 내용: ____2____ (____3____), ____4____ (____5____)에 방곡령 선포
  - 결과: 일본이 ____6____ 의 규정을 구실로 방곡령 철회 요구
    → 방곡령 철회 + 일본에 막대한 ____7____ 지불

- ● ____8____ 수호 운동
  - 청·일 상권 침탈 ↔ 서울 시전 상인들은 철시와 외국 상인들의 서울 퇴거 요구(1880년대)
  - + ____9____ 를 조직(1898)하여 외국인의 불법적인 내륙 상업 활동 저지 요구

- ● ____10____ 수호 운동 - ____11____ 가 전개
  - 러시아의 ____12____ (부산) 조차 요구 저지
  - ____13____ 폐쇄
  - ____14____ · ____15____ 토지 매입 저지
  - ____16____ · ____17____ 광산 채굴 요구 저지

- ● ____18____ 반대 운동 - ____19____ (1904)
  - 일본의 ____20____ 저지
  - ____21____ : 대한 제국 관리와 민간 실업인들이 황무지 개간을 위해 설립(1904)

- ● ____22____ (____23____ ★)
  - 배경: 일본의 ____24____ 로 외채 증가
  - 내용: ____25____ 에서 시작(____26____, ____27____ 주도)
    → ____28____ 에서 ____29____ 가 설립되어 전국적인 운동으로 확대(양기탁)
    → 언론 기관의 후원: ____30____, ____31____, ____32____, ____33____
    → ____34____ ____35____ 실시 + 모금 운동 전개
  - 결과: 일진회 · ____36____ 의 방해로 실패 ⇒ ____37____ 구속
    └ cf. 총독부 x

📖 사료 읽기 | 근대 경제적 구국 운동

- **황국 중앙 총상회**
  - 서울 안에 지계(地界, 廛界)를 정하여 그 구역 내에는 외국인의 상행위를 허락치 말고 그 지계 밖의 본국 각 전(廛)은 총상회에서 관할할 것
  - 농상공부에서 허가한 인지(印紙)는 총상회에서 구관(勾管: 맡아 다스림)하여 각 도, 각 군, 장시, 항구, 포구, 객주 회사에서 만물 교역할 때 무명 잡세는 일체 금단하고 규칙을 정하여 이 인지로 신행(信行)할 것

- **농광 회사 규칙**
  1. 본사는 농광 회사라 한다.
  1. 본사의 자금은 고금(지금의 출자금)으로 성립한다.
  1. 고금은 50원씩으로 하며, 5년간에 걸쳐 연 10회 5원씩 나눠 낼 수 있다.
  1. 고표(지금의 주식)는 아들·사위·동생·조카 외에 타인에게 저당 잡히거나 매도할 수 없다.
  1. 본사는 국내 진황지 개간·관개 사무와 산림천택(山林川澤), 식양채벌(殖養採伐) 등 사무 외, 금·은·동·철·석유 등 역 각종 채굴 사무에 종사할 것.

- **국채 보상 운동**
  국채 1,300만 원은 바로 우리 대한 제국의 존망과 직결되는 것이다. 이것을 갚으면 나라가 존재하고, 갚지 못하면 나라가 망할 것은 필연적 사실이나. 지금 국고는 도저히 상환할 능력이 없으며, 3천 리 강토는 내 나라, 내 민족의 소유가 못될 것이다. 그러므로 이 국채를 갚는 방법으로 2천만 인민들이 3개월 동안 흡연을 금하고, 그 다음으로는 한 사람이 매달 20전씩 거둔다면 1,300만 원을 모을 수 있을 것이다.
  — 대한매일신보(1907)

47 근대 사회의 변화

IV. 근대

해커스공무원 이중석 맵핑 한국사 필기노트 이론편 공통교양사

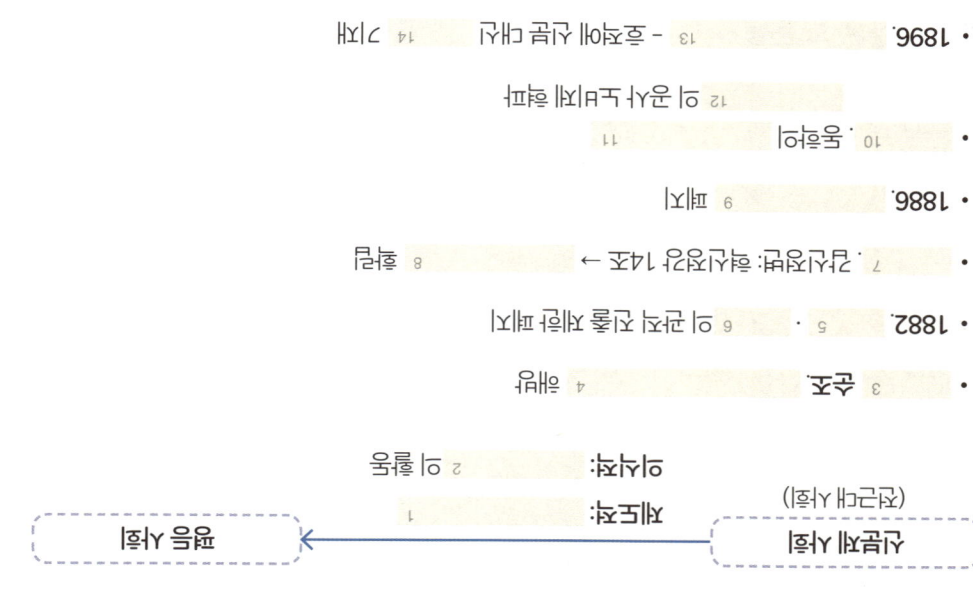

신분제 사회 → **평등 사회** (양반제 사회)

- 제도적: 1 _____
- 의식상: 2 ___ 의 활동

- 3 ___: 4 해방
- 1882. 5 ___, 6 의 과거 진출 허용 패지
- 7 _____: 향시장인 출신자 14조 → 8 혁파
- 1886. 9 패지
- 10 ___: 11 _____
- 12 인신매매 금지 공포
- 1896. 13 _____ - 호적의 신분 대신 14 기재
- 1898. 만민 공동회, 관민 공동회 → 15 _____ 의 연설

정답 1 1차 갑오개혁 2 독립 협회 3 1801 4 공노비 66,000명 5 중인 6 서얼 7 1884 8 인민 평등권 9 노비 세습제 10 1894 11 폐정 개혁안 12 갑오개혁 13 호구 조사 규칙 14 직업 15 백정 박성춘

해커스공무원학원·공무원인강·교재 Q&A gosi.Hackers.com 234

48 근대 문화史 ①

IV. 근대

📁 근대 언론(신문)

- 1 (2)⭐
  └ 갑신정변 때 박문국 폐쇄
  - 최초의 신문, 3   신문
  - 4   에서 발행, 관보적 성격
    (정부의   5   홍보)
  - 6   에 한 번씩 간행

- 7 (8)
  - 최초의   9   신문
  - 10   에서 발행, 관보적 성격
  - 최초의 11 ·   12   게재
  - 박문국 적자로 폐간

- 13 (14)⭐
  - 15 (민중 계몽, 띄어쓰기 시작)·
    16 (외국인에게 국내 사정 소개)
  - 최초의 민간 신문 (초기에 정부 지원 받음)
  - 17 ,   18   에서 발행
  - 19   해산 후 폐간

1897. 대한 제국 수립

- 매일신문(20   ~ 1899)
  - 최초의   21 ,   22   이 참여, 순한글
  - 배재학당 학생들이 펴낸   23   계승

- 24 (25)⭐
  -      26 , 보수적   27   층 대상
  - 28   이 발행
  - 29   의 '   30   ' 게재

- 31 (1898 ~ 1910)
  - 32   신문,   33 ·   34   대상
  - 35   이 발행

- 36 (37)⭐
  - 38 ·   39 ·   40   혼용체
  - 41 ·   42   이 발행
  - 강력한 항일 언론(43   에 호의적)
  -      44   후원
  - 고종의 을사늑약 무효 친서 게재
  - 45   기관지 역할
  - 총독부 기관지인 매일신보로 전락(1910)

- 46 (1906 ~   47   )
  - 48 ·   49   이 발행,
    50   기관지(국한문 혼용체)
  - 아이와 여성의 인권 신장 강조
  - 51   의 「   52   」게재(1906)
  - 이인직이 인수하여 대한신문으로 개편(친일화)
    └ (1907-1910)

- 53 (54   ~ 1910)
  - 55   주드
    프랑스 신부가 간행한 것으로 내세움
  - 56   기관지, 순한글

💡 더 알아보기 — 해외 신문
- 57   (1909):   58   에서 발행
- 59   (1908),   60   (1908):   61   에서 발행

48 근대 문화史 ②

해커스공무원 이중석 맵핑 한국사 올인원 블랭크노트

IV. 근대

📁 근대 교육 기관

1883 ─── 1885 ─── 1886 ─── 1887 ─── 1897

사립

● ____ [1] ☆
- 최초 ____ [2] 학교
- ____ [3] 부사 정현석의 건의
  +
  ____ [4] 주민이 공동 설립
- ____ [5] (50명) + ____ [6] (200명)으로 운영
- → 근대 학문과 무술 교육

● ____ [10] 학당
- ____ [11]

● ____ [12] 학당
- ____ [13]
- 최초의 여성 전문 교육 기관

● ____ [14] 학당
- 언더우드

● ____ [15]
- 앨러스

● 숭실 학교
- 베어드

선교사가 설립한 ____ [16] 계통 학교

공립

● ____ [7] (사)
- ____ [8] 가 설립 (+ 정부의 지원)
- _____ [9] → 영어와 일어 교육
  └ cf. 학교 X

● ____ [17] ☆
- 최초 ____ [18] 학교
- ____ [19] 자제 대상 → ____ [20] (左院) + ____ [21] (右院)
- 영어 중심 + 독서 · 지리 · 수학 등 근대 학문 교육
- ____ [22] · ____ [23] · 벙커 등 외국인 교사 초빙

📖 사료 읽기 | 원산 학사와 육영 공원

· **원산 학사 설립**

방금 덕원부사 정현석의 장계를 보니, '덕원부는 해안의 요충지에 위치하고 아울러 개항지입니다. …… 그래서 원산사(元山社)에 글방을 설치하여, 문사는 먼저 경의를 가르치고, 무사(武士)는 먼저 병서(兵書)를 가르친 다음, 아울러 산수(算數) · 격치(格致)와 각종 기기(機器) · 농잠(農蠶) · 광산 채굴 등을 가르치고, ……' – 『고종실록』

· **육영 공원**

– 문 · 무관, 유생 중에 어리고 총명한 자 40명을 뽑아 입학시키고 벙커와 길모어 등을 교사로 초빙하여 서양 문자를 가르쳤다. 문관으로는 김승규와 신대균 등 여러 명이 있고, 유사로는 이만재와 서상훈 등 여러 명이 있었다. 사색 당파를 골고루 배정하여 당대 명문 집안에서 선발하였다. – 『매천야록』

– 육영 공원에서 학습하는 전공 분야는 언어 · 문자뿐만 아니라 농상 · 의학 · 공기 · 상무 · 이용 · 후생 등 여러 기술 분야를 설치하여 제각기 체계를 갖추도록 하였다. – 『육영공원등록』

정답 | 1 원산 학사 2 사립 3 덕원 4 향리 5 문예반 6 무예반 7 동문학 8 정부 9 통리기무아문 10 배재 11 아펜젤러 12 이화 13 스크랜튼 14 경신 15 정신 여학교 16 개신교 17 육영 공원 18 관립 19 양반 자제 20 좌원 21 우원 22 길모어 23 헐버트

48 근대 문화史 ③

IV. 근대

근대 교육 기관

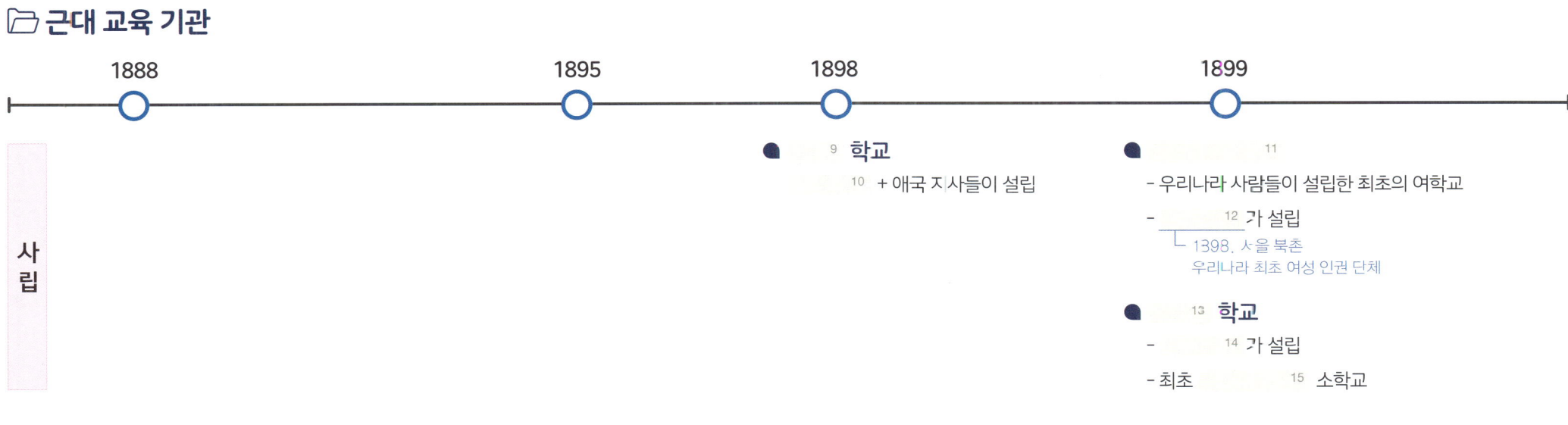

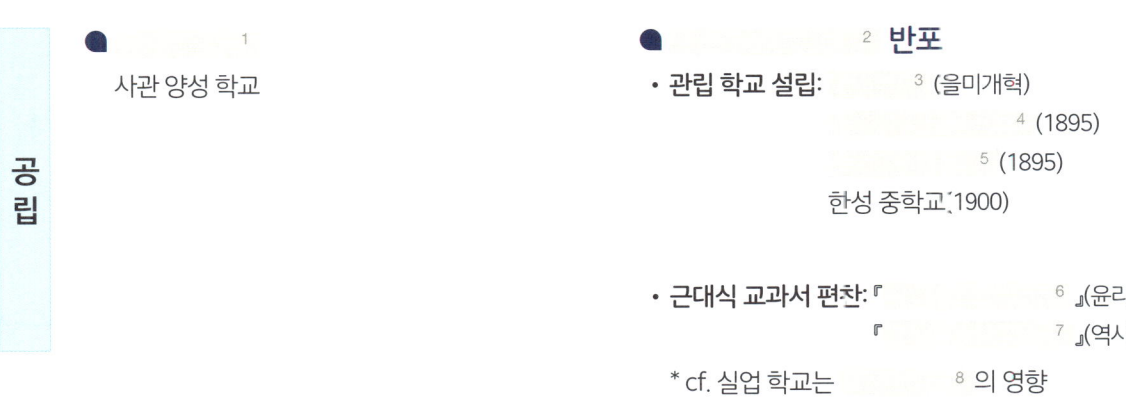

사료 읽기 | 찬양회와 여권 통문

첫째, 여성은 장애인이 아닌, 남성과 평등한 권리를 갖는 온전한 인간이어야 한다. 여성은 먼저 의식의 장애로부터 해방되어야 한다.

둘째, 여성도 남성이 벌어다 주는 것에만 의지하여 사는 경제적으로 무능력한 장애에서 벗어나 경제적 능력을 가져야만 평등한 인간 권리를 누릴 수 있다.

셋째, 여성 의식을 깨우치고 사회 진출 능력을 갖기 위해서는 무엇보다 여성들이 남성과 동등한 교육을 받아야 한다.

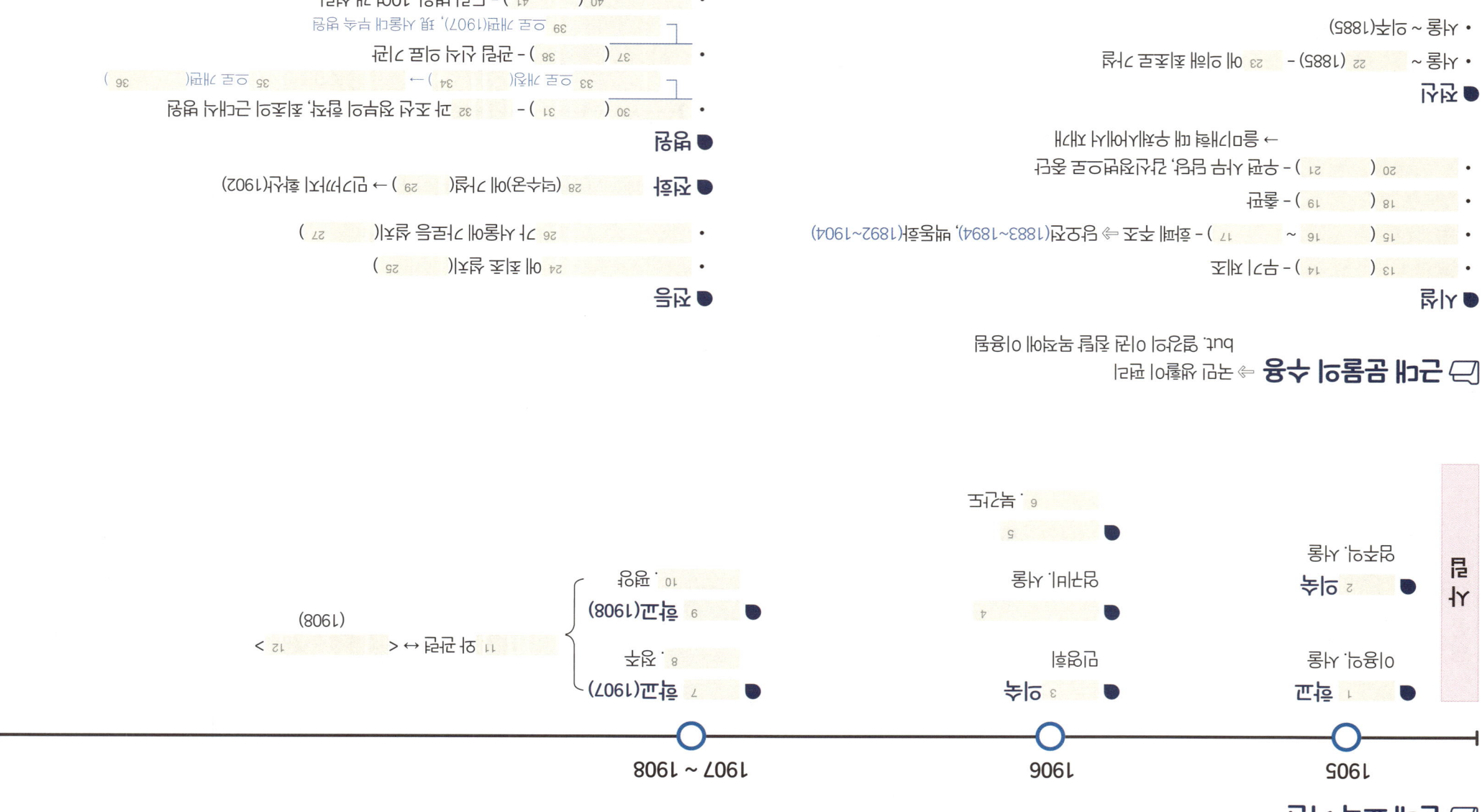

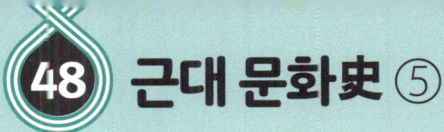

48 근대 文化史 ⑤

IV. 근대

📁 근대 문물의 수용

● 철도

- 1(2) - 3 에 의해 최초 착공 ⇒ 일본이 완성
- 4(5) - 6 중 일본이 부설(군사적 목적)
- 7(8) - 9 가 부설권 획득 포기
  ⇒ 대한 철도 회사 등이 부설 시도 실패
  ⇒ 러·일 전쟁 중 일본이 부설
- 10(11) - 일본이 부설

● 전차

- 12 ~ 13(14) - 15 (1898)가 설립
  └ 황실과 미국 16 의 합작

● 건물

- 약현 성당(1892), 정동 교회(1897)
- 17(18) - 프랑스의 개선문 모방
- 19(20) - 중세 21 양식
- 덕수궁 22(23) - 러시아 사바틴 설계 → 을사늑약 체결 장소
- 24(25) - 최초의 근대식 호텔, 26 모임 장소
  └ 1894, 미국인
    +
    우리나라 지식인
    (윤치호, 이상재)
- 27(28) - 이인직, 최초의 서양식 극장, 신극 공연
- 덕수궁 29(30) - 31 건물
  영국 하딩·로벨이 설계

약현 성당

독립문

명동 성당

덕수궁 중명전

덕수궁 석조전

48 근대 문화史 ⑥

IV. 근대

📁 국학 연구 – 국사

● 근대 계몽 사학 연구

- 위인 전기문 발간 ┌「　　1　　」·「을지문덕전」 – 　2
　　　　　　　　　└「　　3　　」·「동명성왕실기」 – 　4

　→ 민족 의식 고취 목적(애국심 함양)
- 외국 흥망사 소개: 「　　5　　」, 「　　6　　」 → 교훈 목적

● 대표 인물

```
         국사 연구
     신채호    박은식
```

- 　12　 활동 (1910. 10.)
- 　13　 · 　14　 중심으로 설립
- 　15　 을 정리하여 간행
　　└「춘향전」, 「심청전」, 「동국통감」 등

- 역사 서술의 주체를 　7　 으로 설정
- 위인 전기문 · 외국 흥망사 저술
- 　8　 역사학이 나아가야 할 연구 방향성 제시
- 「　　9　　」 저술(　10　): 　11　 에 연재, 왕조 중심의 전통 사관 극복, 일제의 식민주의 사학에 대응

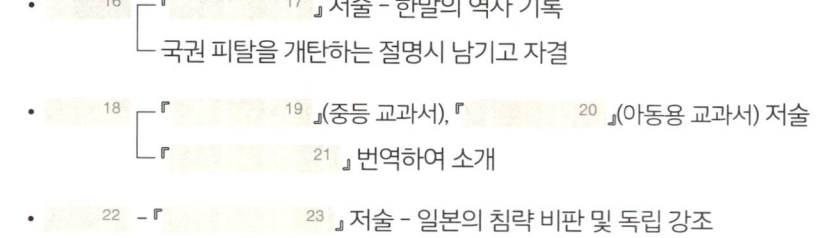

- 　16　 ┌「　　17　　」 저술 – 한말의 역사 기록
　　　　 └ 국권 피탈을 개탄하는 절명시 남기고 자결
- 　18　 ┌「　　19　　」(중등 교과서), 「　　20　　」(아동용 교과서) 저술
　　　　 └「　　21　　」 번역하여 소개
- 　22　 – 「　　23　　」 저술 – 일본의 침략 비판 및 독립 강조

사료 읽기 | 신채호의 「독사신론」

국가의 역사는 민족의 소장 성쇠의 상태를 서술할지라. 민족을 빼면 역사가 없을지며 역사를 빼어버리면 민족의 그 국가에 대한 관념이 크지 않을지니 오호라. 역사가의 책임이 그 역시 무거울진저 …… 내가 현금 각 학교의 교과용 역사를 보건대 가치있는 역사가 거의 없도다. 제1장을 보면 우리 민족이 지나족(중국족)의 일부인 듯하며, 제2장을 보면 우리 민족이 선비족의 일부인 듯하며, ……

48 근대 문화史 ⑦

📁 국학 연구 - 국어

- __1__ 보급
  - __2__ 의 『__3__』 - 최초로 국한문 혼용체 사용 (__4__)
  - 국한문 교과서, __5__ 등

- 순한글 신문 발간: __6__, __7__, __8__
  - 국문동식회(1896): 주시경, 독립신문에서 한글 연구, 최초의 띄어쓰기

- 국문연구소 설립(1907) - __9__ · __10__ 중심
  - 「__11__」 제출
    - 국어 맞춤법 제정 목적으로 제출한 연구 보고서
  - 문법서 편찬 ─ __12__ 『__13__』
                └ 유길준 『__14__』(『__15__』)
  - 이후, __16__ (__17__) → __18__ (__19__)로 개편

📁 문예 활동

● 문학

- 소설
  - 고전 소설
    - __20__: __21__ 의 「혈의 누」(1906) · 「은세계」(1908)
             __22__ 의 「__23__」(1908)
             __24__ 의 「__25__」(1910)
  - 현대 소설

- 시
  - 고전 시가
    - __26__: __27__ 의 '__28__'
             └ 잡지 『소년』 창간호에 게재(1908)
  - 현대 시

- 외국 문학 번역
  - 「__29__」, 「__30__」, 「이솝이야기」,
    「__31__」, 「__32__」

● 연극

- 신극: 최초의 서양식 극장인 __33__ (__34__) 설립
  - __35__ · __36__ (__37__) 친일적 성향의 작품 공연
- 판소리 · 민속 가면극: 서민들 사이에서 유행, __38__ 공연(창극) 유행

● 음악

- 서양 음악의 도입: __39__ 도입
- __40__ 유행 - 외국 곡에 우리말 가사를 붙여 부른 노래, 독립 의식 · 민족 의식 높이는 데 이바지
  - 「__41__」, 「__42__」, 「__43__」, 「__44__」 등이 유형

● 미술

- 서양 화풍 도입: 서양식 __45__ 가 그려지기 시작, 한국화 발전에 기여
  → 일제 강점기에 __46__ · __47__ 등으로 계승
- 한국화 전승 · 발전: __48__ 등이 유경, 문인 화가들이 전통 회화 발전
- __49__: __50__ 이 일본의 침략과 친일 매국노 풍자 · 비판

48 근대 문물의 수용 ⑧

IV. 근대

📖 교육 활동

● 정부 주도
- (　1　) 설립일 근대 교과의 자주적 수용
- 교육입국 조서 반포 · 근대적 학제
- 한성사범학교 설립 (　3　) · (　4　)
- 한성중학교 (1895)
- 외국어학교 · (　7　) - 일본어 대학에 설립
- 소학교 (1895)
- (　9　) - 일본어 대학에 설립

● 개신교
- 미션 스쿨 · 9 등 등 운동
- 근대 교육과 근대 학문의 발전에 기여

● 천도교
- 손병희 3대 교주 · 10 가 경영 후 보성학교 개편(1905)
- (　11　) 가 경영 후 보성학교 개편 (1905)
- 12 · 발행
- 14 발간소 (　15　)

● 대종교
- 16 · 17 가 18 중시 (1909) → 19
- → 20 을 개칭, 21 단군 신앙심을 고취기로 함
- · 국권 피탈 후 해외 독립운동 기지로 삼계

● 유교
- 22 의 · 23 「24 동서 사상계 피격, 25 강조
- 26 기관으로 · 27 설립
- · 유교구신론 발행 등

● 불교
- · 28 외 「 29 」- 친일 불교에 대한 저항
- 불교의 혁신과 자주성 회복 주장

정답 1 조·프 수호 통상 조약 2 1886 3 경향신문 4 1906 5 육영 학교 6 의민단 7 1919 8 한글 보급 9 평등 사상 10 손병희 11 시천교 12 보성 학교 13 동덕 여학교 14 만세보 15 1906 16 나철 17 오기호 18 단군교 19 5적 암살단 20 대종교 21 1910 22 박은식 23 유교구신론 24 양명학 25 실천성 26 대동 사상 27 대동교 28 한용운 29 조선불교유신론

49. 일제 강점기 시기별 통치 방식의 변화 ①

V. 일제 강점기

일제 통치 방식의 변화

```
1910          1919              1931           1945
국권 피탈      3·1 운동           만주 사변        광복
  제국주의 시대        "민족 자결주의"        일본은 전쟁 중
```

"깡패(데라우치)" 무단 통치
⇒ 1 ___ 통치(군인 경찰)
- 독립운동가 색출·처단 + 징세~보건·위생 관리
  + 모든 행정 분야에 막강한 권한 행사
- 2 ___ (즉결 처분권)(1910)
- 3 ___ (1912), 4 ___ (1912) 제정
  └ 조선인에게만 적용
- 5 ___ 설치
  - 일본 의회의 간섭·승인을 받지 않는 일왕 직속 기구
  - 구성 - 총독: 6 ___ 총독 (일본 현역 대장) 임명
    ┌ 정무총감: 행정 담당
    └ 경무총감: 7 ___ 담당 → 헌병 사령관
- 8 ___ 설치
  - 총독부의 자문 기구, 명목상 9 ___ 임명
    (10 ___ 목적)
  - 의장: 정무총감(일본인) + 고문과 참의(친일파)로 구성
  - 형식적 기구 ⇒ 3·1 운동 전까지 한 번도 소집되지 않음
- 기본권 박탈   11 ___ (친일 단체)도 해산
  - 언론·출판·집회·결사의 자유 박탈
  - 공포감 조성: 교사(관공서 직원들까지)가 12 ___ 착용
- 민족 독립운동 탄압
  - 13 ___ ⇒ 14 ___ 해체(1911)
  - 15 ___ 사업 실시 → 토지 약탈 목적

"사기꾼(사이토)" 문화 통치
⇒ 16 ___ 통치(친일파 양성)

방침	실상
17 ___ 임명 규정	해방까지 한 명도 임명된 적 X
헌병 경찰 제도 폐지 → 18 ___ 제도 실시	인원 X 3 + 19 ___ 제 실시
언론·출판·집회·결사의 자유 허용	조선·동아일보 간행 허용(1920) but 검열, 삭제, 정간, 폐간 자행
지방 자치제 실시 ┌ 지방 행정에 조선인 참여 20 ___ └ 21 ___ 설치	선거권 제한 → 22 ___ 및 상층 자산가만 참여
교육 기회 확대	- 초등 교육과 기술 교육 위주 - 23 ___ 설립 → 친일파 양성

- 24 ___ 제정(1925): 사회주의자·독립운동가를 탄압하려는 수단
- ┌ 1920~1934
  └ 25 ___ 실시 → 미곡 약탈 목적

[더 알아보기] 우리나라 역대 중추원의 기능
- 고려 - 추밀(군사 기밀), 승선(왕명 출납)
- 근대 - 독립 협회의 관민 공동회 당시 중추원 관제
  (관선 25명 + 민선 25명)
- 일제 강점기 - 총독부 자문 기구

"미친 군인(미나미)" 민족 말살 통치
- 26 ___ 정책 ⇐ 만주사변(1931)
  (전시 체제 돌입)   중·일 전쟁(1937)
                    태평양 전쟁(1941)
- 27 ___ 정책
  - 일본 동화 정책 실시
    → 조선인을 전쟁에 동원하기 위해 조선과 일본이 같은 민족임을 선전
  - 28 ___ 강조(일선 동조론)
  - 29 ___ · 궁성 요배 강요
  - 30 ___ 암송 강요(1937)
  - 31 ___ 강요(1939, 32 ___ 개정)
  - 조선어·조선사 교육 금지(33 ___)
- 국가 34 ___ 제정(1938)
  - 인적·물적 자원 수탈
  - 강제 징용 징병, 정신대, 공출제, 국방 헌금
- 35 ___ (1940. 10.)
  국민 총력 조선 연맹 조직, 황국 신민 정신의 고양, 징병 독려
- 민족 독립운동 탄압
  - 조선 사상범 36 ___ 제정(1936): 독립운동가에 대한 감시 강화
  - 조선 사상범 37 ___ 제정(1941): 독립운동가는 언제든지 사상범으로 구금 가능
- 조선·동아일보 등의 한글 신문 폐간(1940)
- 집회·결사 → 허가제
- 소학교를 ┌ 황국 신민 학교
            38 ___ 로 개칭(1941, 국민학교령)

필수 해커 자료

V. 일제 강점기

조선 총독부 관제

제1조 조선총독부에 조선 총독을 두고, 총독은 조선을 관할한다.

제2조 총독은 친임(親任)하고 육해군 대장으로 충원한다.

제3조 총독은 천황에 직속되어 위임의 범위 내에서 육해군을 통솔하고 조선 방비의 일을 관장한다.

제4조 총독은 제반 정무를 통할하고 내각총리대신을 거쳐 상주(上奏)하여 재가를 받는다.

— 1910년 처음 제1354호

조선헌병 경찰 관리(1912)

1. 다음의 각호에 해당하는 자는 구류 또는 과료에 처한다.
2. 경찰범 처벌 규정 제1조 이외의 자로서 태형에 처할 자(별항)
3. 이유 없이 면사무소 또는 면장 등 관리의 가택에 다니는 자
14. 신청하지 않은 신문, 잡지, 기타의 출판물을 배부하고 그 대금을 요구하거나 억지로 그 구독 신청을 요구하는 자
19. 함부로 대중을 모아서 관공서에 청원 또는 진정을 남용하는 자
20. 불온한 연설을 하거나 또는 불온 문서 · 도서 · 시가를 게시, 반포, 낭독하거나 큰소리로 읊는 자

조선 태형령(1912)

제1조 3개월 이하의 징역 또는 구류에 처하여야 할 자는 그 정상에 따라 태형에 처할 수 있다.
제13조 본령은 조선인에 한하여 적용한다.
제14조 태형은 태로써 볼기를 치되 30을 넘지 않는 한 1일에 끝내지 않고 이를 나누어 집행한다.

문화 통치의 실시

1. 치안, 언론, 집회, 출판, 교육에 관한 시설을 개선하여 조선인을 잘 유도하여 각자 생업에 안주하고 제국 신민으로서 낙오가 없게 하고
.....
3. 친일 인물을 귀족에 편입시킬 만한 인물로 골라 형식적 단체를 만들어 그들에게 친일적 운동을 하게 할 것
4. 친일적 민간 유지에게 편의와 원조를 제공하고 수재 교육이라는 이름 아래 많은 친일 지식인을 긴 안목으로 키운다.
5. 조선인 부호에 대해 '일본인 입자' 방침, '자본의 속박'으로 예속시키고 ......

— 사이토 총독, '조선 민족 운동에 대한 대책'(1920)

민족 유일당 선언서

■ 조선 민흥회 선언문
조선 민족의 공동 권익을 쟁취하고, 조선민 전체의 역량을 공고히 단결하여 발전 향상시키기 위한 민족적 중앙기관의 성립을 기한다.

6·10 만세 운동 격문

1. 우리들은 정치적 경제적 독립을 도모한다.
2. 우리들은 일본 제국주의의 압박에 맞서 싸운다.
3. 우리들은 군사적 훈련을 절대 반대하며 조선인 교육을 조선인 본위로 할 것을 주장한다.

신간회 강령

■ 신간회 강령
• 조선 사람은 정치적, 경제적으로 각성한다.
• 조선 사람은 단결을 공고히 한다.
• 조선 사람은 기회주의자를 일체 부인한다.

정미의병

내가 의병을 일으킨 중심적 이유는 다만 사람들의 애국심에 호소하여 이를 증강함으로써 독립을 쟁취하는 데 있다.
.... 너희도 강도 같은 자들이 마침내 먼 훗날에 반드시 처절히 응징될 것이다.

— 신돌석

1940년대 독립 전쟁

조선의 혁명 운동은 오늘까지 줄기차게 투쟁하여 왔고
....
그 가운데서 많은 영웅과 용사들이 쓰러지고 또 새로운 영웅과 수많은 아들딸이 이어서 투쟁하고 있다.
— 신채호 담화

49 일제 강점기 시기별 통치 방식의 변화 ②

V. 일제 강점기

📁 일제의 경제 수탈

```
1910 ─── (1912~1918) ─── 1919 ─── 14 (1920~1934) ─── 1931 ─── 1937 ─ 1941 ─── 30 (1930년대~) ─── 1945
국권 피탈          1              3·1 운동                    만주 사변   중·일 전쟁  태평양 전쟁                           광복
```

- **명분**
  - 전근대적인 왕토 사상 혁파, 지세의 공정성 확보
  - 근대적인 ____2____ 확립
- **실상**
  - 안정적인 지세 확보, 토지 약탈, 지주층 회유 목적
- **방법**
  - ____ 설치(____3____ (____4____)┐1914
  - 토지 조사령 공포(____5____)(c² 지세령, 임야 조사령)┘1918
  - _____ 6 (but 짧은 기간, 복잡한 절차)
    └─ 7 채택
- **결과**
  - ┌ 미신고 토지, 동중·문중의 토지·역둔토·공공 기관 소유지
  │ 모두 조선 총독부에 귀속시킴 ⇒ 전 국토의 40% 약탈
  │ ⇒ ____8____ (____9____)에 위탁·관리
  │ ⇒ 일본 이주민에게 싼값에 불하(→ 조선 소작농이 경작)
  ├ 지주의 권한 강화 → 법적 소유권 인정
  │   └ 토지 = 재산
  │ ⇒ 일제는 지주들을 식민 통치의 동반자로 포섭
  │   → 지주의 친일화   ┌ 일부 소유권
  ├ 농민의 관습적 ____10____ · ____11____ ____12____ 인정 X
  │   └ 마을 공유지의 공동 이용권
  ├ ⇒ 기한부 계약직 소작농으로 전락(마름의 횡포 증가)
  │   └ 3·7제 소작료
  ├ ⇒ 지주·전호제 확산, 농민 경제 파탄, ____13____ 확립
  └ 총독부의 지세 수입 증가

- **배경**
  - 1차 세계 대전 종전 이후 일본 경제의 호황
    - ⇒ 일본의 급속한 공업화 ⇒ 이촌향도 현상 심화
    - ⇒ 일본 ____15____ 하락 → 쌀값 폭등
- **목적** ____13____ 의 쌀값 안정화 위해 조선의 쌀 수입
- **방법** ┌ 토지 개량: 화학 비료 사용, 종자 개량 → 쌀 생산량 증대
         └ 수리 시설 개선: ____17____ 설립(지역별로)
                         → 농민들이 가입해 돈 납부

(그래프)
- 18 목표량 달성 X / 19 목표량 달성 O
- ⇒ 조선 내 ____20____ 폭등
- ⇒ 1인당 쌀 소비량 감소, ____21____ 로부터 ____22____ 수입 증가

- **결과**
  ┌ ____23____ 과다 징수(____24____ 에게 비용 부담 전가)
  ├ ____25____ : 쌀 중심의 단작형 농업 구조 형성
  │ (영농의 다각화 X) ⇒ 만성적인 ____26____ 초래
  └ 식민지 지주제 강화, 소작 쟁의 빈발, 농민의 해외 이주 증가

- **회유책**
  - ____27____ (1932)
  - 내용: 조선 ____28____ (1932), 조선 ____29____ (1934)
  - 결과: 농민들의 통제 강화를 위한 미봉책

1930년대 초 병참 기지화 정책
- ____31____ 정책: 조선을 군수 물자 생산 기지화
  └ 일본보다 우리나라에서 물자를 만들어 나가는 것이 효율적이기 때문
- ____32____ 정책(공업 원료 증산 정책) 실시(1934)
  ┌ 남부 - ____33____ 재배   ┌ 산미 증식 계획
  └ 북부 - ____34____ 사육, 이후 중화학 공업 추가 육성 └ 중단
  ⇒ (남) 면, (국) 중화학

1930s 전시 동원 체제
- 중일 전쟁 발발 ⇒ 전시 체제 강화 ⇒ ____35____ (1938)
- 인적 자원 수탈 징병
  ┌ 징병: ____36____ (1938) → ____37____ (1943)
  │   → ____38____ (1944)
  └ 징용: ____39____ (1939), 국민 근로 보국령(1941),
          ____40____ (1944)

1938 국가 총동원법 제정
- 물적 자원 수탈 " ____41____ " ⇒ " ____42____ "
  ┌ 산미 증식 계획 재개(1940)
  └ 쇠붙이·금붙이 ____43____ (놋그릇, 농기구), 식량 공출제,
                                   └ 조선 식량 관리령(1943)
    식량 배급제 시행
- 군수 물자 동원 체제
  ┌ 국민(정신) 총동원 조선 연맹(1938)
  └ 국민(총력) 조선 연맹(1940)
    → 산하 ____44____ 결성 → 10호 단위, 해방 이후 '반상회'
           └ 1938

49 일제 강점기 시기별 통치 방식 및 탄압의 변화 ③

V. 일제 강점기

📖 일제의 사실 정리

```
1910 ─────── 1919 ─────── 1920년대 ─────── 1931 ─────── 1930년대 이후 ─────── 1945
국권 피탈      3·1 운동                      만주 사변                        광복
1910년대                   1920년대                      1930년대 이후
```

- 1 회사령(1910)
- 2 토지 조사 사업:
  - 목적: 조선인의 토지 약탈 목적
  - 이 ─ 기한부 신고주의
- 3 ─ 토지를 빼앗아 동양 척식 주식회사 및 일본인에게 싼값으로 불하
- 4 삼림, 어장, 광산 등 자원 약탈
- 5 (1911), 6 (1911), 7 (1915), 8 (1918)

- 9 (10): 일본 기업의 한국 진출 용이
- 11 산미 증식 계획 (일본 기업의 쌀 부족 해결 목적)
- 12 : 일본인 기업가의 침투
- 13
- 14 15
- 16 국산품 애용 운동
- 17 (1928): 일본인 자본가의 조선 진출 용이 물품 운임을 일본에 유리하게 적용

- 병참 기지화 정책 이후 각종 물자 공출
- 18 강화
- 인적 수탈
  - 19 지원병제(1943) → 20 지원병제
  - 21 → 육군 특별 지원령(1941)
  - → 여자 정신대 근무령(22)
- 물적 수탈: 공출, 배급 등
- 노기 조정령(1938. 4.)

🏷️ 자료 읽기 | 일제의 경제 정책

토지 조사령(1912)
- 제1조 토지의 조사 및 측량은 본령에 의한다.
- 제4조 토지 소유자는 조선 총독이 정하는 기간 내에 주소, 성명 또는 명칭(名稱), 사유(四六), 토지의 소재, 지목(地目), 자(字), 지번(地番), 지목(地目), 사표(四標), 등급, 지적, 결수를 임시 토지 조사 국장에게 신고하여야 한다. …… 국유지는 보관 관청에서 임시 토지 조사 국장에게 통지하여야 한다.

회사령(1910)
- 제1조 회사의 설립은 조선 총독의 허가를 받아야 한다.
- 제2조 조선 외에 있어서 설립한 회사가 조선에 본점 또는 지점을 설치하고자 할 때에는 조선 총독의 허가를 받아야 한다.
- 제5조 회사가 본령 혹은 본령에 의거하여 발하는 명령이나 허가의 조건에 위반하거나 또는 공공의 질서, 선량한 풍속에 반하는 행위를 할 때 조선 총독은 사업의 정지, 지점의 폐쇄 또는 회사의 해산을 명할 수 있다.

국가 총동원법(1938. 4.)
- 제1조 국가 총동원이란 전시에 국방 목적을 달성하기 위해 국가의 전력을 가장 유효하게 발휘하도록 인적 및 물적 자원을 운용하는 것을 말한다.
- 제4조 정부는 전시에 국가 총동원상 필요할 때는 칙령이 정하는 바에 따라 제국 신민을 징용하여 총동원 업무에 종사하게 할 수 있다. ……
- 제8조 정부는 전시에 국가 총동원상 필요할 때는 칙령이 정하는 바에 따라 물자의 생산·수리·배급·양도·기타의 처분, 사용, 소비, 소지 및 이동에 관하여 필요한 명령을 내릴 수 있다.

정답 1 회사령 2 허가제 3 총독부 4 민족 자본의 성장 5 산림령 6 어업령 7 조선 광업령 8 임야 조사령 9 회사령 철폐 10 1920 11 신고제 12 경성 방직 주식회사 13 평양 메리야스·고무신 공장 14 관세 철폐 15 1923 16 물산 장려 운동 17 신은행령 18 공출 19 1938 20 1944 21 1939 22 1944

해커스공무원학원·공무원인강·교재 Q&A gosi.Hackers.com 246

50. 1910년대 민족 독립운동 ①

V. 일제 강점기

📁 1910년대 국내 민족 운동

● 독립 의군부(1912)

- 조직: ¹ 이 ² 의 밀명을 받아 유림 세력을 규합하여 조직
- 성향: ³ (왕정 복고 → 고종 복위 주장),
  └ 국민들의 바람이 녹아든 단체
  ⁴ 계승
- 활동: ⁵ 작성 ⇒ 총독부에 보내려다 발각
  ⇒ 해체

● 대한 광복회(1915)

- 조직: ⁶ – 1913. 경북 풍기 채기중 의병 조직
  +
  ⁷ 일부 – 1915. 윤상태, 이시영, 서상일 등 ⁸ 인사들이 경북 지역에서 시회로 가장하여 조직
  └ 詩會
  ⇩
  군대식 조직: ⁹ (총사령관), ¹⁰ (부사령관)

- 활동: - 공화정체 주장
  - 행형부 설치 친일파 처단
  - 군자금 모금 ─────────→ 국외 독립 운동 기지 건설
    ¹¹ 모금   북간도   ¹⁴ (1911) (cf. 대한 광복회로부터 군자금 지원)
    ¹² 습격   ¹⁵ 탄생
    ¹³ 습격   ¹⁶ 건설

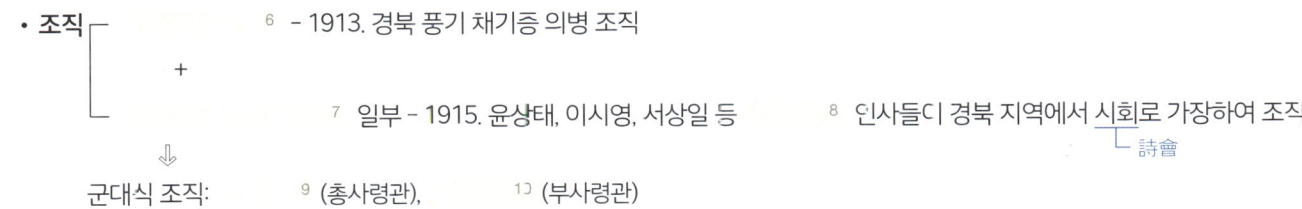

● 기타 국내 단체

- ¹⁷ (1913): ¹⁸ 교사와 학생으로 구성
- 기성단(1914): 평양 대성 학교 출신 학생
- 선명단(1915)
- 자립단(1915)
- 조선 산직 장려계(1915)
- ¹⁹ (1915): ²⁰ (미주)의 국내 지부

📖 사료 읽기 | 1910년대 국내 비밀 결사

- **독립 의군부의 국권 반환 요구서**
  제가 생각건대 모든 폐해는 모두 한국을 병합하였기 때문입니다. …… 만약 한국을 돌려주고 정족지세로 서서히 천하에 다의를 펴고 동아의 백성들을 보전하면 일본의 광명이 클 것입니다.
  – 임병찬이 총독 데라우치에게 보내는 글

- **대한 광복회 실천 강령**
  1. 부호의 의연금 및 일인이 불법 징수하는 세금을 압수하여 무장을 준비한다.
  2. 남북 만주에 군관 학교를 세워 독립 전사를 양성한다.
  3. 종래의 의병 및 해산 군인과 만주 이주민을 소집하여 훈련한다.
  4. 중국 · 러시아 등 여러 나라에 의뢰하여 무기를 구입한다.
  ……
  6. 일본인 고관 및 한국인 반역자를 수시 수처에서 처단하는 행형부를 둔다.
  7. 무력이 완비되는 대로 일본인 섬멸전을 단행하여 최후 목적의 달성을 기한다.

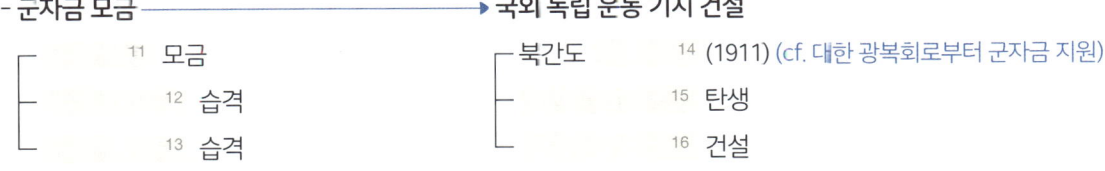

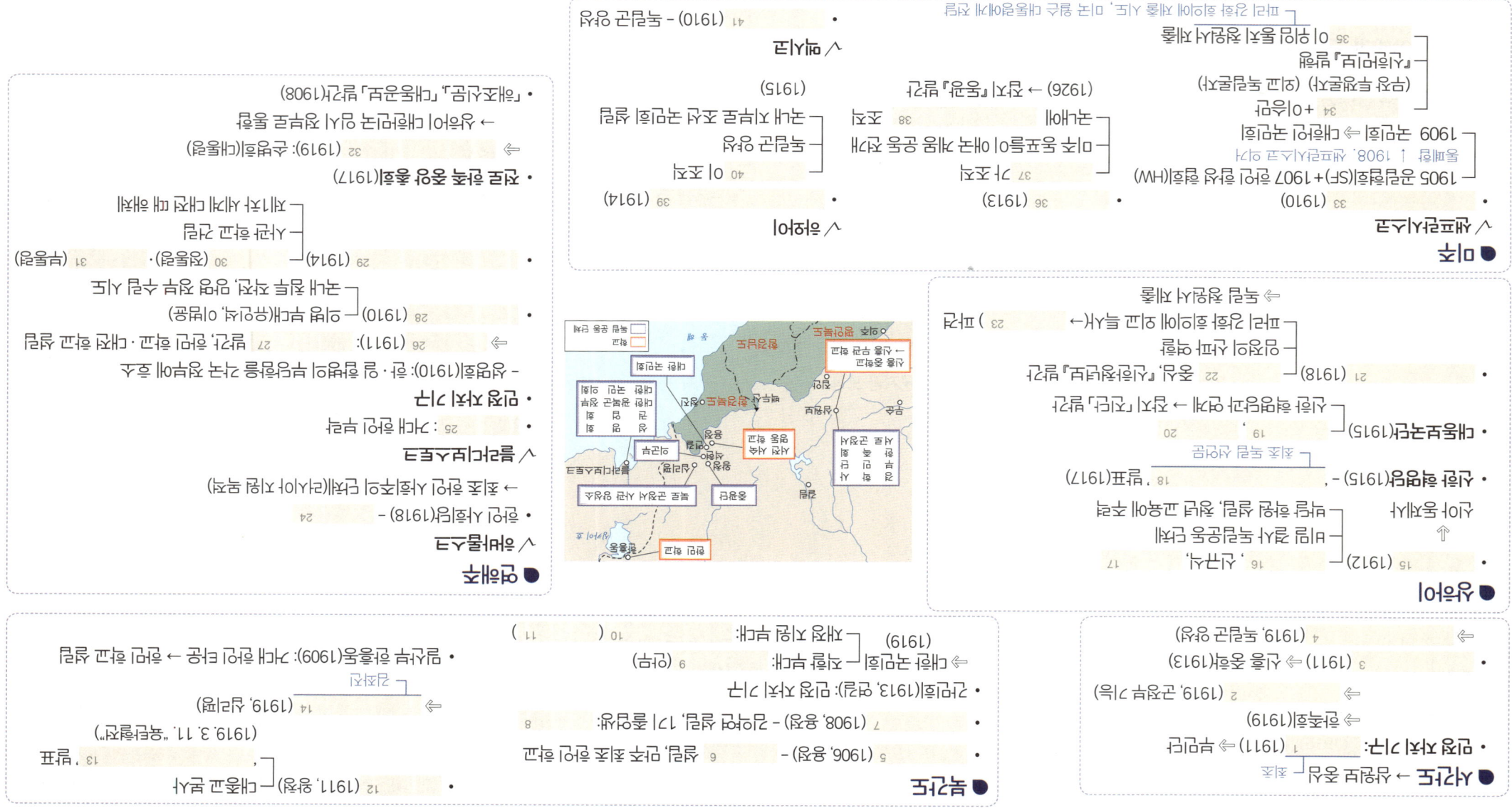

51. 3·1 운동과 대한민국 임시 정부 ①

V. 일제 강점기

📁 3·1 운동(1919)

● 배경

✓ 국외
- 1917. 러시아 혁명 → ____1____ 의 약소 민족 해방 운동 지원 선언
- 윌슨이 파리 강화 회의에서 '_____2_____' 주창(1918)
  └ 패전국에만 해당
- ____3____ 이 ____4____ 을 파리 강화 회의에 대표로 파견 → ____5____ 제출(실패)

- 독립 선언 활발
  ┌ ____6____ (1917, 상하이): ____7____
  └ ____8____ (1919, 도쿄) ─ ____9____ 집필, ____10____ 조직
                              (일본 거주 ____11____ 들이 중심)
     └ 선언서와 결의문 발표
     ⇒ ____12____ 의 도화선으로 작용

✓ 국내
- ____13____ ⇒ ____14____ 독살설 유포 ⇒ 국민들의 분노 증대, 무단 통치에 대한 반발 증대
- ____15____ 결성 + 학생 단체 대표 ⇒ 3·1 운동 계획
  └ 종교 단체 대표 ┬ 기독교(____16____)
                   ├ 불교(____17____)
                   └ 천도교(____18____)

● 전개

- ____19____ 작성(____20____) + 공약 3장 ⇒ 전국 각지로 배부
- ____21____ 을 기점으로 3·1 운동 발발
  - 민족 대표 33인 중 29명, ____22____ 에서 독립 선언서 낭독 ⇒ 만세 부르고 자진 체포
  - 학생·시민들, ____23____ 에서 독립 선언서 낭독 ⇒ 만세 시위 전개

[1단계] 민족 다표자·학생 중심의 ____24____ 만세 시위
[2단계] 학생 중심, 지방 도시로 확산(노동자들의 호응)
                                            ┌ 토지 조사 사업의 영향
[3단계] 농민 참여, 농촌 각지로 확산, ____25____ 으로 변모 + 국외로 확산
        → 해외 ____26____ in. 필라델피아

- 일제의 탄압 ─ ____27____ 사건
              └ ____28____ 열사 순국
              ⇒ 일본에 대한 세계 여론의 악화

● 결과

- 일제 통치 방식의 변화(무단 통치 ⇒ ____29____)
- 대한민국 임시 정부 수립 계기(上海 임시 정부로 통합, 1919. 9.)
- 만주 ____30____ 활성화 ⇒ ____31____ 전투, ____32____ 전투
- 독립에 대한 국민들의 의식 전환 – 실력 양성 운동, 학생 운동 ↑
- 해외 ____33____ 의 신호탄 ┬ 중국의 5·4 운동
                              └ 인도의 비폭력·불복종 운동

51. 3·1 운동과 대한민국 임시 정부 ②

V. 일제 강점기

📖 대한민국 임시 정부의 수립

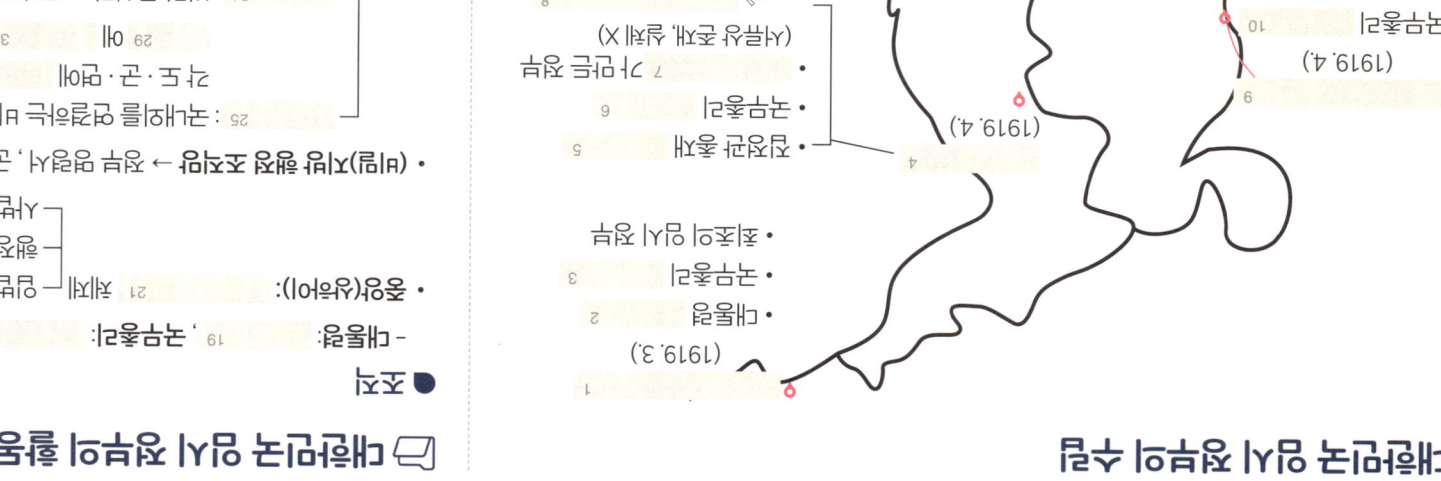

- (1919. 3.) 1 _____
- 대한국민 2 _____
- 3 _____ 노령중심
- 4 _____
- 5 한성 정부
- 노령중심 6 _____
- 7 _____ 가진 정부
- (4월혁명 조직, 독립군 X)
- 임시 정부 본류 통합 → 8 _____
- 최초의 임시 정부
- 국민중심 9 _____ (1919. 4.)
- 10 _____
- 임시 의정원 설치 11 _____ (1919. 4.)

📖 대한민국 임시 정부 (1919. 9.)

통합 과정에서 임시 정부 위치를 두고
상해파·연해주파 12 _____ 이 대립 (13 _____) 대립

- 이 위치를 상해 ← 13도 대표 의원 = 국무원령 14 _____ 을 발표함
(16 _____ 에 임기응용 정책으로 전개된 운동 활동)

- 대통령 이승만 + 국무총리 17 _____ + 내각의 대통령
- 국무 체계
- 대통령 이승만 → 국제 사회에, 위임 통치 18 _____

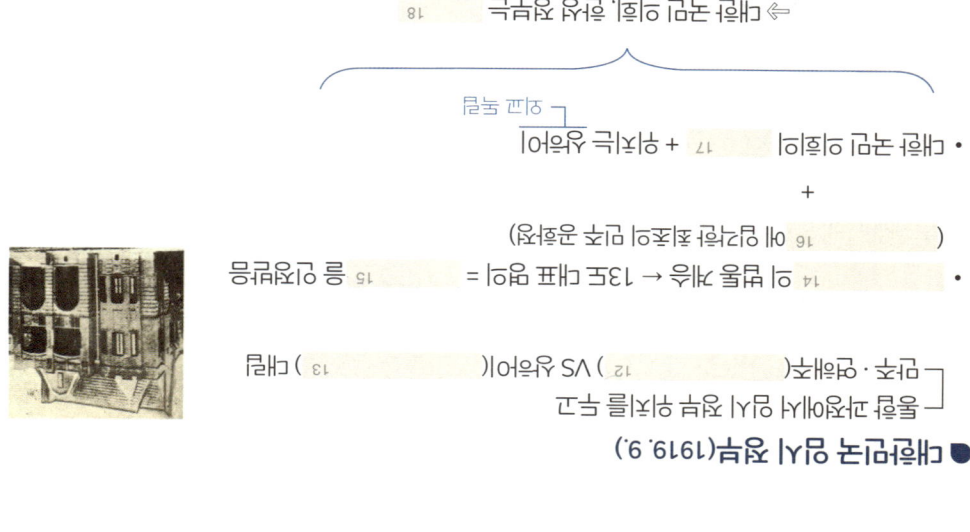

📖 대한민국 임시 정부의 활동 ✱

● 조직
- 19 _____ 국무총리
- 20 _____ - 대통령:
- 국무원(행정부): 21 _____ 체제
- 22 _____ → 입법 부
- 23 _____ → 사법부
- 24 _____ 의 원칙 계승

● (위임)자금 행정 조직망
- 비밀 행정 조직망, 독립 자금 조달
- 25 _____ 독립운동을 위한 독립 자금 조달
- 26 _____ · 27 _____ · 28 _____ 통신 및 자금 조달 28 _____
- 29 _____ 이 30 _____ 신의주 집 31 _____ 통신 연락망
- 32 _____ (군자), 33 _____ (안동) 등 ← 무역회사
  - 김광희의 백산상회

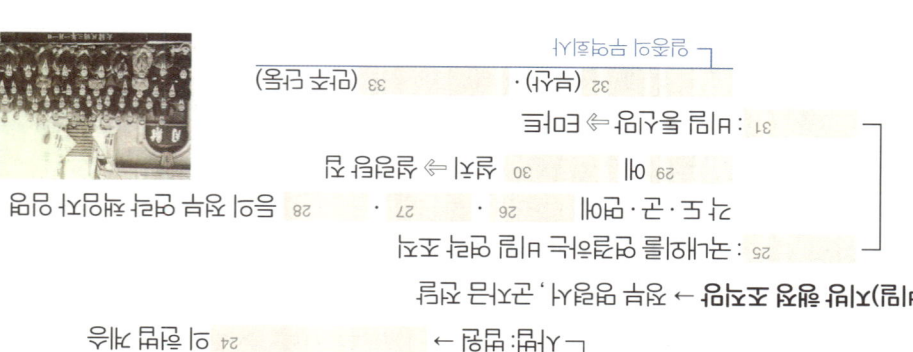

● 활동
- 군자금 조달 - 34 _____ 35 _____ 발행 ← 공채: 애국 공채 발행(국외), 이융양행 이용
- 군사 활동 - 광복군 사령부 광복군 총영 (1920) 36 _____
  ↳ 37 " _____ " 조직 (1923)
  ↳ 광복군 창설 (1940. 중경) 38 _____
- 외교 활동 - 파리 위원부 39 _____ 파리 강화 회의에 40 _____ (1919)
  - 41 _____ (이승만): 미국에 구미위원부 대표단
- 문화 활동
  - 42 _____ 발간(독립공보): 이광수
  - 43 _____ (조직): 한·일 관계 사료집 발간 44 _____
  ↳ 45 " _____ "
  ↳ 46 " _____ " 간행
- 학교 설립: 47 _____ 학교, 48 _____ 중학

정답 1 대한 국민 의회 2 손병희 3 이승만 4 한성 정부 5 이승만 6 이동휘 7 13도 대표 8 국민 대회 개최 9 상하이 임시 정부 10 이승만 11 이동녕 12 무장 투쟁론 13 외교 독립론 14 한성 정부 15 정통성 16 삼권 분립 17 헌법 18 해산 19 이승만 20 이동휘 21 삼권 분립 22 임시 의정원 23 국무원 24 대한 국민 의회 25 연통제 26 독판 27 군감 28 면장 29 간도 30 독판부 31 교통국 32 백산 상회 33 이륭 양행 34 의연금 35 애국 공채 36 광복군 사령부 37 육군 주만 참의부 38 한국광복군 39 김규식 40 독립 청원서 41 구미 위원부 42 독립신문 43 사료 편찬소 44 박은식 45 한·일 관계 사료집 46 한국독립운동지혈사 47 인성 학교 48 삼일 중학

51 3·1 운동과 대한민국 임시 정부 ③

임정의 발자취 ← 개헌史 중심*

1919 — 1923

1919

- 4月 상하이 임시 정부 출범
- 7月 통합 임시 정부 ~~____1~~
- 8月 1차 개헌 → ____2 / 삼권 분립
- 9月 대한민국 임시 정부 출범
  - 대통령 ____3
  - 국무총리 ____4

침체
- ____5 의 차이
- ____6 · ____7 발각 · 해체
  ⇒ 자금 단절
- 군자금 모금액 감소
- 이승만이 '____8 '를 제출(1919)
  → 독립운동가들의 분노 유발
- 외교 독립 운동의 성과 미흡
  → 비판 여론 등장

1923

____9 개최: 무장 투쟁론자들이 제안, 독립운동 과정 평가·반성 나아갈 방향 토론

창조파	vs	개조파	vs	현상유지파
____10 , 박용만 임시 정부 해체 무력 항쟁 강조		____11 임시 정부 개혁		김구 임시 정부 유지 └ 불참

⇒ 결렬, 임시 정부 존속 but, ____12 · ____13 대거 이탈 → 비판 수위 ⇑
⇒ 더 침체

더 알아보기 | 3·1 운동 직후 민족 운동의 양상

- ____14 : ____15 , ____16
- ____17 : ____18
- 실력양성론(준비론): ____19
- 민중 직접 혁명론: ____20 → "____21 "(의열단 강령, 1923)
- 계급 투쟁론: ____22 → 1925년 ____23 창당 ↔ 치안유지법 제정(1925)
- ____24 : 이광수
- 무정부주의론: 이회영, 신채호
- 민족주의론: 김구

사료 읽기 | 국민 대표 회의 주비 위원회 선언서

우리들은 오직 과거 수년간의 경험에 의하여 '국민의 대단결'이라는 절실한 각오 아래 장래를 준비하고, 운동상 일대 기운을 소집함에 이르렀음은 앞날을 위해 크나큰 행운이라고 생각한다. …… 이에 본 준비회는 시세의 움직임과 민중의 요구에 따라 과거의 모든 착잡한 문제를 해결하고 미래의 완전하고 확실한 방침을 세워 우리들의 독립운동이 다시 통일되어 조직적으로 진행되도록 하고자 한다.

정답 1 출범 2 대통령 중심제 3 이승만 4 이동휘 5 독립운동 방향 6 연통제 7 교통국 8 위임 통치 청원서 9 국민 대표 회의 10 신채호 11 안창호 12 창조파 13 구장 투쟁론자 14 무장 투쟁론 15 이동휘 16 박용만 17 외교 독립론 18 이승만 19 안창호 20 신채호 21 조선혁명선언 22 박헌영 23 조선 공산당 24 자치론

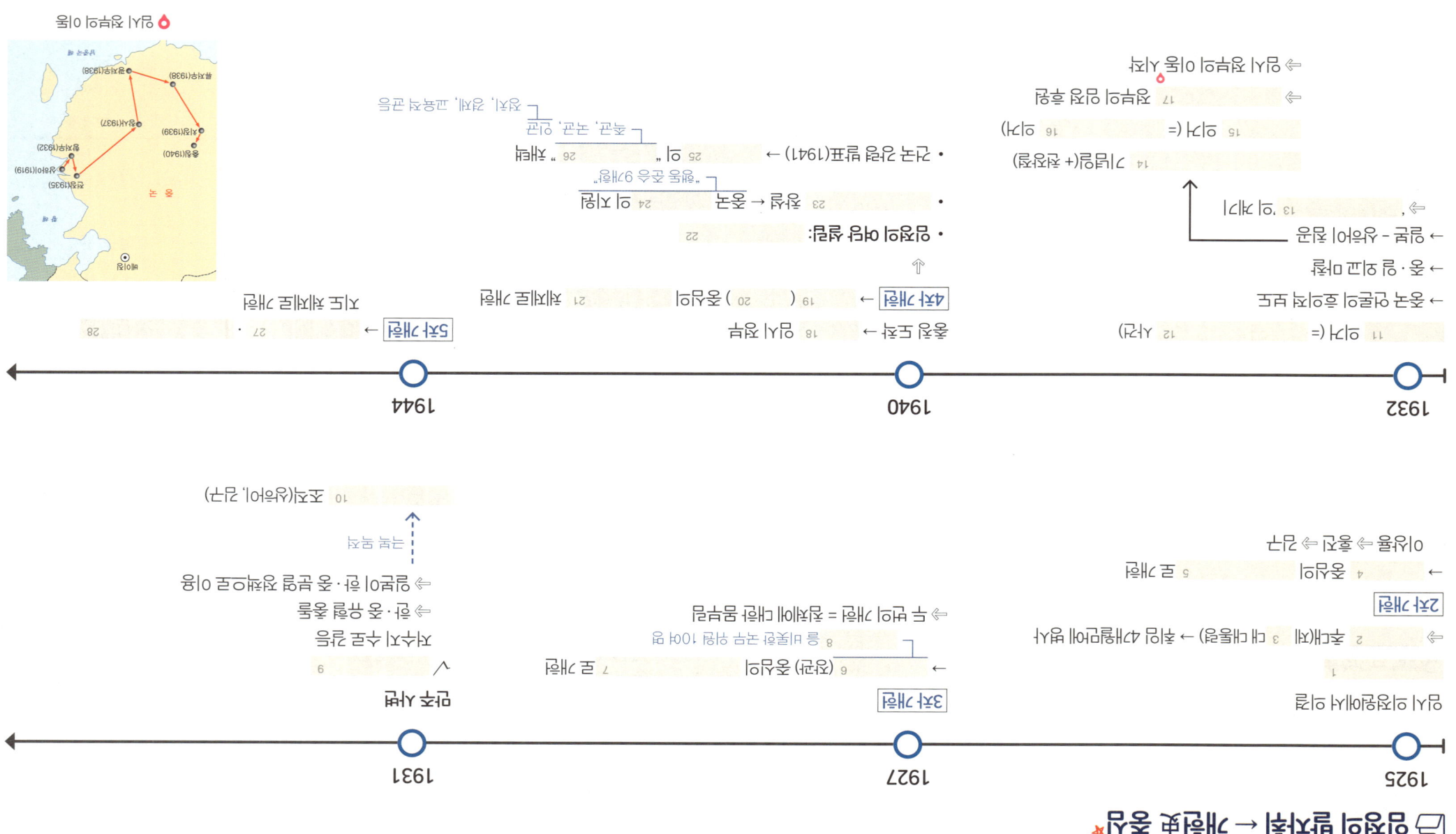

51 3·1 운동과 대한민국 임시 정부

V. 일제 강점기

📖 맵핑 핵심 자료

▨ 대동 단결 선언

융희 황제(순종)가 삼보(토지·인민·정치)를 포기한 경술년 8월 29일은 즉 우리 동지가 이를 계승한 8월 29일이니, 그동안에 한 순간도 숨을 멈춘 적이 없음이라. 우리 동지는 완전한 상속자니 저 황제권 소멸의 때가 즉 민권 발생의 때요, 구한국의 마지막 날은 즉 신한국의 최초의 날이니, 무슨 까닭인가. 우리 대한은 무시(無始) 이래로 한인의 한이요 비(非)한인의 한이 아니니라. 한인 사이의 주권을 주고받는 것은 역사상 불문법의 국헌이오. 비한인에게 주권 양여는 근본적 무효요, 한국의 국민성이 절대 불허하는 바이라.

▨ 대한 독립 선언서

우리 대한은 완전한 자주 독립과 신성한 평등 복리로 우리 자손 여민(黎民, 백성)에 대대로 전하게 하기 위하여, 여기 이민족 전제의 학대와 억압을 해탈하고 대한 민주의 자립을 선포하노라. …… 정의는 무적의 칼이니 이로써 하늘에 거스르는 악마와 나라를 도적질하는 적을 한 손으로 무찌르라. 일제히 궐기하라 독립군! …… 어찌 일신을 아끼며, 집안 재산을 바쳐 나라를 되찾으면 3천 리 옥토는 자가의 소유이니 어찌 일가(一家)의 희생이 아까우랴. … 국민의 본령을 자각한 독립임을 기억하고 동양의 평화를 보장하고 인류의 평등을 실시하기 위한 자립임을 명심하여, 황천(皇天)의 명령을 받들고 일체의 못된 굴레에서 해탈하는 건국임을 확신하여 육탄 혈전으로 독립을 완성하라.

▨ 기미 독립 선언서

오등은 이에 아(我) 조선의 독립국임과 조선인의 자유민임을 선언하노라. 이로써 세계 만방에 고하여 인류 평등의 대의를 극명하며, 이로써 자손만대에 고하여 민족 자존의 정권을 영유하게 하노라. 반만 년 역사의 권위를 장하여 이를 선언함이며, 2천만 민중의 충성을 합하여 이를 표명함이며, …… 오늘날 우리의 맡은 바 임무는 다만 자기의 건설이 있을 뿐이요, 결코 타인의 파괴에 있지 아니하도다.

<공약 3장>
1. 금일 오인(吾人)의 차거는 정의, 인도, 생존, 번영을 위한 민족 전체의 요구이니, 오직 자유의 정신을 나타낼 것이며, 남을 배척하는 감정으로 그릇되게 달려 나가지 말라.
2. 마지막 한 사람까지, 마지막 한 순간까지 민족의 정당한 요구를 시원스럽게 발표하라.
3. 모든 행동은 가장 질서를 존중하여 오인의 주장과 태도로 하여금 어디까지든지 밝고 정당하게 하라.

▨ 대한민국 임시 헌장 (1919. 4.)

제1조 대한민국은 민주 공화제로 한다.
제2조 대한민국 임시 정부는 임시 의정원의 결의에 의하여 이를 통치한다.
제3조 대한민국의 인민은 남녀 귀천 및 빈부의 계급이 없고 일체 평등하다.
제4조 대한민국의 인민은 종교, 언론, 저작, 출판, 결사, 집회, 통신, 주소 이전, 신체 및 소유의 자유를 향유한다.
제5조 대한민국의 인민으로 공민(公民) 자격이 있는 사람은 선거권 및 피선거권을 가진다.

▨ 한국 독립당 성립 (3당 해체 선언)

조선 혁명당, 한국 국민당, 한국 독립당은 이제부터 다시 존재할 조건이 소멸되었을 뿐 아니라 각기 해소될 것을 전제로 하고 신당 창립에 착수하였다. …… 그러므로 신당은 보다 큰 권위, 보다 많은 인원, 보다 광대한 성세, 보다 고급적 지위를 가지고 우리 독립운동을 보다 유력하게 추진케 할 것을 확실히 믿고 바라며 3당 자신은 이에 해소됨을 선언한다.

▨ 대한민국 임시 정부의 건국 강령

삼균 제도를 골자로 한 헌법을 실행하여 정치와 경제와 교육의 민주적 실시로 실제상 균형을 도모하며, 전국의 토지와 대생산 기관의 국유화가 완성되고 전국 학령 아동의 전수가 고급 교육의 무상 교육이 완성되고 보통 선거 제도가 구속 없이 완전히 실시되어 …… 극빈 계급의 둘질과 정신상 생활 정도와 문화 수준이 최고 보장되는 과정을 건국의 제2기라 함.

▨ 국내 진공 작전

이번 연합군과의 작전에 모든 운명을 거는 듯하였다. 주석(主席)과 우리 부대의 총사령관이 계속 의논하는 것을 옆에서 들었기 때문에 더욱 일의 중대성을 절감하였다. 드디어 시기가 온 것이다! 독립 투쟁 수십 년에 조국을 탈환하는 결정적 시기가 온 것이다. 이때의 긴장감은 내가 일본 군대를 탈출할 때와는 다른 긴장감이었다. 목적은 같으나 그때는 막연한 미지의 세계에 뛰어드는 것이었지만 이번에는 분명히 조국으로 가는 것이 아닌가?

— 김준엽, 『장정』

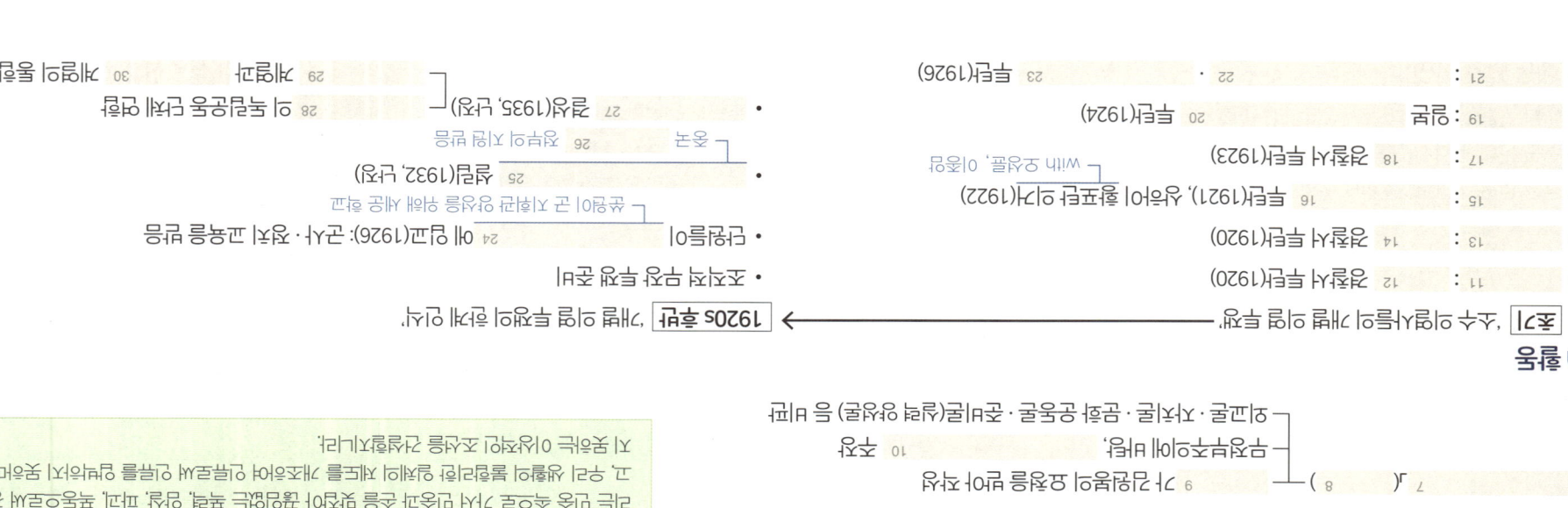

52 1920~30년대 국외 민족 독립운동 ②

V. 일제 강점기

📁 의열 투쟁 - 한인 애국단(1931)

● **조직**   ¹ 에서   ² 가 조직

● **배경**   ³ 결렬 이후 임시 정부의 침체, 독립운동 침체
→ 임시 정부의 위상을 높이고 독립운동을 활성화시키기 위해 조직

● **활동**
- ⁴ 의거(⁵)
  - 내용: ⁶ 에서 일왕 히로히토의 마차에 폭탄 투척 → 실패
  - 영향: 이봉창의 의거 실패에 대해 중국 신문이 안타깝다고 보도
    → 중국의 신문 보도를 문제 삼아 일본이 상하이 점령(⁷)
  - 의의: 침체에 빠져 있던 임시 정부에 새로운 활기를 불어넣음

- ⁸ 의거(⁹)
  - 내용: ¹⁰ 에서 승리한 일본이 ¹¹ 에서 전승 축하식 거행
    → 윤봉길의 폭탄 투척 → 일본군 장성과 고관들 살상
  - 영향: 만보산 사건 이후 나빠졌던 중국인과 한국인의 감정 완화
    └ 수로 문제를 둘러싼 한국인 농민과 중국인 농민의 충돌
      → 일본의 이간질 → 갈등 심화(유혈 사태)
  - 결과: ¹² 에 대한 일본군의 공격 강화
    → 임시 정부가 상하이를 떠나 여러 차례 이동 후 ¹³ 에 정착(1940)
  - 중국 국민당 정부의 임시 정부 지원, 중국 영토 내 무장 독립 투쟁 허용
    (중국 군관 학교 내에 ¹⁴ 설치)
    → ¹⁵ 창설 계기

※ 의열 투쟁 지사

박재혁   김익상   김상옥

김지섭   나석주   강우구

📖 사료 읽기 | 한인 애국단

아! 난폭한 일본이 중화를 유린함에 그 과정이 우리 한국과 상동하니 중화 정부의 저항 방법과 인민의 구국 운동도 또한 20년 전의 우리 한도과 흡사한 바 있다. …… 지금 한국이 망하고 중화가 동북을 잃어버렸으니, 동북을 잃고는 한도의 광복이 더욱 어렵다는 것도 명백히 증명되는 바이다. …… 그러므로 우리 한국은 한국을 위하여 광복을 꾀하려 해도 반드시 먼저 중국을 구해야 하고, 중도을 위하여 광복을 꾀함에도 한국은 또한 중국을 구해야 할 것이다. 이것이 바로 내가 입이 닳도록 애원하며 으리 한·중 양국 동지에게 다 같이 각성해 새 전장에 목숨을 함께 바치자는 까닭이다.

– 김구, 『도왜실기』

🔍 더 알아보기 | 기타 의열 단체

- ¹⁶ (¹⁷): ¹⁸ 가 총독 사이토에게 투탄
- 다물단(1925): 김창숙이 친일파 밀정 김달하 암살
- 불령사(1923): 박열이 일본 황태자 폭살 시도(실패)
- 병인 의용대(1926): 나창헌, 이유필, 박창세
- 남화 한인 청년 연맹(1930): 무정부주의 단체
- ¹⁹ (1945): ²⁰ 결행

52 1920~30년대 국외 민족 독립운동 ③

만주 지역의 항일 무장 투쟁

무장 독립의 승리 (6월)
- 최초 독립군 강연전 VS 독립군
- 1 _____ 이 주축 : 2 _____ 독립군
- 봉오동 일대 매복해 일본군 유인 → 봉오동 골짜기 승리
- 일본이 만주 지역 독립군 근거지 말살 위해 3 _____ + 최진동의 독립군 연합 (4 _____)
  - 훈춘 사건 조작 : 5 _____
- 일본군 기습 → 독립군 승리
- 일본이 6 _____ 을 집중 공격
→ 독립군의 2 _____ 승리

봉오동, 청산리, 고동하 VS 일본 대부대
- 7 _____ 가 이끄는 8 _____ , '천수평, 고동하' 와 9 일본군 대부대
  - + 10 _____ 의 11 _____ , 최진동의 12 _____ , 안무의 13 _____ , 군무 14 _____
  - 15 _____ → 독립군의 대승
  → 독립군의 대이동 → 많은 일본인 사상자 발생

독립군 이동 (10. 21. ~ 26.)
- 독립군 이동 → 북간도 (동북이란) 이동 17 _____
- 정치 (중재) 18 _____
- 19 _____ (서일)

독립군의 시련
- 일본군의 독립군 추격 → 주축 20 _____ 로 이동
- 21 _____ 의 활약
- 자유시 사태 VS 독립군
- 독립군 대부분의 지휘권 대립

자유시 참변
- 22 _____ 파 고려공산(상해이) VS 23 _____ 파 공산당(이르쿠츠)
  - (초기 주도권 장악)
- 24 _____ 요구
  → 독립군의 사망
  = 25 _____ (1921. 6.) → 독립군 서변의 아편한

지식쌓기 | 자유시 참변

6월 7일 청산리 부근의 ○○○에 주둔한 고려혁명 군정 의회(아군독립군 중대)는 ○○○에 주둔한 제3군단의 이동을 명령하고, 이에 응하지 않으면 무력으로 해산시킬 것을 결의하였다. 또한 재로고려군정의회는 6월 28일에 200여 명의 사상자를 내며 이들을 무력으로 해산시키고 있다. 들어 있다.

정답 1 봉오동 전투 2 대한 독립군 3 안무 4 군무 도독부군 5 훈춘 사건 6 만주 7 청산리 전투 8 어랑촌 9 김좌진 10 북로 군정서 11 홍범도 12 대한 독립군 13 군무 도독부군 14 국민회군 15 대한 의민단 16 간도 사변 17 밀산부 18 대한 독립 군단 19 서일 20 자유시 21 적색군 22 상하이 23 이르쿠츠 24 무장 해제 25 자유시 참변

52. 1920~30년대 국외 민족 독립운동 ④

V. 일제 강점기

📁 만주 지역의 항일 무장 투쟁

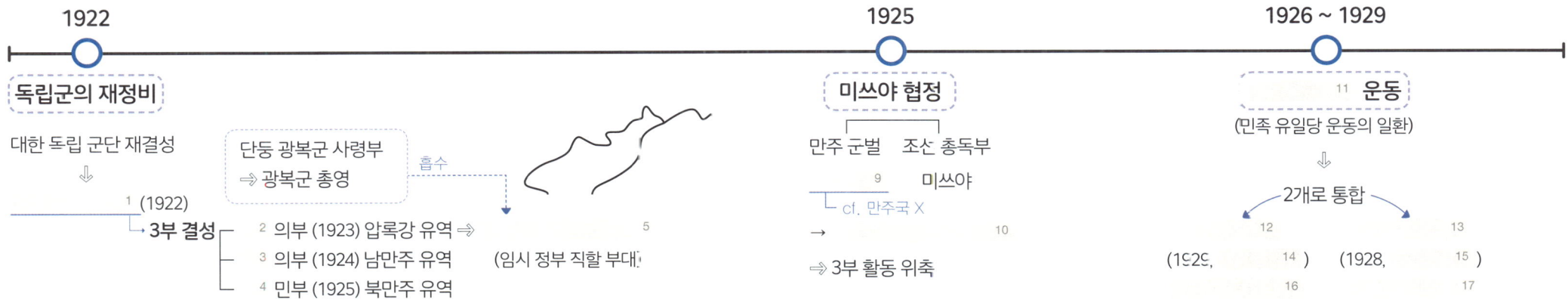

| 1922 | 1925 | 1926 ~ 1929 |

독립군의 재정비
- 대한 독립 군단 재결성
  ↓
  1 (1922)
  ↳ 3부 결성 — 2 의부 (1923) 압록강 유역 ⇒
            3 의부 (1924) 남만주 유역
            4 민부 (1925) 북만주 유역

단둥 광복군 사령부
⇒ 광복군 총영   흡수→   5
                     (임시 정부 직할 부대)

미쓰야 협정
만주 군벌   조선 총독부
       9 미쓰야
  cf. 만주국 X
  →   10
⇒ 3부 활동 위축

11 운동
(민족 유일당 운동의 일환)
    ↓
  2개로 통합
  12   13
(1929, 14) (1928, 15)
     16   17

더 알아보기 — 3부의 성격
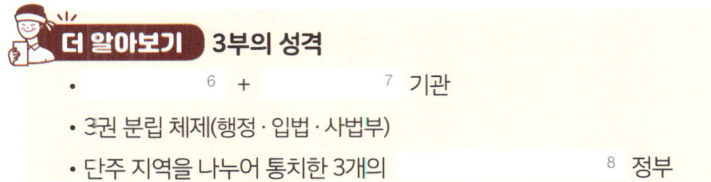
- 6 + 7 기관
- 3권 분립 체제(행정·입법·사법부)
- 만주 지역을 나누어 통치한 3개의 8 정부

사료 읽기 | 미쓰야 협정
- 한국인이 무기를 가지고 다니거나 한국으로 침입하는 것을 엄금하며, 위반자는 검거하여 일본 경찰에 인도한다.
- 만주에 있는 한인 단체를 해산시키고 무장을 해제하며, 무기와 탄약을 몰수한다.
- 일본이 지명하는 독립운동가를 체포하여 일본 경찰에 인도한다.
- 한국인 취체(법을 지키도록 통제)의 실황을 상호 통보한다.

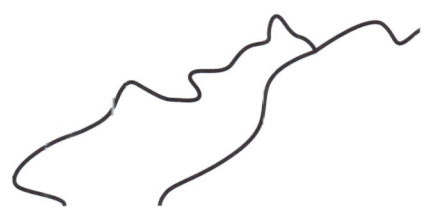

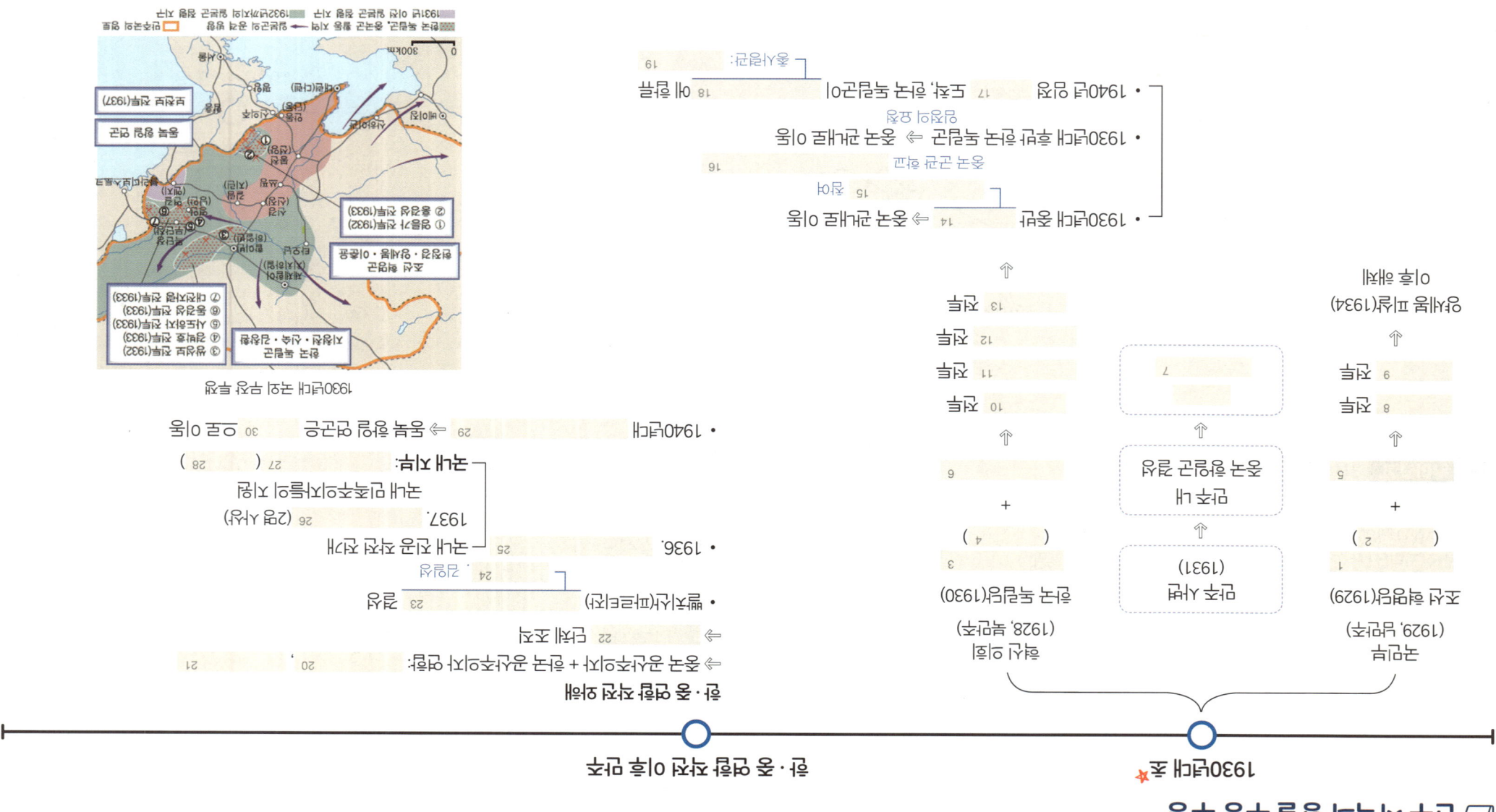

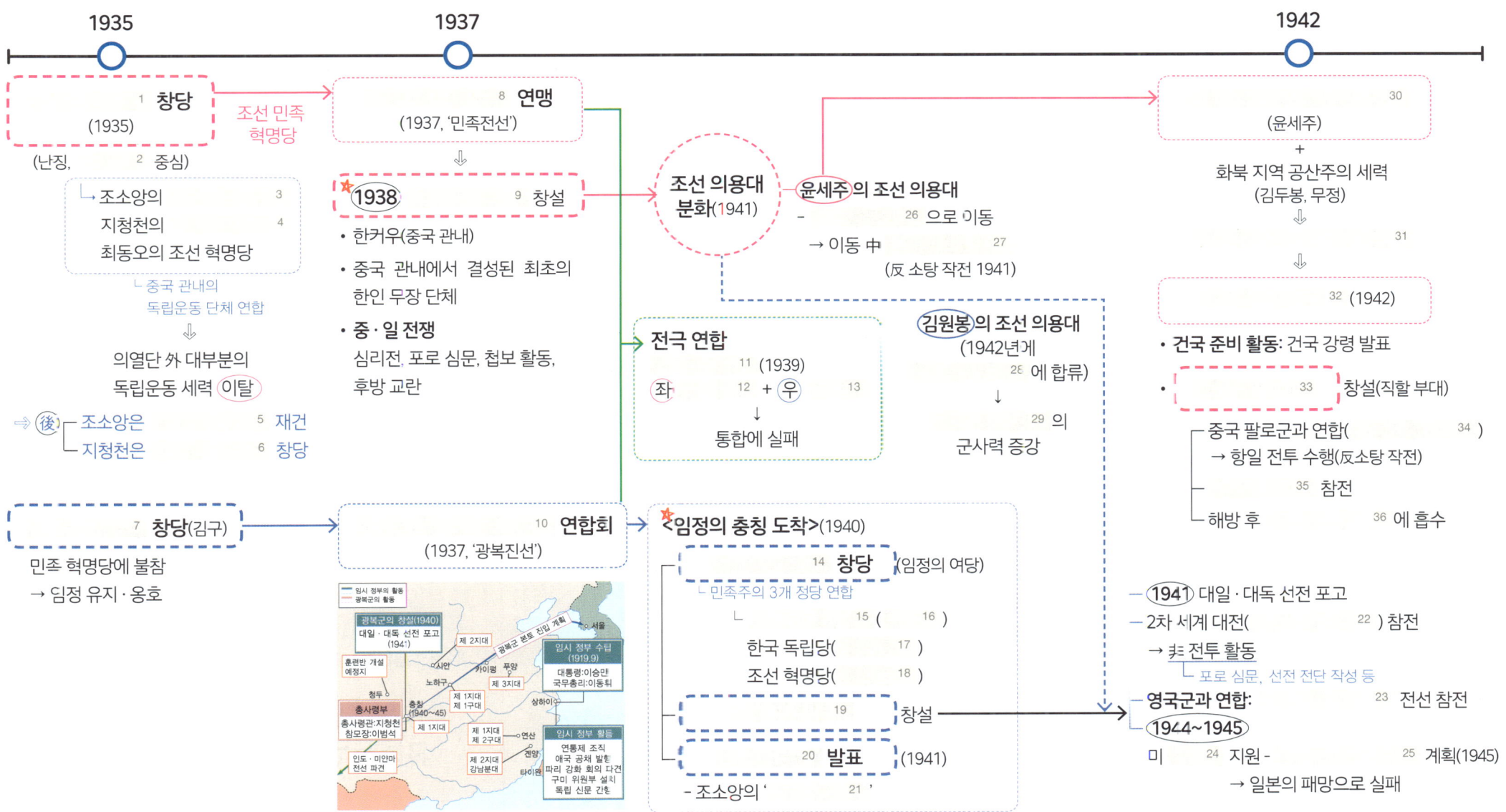

53 1920~30년대 국내 민족 독립운동 ①

V. 일제 강점기

해커스공무원 이중석 맵핑 한국사 합격생 필기노트

📖 1920s 사회주의 사상의 유입과 확산

- 민족들의 의식 성장 → 볼셰비키혁명의 영향 → 동북아시아

- **사회주의 운동의 활성화**: 사회·경제적 약자들의 각성
  - 사회적 민족 운동: ⁴·⁵·⁶·⁷ 운동
  - 경제적 민족 운동: ⁸·⁹ 운동

  ↓

  민족운동의 힘을 분산시킴

- **대립과 갈등**: 민족주의 세력과 사회주의 세력 간의 갈등 심화
  → 민족운동에 악영향을 줌
  → ¹⁰ 운동 대두

📖 사회적 민족 독립 운동

● 청년 운동

- 특징: ¹¹ (강연회·토론회), ¹² (운동 경기·야유회 등의 문화 표출)
- 단체:
  - ¹³ (1920, 문화 운동 성격 강함)
  - ¹⁴ (1921, 사회주의 청년단체의 효시)
  - ¹⁵ (1924, 민족주의 + 사회주의)

  정립체계화 → ¹⁶ 운동

● 아동 운동 ★

- 배경: 아동 노동자 증가
- 단체:
  - ¹⁷ (1921)   ¹⁸ (경성)
  - 어린이날 제정(1922. 5. 1.)
  - 잡지: 『¹⁹ 』간행(1923)

● 형평 운동 ★

- 배경: 갑오개혁 차별 철폐
  (백정 출신이 ²⁰ 이래 제대로 차별, 호적에 붉은 점 표시, 학생들의 통학에 신분 기록 기재)
- 단체: ²² (²³)
- 활동: ²⁴ 예시, ²⁵ 이 조직, 전국 회원 수 40만, 전국의 ²⁶ 설치,
  사회주의 단체 형평 청년회 → ²⁷ 사건기 해방 운동으로 확대 발전
  → 변질: 일제의 탄압 강화 → ²⁸ 롤 개칭(1935), 경제 단체로 변질

● 여성 운동

- 특징:
  - ²⁹ 이 운동
  - 1920년대 초반에는 ³⁰ 중심, 여성 노동자의 권의 운동
    (사회주의 운동과 결합)
- 단체:
  - ³¹ (1920), ³² (1924, ³³ 여성 단체)
  - ³⁴ (1927, 여성계의 ³⁵)

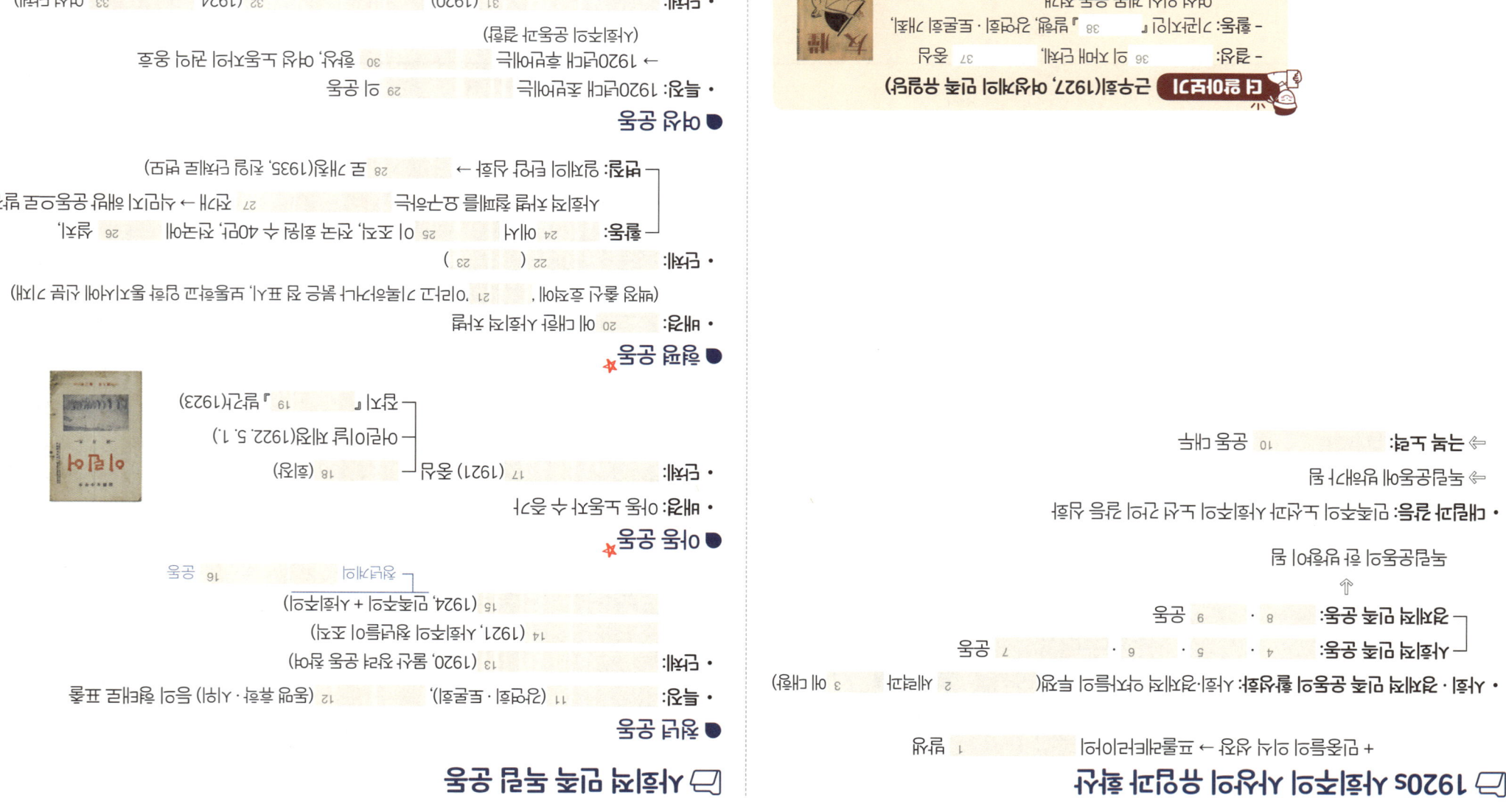

🔍 **더 알아보기** 근우회(1927, 여성계의 민족 유일당)
- 강령: 이 지에 단결, ³⁷ 통합
- 활동: 기관지 『³⁸ 』발간, 강연회, 토론회 개최
  여성 의식 계몽 운동 전개
- 해체: 신간회 해소의 영향 등의 해체됨

정답 1 계급적 의식 2 부르주아 3 일본 4 여성 5 청년 6 소년 7 형평(백정) 8 농민 9 노동 10 민족 유일당 11 계몽 운동 12 항일 투쟁 13 조선 청년 연합회 14 서울 청년회 15 조선 청년 총동맹 16 민족 유일당 17 천도교 소년회 18 방정환 19 어린이 20 백정 21 도한 22 조선 형평사 23 1923 24 진주 25 이학찬 26 지부 27 신분 해방 운동 28 대동사 29 계몽적 성격 30 여성의 지위 31 조선 여자 교육회 32 조선 여성 동우회 33 사회주의 34 근우회 35 민족 유일당 36 신간회 37 김활란 38 근우

53. 1920~30년대 국내 민족 독립운동 ②

경제적 민족 독립 운동

- 1910년대에는 사회주의 사상이 들어오지 않아 계급 의식 X
- ¹ 으로 인하여　　² 감소 → 농민·노동 운동 X

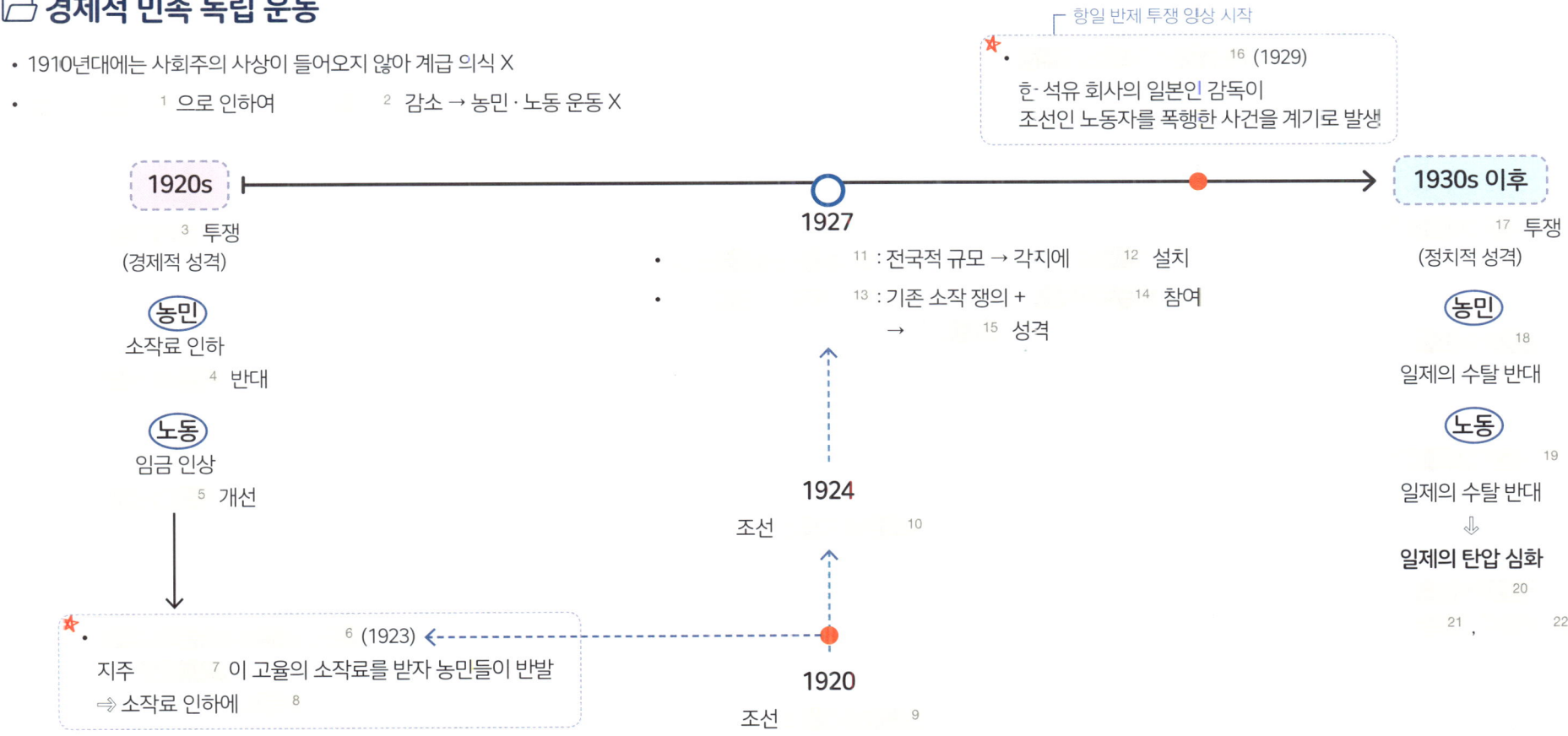

사료 읽기 | 1920~30년대 농민·노동 운동

• 암태도 소작 쟁의
지주 문재철과 소작 쟁의 중인 전남 무안군 암태도 소작인 남녀 500여 명은 … 광주 지방 법원 목포지청에 몰려들어 왔는데 …… 무엇보다도 두려운 죽음을 불구하고 다시 이 법정에 들어온 것은 사활 문제가 이때에 있다 하며, …… 이번 운동의 결과를 얻지 못할 경우면 아사 동맹을 결속하고 자기들의 집에서 떠날 때부터 지금까지 식사를 폐지하였다고 한다.
　　　　　　　　　　　　　　　　　　　　　　　　　　　- 동아일보

• 1930년대의 농민 운동
- 조선의 당면 과제는 봉건 유제와 잔재의 파괴, 농업 제 관계의 근본적인 변혁, 토지 혁명을 목표로 한 부르주아 민족주의 혁명이다
　　　　　　　　　　　　　　　　　　　　　　　　- 명천 농민 조합
- 타도 제국주의, 조선 민족 해방 만세, 전 세계 약소 민족 해방 만세
　　　　　　　　　　　　　　　　　　　　　　　- 단천 농민 조합 슬로건

• 평원 고무 공장 노동자 파업(1931)
우리는 49명 우리 파업단의 임금 삭감을 중요하게 생각하는 것이 아닙니다. 이것이 결국은 평양의 2,300명 고무 직공의 임금 삭감의 원인이 될 것이므로 죽기로써 반대하는 것입니다. …… 이래서 나는 죽음을 각오하고 이 지붕 위에 올라왔습니다. 나는 평원 고무 사장이 이 앞에 와서 임금 삭감의 선언을 취소하기까지는 결코 내려가지 않겠습니다.

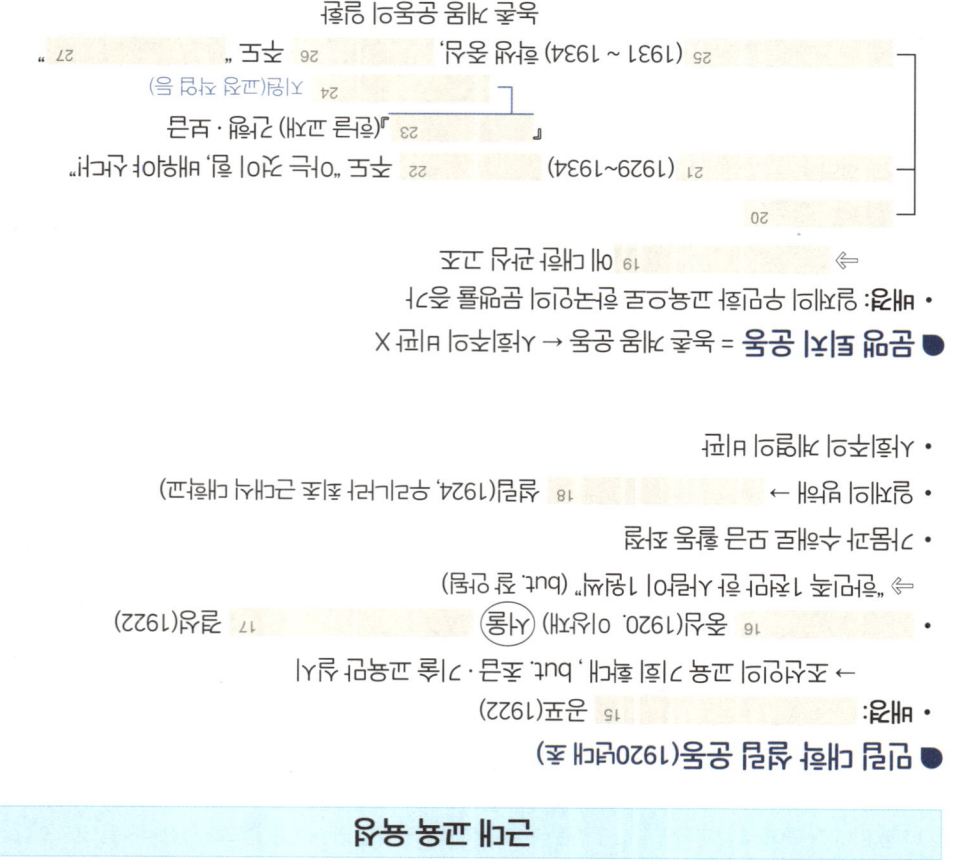

1920~30년대 국내 민족 독립운동

맵핑 핵심 자료

조선 청년 총동맹 강령(1924)

우리는 계급적 대단결을 목표로 청년 운동의 통일을 도모하기 위하여 다음의 강령으로서 조선 청년 총동맹을 발기하노라. 아아! 이에 공명하여 전진하려는 각 청년 단체여 어서 가맹하여라! 단결하라!

1. 대중 본위인 신사회의 건설을 기도함
1. 조선 민중 해방 운동의 선구가 되기를 기약함

소년 운동 선언

첫째, 어린이를 재래의 윤리적 압박으로부터 해방하여 그들에 대한 완전한 인격적 대우를 허하게 하라.

둘째, 어린이를 재래의 경제적 압박으로부터 해방하여 만 14세 이하의 그들에 대한 무상, 또는 유상의 노동을 폐지하게 하라.

셋째, 어린이 그들이 고요히 배우고 즐거이 놀기에 족한 각양의 가정, 사회적 시설을 행하게 하라.

조선 형평사 취지문(1923)

공평은 사회의 근본이고 사랑은 인간의 본성이다. 고로 우리는 계급을 타파하고 모욕적인 칭호를 폐지하여 교육을 장려하고 우리도 참다운 인간으로 되고자 함이 본사(本社)의 주지이다. 지금까지 우리는 어떠한 지위와 압박을 받아왔던가? 과거를 회상하면 종일 통곡하고도 피눈물을 금할 수 없다. …… 직업의 구별이 있다고 한다면 금수의 생명을 빼앗는 자는 우리들만이 아니다. …… 우리도 조선 민족의 2천만의 분자로서 갑오년 6월부터 칙령으로써 백정의 칭호가 없어지고 평민이 된 우리들이다.

물산 장려 운동

- 비록 우리의 재화가 남의 재화보다 품질상 또는 가격상 개인 경제상 다소 불이익이 있다 할지라도 민족 경제의 이익에 유의하여 이를 애호하며 장려하여 수요하며 구매하지 아니치 못할지라.
 — 물산 장려 운동 취지서

- 내 살림 내 것으로!
 …
 입어라! 조선 사람이 짠 것을
 먹어라! 조선 사람이 만든 것을
 써라! 조선 사람이 지은 것을
 조선 사람, 조선 것 — 물산 장려 운동 궐기문

물산 장려 운동에 대한 비판

저들의 사회적 지위로 보나 계급적 의식으로 보나 결국 중산 계급임을 벗어나지 못하였으며, 적어도 중산 계급의 이익에 충실한 대변인인 지식 계급이 아닌가. …… 자본가 중산 계급이 양복이나 비단 옷을 입는 대신 무명과 베옷을 입었고, 저들 자본가가 위스키나 브랜디나 정종을 마시는 대신 소주나 막걸리를 마시지 않았는가.
 — 동아일보

민립 대학 설립 기성회 발기 취지서

우리들의 운명을 어떻게 개척할까? 정치냐? 외교냐? 산업이냐? 물론 이러한 사업들이 모두 다 필요하다. 그러나 그 기초가 되고 요건이 되며, 가장 급무가 되고 가장 선결의 필요가 있으며, 가장 힘있고 가장 필요한 수단은 교육이 아니면 불능하도다. …… 민중의 보편적 지식은 보통 교육으로도 가능하지만 심오한 지식과 학문은 고등 교육이 아니면 불가하며, 사회 최고의 비판을 구하며 유능한 인물을 양성하려면 …… 이제 우리 조선인도 세계의 일각에서 다른 나라 사람과 어깨를 나란히 하려면 대학의 설립을 빼고는 다시 다른 길이 없도다.

조선일보의 문자 보급 운동

오늘날 조선인에게 무엇 하나 필요치 않은 것이 없다. 산업과 건강과 도덕이 다 그러하다. 그러나 그중에도 가장 필요하고 긴급한 것을 들자면 지식 보급을 제외하고는 다시 없을 것이다. 지식이 없이는 산업이나 건강이나 도덕이 발달할 수 없다. 문맹 앞에는 항상 끝을 알 수 없는 함정이 가로 놓여 있으니, 그들이 가는 속에는 위험과 저주가 따라다닐 뿐이다. …… 전 인구의 2할밖에 문자를 이해하지 못하고, 취학 연령 아동의 3할밖에 학교를 갈 수 없는 오늘날 조선의 현실에서 간단하고 쉬운 문자의 보급은 우리 민족이 해결해야 할 가장 시급한 일이라 하겠다.
 — 조선일보

브나로드 운동 선전문

여러분들의 고향에는 조선 문자도 모르고 숫자도 모르는 이가 얼마쯤 있는가. …… 우리는 모름지기 자신을 초월할 것이다. 모든 이들을 위해 자신의 이해와 고락을 희생할 것이다. 우리는 보수를 바라지 않는 일꾼이 되어야 할 것이다. 새로운 사상을 갖는 새로운 학생들을 보라! …… 참으로 민중을 생각하는 마음으로 민중을 대하라. 그리하여 민중의 계몽자가 되고, 민중의 지도자가 되라!
 — 동아일보

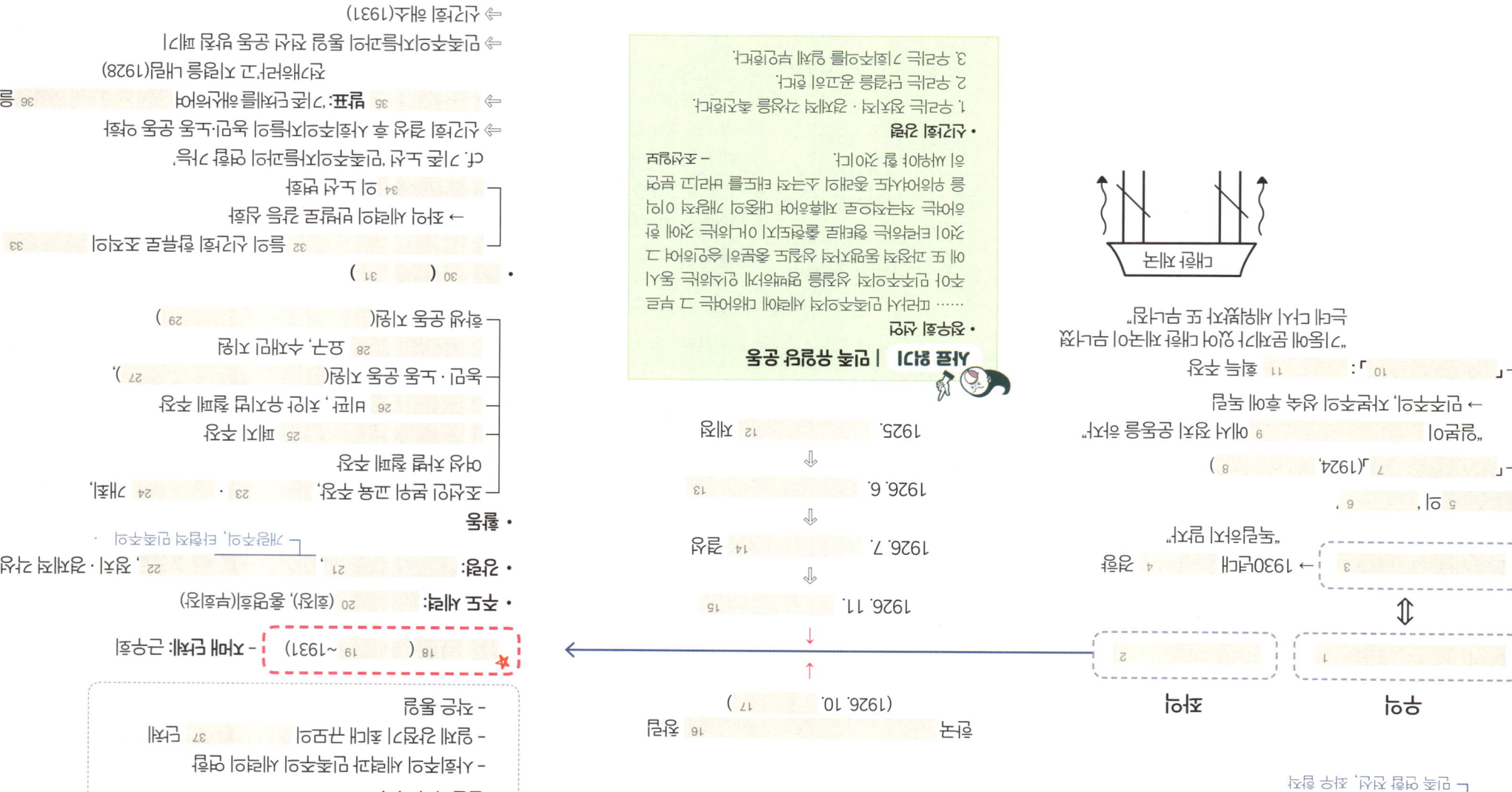

54 민족 유일당 운동 ②

학생 항일 만세 운동

6·10 만세 운동(1926)

- **배경**
  - 일제의 수탈(¹ 등)
  - ² 의 영향을 받은 청년·학생 운동 활발
  - ³ 의 서거
- **계획**
  - 학생 단체(⁴ 등)
  - 사회주의 계열과 ⁵ 구파(민족주의 계열) 연합 → ⁶ 에 대규모 시위 계획
- **전개**: 사회주의 계열·천도교 구파의 계획 사전 발각(⁷ 에 의해 탄압)
  ⇩
  ⁸ 의 시위는 예정대로 진행
  ⇩
  대규모 만세 운동 전개(⁹)
  ⇩
  다른 지역의 학생들이 ¹⁰ 으로 호응
  ⇩
  ¹¹ 으로 많은 학생이 투옥됨
- **의의**
  - ¹² (¹³) 조직의 계기, 학생 운동 성장 → ¹⁴ 에 영향
  - ¹⁵ 계열과 ¹⁶ 계열 연대의 계기 마련
  → ¹⁷ 의 신호탄, ¹⁸ 창립에 기여

사료 읽기 | 6·10 만세 운동 때의 격문

조선 민중아! 우리의 철천지 원수는 ¹⁹ 이다.
2천만 동포야! 죽음을 각오하고 싸우자! 만세 만세 조선 독립 만세!
→ 특징: ²⁰ 의 영향을 받음(²¹ · ²² 등 주장)

광주 학생 항일 운동(1929)

- **배경**
  - ²³ 에 대한 학생의 불만
  - ²⁴ · ²⁵ 등의 학생 단체 조직, ²⁶ 빈발
- **발단**: 통학 열차 안에서 ²⁷ 간의 충돌 발생
  ⇨ 일본 경찰의 편파적인 사법 처리(한국인에게 불리하게) ⇨ 한국 학생들의 불만 고조
- **전개**: ²⁸ 에서 적극적인 ²⁹ 시작(소극적인 동맹 휴학에서 벗어남)
  ⇩
  독서회의 지도 아래 광주· ³⁰ 으로 확산
  ⇩
  ³¹ 의 지원
  (진상 조사단 파견, 민중대회 개최 계획)
  ⇩
  ³² 인 규모의 항일 투쟁으로 확산
- **의의**
  - 3·1 운동 이후 ³³ 의 민족 운동
  - ³⁴ 철폐· ³⁵ 확립을 요구하며 시작된 운동이
  - 식민 통치에 반대하는 ³⁶ 으로 발전

사료 읽기 | 광주 학생 항일 운동 때의 격문

검거된 학생들을 즉시 우리 손으로 탈환하자.
경찰의 교내 침입을 절대 반대한다.
조선인 본위의 교육 제도를 확립하라.
식민 지적 노예 교육 제도를 철폐하라.
→ 특징: 초기에는 ³⁷ 에 대한 항의 차원으로 시작 → 점차 ³⁸ 으로 발전

55 국내외 동포의 생활 모습

V. 일제 강점기

📁 국내 생활 모습의 변화

● 의생활

- 1920년대 ┬ 대중 문화 형성
  ├ [1] · [2] 의 등장
  ├ 단발머리 유행
  └ 『 [3] 』·『별건곤』 등의 잡지에서
     새로운 패션 소개
- 1940년대 - 전시 체제 하에서 일제가
    [4] (남성), [5] (여성) 착용 강요

사료 읽기 | 1920년대의 패션

혈색 좋은 흰 피부가 드러날 만큼 반짝거리는 엷은 양말에, 금방 발목이나 삐지 않을까 보기에도 조마조마한 구두 뒤로 몸을 고이고, 스커트 자락이 비칠 듯 말 듯한 정강이를 지나는 외투에 단발 혹은 미미가쿠시(당시 유행하던 머리 모양)에다가 모자를 푹 눌러 쓴 모양 … 분길 같은 손에 경복궁 기둥 같은 단장을 휘두르면서 두툼한 각테 안경, 펑퍼짐한 모자, 코높은 구두를 신고 …
— 『별건곤』 모년 12월호

● 주거 생활

- 서울 - [6] 을 경계로 남쪽에 [7] 거주지(남촌), 북쪽에는 [8] 거주지(북촌) 형성
- 도시 외곽 ┬ 빈민이 토막집을 짓고 모여 살며 [9] 형성
  └ [10] 이후 토막민 급증

● 주거 생활 – 주택의 변화

- 1920년대 [11] (중류층) ┬ 사랑채 생략, 대청 마루에 유리문 설치
  └ 도시형 상품 주택

- 1930년대 [12] (상류층)
  - 2층 양옥, 복도·응접실·침실·아이 방 등 개인 독립 공간 존재

- 1940년대 [13] (도시민·서민)
  ┬ 서민의 주택난 해결을 위한 [14]
  └ 대규모 [15], 집단 주거 형태
     → 일본식 [16] + 한국식 [17] 등이 혼용

📁 국외 이주 동포의 생활(디아스포라)

● 만주

- 일제의 [18] 과 [19] 으로 농민의 이주 증가
- 독립운동 기지 건설, 무장 투쟁 전개([20] 전투· [21] 전투)
- 시련: [22] (1920), 만보산 사건(1931)으로 한인들이 탄압을 받음

● 연해주

- 블라디보스토크의 [23] 을 중심으로 독립운동 전개
- 독립운동 단체 조직: [24] , [25]
- 시련: [26] (1921), 스탈린의 강제 이주 정책(1937)
     → [27] 로 강제 이주(까레이스키, 고려인)

📍 중앙아시아 강제 이주

● 미주

- 대한 제국 정부의 공식 해외 이주(1903, 미국의 요청)
     → 하와이 [28] ·파인애플 농장 노동자로 생활
- 직접적인 독립운동 X, 재정 지원·외교 활동에 주력([29])

● 일본

- 19C 말 유학생·정치적 망명자들의 이주
     → 국권 피탈 이후 농민들이 이주하여 산업 노동자로 취업

📍 자경단(관동 대학살)

- 시련: [30] (1923) 당시 일본 당국의 유언비어로 6천여 명의 재일 동포가
     학살 당함(관동 대학살)
     [31] (1937) 이후 한인들이 일본으로 강제 징용·징병 당함

정답: 1 아디단스 아일당 2 소리산 3 신여성 4 국민복 5 몸뻬 6 청계천 7 일본인 8 한국인 9 토막촌 10 대공황 11 개량 한옥 12 문화 주택 13 영단 주택 14 부영 주택 15 아파트 16 다다미 17 온돌 18 토지 조사 사업 19 산미 증식 계획 20 봉오동 21 청산리 22 간도 참변 23 신한촌 24 권업회 25 대한 광복군 정부 26 자유시 참변 27 중앙아시아 28 사탕수수 29 대한인 국민회 30 관동 대지진 31 중·일 전쟁

56 민족 문화 수호 운동 ①

V. 일제 강점기

📁 조선 교육령

| 1910 국권 피탈 | 1910년대 | 1919 3·1 운동 | 1920년대 | 1931 만주 사변 | 1930년대 | 1940년대 | 1945 광복 |

- ¹ (1911)
- 한국인
  (6년 → ³)
  └ 일본인은 6년
- ⁴ . ⁵ 만 실시
- 대학 미설치

- ⁶ (1911)
  일제가 사립 학교 교육 통제

- ⁷ (1918)
  일제가 개량 서당 통제

- ⁸ (1922)
- 보통학교 수업 연한 연장
  (⁹)
- 조선인의 교육 기회 확대(but 실질적으로는
  교육 차별 존재, __¹⁰__에 치중)
  └ 기술자 양성
- 조선어·조선사 ¹¹

- ¹² (1924)
  한국 거주 일본인의 고등 교육 목적

- ¹³ (1938)
- 보통학교·소학교를 ¹⁴ 로 변경
- 조선어·조선사 (사실상 ¹⁶) ¹⁵

- ¹⁷ (1941)
-   ¹⁸ 로 변경
  └ ¹⁹

제4차 조선 교육령(1943)
- 수업 연한 ²⁰ 으로 축소
- ²¹ . ²² 과목 폐지
- ²³ 강화
- ²⁴ 강화
  (교육을 전쟁 수행의 도구로 이용)

📁 일제의 한국사 왜곡

● **식민 사관** - 조선 ²⁵ 지배 합리화
- ²⁶ : 한국사는 근대 사회로 이행하기 위해 거쳐야 할 필수 단계인 봉건 사회를 거치지 못하고 고대 사회 단계에 정체되었음
- ²⁷ : 한국사는 외세의 간섭에 의해 타율적으로 전개되었음
- ²⁸ : 한국인은 분열성이 강한 민족이고, 오랜 당파 싸움으로 국력이 약화되어 결국 식민 지배를 받게 되었음

● **단체**
- ²⁹ 조직(1925): 총독부 산하 단체, 식민 사관을 토대로 『 ³⁰ 』편찬(1938)
- ³¹ 조직(1930): 경성 제국 대학 교수와 조선사 편수회 간부가 중심이 되어 조즈, 한국사 왜곡과 일제의 ³² 에 노력 『 ³³ 』발간

> **더 알아보기** 식민 사관 반박
> ³⁴
> → 한국사는 주체성과 자율성을 바탕으로 발전하였음
> ³⁵
> → 조선 후기부터 근대 사회로 이행하기 위한 움직임이 내부적으로 있었음
> ⇒ 새로운 농사법의 보급 (³⁶ 과 ³⁷)
>   광작 및 경영형 부농 등장, 각종 상업적 제도 발달

56 민족 문화 수호 운동 ②

V. 일제 강점기

📁 국사 연구

● 민족주의 사학

· 신채호

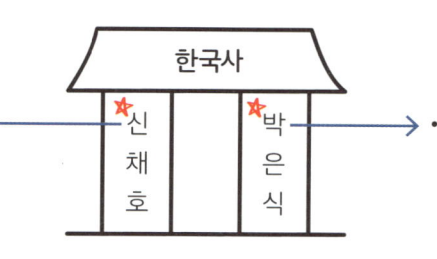

- ____1____ 강조, ____2____ 연구에 치중
  └ 단군 신화에 초점을 둔 우리 고유 사상
- 「____3____」(1908): 민족주의 사학의 연구 방향 제시
  ____4____ 에 연재
- 「____5____」(1929): ____6____ 을 '조선 역사 1천 년래 제1대 사건'으로 평가
- 「____7____」(1931): 역사는 ____8____
  └ 일제 시대의 투쟁을 두려워 말라(투쟁 통해 발전)
- 「____9____」(1923): ____10____ 강령, 민중 직접 혁명의 중요성 강조

· 박은식

- 민족정신: '____11____' 강조(혼백사상, 혼이 있어야 ____12____ 이 발전)
  └ 역사   기술·산업 등
- 「____13____」(1915): 현재사 중심의 연구
  나라는 '____14____'이요, 역사는 '____15____'이다.
  → ____16____ 를 지키면 나라를 잃어도 다시 만들 수 있음
- 「____17____」(1920): 국혼 강조, ____18____ 의 과정 서술

● 조선학 연구 → ____19____ 서거 99주기(1934)에 문일평, 안재홍과 함께 「____20____」를 편찬
____21____ 의 정신을 계승 → 우리 역사 연구, 민족정신 부활

· 정인보 '____22____' 강조

- ____23____ : 우리 민족의 시조를 단군으로 설정
- 「____24____」: 고대사 연구에 주력
- 조선학 운동의 선구적 역할 담당
- ____25____ 연구 → '도해파'의 해석: 최초 고구려라고 주장
- 「____26____」: 실학 연구 중요시

· 문일평 '____27____' 강조

- 「____28____」저술: 역사 칼럼
- 조선일보에서 활동

· 안재홍

- ____29____ : 「____30____」재정리, 신채호의 고대사 연구 평가
- 「____31____」⇒ 신민족주의 탄생
- ____32____ 활동

😮 사료 읽기 | 일제 강점기 민족주의 사학자

· 신채호

역사란 무엇이뇨? 인류 사회의 아(我)와 비아(非我)의 투쟁이 시간부터 발전하며 공간부터 확대하는 심적 활동 상태의 기록이니, 세계사라 하면 세계 인류의 그리된 상태의 기록이며, 조선사라면 조선 민족의 그리되어 온 상태의 기록이니라. 무엇을 '아'라 하며 무엇을 '비아'라 하느뇨? …… 그러므로 역사는 아와 비아의 투쟁의 기록이니라.

— 「조선상고사」

· 박은식

옛사람이 말하기를 나라는 멸망할 수 있으나 그 역사는 결코 없어질 수 없다고 했으니, 이는 나라가 형체라면 역사는 정신이기 때문이다. 이제 우리나라의 형체는 없어져 버렸지만, 정신은 살아남아야 할 것이다. 이것이 내가 역사를 쓰는 까닭이다. 정신이 살아서 없어지지 않으면 형체도 부활할 때가 있을 것이다.

— 「한국통사」

· 정인보

누구나 어릿어릿하는 사람을 보면 '얼'이 빠졌다고 하고, '멍'하니 앉은 사람을 보면 '얼'하나 없다고 한다. '얼'이란 이같이 쉬운 것이다. 그런데 '얼' 하나의 있고 없음으로써 그 광대·응맹함이 혹 저렇기도 하고 그 잔루·구차함이 이렇기도 하니, '얼'에 대하여 명찰통조(明察通眺)함은 실로 거론하기 어렵다 할 수도 있다.

— 「5천년간 조선의 얼」

56 민족 문화 수호 운동 ③

V. 일제 강점기

📁 국사 연구

● 실증 사학 → ¹ 사관에 바탕(² 강조) 역사적 사실을 실증적·객관적으로 밝힘
- ✓ ³ (1934)
  - ⁴ 의 한국사 왜곡에 대항하기 위해 결성
  - ⁵ · ⁶ 중심
  - 『 ⁷ 』 발간
- 민족주의 사관과 사회·경제 사학 비판(← 실증성이 결여)
- 한계: 문헌 고증에 치중, 식민 사학에 소극적 대항
  ⇒ 일제의 탄압을 별로 받지 않음

● 사회·경제 사학
- 마르크스의 ⁸ 사관에 기반: 역사 발전 5단계설

⁹ 사회 → ¹⁰ 사회 → ¹¹ 사회 → ¹² 사회 → ¹³ 사회

- 생산력 증대에 따른 역사 발전 강조
- 세계사의 ¹⁴ 에 한국사를 체계화
- 식민 사학의 ¹⁵ 비판: 세계사의 발전 방향에 맞춰 한국사가 발전함을 입증
- 민족주의 사학의 정신 사관 비판
- ¹⁶ : 『 ¹⁷ 』, 『 ¹⁸ 』 저술
- 이청원: 『 ¹⁹ 』 저술

● 신민족주의 사학
- ²⁰ 사학 계승(1940년대 연구 시작)
- ²¹ 토대 위에 민족주의 사학과 사회·경제 사학의 방법을 수용
- 민족 중심의 단결 도모
- 해방 전후 ²² 에 기여
  - ²³ : 『 ²⁴ 』 저술
  - ²⁵ : 『 ²⁶ 』 저술

사료 읽기 | 사회·경제 사학과 신민족주의 사학

- **사회·경제 사학**
  우리 조선 역사 발전의 전 과정은 가령 지리적 조건·인종학적 골상·문화 형태의 외형적 특징 등 다소의 차이는 인정되더라도, …… 세계사적·일원론적인 역사 법칙에 따라 다른 여러 민족과 거의 같은 발전 과정을 거쳐왔다. 그 발전 과정의 빠름과 느림, 각 문화의 특수한 모습의 짙고 옅음은 결코 본질적인 특수성이 아니니. …… 조선 경제사의 기도는 사회의 경제적 구성을 기축으로 하여 대략 다음과 같은 제 문제를 취급하게 되어 있다.
  제1. 원시 씨족 공산체의 태양
  제2. 삼국의 정립 시대의 노예 경제
  제3. 삼국 시대 말기경에서 최근세에 이르기까지 아시아적 봉건 사회의 특질
  제4. 아시아적 봉건 국가의 붕괴 과정과 자본주의 맹아 형태 ……
  – 백남운, 『조선사회경제사』

- **손진태의 신민족주의 사학**
  계급 투쟁은 민족의 내부 분열을 초래할 것이며, 계급 투쟁의 길은 우리가 반드시 취해야할 필요는 없고, 민족 균등이 실현되는 날 그것은 자연 해소되는 문제다. …… 이 세계적 기운과 민족적 요청에서 민족 사관은 출발하는 것이며 민족사는 그 향로와 방법을 명백하게 과학적으로 지시하여야 할 것이다. – 『조선민족사개론』

민족 문화 수호 운동 ④

V. 일제 강점기

📖 국어 연구

1907
- 1 _____ : 2 _____ , 3 _____
- 『4 어음월』
- 5 _____ 』

1921
- 6 _____ : 임경재, 장지영, 최두선 등
- 『7 _____ 』(동광류)(1926. 9. 29.)
- 『8 한글』(1927)
- 강연회·강습회를 통해 9 보급

1931
- 10 _____
- 11 _____ , 12 이극로
- 한글 기념일 『한글』
- 한글 맞춤법 통일안 제정(1933)
- 외래어 표기법 통일안 발표(1940)
- 『14 표준말 사도(but 실패)』
- 15 _____ 』 편찬 개시 → 1949
  └ 『우리말 큰 사전』 완간, 1957
- 조선어 학회 사건(1942) → 해산

📖 한글 보급 운동

- 1910년대
  - 최현배의 대학원의 민족 문화 말살
    └ 동아일보 기자

- 1910년대
  - 문맹·농촌·경제 자력의 함양 대두

- 1920년대
  - 동아: 문자 보급·계몽 가동대 등
  - 학원 신설 한글 운동 → 17 _____ 18 _____

- 1930년대
  - 조선일보 (1936, 동아일보) → 19 _____ 동아일보 등
  - 조선일보, 동아일보 폐간(1940)

📖 민족 문학 운동

1910년대
- 20 → 2인 문학 시대
- 이광수: 21 _____ (1917, 최초의 장편 현대 소설)
- 최남선: 22 _____ (1908, 최초의 23 _____)

1920년대
- 동인: 24 _____ (폐미지, 타미지, 남미지의
- 25 _____ 』 (김동인, 주요한 등 1919)』 → 『26 (이광수)』, 『27 _____ 』
- 문학 대두: 민족적 현실 망각, 사회 참여 불가, 계급 의식 고취 경향
  → 28 _____ 사회주의 페미니즘과 언덕(1925)』
  └ 29 _____
- 민족 문학: 사회주의 사상을 가지고 사회주의 경향의 사회주의적 민족 주의가
  → 30 _____ (1925), 31 '빼앗긴 들에도 봄은 오는가' 등 참여 문학
- 조지훈, 이상화: 32 _____ , 「농부의 일기」(1926)

1930년대
- 순수 문학: 정지용, 김영랑, 김동환 등, 예술파와 자연파로 양분
  - 『33 _____ 』 동인지
  - 34 공동 유식: 35 _____ · 36 『청포도』·37 _____ 』 등
  - 저항 시인들의 독립 의지 민족의식을 고취시키고자 함
  - (~1940년대 초반)

1940년대
- 38 _____ : 39 _____ , 40 _____ · 시가 등
- 41 _____ 의 친일 문학 운동에 동원됨
- 문학의 암흑기: 절필 선언 등

정답 1 국문 연구소 2 지석영 3 주시경 4 주시경 5 조선문전 6 조선어 연구회 7 가갸날 8 한글 9 한글 보급 운동 10 조선어 학회 11 이윤재 12 최현배 13 한글 맞춤법 통일안 14 우리말 큰 사전 15 한글 학회 16 매일신보 17 조선일보 18 동아일보 19 일장기 삭제 사건 20 계몽 문학 21 무정 22 해에게서 소년에게 23 신체시 24 동인지 25 창조 26 백조 27 폐허 28 신경향파 29 KAPF 30 진달래꽃 31 이상화 32 님의 침묵 33 시문학 34 저항 35 서시 36 이육사 37 상록수 38 친일 39 이광수 40 최남선 41 군국주의

56. 민족 문화 수호 운동 ⑤

📁 예술 활동

● 연극
- _____¹ (1920)
- _____² (1923, 연극 단체)
- _____³ (1931, 유치진의 「_____⁴」)

● 음악
- ┌ _____⁵ : 일제에 대한 저항 의식 표현 (「_____⁶」 「_____⁷」 등)
- ├ _____⁸ : 민족의 심정 대변 (홍난파의 「봉선화」) _____⁹ 의 「_____¹⁰」・「_____¹¹」 등)
- │   └ 1936
- └ 동요: _____¹² 의 「반달」, 홍난파의 「_____¹³」

● 미술
- **한국화:** _____¹⁴ 의 제자인 _____¹⁵ 등이 한국의 전통 회화를 전승·발전시킴
- **서양화:** 최초의 서양 화가인 _____¹⁶ 이래 _____¹⁷ 등의 서양 화가가 활약함

● 영화
- _____¹⁸ 의 '_____¹⁹' (1926): 민족 정서를 토대로 민족의 비애를 표현
- 일제는 _____²⁰ (1940)을 제정해 민족적 영화 탄압

📁 종교 활동

● 개신교
- 교육·의료·_____²¹ 운동 전개
- 1930년대 _____²² 전개 → 일제의 탄압 심화, 개신교계 학교들이 폐쇄됨

● 천주교
- 고아원·_____²³ 사업 전개
- _____²⁴ 조직(만주, 항일 무장 단체, _____²⁵ 에 참여)
- 잡지 「_____²⁶」 발간

● 천도교
- 제2의 _____²⁷ 계획(1922, 자주 독립 선언문 발표)
- 기관지 「_____²⁸」, 잡지 「_____²⁹」・「_____³⁰」 등 간행
- 민중 계몽 운동 전개(어린이·여성 운동)

● 대종교
- _____³¹ · _____³² 가 창시
- 항일 무장 투쟁 전개
  - _____³³ 조직 - 1911, _____³⁴ → 3·1 운동 직후 북로 군정서로 개편하여 _____³⁵ 에 참여)

● 불교
- _____³⁶ 의 「_____³⁷」
- _____³⁸ (1921, 불교 정화 운동, 불교 교단의 친일화에 대항)
  └ 일지가 _____³⁹ (1911)을 제정, 불교를 친일화

● 원불교
- _____⁴⁰ 창시(1916)
- _____⁴¹ 전개 (개간 사업·저축 운동·허례허식 폐지 등)

57 해방 전후사 ①

해방을 전후하여 활발히 전개된 이 시기의 건국 준비 활동과 건국 노력을 학습하자.

VI. 근현대

📖 건국 준비 활동

국외 건국 준비 활동

1단계 (국외 활동 = 해방 전) → 2단계 (광복 후)
건국 방침 수립 → 건국 활동

3 충칭 ← 통일

중국
  - 이동 (1942)
  - 충칭 임시 정부
  - 지청천 결성 (1940) → 5
  - 임시 정부의 여당: 6 _____ 7 _____ (1941)

건국 준비 활동

- 8 _____ (1944) → 조선 건국 준비 위원회 (1945. 8. 15.) → 18 _____ 이 지부 설치 → 미군 상륙 (9.8) → 인정 X → 실시(9.9)
  - 9 여운형 중심
  - 비밀 단체 (← 일제 탄압 강화)
  - 10 _____ · 11 조소앙 12 발표
  - 13 _____ (중도 좌파) + 14 _____ (중도 우파)
  - 국내 광복군 편성, 145개의 지부 설치
  - 15 _____ 담당
  - 16 등 인수
  - 17 _____ 를 결성하고, 징용에

- 19 _____ 이 이탈 (조선 인민당) ⇔ 조선 인민 공화국에 불참 → 20 _____ (9.6) 선포 ← X 인정 X
  - 민족주의 세력이 · 해공 권한 X
  - 21 _____ 창당 · 송진우, 김성수

📄 자료 읽기 | 해방 전후 시기의 건국 준비 활동

- 조선 건국 동맹의 강령
  (1) 각인각파를 대동단결하여 거국일치로 일본 제국주의 모든 세력을 구축하고 조선 민족의 자유와 독립을 회복할 것.
  (2) 반추축 제 국가와 협력하여 대일 연합 전선을 형성하고 조국의 완전한 독립을 저해하는 일체 반동 세력을 박멸할 것.
  (3) 건설부면에 있어서 일체 시정을 민주주의적 원칙에 의거하고, 특히 노농대중의 해방에 치중할 것.

- 조선 건국 준비 위원회 강령
  - 우리는 완전한 독립 국가의 건설을 기함.
  - 우리는 전 민족의 정치적·경제적·사회적 기본 요구를 실현할 수 있는 민주주의 정권의 수립을 기함.
  - 우리는 일시적 과도기에 있어서 국내 질서를 자주적으로 유지하며 대중 생활의 확보를 기함.

- 조선 인민 공화국의 시정 방침 ...... 일본 제국주의와 봉건적 잔재 세력을 일소하고 자유 발전의 길을 열기 위한 모든 진보적 투쟁을 적극 지지하고, 그 반면에 반민주주의적 반동적 모든 세력에 대한 철저한 투쟁을 통하여 완전한 독립 국가의 건설과 진정한 민주주의 사회의 실현을 기한다. ......

정답 1 복국 2 건국 3 건국 준비 4 조선 독립 동맹 5 한국 독립당 6 조소앙 7 삼균주의 8 조선 건국 동맹 9 여운형 10 좌·우익 11 비밀 12 건국 강령 13 여운형 14 안재홍 15 치안 유지권 16 행정권 17 치안대 18 좌익 중심 19 우익 세력 20 (조선) 인민 공화국 21 한국 민주당 22 미 군정

57 해방 전후사 ②

해방 전후 국제 회담

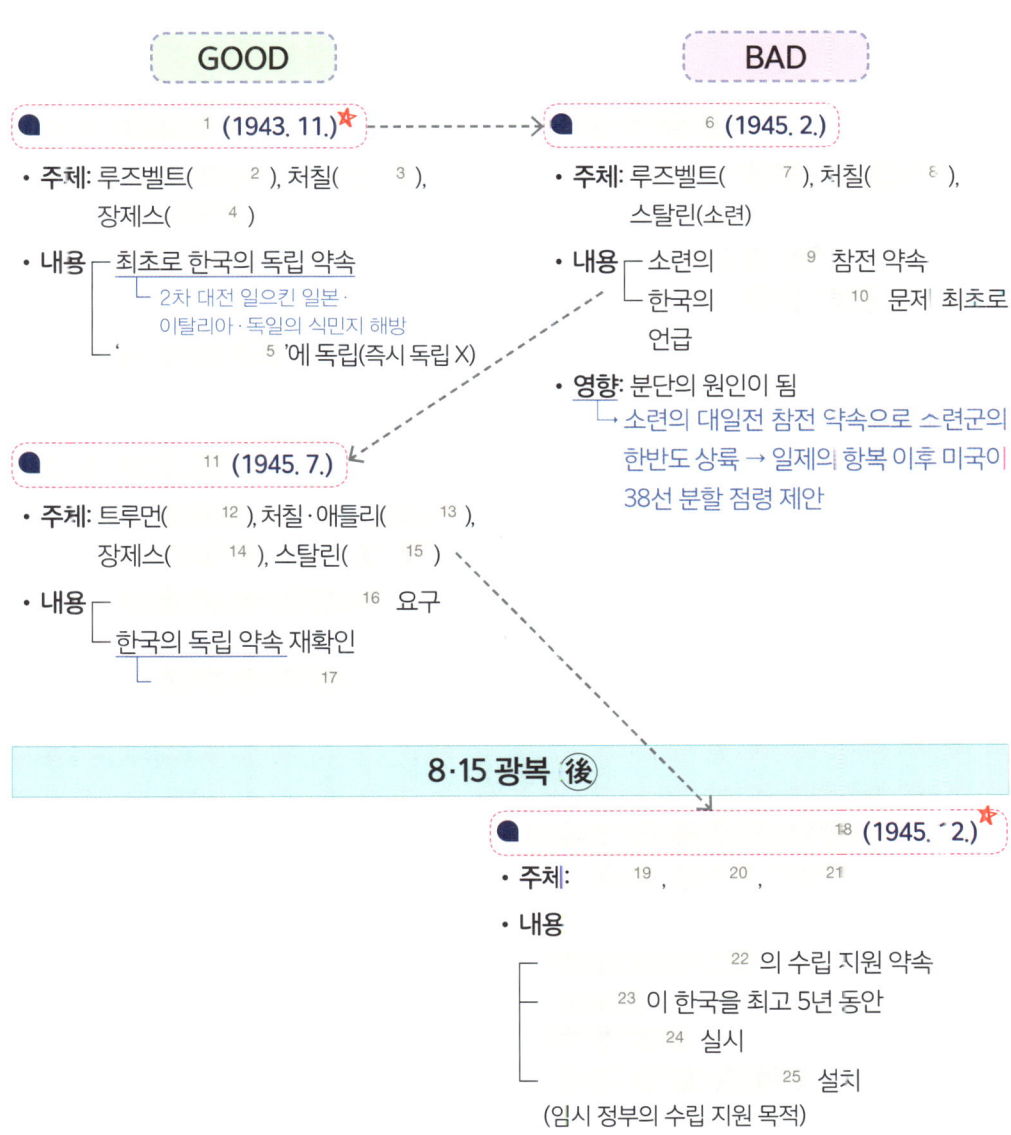

GOOD
- ¹ (1943. 11.)
  - 주체: 루즈벨트(²), 처칠(³), 장제스(⁴)
  - 내용: 최초로 한국의 독립 약속
    - 2차 대전 일으킨 일본·이탈리아·독일의 식민지 해방
    - ' ⁵ '에 독립(즉시 독립 X)

- ¹¹ (1945. 7.)
  - 주체: 트루먼(¹²), 처칠·애틀리(¹³), 장제스(¹⁴), 스탈린(¹⁵)
  - 내용: ¹⁶ 요구
    - 한국의 독립 약속 재확인
    - ¹⁷

BAD
- ⁶ (1945. 2.)
  - 주체: 루즈벨트(⁷), 처칠(⁸), 스탈린(소련)
  - 내용
    - 소련의 ⁹ 참전 약속
    - 한국의 ¹⁰ 문제 최초로 언급
  - 영향: 분단의 원인이 됨
    - 소련의 대일전 참전 약속으로 소련군의 한반도 상륙 → 일제의 항복 이후 미국이 38선 분할 점령 제안

8·15 광복 後

- ¹⁸ (1945. 12.)
  - 주체: ¹⁹ , ²⁰ , ²¹
  - 내용
    - ²² 의 수립 지원 약속
    - ²³ 이 한국을 최고 5년 동안 ²⁴ 실시
    - ²⁵ 설치 (임시 정부의 수립 지원 목적)

Focus 해방 전후 좌·우익 정당 및 단체

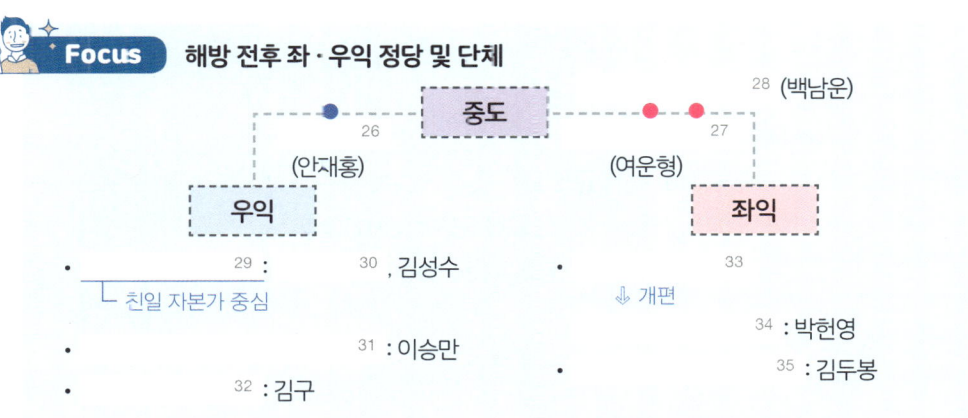

우익 — 중도 (안재홍) ²⁶ — (여운형) ²⁷ — ²⁸ (백남운) 좌익

- 우익
  - ²⁹ : 친일 자본가 중심
  - ³⁰ : 김성수
  - ³¹ : 이승만
  - ³² : 김구
- 좌익
  - ³³ ↓ 개편
  - ³⁴ : 박헌영
  - ³⁵ : 김두봉

모스크바 3국 외상 회의 이후의 한반도 정세

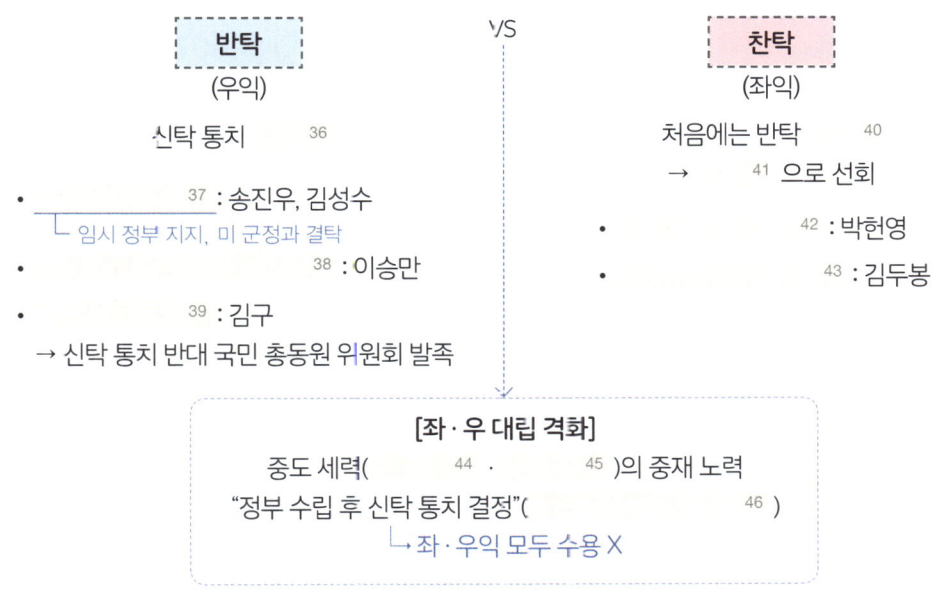

반탁 (우익) vs **찬탁 (좌익)**

- 신탁 통치 ³⁶
  - ³⁷ : 송진우, 김성수
    - 임시 정부 지지, 미 군정과 결탁
  - ³⁸ : 이승만
  - ³⁹ : 김구
  - → 신탁 통치 반대 국민 총동원 위원회 발족

- 처음에는 반탁 ⁴⁰
  - → ⁴¹ 으로 선회
  - ⁴² : 박헌영
  - ⁴³ : 김두봉

[좌·우 대립 격화]
중도 세력(⁴⁴ · ⁴⁵)의 중재 노력
"정부 수립 후 신탁 통치 결정"(⁴⁶)
└ 좌·우익 모두 수용 X

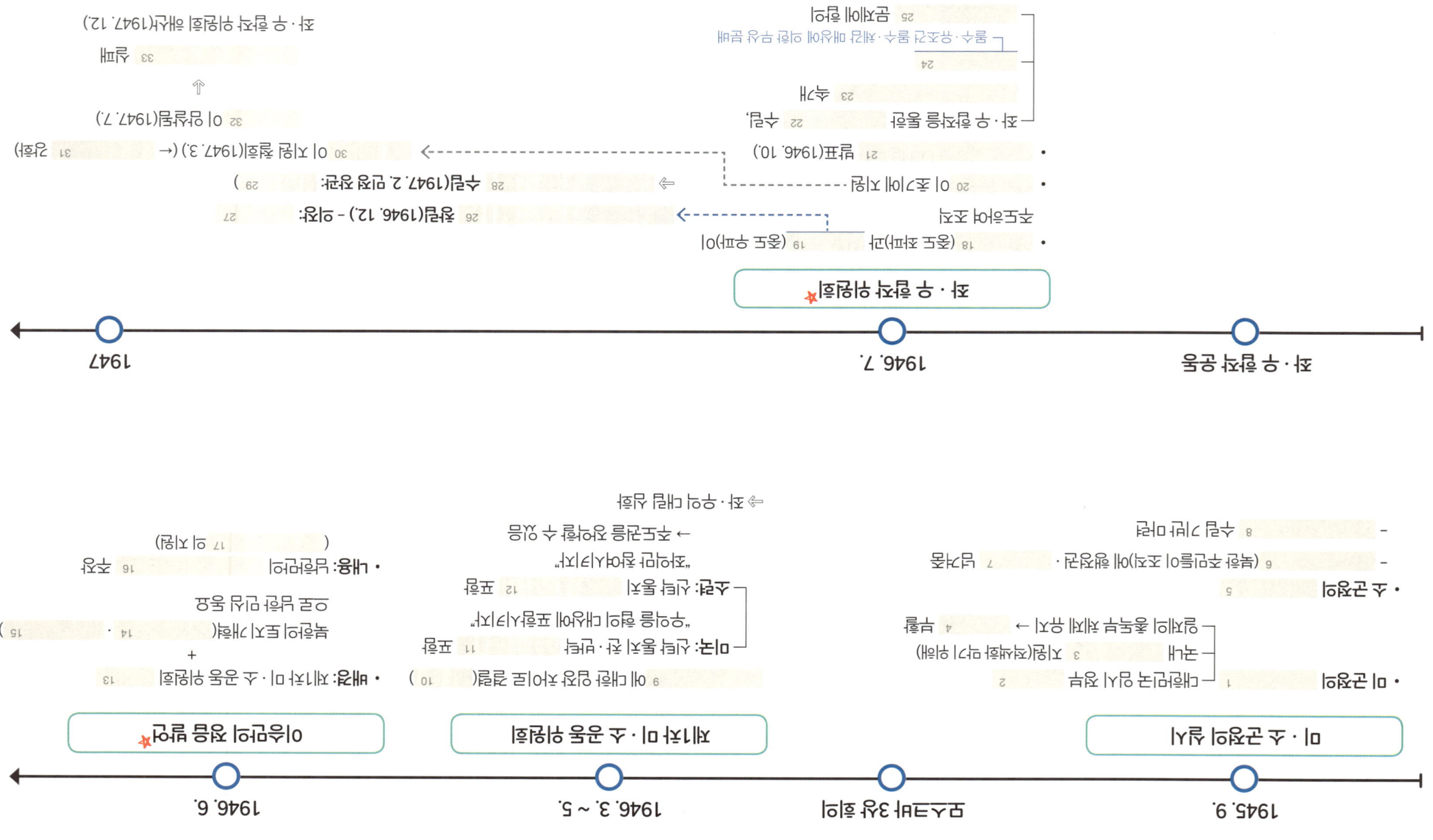

58 대한민국 수립 ②

1947. 5. ~ 10. 제2차 미·소 공동 위원회

____[1] 으로 냉전 격화

⇩

제2차 미·소 공동 위원회 ____[2]

⇩

미국이 한반도 문제를 ____[3] 할 것을 주장

⇩

____[4] 했으나, 유엔에 이관됨 (1947. 9.)

1947. 11. 유엔 총회 개최

(미국에 유리)

- ____[5] 로 총선(거) 실시 결의
- 선거 진행 돕기 위해 ____[6] 파견

⇩

유엔 한국 임시 위원단 입국(1948. 1.)

⇩

____[7]

1948. 2. 유엔 소총회 개최

(미국에 유리)

- ____[8] : 선거 가능한 남한에서만 단독 총선거 실시

⇕

- 김구가 '____[9]' 발표(1948. 2.)
- ____[10] · ____[11] 이 남북 협상 제의(1948. 2.)

⇩

- ★ ____[12] (____[13]) 개최(1948. 4.)
  → 4자 회담 ┌ [남] ____[14] · ____[15]
  └ [북] ____[16] · ____[17]

⇒ 공동 성명 발표
____[18]
┌ 미·소 군대의 철수
└ 단독 정부 수립 ____[19]

1948. 5. ~ 8. 남한 단독 총선(거) 실시

(1948. ____[20])

198명의 국회의원 선출

⇒ ____[21] (1대 국회)
└ 의원 임기 ____[22]

대한민국 정부 출범

(1948. 8. 15.)

대통령 ____[23], 부통령 ____[24]

1948. 12.

유엔 총회에서 ____[25] 을
한반도에서 ____[26] 로 승인

더 알아보기 단독 선거·단독 정부 반대 운동

- ____[27] (1948.4.)
  - 배경: 경찰과 ____[28] (극우 반공 단체)의 횡포에 대한 제주도민의 반감
  - 내용: 제주도 사회주의자들이 ____[29] 하며 일으킴 → 민간인 피해
  - 결과: 제주도 3개 선거구 중 2개 지역에서 5·10 총선거 미실시
- ____[30] (1948.10.)
  - 배경: 정부 수립 이후 제주도 4·3 사건에 대해 진압 명령
  - 내용: 여수·순천 주둔군이 경령에 불복 → ____[31] 의 진압
    └ 사회주의자들 多
  - 결과: 반란군 일부는 지리산·빨치산 활동 시작, ____[32] 제정(1948. 12.)

정답 1 트루먼 독트린 2 결렬 3 유엔에 이관 4 소련이 거부 5 남북한 인구 비례 6 유엔 한국 임시 위원단 7 소련(북한)의 입국 거부 8 남한 단독 총선(거) 결정 9 삼천만 동포에게 읍고함 10 김구 11 김규식 12 남북 지도자 회의 13 남북 연석 회의 14 김구 15 김규식 16 김두봉 17 김일성 18 5·10 총선거 불참 19 반대 20 5. 10. 21 제헌 국회 22 2년 23 이승만 24 이시영 25 대한민국 26 유일한 합법 정부 27 제주도 4·3 사건 28 서북 청년회 29 단독 정부에 반대 30 여수·순천 10·19 사건 31 이승만 정부 32 국가 보안법

58 대한민국 수립

VI. 현대

📖 맵핑 핵심 자료

▨ 카이로 선언

3대 동맹국(미국·영국·중국)은 일본의 침략을 정지시키며 이를 벌하기 위하여 이번 전쟁을 속행하고 있는 것이다. …… 위 동맹국의 목적은 일본이 1914년 제1차 세계 대전 개시 이후에 탈취 또는 점령한 태평양의 도서(島嶼) 일체를 빼앗고 만주, 대만 및 팽호(澎湖) 섬과 같이 일본이 청국으로부터 빼앗은 지역 일체를 중화민국에 반환함에 있다. …… 앞의 3대국(미국·영국·중국)은 한국민의 노예 상태에 유의하여 적당한 시기(in due course)에 한국을 자주 독립시킬 결의를 한다.

▨ 좌·우 합작 7원칙

1. 조선의 민주 독립을 보장한 모스크바 3국 외상 회의 결정에 의하여 남북을 통한 좌·우 합작으로 민주주의 임시 정부를 수립할 것
2. 미·소 공동 위원회의 속개를 요청하는 공동 성명을 발표할 것
3. 토지 개혁에 있어서 몰수, 유조건 몰수, 체감 매상 등으로 토지를 농민에게 무상으로 분여하며, 시가지의 기지 및 대건물을 적정 처리하며, 중요 산업을 국유화하며, …… 민주주의 건국 과업 완수에 매진할 것
4. 친일파 민족 반역자를 처리할 조례를 좌·우 합작 위원회에서 입법 기구에 제안하여 입법 기구로 하여금 심리·결정하여 실시케 할 것
5. 남북을 통하여 현 정권하에 검거된 정치 운동자들의 석방에 노력하고, 아울러 남북 좌우의 테러적 행동을 일체 즉시로 제지하도록 노력할 것
6. 입법 기구에 있어서는 일체 그 기능과 구성 방법, 운영을 본 합작 위원회에서 작성하여 적극적으로 실행할 것
7. 전국적으로 언론·집회·결사·출판·교통·투표 등의 자유가 절대 보장되도록 노력할 것

▨ 모스크바 3국 외상 회의 결정서

1. 조선을 독립 국가로 재건설하며 조선을 민주주의적 원칙하에 발전시키는 조건을 조성하고 …… '조선 민주주의 임시 정부'를 수립한다.
2. 조선 임시 정부 수립을 원조할 목적으로 먼저 그 적절한 방책을 연구·조성하기 위하여 남조선 미국 사령부와 북조선 소련 사령부의 대표자들로 공동 위원회가 설치될 것이다. 위원회는 제안을 작성할 때에 조선의 민주주의 정당들, 사회 단체들과 협의해야 한다.
3. 위 공동 위원회는 …… 조선 임시 정부와 협의하여 미·영·소·중 4개국 정부가 최고 5년 기간의 신탁 통치 협약을 작성하는데 공동으로 참작할 수 있도록 제안을 제출하여야 한다.
4. 남·북조선에 공통된 긴급 문제와 행정·경제 방안의 영구적 조정 방침 강구를 위해 미·소 양국 조선 주둔 사령관 대표는 앞으로 2주일 이내에 회의를 소집할 것이다.

▨ 김구의 단독 정부 수립 반대

한국이 있고야 한국 사람이 있고, 한국 사람이 있고야 민주주의도 공산주의도 또 무슨 단체도 있을 수 있는 것이다. 마음 속의 38도선이 무너지고야 땅 위의 38도선도 철폐될 수 있다. …… 현실에 있어서 나의 유일한 염원은 3천만 동포와 손을 잡고 통일된 조국의 달성을 위하여 공동 분투하는 것뿐이다. 이 육신을 조국이 필요로 한다면 당장에라도 제단에 바치겠다. 나는 통일된 조국을 건설하려다 38도선을 베고 쓰러질지언정 일신의 구차한 안일을 위하여 단독 정부를 세우는 데는 협력하지 아니하겠다.
　　　　　　　　　　　　　　　　　　　- 김구, '삼천만 동포에게 읍고함'

▨ 이승만의 정읍 발언

이제 우리는 무기 휴회된 공위(미·소 공동 위원회)가 재개될 기색도 보이지 않으며 통일 정부를 고대하나 여의케 되지 않으니 우리 남방만이라도 임시 정부 혹은 위원회 같은 것을 조직하여 38 이북에서 소련이 철퇴하도록 세계 공론에 호소하여야 될 것이니 여러분도 결심하여야 될 것이다.

▨ 제헌 헌법

유구한 역사와 전통에 빛나는 우리들 대한국민은 기미 삼일 운동으로 대한민국을 건립하여 세계에 선포한 위대한 독립 정신을 계승하여 …… 정당 또 자유로이 선거된 대표로서 구성된 국회에서 단기 4281년 7월 12일 이 헌법을 제정한다.

제1조 대한민국은 민주 공화국이다.

제53조 대통령과 부통령은 국회에서 무기명 투표로써 각각 선거한다.

제55조 대통령과 부통령의 임기는 4년으로 한다. 단, 재선에 의하여 1차 중임할 수 있다.

제102조 이 헌법을 제정한 국회는 이 헌법에 의한 국회로서의 권한을 행하며 그 위원의 임기는 국회 개회일로부터 2년으로 한다.

59. 제헌 국회의 활동(1948 ~ 1950) ①

📁 친일파 청산

- _____¹ 제정(1948. 9.): 친일 행위자 처벌, 공민권 제한
  └ 일제의 잔재 청산, 사회 기강 확립 목적

- ²족 행위 ³별 조사 ⁴원회 구성: ⁵, ⁶, ⁷, ⁸,
  ⁹ 등을 구속

- 한계: ¹⁰한 이승만 정부는 반민특위 활동에 ¹¹태도 노임
  ├ ¹²사건: 일부 국회의원들(반민특위 소속)이 남조선 노동당과
  │ (1949. 5.~1950. 3.) 내통했다고 조작한 사건
  ├ 반민특위 습격 사건(1949. 6. 6.): ¹³들이 ¹⁴습격
  └ 반민특위 ¹⁵단축: 2년 → ¹⁶

- 결과: 반민특위가 시효 만료(1949. 8.)로 해체되자 관련자 대부분이 ¹⁷됨,
  ¹⁸

더 알아보기 - 남북한 농지 개혁 비교

구분	남한	북한
대상	산림·임야 제외	모든 토지
공포 시기	1949년 6월 (→ 실시: 1950년)	1946년 3월
방법	• 토지 상한: 3정보 기준 • 유상 매입, 유상 분배	• 토지 상한: 5정보 기준 • 무상 몰수, 무상 분배

📁 농지 개혁★

- ¹⁹(1945. 10.): 소작료가 ²⁰초과하지 못하도록 규정
- ²¹설립(1946. 2.): _____²² 의 재산·일본인 소유 농지 관리
  ⇩ 개편 → 일부 토지 매도
- ²³(1948. 3.): 일본인 소유 농지의 대부분을 원래 ²⁴에게 매각

● 농지 개혁법 - 1949. 6. ⇒ ²⁵, 1950. 3. ⇒ ²⁶
- 배경: _____²⁷ 데 자극받아 남한에서 토지 개혁에 대한 요구 증대
  └ ²⁸기준, ²⁹ ³⁰
- 대상: ³¹에 한정(³² · ³³ 제외)
- 방법: ³⁴ - ³⁵ 이상 모두 매입, ³⁶ 지급
         ³⁷ - ³⁸ 분할 상환

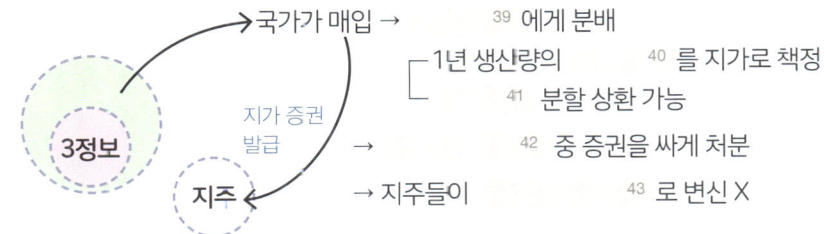

→ 국가가 매입 → ³⁹에게 분배
  ┌ 1년 생산량의 ⁴⁰를 지가로 책정
  │ ⁴¹ 분할 상환 가능
  │ ⁴² 중 증권을 싸게 처분
  └ → 지주들이 ⁴³로 변신 X

- 결과: ⁴⁴의 원칙 실현(⁴⁵ → 소작농↓·자영농↑)
  6·25 전쟁 당시 공산화(⁴⁶)를 막는 더 큰 역할
- 한계: 지주들이 미리 땅을 팔거나 농지를 ⁴⁷로 전환
  ⇒ 농지 개혁 대상이 되는 토지가 축소됨, 지주들의 ⁴⁸로의 변신 미흡

59 제헌 국회의 활동(1948 ~ 1950) ②

VI. 현대

📖 귀속 재산 정리

● 미 군정 시기

1. **(1)** 귀속 재산 관리
   └ 미 군정이 일본인 소유의 일본인 관리였던 공장, 광산, 주택, 토지, 기업 등

● 대한민국 수립 후

2. **(2)** 제정(1949. 12.)
   - 민간인(주로 친일파)에게 시장을 가격으로 불하
   → 정경 유착의 고리
3. **(3)** 불하

4. **(4)** 불하 - 민간인 귀속 재산

   공장
   ← 농지는 10년간

5. **(5)**
   ├ 민간인에게 시장 가격으로 불하
   ← **(6)** 영화(성장 유도)

🎓 더 알아보기 │ 이 곤장과 제헌 국회의 활동 비교

구분	이 곤장	제헌 국회
친일파 청산	소극적 (**(7)**)	소극적 (**(8)**)
농지 개혁	**9** • 유상 **10** • 3정보 상한제 및 제한	유상매수·유상분배 ← **11**
귀속 재산	제한 **12** 처리	제한 **13**

📖 자료 확인하기 │ 제헌 국회의 활동

• 반민족 행위 처벌법

제1조 일본 정부와 통모하여 한·일 '합방'에 협력한 자는 사형 또는 무기징역에 처하고 그 재산과 유산의 전부 혹은 2분의 1 이상을 몰수한다.
제2조 일본 정부로부터 작을 받은 자 또는 일본 제국 의회의 의원이 되었던 자는 무기 또는 5년 이상의 징역에 처하고 그 재산과 유산의 전부 혹은 2분의 1 이상을 몰수한다.
...
제5조 일본 치하에 고등관 3등급 이상, 훈 5등 이상의 관공리 또는 헌병, 헌병 보조원, 고등 경찰의 직에 있던 자는 이 법의 공소 시효 경과 전에는 공무원에 임명될 수 없다. 단, 기술관은 제외한다.

• 농지 개혁법

제5조 정부는 다음에 의하여 농지를 매수한다.
1. 다음의 농지는 정부에 귀속한다.
  (가) 법령 및 조약에 의하여 몰수 또는 국유로 된 토지
  (나) 소유권의 명의가 분명치 않은 농지
2. 다음의 농지는 본법에 의하여 정부가 매수한다.
  (가) 농가 아닌 자의 농지
  (나) 자경하지 않는 자의 농지. 단, 질병, 공무, 취학 기타 부득이한 사유로 일시 이농한 자의 농지는 소작료율을 3할로 불하하되 이농 사유 소멸시에는 자경한다.
  (다) 본법 규정의 한도를 초과하는 부분의 농지
  (라) 과수원, 종묘포, 상전 등 숙근성 작물 재배 토지를 3정보 이상 자영하는 자의 소유인 숙근성 재배 토지

• 귀속 재산 처리법

제2조 본법에서 귀속 재산이라 함은 다음에 열거하는 것을 말한다.
① 경자매의 법령 및 조약에 의하여 대한민국 정부에 이양된 일본 정부, 일본 기관 및 (법인자치) 일본인, ③ 연합국인 사유, ④ 정치체의 기업체 등 이상의 것에 대한 소유권 및 ⑤ 위 동산, 부동산에 대한 일체의 소유권 등을 총칭함.

정답 1 신한 공사 2 귀속 재산 처리법 3 정경 유착 4 50% 5 민영화 6 초기 재벌 7 현상 유지 8 반민특위 탄압 9 최고 소작료 결정의 건 10 신한 공사 11 중앙 토지 행정처 12 신한 공사 13 귀속 재산 처리법

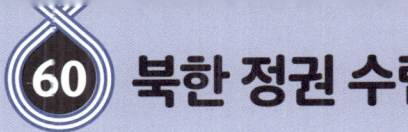

60. 북한 정권 수립과 6·25 전쟁 ①

VI. 현대

📂 북한 정권 수립 과정

1945. 8.
- 평남 건국 준비 위원회 결성
  - 해방 직후 조직
  - 조만식(민족주의) 중심
  ⇩
- 평남 건국 준비 위원회가 소련군에 의해 해체됨
  ↳ 신탁 통치에 반대했기 때문

1945. 10. ~ 11.
- 조선 공산당 북조선 분국 설치
  - 김일성 중심(1945. 10.)
- 북조선 5도 행정국 설치
  - 조만식 중심(1945. 11.)
  - 좌·우 합작 단체
  - 북조선 5도 임시 인민 위원회의 중앙 기구

1946. 2.
- 북조선 임시 인민 위원회 구성
  - 김일성, 김두봉 중심
  - 사회주의 민주 개혁 실시
    - **토지 개혁**: 무상 몰수, 무상 분배
    - 주요 산업 국유화, 8시간 노동제
    - 남녀 평등법, 친일파 청산

1946. 8.
- 북조선 노동당(북로당) 결성
  - 조선 공산당 북조선 분국(김일성)과 북조선 신민당(김두봉) 통합

1947. 2.
- 북조선 인민 위원회 창설
  - 북한 정부 수립을 위한 기구
  - 조선 인민군 창설(1948. 2.)
  - 헌법 초안 제정(1948. 4.)

1948. 9.
- 최고 인민 회의 구성
  - 조선 민주주의 인민 공화국 수립
    - **수상**: 김일성
    - UN의 승인 얻지 못함
  ⇩
- 조선 노동당 창당(1949. 6.)
  - 북로당 + 남로당

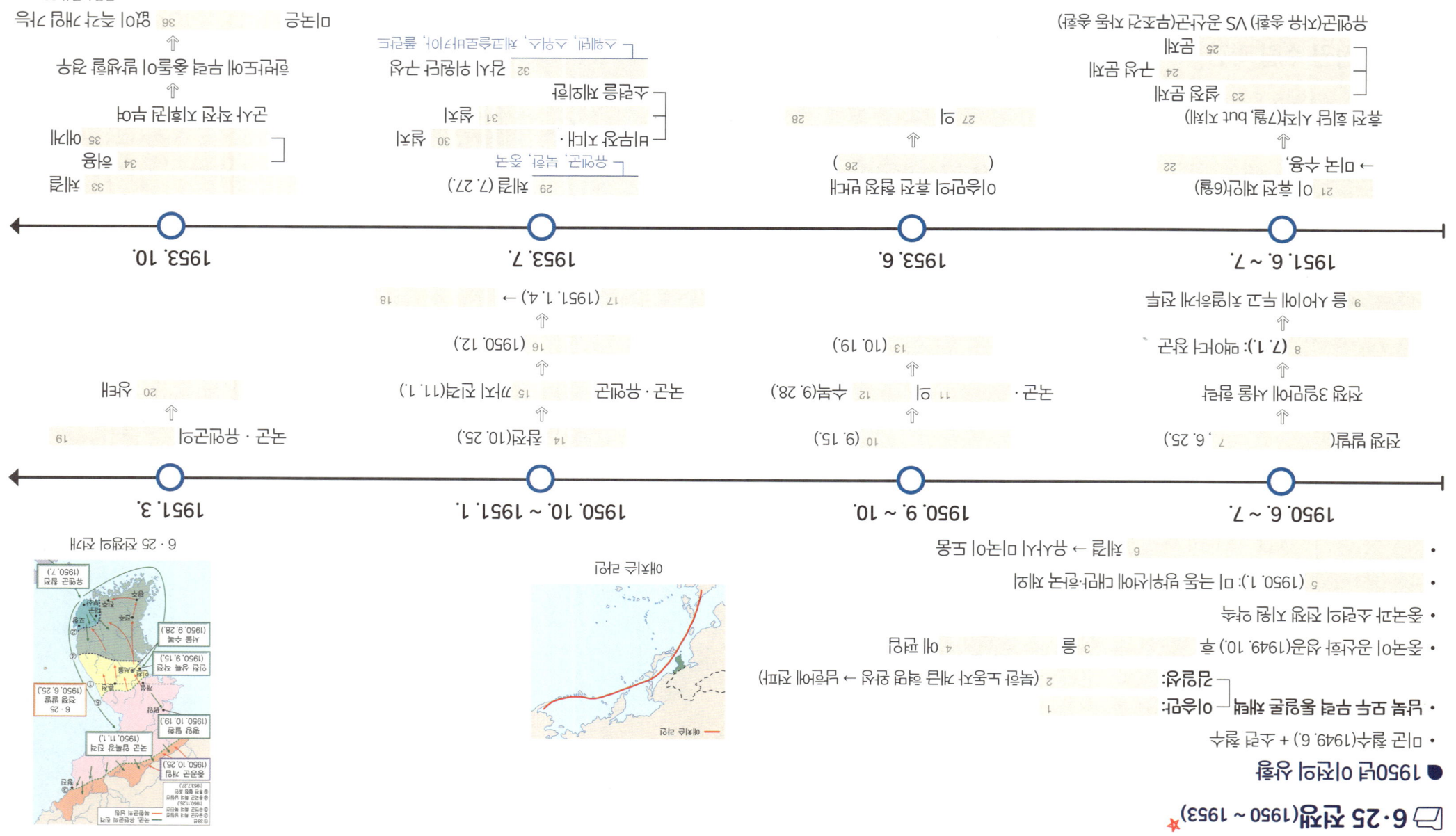

61 민주주의의 시련과 발전 ①

제1공화국(1948~1960)

1948

____[1] 에 따라 ____[2] 을 대통령으로 선출
- 대통령 임기 ____[3], ____[4] 허용, ____[5]
- 국회의원 임기 ____[6]

• **민심 이반:** ____[7] 에 소홀, ____[8] 에 소극적, ____[9], ____[10] 사건
→ 국민의 신뢰도 하락

• **제2대 총선(1950):** 남북 협상파 다수 당선
⇩
국회 ____[11] 로는 재선이 어렵다고 판단하여 ____[12] 시도

1952

★ **제1차 개헌** - ____[13]

• **내용**
- ____[14] (4년, 1차 중임 허용)
- 국회 ____[15] (→ 실제로는 ____[16])

• **전개:** 이승만이 ____[17] 창당(1951) → 개헌 추진 논의
⇩
야당 국회의원들의 반발
⇩
____[18]
(부산에서 폭력배 조직 동원해 ____[19] 탄압)
└ ____[20] 중 임시 수도
⇩
기립 표결로 ____[21] 통과

• **결과:** 제2대 대선 ____[22] 당선

1954

★ **제2차 개헌** - ____[23]

• **배경:** 제3대 총선에서 ____[24] 압승
- 6·25 전쟁 이후 안보 의식이 높아서 ____[25] 정당 득세
⇩ 이승만 장기 집권 도모
____[26] 개헌 논의 시작

• **내용:** ____[27] 에 한해 ____[28]

• **전개:** 개헌 의석수를 넘지 못해 ____[29] (135명 찬성)
└ 국회의원 203명 중 2/3 이상인 136명이 찬성해야 가결됨
⇩
____[30] (반올림)이라는 논리 내세워 개헌안을 통과시킴

• **결과:** 야당이 결집하여 ____[31] 창당(1955)

사료 읽기 | 발췌 개헌과 사사오입 개헌

• **발췌 개헌안**

제31조 입법권은 국회가 행한다. 국회는 민의원과 참의원으로써 구성한다.
제53조 대통령과 부통령은 국민의 보통, 평등, 직접, 비밀 투표에 의하여 각각 선거한다.
[부칙]
이 헌법은 공포한 날로부터 시행한다. 단, 참의원에 관한 규정과 참의원의 존재를 전제로 한 규정은 참의원이 구성된 날로부터 시행한다.
– 헌법 제2호, 1952. 7. 7.

• **사사오입 개헌안**

제31조 입법권은 국회가 행한다. 국회는 민의원과 참의원으로써 구성한다.
제55조 대통령과 부통령의 임기는 4년으로 한다. 단, 재선에 의하여 1차 중임할 수 있다. 대통령이 궐위된 때에는 부통령이 대통령이 되고 잔임 기간 중 재임한다.
[부칙]
이 헌법 공포 당시의 대통령에 대하여는 제55조 제1항 단서의 제한을 적용하지 아니한다.
– 헌법 제3호, 1954. 11. 29.

정답 1 제헌 헌법 2 이승만 3 4년 4 1차 중임 5 간선제 6 2년 7 친일파 청산 8 농지 개혁 9 거창 양민 학살 10 국민 방위군 11 간선제 12 직선제 개헌 13 발췌 개헌 14 대통령 직선제 15 양원제 16 단원제 17 자유당 18 부산 정치 파동 19 야당 정치인 20 6·25 전쟁 21 발췌 개헌 22 이승만 23 사사오입 개헌 24 자유당 25 보수 26 중임 제한 철폐 27 초대 대통령 28 중임 제한 철폐 29 부결 30 사사오입 31 민주당

61 민주주의의 시련과 발전 ②

VI. 현대

📁 제1공화국 - 이승만 정부(1948~1960)

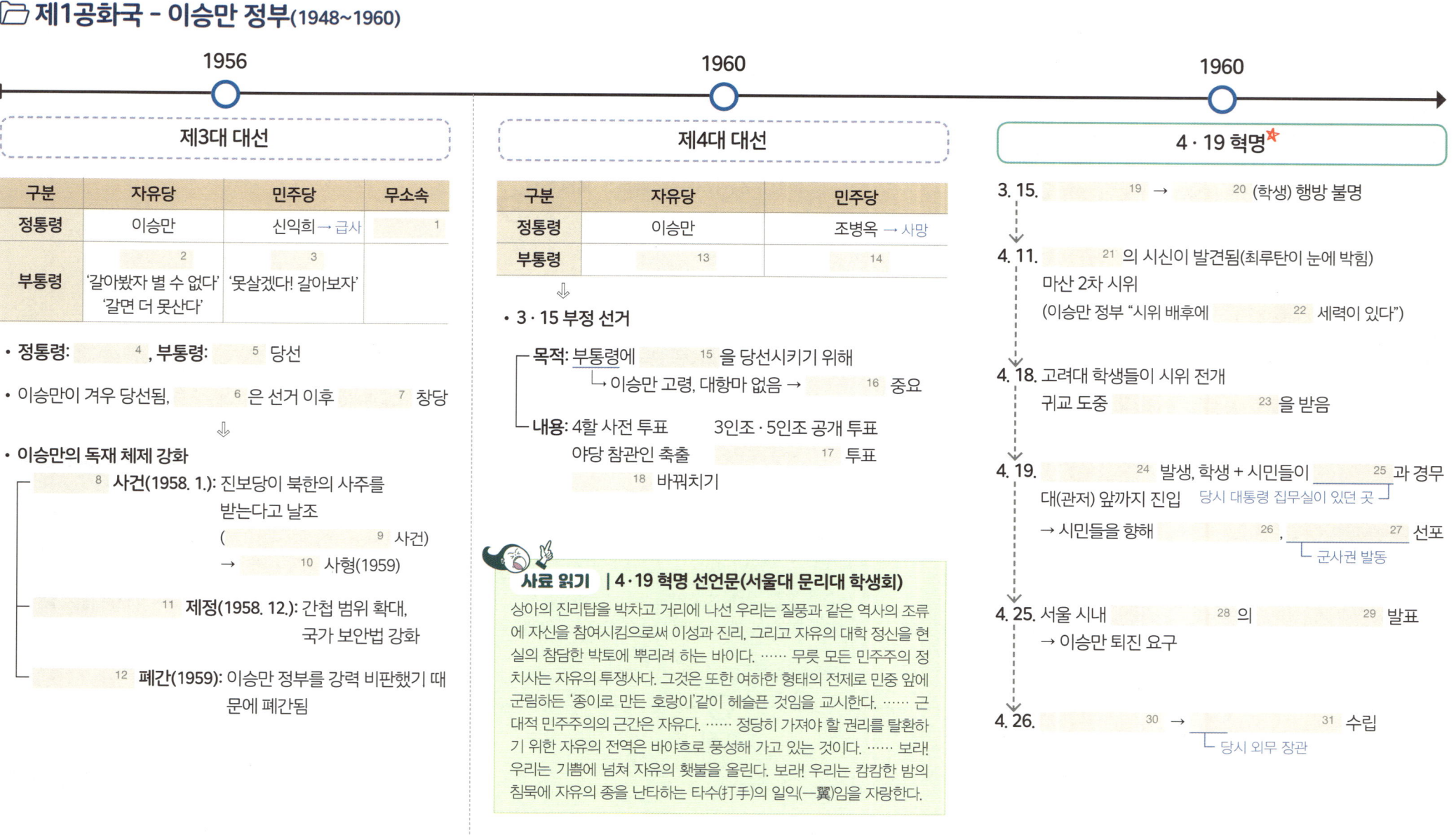

제3대 대선 (1956)

구분	자유당	민주당	무소속
정통령	이승만	신익희 → 급사	___1
부통령	'갈아봤자 별 수 없다' '갈면 더 못산다' ___2	'못살겠다! 갈아보자' ___3	

- **정통령:** ___4 , **부통령:** ___5 당선

- 이승만이 겨우 당선됨, ___6 은 선거 이후 ___7 창당

⇓

- **이승만의 독재 체제 강화**

  ┌ ___8 **사건**(1958. 1.): 진보당이 북한의 사주를
  │ 　　받는다고 날조
  │ 　　(___9 사건)
  │ 　　→ ___10 사형(1959)
  │
  ├ ___11 **제정**(1958. 12.): 간첩 범위 확대,
  │ 　　　　　　　국가 보안법 강화
  │
  └ ___12 **폐간**(1959): 이승만 정부를 강력 비판했기 때
  　　　　　문에 폐간됨

제4대 대선 (1960)

구분	자유당	민주당
정통령	이승만	조병옥 → 사망
부통령	___13	___14

⇓

- **3·15 부정 선거**

  ┌ **목적:** 부통령에 ___15 을 당선시키기 위해
  │ 　　└ 이승만 고령, 대항마 없음 → ___16 중요
  │
  └ **내용:** 4할 사전 투표　　3인조·5인조 공개 투표
  　　　　　야당 참관인 축출　　___17 투표
  　　　　　　　　___18 바꿔치기

🔖 사료 읽기 | 4·19 혁명 선언문(서울대 문리대 학생회)

상아의 진리탑을 박차고 거리에 나선 우리는 질풍과 같은 역사의 조류에 자신을 참여시킴으로써 이성과 진리, 그리고 자유의 대학 정신을 현실의 참담한 박토에 뿌리려 하는 바이다. …… 무릇 모든 민주주의 정치사는 자유의 투쟁사다. 그것은 또한 여하한 형태의 전제로 민중 앞에 군림하든 '종이로 만든 호랑이'같이 헤슬픈 것임을 교시한다. …… 근대적 민주주의의 근간은 자유다. …… 정당히 가져야 할 권리를 탈환하기 위한 자유의 전역은 바야흐로 풍성해 가고 있는 것이다. …… 보라! 우리는 기쁨에 넘쳐 자유의 횃불을 올린다. 보라! 우리는 캄캄한 밤의 침묵에 자유의 종을 난타하는 타수(打手)의 일익(一翼)임을 자랑한다.

4·19 혁명 ⭐ (1960)

3. 15. ___19 → ___20 (학생) 행방 불명

↓

4. 11. ___21 의 시신이 발견됨(최루탄이 눈에 박힘)
　　　 마산 2차 시위
　　　 (이승만 정부 "시위 배후에 ___22 세력이 있다")

↓

4. 18. 고려대 학생들이 시위 전개
　　　 귀교 도중 ___23 을 받음

↓

4. 19. ___24 발생, 학생 + 시민들이 ___25 과 경무
　　　 대(관저) 앞까지 진입　*당시 대통령 집무실이 있던 곳*
　　　 → 시민들을 향해 ___26 , ___27 선포
　　　　　　　　　　　　　　└ 군사권 발동

↓

4. 25. 서울 시내 ___28 의 ___29 발표
　　　 → 이승만 퇴진 요구

↓

4. 26. ___30 → ___31 수립
　　　 └ *당시 외무 장관*

61 민주주의의 시련과 발전 ③

📁 제2공화국 - 장면 내각(1960~1961)

● 성립 과정
허정 과도 정부 수립 ⇒ 제3차 개헌
- ─ 1 (의원 내각제)
- ─ 2 국회: 3 , 4 으로 구성
- ─ 대통령 5

⇒ 제5대 총선(7. 29.) 6 압승

⇒ 제4대 대선 ─ 대통령: 8 ⇒ 장면 내각 (민주당) 출범
(7 , 8월) ─ 국무총리: 9
             └ 실권 장악

● 활동
- 통일 논의 ─ 장면 내각: 10 주장, but 남북 대화에 11
            └ 진보 진영·학생: 12 통일론· 13 론 제기
            "가자! 북으로, 오라! 남으로, 만나자 판문점에서!"
- 제4차 개헌 ─ 14 제정(1960. 11.)
            └ 15 관련자 및 16 들을 소급하여 처벌
- 국토 개발 사업 착수, 17 수립 → but, 실행 X
  (18 으로 중단)

● 문제점
- 민주당 내부 분열 ─ 구파(윤보선) → 19 창당
                 └ 신파(20) → 실권 장악
- 3·15 부정 선거 관련자 처벌에 21 → 국민들의 불만 고조
- 사회 혼란 가중: 자유·인권의 확대에 따른 무질서·데모 빈발 → 22 발생

📁 5·16 군사 정변(1961. 5. 16.)

● 발발
- 23 를 중심으로 한 일부 24 이 주도
  → 사회 혼란과 무질서를 명분으로 쿠데타를 일으킴
- 25 조직(최고 권력 기구, 입법·사법·행정권 장악)
  → 6개 항의 혁명 발표(26 을 국시로 천명, 27 , 28 표방)

● 군정 실시(1961~1963)
- 29 창설(최고 권력 기구, 군사 혁명 위원회가 재편된 것)
- 30 창설(31 주도)
- 정치 개혁 ─ 정치 활동 32 제정(구 정치인의 정치 활동 금지)
           └ 반공법 제정
- 경제 개혁 ─ 33 추진(1962)
           ├ 농어촌 34 탕감
           └ 화폐 개혁 시도(10환 → 35 , 화폐 단위 36)
- 사회 개혁: 37 제정(부정 축재자 처벌)

● 제5차 개헌 (1962)
- 38 중심제(39 , 40 , 1차 중임 허용)
- 41 국회

- 42 창당(1963)
  창당 자금 마련을 위해 4대 의혹 사건을 저지름
  → 민주 공화당 창당 후 박정희가 제5대 대선에서 민주 공화당 후보로 출마함

● 제5대 대선 (1963. 10.)
- 43 (공화당) vs 44 (민정당)
- → 제5대 대통령에 45 당선

※ 혁명 공약
1. 반공을 국시의 제일로 삼고 지금까지 형식적이고 구호에만 그친 반공 체제를 재정비·강화할 것입니다.
......
6. 이와 같은 우리의 과업이 성취되면 참신하고도 양심적인 정치인들에게 언제든지 정권을 이양하고 우리들 본연의 임무에 복귀할 준비를 갖추겠습니다.

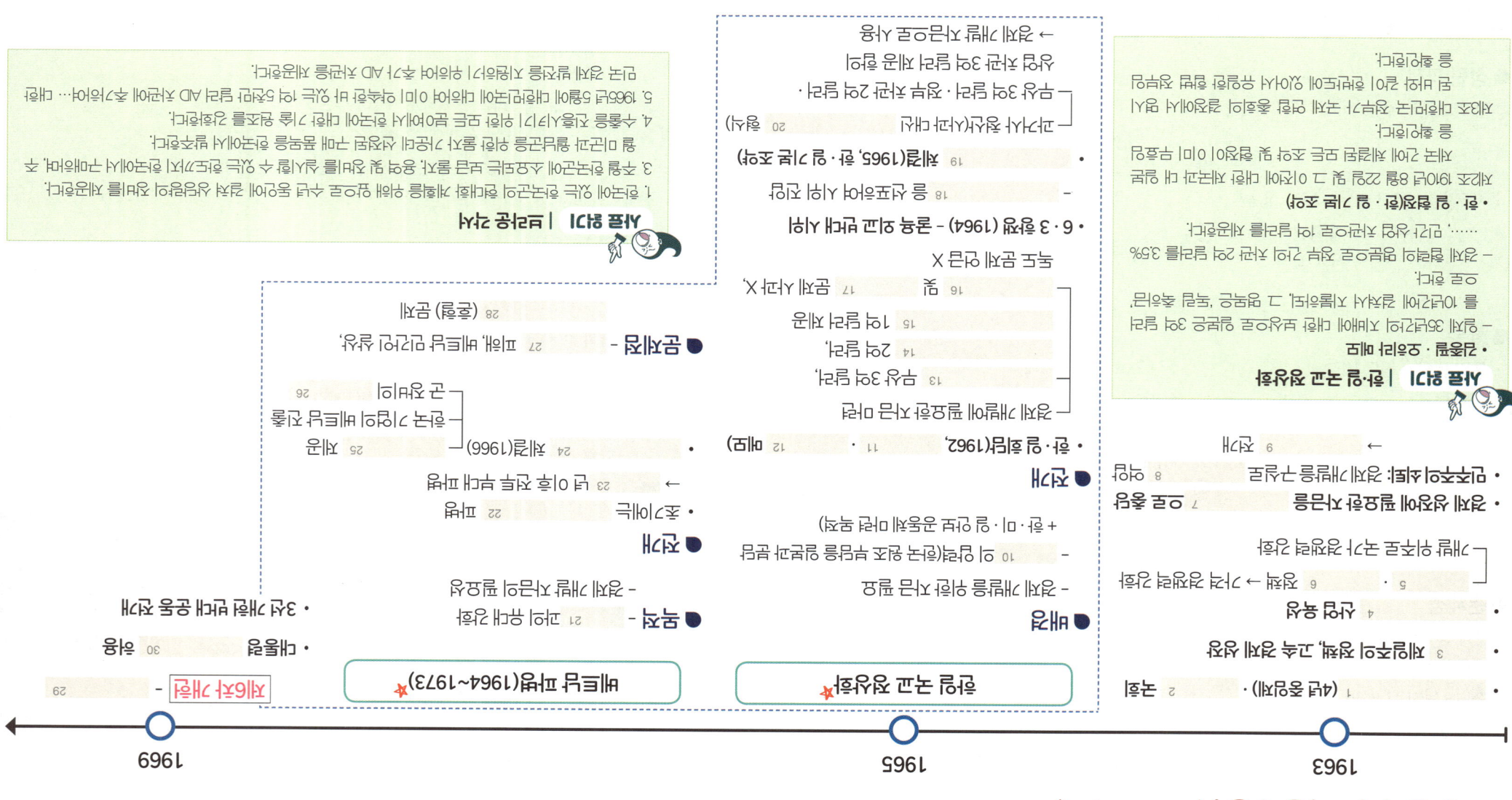

61 민주주의의 시련과 발전 ⑤

제4공화국 - 유신 체제(1972~1981)

유신 체제 이전 상황

- 국내 ┌ 경제 불황·사회적 갈등 심화
  └ 제7대 대선 (1971)
  박정희(공화당) vs ¹ (²)
  ⇒ 박정희가 겨우 당선됨
  ⇒ 박정희 정부는 위기감을 느끼고 장기 집권 방법을 강구
- 국외 - 닉슨 독트린 (1969)
  └ 냉전 완화
  ⇒ 박정희 정부의 ³ 위기

사료 읽기 | 유신 헌법

제39조 대통령은 통일 주체 국민회의에서 토론 없이 무기명 투표로 선거한다.

제40조 통일 주체 국민회의는 국회의원 정수의 1/3에 해당하는 수의 국회의원을 선거한다. 이 국회의원 후보는 대통령이 일괄 추천한다.

제53조 2. 대통령은 제1항의 경우에 필요하다고 인정할 때에는 …… 국민의 자유와 권리를 잠정적으로 정지하는 긴급 조치를 할 수 있고, 정부나 법원의 권한에 관하여 긴급 조치를 할 수 있다.

제59조 대통령은 국회를 해산할 수 있다.

1972

제7차 개헌 - ⁴ 선포(한국적 민주주의 토착화 경분)

- ⁵ 제정(제7차 개헌)
  - 대통령 간선제: ⁶ 에서 대통령을 선출
    대통령 임기 ⁷ (중임 ⁸)
    제8대 대선 대통령에 ⁹ 당선(제4공화국)
    ⇒ 장기 집권의 발판 마련
  - 대통령 권한 강화: ¹⁰ · ¹¹ 보유
    → ¹² 유명무실(현대판 대한국 국제)
    국회의원 ¹³ (¹⁴) 보유
    ¹⁵ (유신 헌법에 반대하면 발동)
    └ 1974~1975년 동안 1~9호 발동
  - 성격: ¹⁶ 통치 체제(일종의 총통)
    └ 강력한 통치권을 모두 대통령에게 부여
- 유신 헌법 반대 투쟁: ¹⁷ 납치 사건(1973)이 도화선으로 작용
  - ¹⁸ (1973): ¹⁹ , ²⁰ 등 재야인사 중심으로 개헌 청원 운동 전개
  - ²¹ 사건 (1974): 유신 헌법 철폐와 개헌을 요구하는 학생들의 투쟁
    → 정부는 이를 간첩과 연계시켜 탄압
  - ²² 선언(1976): ²³ 에서 민주 구국 선언 발표
    (²⁴ 철폐·박정희 정권 퇴진·²⁵ 추구)

1979

유신 체제 붕괴

- ²⁶ (1978)으로 경제난 가중
  ⇩
- ²⁷ 사건
  ┌ YH 무역 도산(6개월 임금 체불)
  └ 농성 과정에서 경찰의 강제 진압으로 여성 노동자 사망
  ⇩ ²⁸ 총재가 국회에서 제명됨
- ²⁹ : ³⁰ 에서 유신 체제 반대 시위 확산
  ⇩
- ³¹ : ³² 가 박정희·차지철 살해
  ┌ ³³ : 부·마항쟁 진압에 온건한 입장
  └ ³⁴ : 부·마항쟁 진압에 강경한 입장
  → 유신 체제 붕괴

정답 1 김대중 2 신민당 3 반공 이데올로기 4 10월 유신 5 유신 헌법 6 통일 주체 국민회의 7 6년 8 제한 X 9 박정희 10 법관 임명권 11 국회 해산권 12 3권 분립 13 1/3 추천 임명권 14 유신 정우회 15 긴급 조치권 16 권위주의적 17 김대중 18 개헌 청원 백만인 서명 운동 19 장준하 20 함석헌 21 민청학련 22 3·1 민주 구국 23 명동 성당 24 긴급 조치 25 민족 통일 26 제2차 석유 파동 27 YH 무역 28 김영삼 29 부·마 항쟁 30 부산·마산 31 10·26 사태 32 김재규 33 김재규 34 차지철

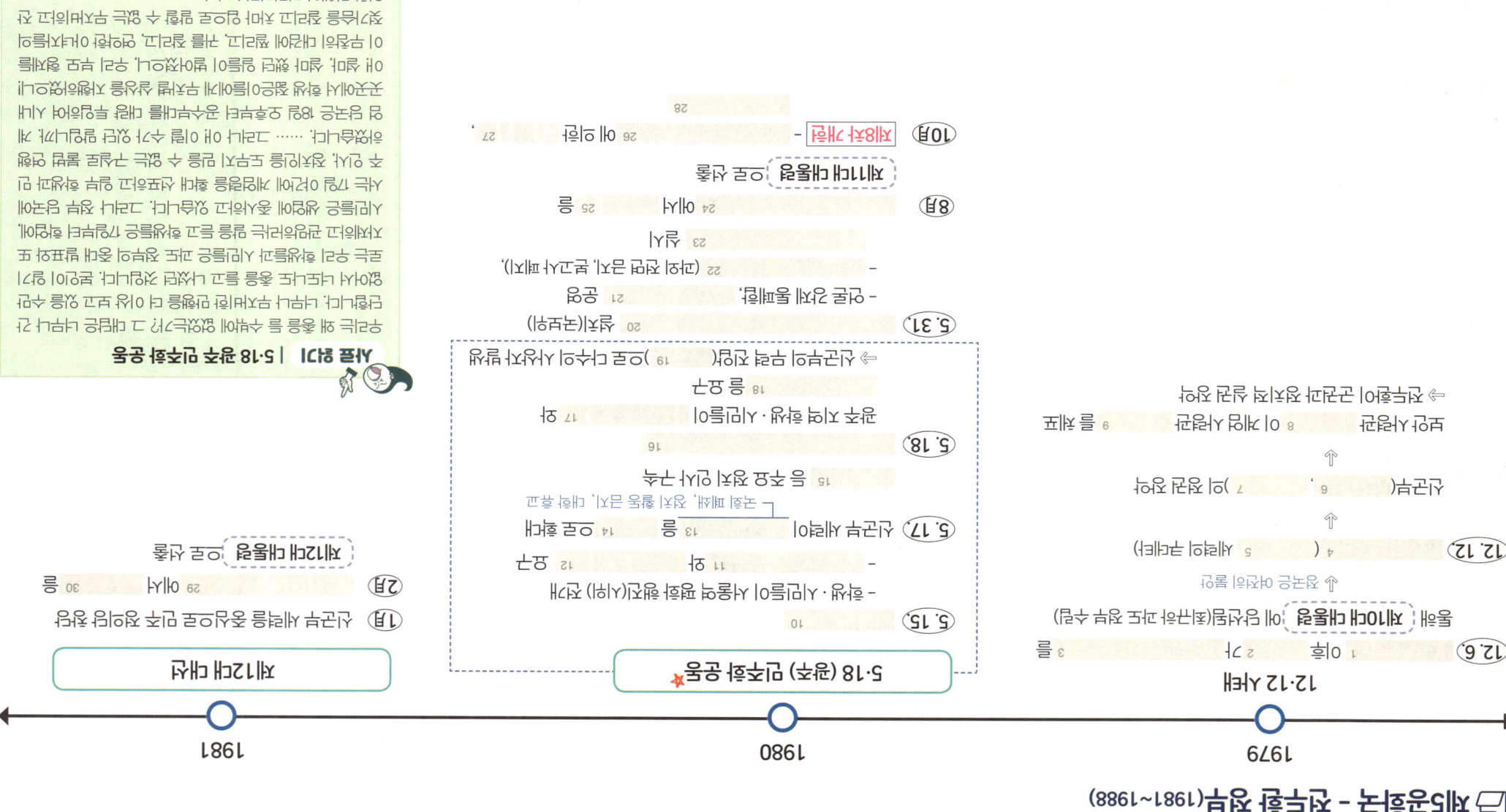

61 민주주의의 시련과 발전 ⑦

📁 제5공화국 - 전두환 정부(1981~1988)

- 국정 목표: ¹ 구현, ² 건설
  but. ³ 운동 탄압, 정치인 활동 규제, 언론 탄압, 인권 유린
- 유화 정책 ─ 교복·두발·해외 여행 자유화
  ├ ⁴ (Screen, Sex, Sports)
  ├ 야간 통행 금지 해제, ⁵ 보급
  └ ⁶ (문화 행사 - 정치적 이벤트)
- 경제: ⁷ (저유가, 저금리, 저달러)으로 국제 무역 수지 흑자 달성
- 외교: 1986년 ⁸ 개최, 1988년 ⁹ 유치

🔴 6월 민주 항쟁(1987. 6.)

✔ 전개
- ¹⁰ 전개(1986, ¹¹ 개헌 요구)
  ⇩
- ¹² 사건(1987. 1.)
  ⇩
- 전두환 정부가 ¹³ 발표(현행 헌법 고수)
  └ 헌법수호
  ⇩
- ¹⁴ 사건(1987. 6. 9.)
  ⇩
- ¹⁵ 개최: 전국 각지에서 국민 대회와 시위 전개
  " ¹⁶ · ¹⁷ · ¹⁸ " 요구

✔ 결과
- ¹⁹ 의 ²⁰ : 대통령 ²¹ 개헌과 ²² 사면 복권, ²³ 실시 등을 약속하는 ' ²⁴ ' 발표
- 제9차 개헌 실현 - 대통령 ²⁵ , 대통령 ²⁶
  ⇩
  제13대 대선 ²⁷ 당선(야당 세력이 ²⁸ 에 실패했기 때문)
  ⇩
  노태우 정부 수립

📖 사료 읽기 | 6월 민주 항쟁

• 6·10 국민 대회 선언
오늘 우리는 전 세계 이목이 주시하는 가운데 40년 독재 정치를 청산하고 희망찬 민주 국가를 건설하기 위한 거보를 전국민과 함께 내딛는다. 국가의 미래요 소망인 꽃다운 젊은이를 야만적인 고문으로 죽여 놓고 그것도 모자라 뻔뻔스럽게 국민을 속이려 했던 현 정권에게 국민의 분노가 무엇인지를 분명히 보여 주고, 국민적 여망인 개헌을 일방적으로 파기한 4·13 폭거를 철회시키기 위한 민주 장정을 시작한다.

• 국민 대회 행동 요강
1. 당일 10시 각 본부별 종파별로 고문 살인 조작 규탄 및 호헌 철폐 국민 대회를 개최한 후 오후 6시를 기하여 성공회 대성당에 집결 국민 운동 본부가 주관하는 국민 대회를 개최한다.
2. (1) 오후 6시 국기 하강식을 기하여 전국민은 있는 자리에서 애국가를 제창하고
   (2) 애국가가 끝난 후 자동차는 경적을 울리고 …… 11분간 묵념을 함으로써 민주 쟁취의 결의를 다진다.

• 6·29 민주화 선언
첫째, 여야 합의하에 조속히 대통령 직선제로 개헌하고 새 헌법에 의한 대통령 선거를 통하여 1988년 2월 평화적 정부 이양을 실현하도록 해야겠습니다.
셋째, 자유 민주주의적 기본 질서를 부인한 반국가 사범이나 살상, 방화, 파괴 등으로 국가를 흔들었던 극소수를 제외한 모든 시국 관련 사범들도 석방되어야 합니다.

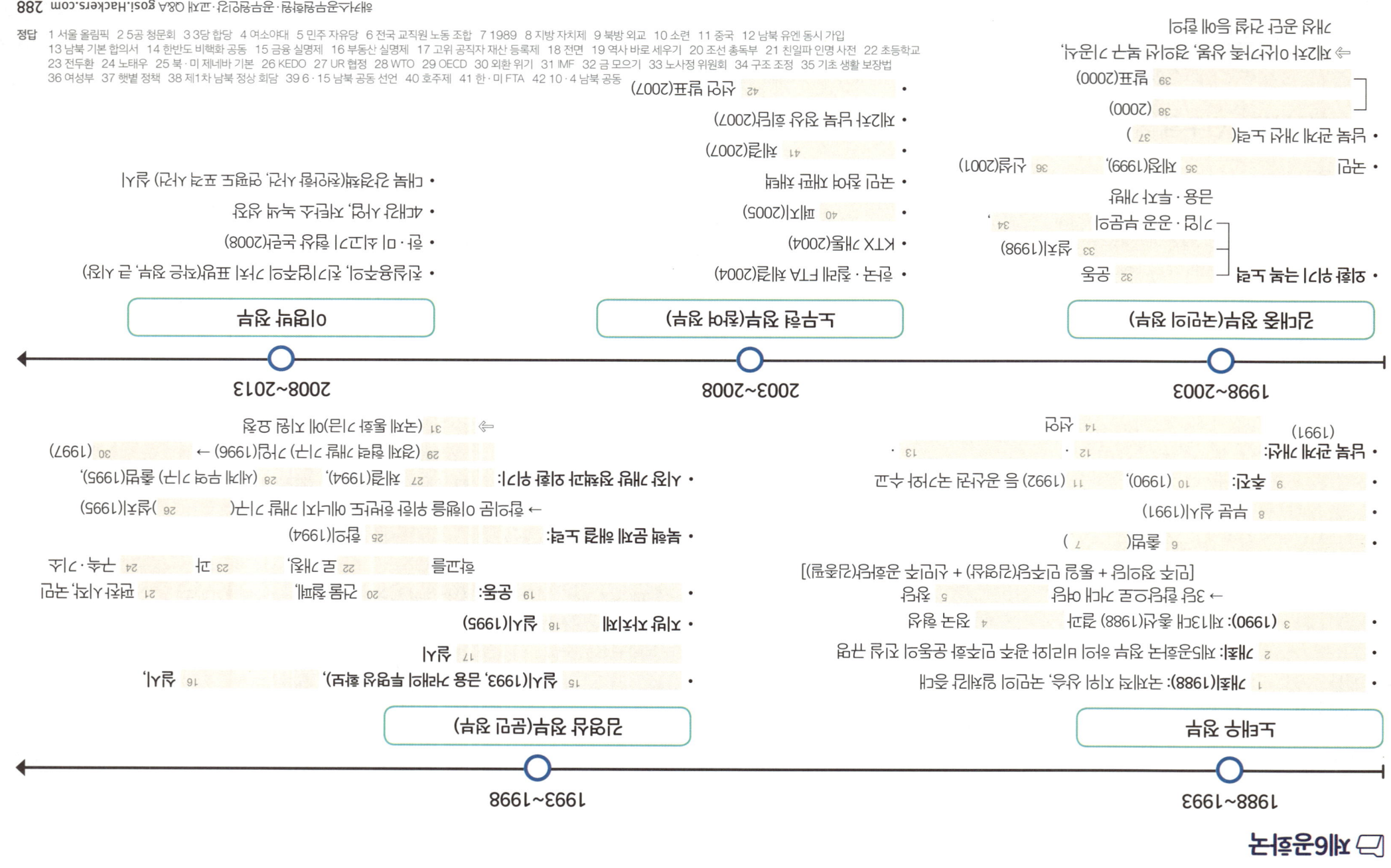

62. 통일로! 통일로! ①

냉전 시기의 통일 정책 | 냉전의 완화와 남북 대화의 시작

이승만 정부
- ___1___ : 무력에 의한 북진·멸공 통일 주장
- 반대 세력 탄압: ___2___ (조봉암)의 평화 통일론 탄압 (1958, 진보당 사건)

장면 내각
- 정부 "소극적" ─ UN 감시하의 ___3___
  └ 평화적 자유 민주 통일 주장
- 혁신 세력·학생 "적극적" ─ ___4___ 과
  ├ ___5___ 제기
  └ ___6___ 추진
  ('가자 북으로, 오라 남으로')

박정희 정부
- ★ ___7___ (1972)
  - 배경: ___8___ (1969, 냉전 완화)
    남북 ___9___ 예비 회담 제안
    (1971, 분단 이후 최초의 남북 대화)
  - 내용: 통일 3대 원칙(___10___ · ___11___ · ___12___)에 합의
    ┌ ___13___ 설치
    └ 서울·평양 간 ___14___ 개설
  - 한계: 남북 독재 체제 강화에 이용
    (남: ___15___ 단행 / 북: ___16___ 제정)
- ___17___ 선언(1973): 남북 UN 동시 가입 제안, 공산 국가에 대한 문호 개방 선언
⇒ 북한에서 남북 대화 중단 통보(대화 단절)

전두환 정부
- ___18___ (1982)
  - 민족 통일 협의회 구성 제안
- 최초 ___19___ (1985)
- 남·북 ___20___ (1985)

62 통일로! 통일로! ②

VI. 현대

탈냉전 시기의 통일 정책

노태우 정부 ★
- 1988, 민족자존과 통일 번영을 위한 특별 선언: 북방 외교의 추진 표방
- 통일 [2] (1989) · 제시 [3] · [4] [5] · [6]
  (최초로 단계적 통일 방안 제시(3단계))
- [7] (1991. 9. 18)
- [8] (1991. 12. 13)
- 남북 고위급 회담에서, 7·4 남북 공동 성명 운동 재확인,
  [9] 등 규정(나라와 나라 사이의 관계가 아닌 통일을 향해 나아가는 과정에서 잠정적으로 형성된 특수관계)
- [10] (상대방을 실체로서 인정 X, 상대방의 실체는 인정)
- 교류·협력 확대, [11] 설치
- 한반도 [12] 비핵화 공동 선언(1991. 12. 31)

김영삼 정부
- 3단계 3기조 통일 방안 발표(1993)
- [13] (국가·민족 → 민주 → 공중·번영)
- [14] (인도적 국민 통일·운동·공동 → 다원주의)
  ↳ 남북 정상 회담 논의(1994)
- 남북 경제 교류: 남북 정상 회담 약속
  but. 사상으로 인해
  → 김일성 조문 파동으로 남북 관계 결정

김대중 정부 ★
- 정주영 현대 회장 소떼 방북(1998. 6.) → 금강산 [17] 관광 시작(1998. 11.)
- 북한의 [18] (2000. 6.)
  ↳ [19]
  ↳ [20] 인정, 북한의 [21] 운동 실시
- 제1차 이산가족 상봉(2000. 8. 15)
- [22] 기공식(2000. 9.)
- 남북 철도인(←2003년 착공)

노무현 정부
- [24]
  (남북 관계 발전과 평화 번영을 위한 선언, 2007)
  - 남북 경제 공동의 주점 발표
  - 한반도의 평화·통일체 해결
  - 북측 경제 회복 위한 사회 시설 확보

문재인 정부
- [25] (2018)
  - 비핵화 한반도 실현
  - 남북 평화 정착
  - 남북 공동 사회로 개방의 공적

정답 1 7·7 선언 2 한민족 공동체 통일 방안 3 3대 원칙 4 자주 5 평화 6 민주 7 남북 유엔 동시 가입 8 남북 기본 합의서 9 특수 관계 10 상호 불가침 11 남북 군사 공동 위원회 12 비핵화 13 3단계 14 3기조 15 민족 공동체 통일 방안 16 김일성 17 해로 18 6·15 남북 공동 선언 19 남북 정상 회담 20 연합제 21 낮은 단계 연방제 22 경의선 23 개성 공단 24 10·4 남북 공동 선언 25 4·27 남북 공동 선언

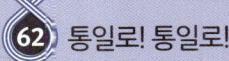

62 통일로! 통일로!

맵핑 핵심 자료

■ 7·4 남북 공동 성명

1. 쌍방은 다음과 같은 조국 통일 원칙들에 합의를 보았다.
   첫째, 통일은 외세에 의존하거나 외세의 간섭을 받음이 없이 자주적으로 해결한다.
   둘째, 통일은 서로 상대방을 반대하는 무력행사에 따르지 않고 평화적으로 실현한다.
   셋째, 사상과 이념·제도의 차이를 초월하여 하나의 민족으로서 민족적 대단결을 도모한다.
2. 쌍방은… 서로 상대방을 중상 비방하지 않으며… 무장 도발을 하지 않으며 불의의 군사적 충돌 사건을 방지하기 위한 적극적인 조치를 취하기로 합의하였다.
3. 쌍방은 지금 온 민족의 거대한 기대 속에 진행되고 있는 남북 적십자 회담이 하루 빨리 성사되도록 적극 협조하는 데 합의하였다.
4. 쌍방은… 남북 사이에 제기되는 문제들을 직접, 신속 정확히 처리하기 위하여 서울과 평양 사이에 상설 직통 전화를 놓기로 합의하였다.
5. 쌍방은 … 남북 조절 위원회를 구성, 운영하기로 합의하였다.

■ 6·15 남북 공동 선언

1. 남과 북은 나라의 통일 문제를 그 주인인 우리 민족끼리 서로 힘을 합쳐 자주적으로 해결해 나가기로 하였다.
2. 남과 북은 나라의 통일을 위한 남측의 연합제 안과 북측의 낮은 단계의 연방제 안이 서로 공통성이 있다고 인정하고 앞으로 이 방향에서 통일을 지향시켜 나가기로 하였다.
3. 남과 북은 올해 8·15에 즈음하여 흩어진 가족, 친척 방문단을 교환하며, 비전향 장기수 문제를 해결하는 등 인도적 문제를 조속히 풀어 나가기로 하였다.
4. 남과 북은 경제 협력을 통하여 민족 경제를 균형적으로 발전시키고 사회, 문화, 체육, 보건, 환경 등 제반 분야의 협력과 교류를 활성화하여 서로의 신뢰를 다져 나가기로 하였다.

■ 남북 기본 합의서

남과 북은 … 7·4 남북 공동 성명에서 천명된 조국 통일 3대 원칙을 재확인하고…… 남과 북은…… (남북) 쌍방의 관계가 나라와 나라 사이의 관계가 아닌 통일을 지향하는 과정에서 잠정적으로 형성되는 특수 관계라는 것을 인정하고 평화 통일을 성취하기 위한 공동의 노력을 경주할 것을 다짐하면서 다음과 같이 합의하였다.

제1조 남과 북은 서로 상대방의 체제를 인정하고 존중한다.
제7조 …… 3개월 안에 판문점에 남북 연락 사무소를 설치·운영한다.
제9조 남과 북은 상대방에 대하여 무력을 사용하지 않으며, 상대방을 무력으로 침략하지 아니한다.
제12조 불가침의 이행과 보장을 위하여…… 남북 군사 공동 위원회를 구성·운영한다.
제15조 남과 북은 민족 경제의 통일적이며 균형적인 발전과 민족 전체의 복리 향상을 도모하기 위하여 자원의 공동 개발, 민족 내부의 교류로서의 물자 교류, 합작 투자 등 경제 교류와 협력을 실시한다.

■ 10·4 남북 공동 선언

제1조 남과 북은 6·15 공동 선언을 고수하고 적극 구현해 나간다.
제2조 남과 북은 사상과 제도의 차이를 초월하여 남북 관계를 상호 존중과 신뢰 관계로 확고히 전환시켜 나가기로 하였다.
제4조 남과 북은 군사적 적대 관계를 종식시키고 한반도에서 긴장 완화와 평화를 보장하기 위해 긴밀히 협력하기로 하였다.

■ 한반도 비핵화 공동 선언

- 남과 북은 핵 에너지를 오직 평화적 목적에만 이용한다.
- 남과 북은 핵 재처리 시설과 우라늄 농축 시설을 보유하지 아니한다.
- 남과 북은 한반도의 비핵화를 검증하기 위하여 상대 측이 선정하고 쌍방이 합의하는 대상들에 대하여 남북핵 통제 공동 위원회가 규정하는 절차와 방법으로 사찰을 실시한다.

■ 남북한 통일 방안 비교

구분	남한	북한
명칭	민족 공동체 통일 방안 (1994)	고려 민주 연방 공화국 창립 방안(1980)
통일 과정	화해·협력 단계 → 남북 연합 단계 → 통일 국가 완성 단계	남한의 국가 보안법 폐지, 주한 미군 철수 → 고려 민주 연방 공화국 수립
외교·군사권	남북 연합 단계에서는 남과 북의 각 지역 정부가 보유	연방 정부가 보유
최종 국가 형태	1민족 1국가 1체제 1정부	1민족 1국가 2체제 2정부
특징	민족 사회 우선 건설 (민족 통일 → 국가 통일)	국가 체제 존립 우선 (국가 통일 → 민족 통일)

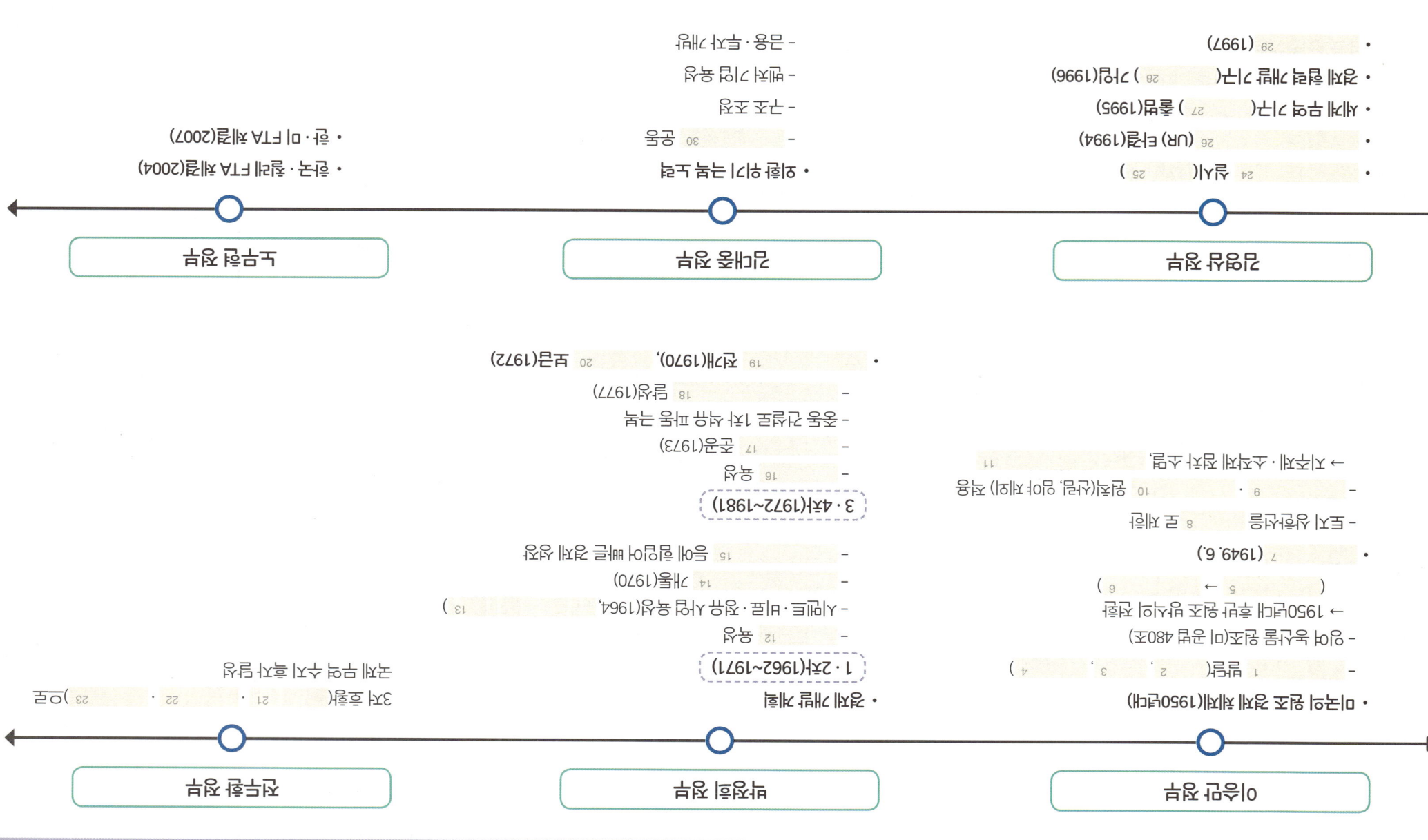

63 시기별 경제 정책 ②

VI. 현대

인구의 변화

- 6·25 전쟁 이후: 전쟁으로 인한 인구 감소 but, __1__ 으로 출산율 증가
- 1960~80년대: 정부의 가족계획 사업 → 출산율 감소, __2__ 진전
- 1990년대: 낮은 출산율과 낮은 사망률 → 인구 비율 안정
- 2000년대: __3__ · __4__ 사회 진입 → 출산 장려 정책, 노인 문제 대두
- 인구 변화에 따른 시기별 표어

1950년대	• 3남 2녀로 5명은 낳아야죠 • 건강한 어머니에 되어 나온 옥동자
1960년대	• 많이 낳아 고생 말고 적게 낳아 잘 키우자 • 덮어 놓고 낳다 보면 거지꼴을 못 면한다.
1970년대	딸 아들 구별 말고 둘만 낳아 잘 기르자.
1980년대	둘도 많다! 잘 키운 딸 하나 열 아들 안 쿠럽다.
1990년대	선생님! 착한 일 하면 여자 짝꿍 시켜주나요.
2000년대	아빠, 혼자는 싫어요. 엄마, 저도 동생을 갖고 싶어요.

노동 운동의 전개

- 배경: 산업화 초기의 __5__ 정책, __6__ 의 유명무실화
- 1970년대: __7__ (__8__)으로 노동 운동 본격화, __9__ (1979)
- 1980년대: 민주화 운동의 일환으로 전개
  → 6월 민주 항쟁 이후 __10__ 결성이 확산, __11__ 결성(1989, 합법화: 1999)
- 1990년대: __12__ (ILO) 가입(1991)
  __13__ 결성(1995), __14__ 설립(1998)

농촌의 변화

- 농촌 경제의 악화
  - 1950·60년대 정부의 __15__ 정책 등으로 농업 인구 감소
  - 1990년대에 농산물 및 쌀 시장 개방으로 농촌 경제 악화
- __16__ (1970년부터 시작)
  - 원예·축산 등 __17__ 시도
  - 1970년대 중반에 __18__ 와 __19__ 종자 도입
    → 관련 기록물이 __20__ 에 등재(2013)

사료 읽기 | 1970년대의 노동 운동

- **전태일 근로 기준법 준수 요구**

존경하는 대통령 각하! 저는 서울특별시 성북구 쌍문동 208번지 2통 5반에 거주하는 22살의 청년입니다. …… 저희는 근로 기준법의 혜택을 조금도 못 받으며 종업원의 90% 이상이 평균 연령 18세의 여성입니다. …… 일반 공무원의 평균 근무 시간이 일주일에 45시간인데 비하여, 15세의 어린 보조공들은 일주일에 98시간의 고된 작업에 시달립니다. …… 저희들의 요구는 1일 15시간의 작업 시간을 1일 10시간~12시간으로 단축해 주십시오. 1개월 휴일 2일을 늘려서 일요일마다 휴일로 쉬기 원합니다. …… 절대로 무리한 요구가 아님을 맹세합니다. 인간으로서 최소한의 요구입니다.

- **YH 무역 근로자의 호소문**

우리는 뜻하지 않은 지난 3월 30일 폐업 공고에 놀라지 않을 수 없습니다. …… 저희 근로자들이 신민당에 올 수밖에 없었던 것은 회사, 노동청, 은행이 모두 문제를 해결할 수 없다기에 오갈 데 없었기 때문입니다. 악덕한 기업주가 기숙사를 철폐하여 밥은 물론 전기, 수돗물마저 먹을 수 없었을 뿐 아니라, 6일 새벽 4시경 여자들만 잠자고 있는 기숙사 문을 부수고 우리 근로자들을 끌어내려 하였습니다.

64 시기별 교육 정책과 언론의 탄압

VI. 현대

시기별 교육 정책

• 미 군정기
- 미국식 교육 정책 실시, 민주주의 교육 원리 채택
- 6·3·3·4 학제(초등 6년, 중등 3년, 고등 3년, 대학 4년)

• 이승만 정부
- 홍익인간의 교육이념(홍익인간) → 2 의무 교육 실시
- 초등학교에 3 등을 이념으로 하는 민주적 교육 원리 채택

• 장면 내각
- 4 폐지
- 5 실시
- 교육의 중립성과 정치적·민주적 자주성 등 3대 기본 정책 제시

• 5·16 군사 정부
- 재건 국민 운동
- 6 운동
- 교육 공무원 특별법 제정으로 교육 자치제 폐지원

• 박정희 정부
- 7 선포(1968)
- 중학교 8 추진(1969학년도)
- 대학 9 제도 시행(1969학년도)
- 국사 교육 강화위원회 설치(1972)
- 10 도입, 11 실시(1974)

• 신군부 집권 시기
- 7·30 교육 개혁(1980):
  12 조치, 대입 예비고사 폐지, 13 실시

• 전두환 정부
- 국공립 고등 교육 기관의 수업 대비를 전면적으로 증가

• 김영삼 정부
- 14 실시, 국민윤리를 15 로 개정

• 김대중 정부
- 교육 정보화 추진, 학교 정보화 기반 구축
- 교원 정년 단축, 미디어 기기 이용한 사이버 강의 실시, 16 실시

언론의 탄압

• 이승만 정부
- 17 등 통해 언론 통제 강화(1958)
- 18 폐간(1959)
  └ 이를 민주적 탄압이라 해석
  → 언론의 자유가 축소
  → 언론 매체 증가

• 박정희 정부
- 언론 보도 통제 강화
- 20 실시(1972), 기자 등에게 정부에 비판적인 언론인의 해직 강요 통지 발송
- 언론 자유 수호 선언문, 21 기자 해직(1970년대)
- 동아일보 22 사태(1974) → 자유 언론 수호 대회 대열(1974) 개최

• 박정희 정부 말기
- 언론 통제 강화
- 방송에 대한 가맹을 해제 언론 자유 수호 선언
- 23 제정(1980)

• 전두환 정부
- 24 등 통해 언론과 방송, 기자에 대한 대량 강제 해직
- 보도 지침 발표, 언론 통제 → 언론인들의 연대 투쟁 유도

• 6월 민주 항쟁 이후
- 25 폐지 26 폐지
  → 언론의 자유 확대

정답
1 6·3·3·4 학제 2 의무 교육 3 6개년 계획 추진 4 학도 호국단 5 교육 자치제 6 인간 개조 7 국민 교육 헌장 8 무시험 진학제 9 입학 예비고사 10 고교 평준화 11 연합고사 12 과외 금지 13 졸업 정원제 14 대학 수학 능력 시험 15 초등학교 16 중학교 무상 의무 교육 17 신국가 보안법 18 경향신문 19 4·19 혁명 20 프레스 카드제 21 조선·동아일보 22 백지 광고 23 언론 기본법 24 보도 지침 25 언론 기본법 26 프레스 카드제

65 대중 문화의 발전

● 6·25 전쟁 이후
- 미국의 대중 문화가 급속히 들어와 미국식 춤과 노래가 유행하는 동시에 가치관의 혼란과 규범의 혼돈을 가져옴
- 정비석의 소설 『자유부인』(1954년 1월부터 8월까지 서울신문에 연재된 소설)을 둘러싸고 논쟁

● 1960년대
- 대중 전달 매체 보급의 확산으로 대중 문화가 본격적으로 성장하기 시작
- 흑백 텔레비전 방송이 활성화 됨(1956년 5월에 첫 방송)

● 1970년대
- 텔러 비전이 급속히 보급됨, 청소년층이 대중 문화 소비의 주인공으로 대두
- 억압적인 유신 체제하에 20대의 젊은 세대를 중심으로 '청년 문화'가 형성됨
  → 당대 청년 문화를 대표하는 요소들로는 통기타 음악과 생맥주, 청바지, 장발 등이 있음
- 무비판적으로 수용하였던 서구 문화에 대한 반동으로 전통 문화를 되살리려는 노력이 펼쳐져 전통 문화 연구가 대학가에서 전개됨

● 1980년대
- 대중가요의 등장
- 컬러 텔레비전 방송이 시작되어 영상 문화가 발전함
- 정치적 민주화와 사회·경제적 평등의 확대를 지향하는 민중 문화 활동이 대중 문화에 영향을 끼침

● 1990년대 이후
영화 산업에서 한국적 특성이 담긴 영화를 제작하여 국내는 물론 세계 영화계에서 각광을 받음

2026 대비 최신개정판

해커스공무원
이 중 석
맵핑 한국사
올 인 원
블랭크노트

개정 6판 2쇄 발행 2026년 1월 5일

개정 6판 1쇄 발행 2025년 7월 7일

지은이	이중석
펴낸곳	해커스패스
펴낸이	해커스공무원 출판팀

주소	서울특별시 강남구 강남대로 428 해커스공무원
고객센터	1588-4055
교재 관련 문의	gosi@hackers.com
	해커스공무원 사이트(gosi.Hackers.com) 교재 Q&A 게시판
	카카오톡 채널 [해커스공무원 노량진캠퍼스]
학원 강의 및 동영상강의	gosi.Hackers.com

ISBN	979-11-7404-040-4 (13910)
Serial Number	06-02-01

저작권자 ⓒ 2025, 이중석

이 책의 모든 내용, 이미지, 디자인, 편집 형태는 저작권법에 의해 보호받고 있습니다.
서면에 의한 저자와 출판사의 허락 없이 내용의 일부 혹은 전부를 인용, 발췌하거나 복제, 배포할 수 없습니다.

공무원 교육 1위,
해커스공무원 gosi.Hackers.com

- 해커스공무원 학원 및 인강(교재 내 할인쿠폰 수록)
- 공무원 한국사의 핵심을 짚어주는 **이중석 선생님의 한국사 무료 특강**
- 쉽고 빠르게 정답을 확인하는 **폰 안에 쏙! 블랭크노트 정답**
- **무료특강, 1:1 맞춤 컨설팅, 합격수기** 등 공무원 시험 합격을 위한 다양한 무료 콘텐츠

한경비즈니스 2024 한국품질만족도 교육(온·오프라인 공무원학원) 1위